CONTABILIDADE DAS SOCIEDADES E CONSOLIDAÇÃO DE CONTAS

CONTABILIDADE DAS SOCIEDADES E CONSOLIDAÇÃO DE CONTAS

ALMEDINA

**CONTABILIDADE DAS SOCIEDADES
E CONSOLIDAÇÃO DE CONTAS**

AUTORES
Sandra Alves e Cecília Carmo

EDITOR
EDIÇÕES ALMEDINA, S.A.
Rua Fernandes Tomás, n.os 76, 78 e 79
3000-167 Coimbra
Tel.: 239 851 904 · Fax: 239 851 901
www.almedina.net · editora@almedina.net

DESIGN DE CAPA
FBA

PAGINAÇÃO
Aresta Criativa – Artes Gráficas

IMPRESSÃO E ACABAMENTO

Novembro, 2019
DEPÓSITO LEGAL
....

ALMEDINA | GRUPOALMEDINA

BIBLIOTECA NACIONAL DE PORTUGAL – CATALOGAÇÃO NA PUBLICAÇÃO
ALVES, Sandra, e outro

Contabilidade das sociedades e consolidação de contas / Sandra Alves, Cecília Carmo
ISBN 978-972-40- 8156-4

I – CARMO, Cecília Margarita Rendeiro do

CDU 657

ÍNDICE

PARTE I

CONTABILIDADE DAS SOCIEDADES

PARTE I

—

CONTABILIDADE DAS SOCIEDADES

CAPÍTULO 1

CONSTITUIÇÃO DE SOCIEDADES E ASPETOS COMPLEMENTARES

Nota Prévia

Na proposta de resolução dos casos práticos da Parte I desta obra, segue-se o quadro de contas do Sistema de Normalização Contabilística (SNC), com a desagregação prevista na tabela das taxonomias constante do Anexo II à Portaria n.º 302/2016, de 2 de dezembro.

Adicionalmente, as autoras adotam uma desagregação das contas 26 – Acionistas/sócios e de várias contas da Classe 5 – Capital, Reservas e Resultados Transitados, que constitui uma sugestão para o leitor e que pode ser ajustada em função das necessidades de cada entidade.

Para uma melhor compreensão, apresenta-se de seguida a desagregação proposta (as subcontas sugeridas pelas autoras encontram-se a negrito).

	Quando não haja subscrição pública de capital	**Quando haja subscrição pública de capital**
26	Acionistas/Sócios	Acionistas/Sócios
261	Acionistas com subscrição	Acionistas com subscrição
2611	**Acionista A**	**Promotores**
26111	----	**Promotor A**
26112	----	**Promotor B**
2612	**Acionista B**	**Subscrição pública**
26121	----	**Subscritores em geral**
...	----	
26129	----	**Excesso a anular**

262	Quotas não liberadas
2621	**Sócio A**
2622	**Sócio B**
2623	...

	Para sociedades por quotas	**Para sociedades anónimas**
51	Capital subscrito	Capital subscrito
511	**Quota sócio A**	**Ações ordinárias**
512	**Quota sócio B**	**Ações próprias**
513	...	**Ações preferenciais sem voto**
514		**Ações preferenciais remíveis**
515		**Ações de fruição**
516		**Ações parcialmente reembolsadas**
517		**Ações remidas**
51X	**Quota própria**	
51Y	**Quota amortizada**	

52	Ações (Quotas) próprias **(Remidas/Amortizadas)**
521	Valor Nominal
522	Descontos e prémios
523	**Ações remidas - VN**
524	**Ações amortizadas - VN**
525	**Ações amortizadas - VN parcialmente reembolsado**

53	Outros instrumentos de capital próprio
531	**Prestações suplementares**
5311	**Sócio A**
5312	**Sócio B**
5313	...
532	**Opção de conversão de obrigações em ações**

55	Reservas
551	Reservas legais
5511	**Reserva Legal (art.º 218.º/art.º 295.º CSC)**
5512	**Reserva Indisponível (art.º 324.º CSC)**
5513	**Reserva Especial por Extinção de AP (art.º 463.º CSC)**
5514	**Reserva Especial por Amortização de Ações (art.º 347.º CSC)**
5515	**Reserva Especial por Remição de Ações (art.º 345.º CSC)**
552	Outras reservas
5521	**Reservas Livres**
5522	**Reservas Estatutárias**

1.1. Principais disposições legais relativas à constituição de sociedades por quotas e anónimas

1.1.1. Número de sócios

O n.º 2 do art.º 7.º do Código das Sociedades Comerciais (CSC), estabelece que o número mínimo de partes de um contrato de sociedade é de dois, exceto quando a lei exija número superior ou permita que a sociedade seja constituída por uma só pessoa.

À constituição de sociedades por quotas aplica-se a regra geral de um mínimo de 2 sócios, exceção feita às sociedades unipessoais por quotas, que são constituídas por um sócio único, pessoa singular ou coletiva, que é titular da totalidade do capital social (n.º 1 do art.º 270.º-A do CSC). De salientar que uma pessoa singular só pode ser sócia de uma única sociedade unipessoal por quotas e que uma sociedade por quotas não pode ter como único sócio uma sociedade unipessoal por quotas (n.ºs 1 e 2 do art.º 270.º-C do CSC).

Para as sociedades anónimas, o n.º 1 do art.º 273.º do CSC dispõe que as mesmas não podem ser constituídas por um número de sócios inferior a cinco, salvo quando a lei o dispense, como acontece nos grupos constituídos por domínio total (art.º 488.º do CSC e seguintes).

1.1.2. Firma

Nas sociedades por quotas e nas sociedades anónimas a firma deve ser formada, com ou sem sigla, e:

- pelo nome ou firma de todos, algum ou alguns dos sócios; ou
- por uma denominação particular; ou
- pela reunião de ambos os elementos anteriores.

Em qualquer um dos casos, a firma de uma sociedade por quotas deve concluir com a palavra "Limitada" ou a abreviatura "Lda." (n.º 1 do art.º 200.º do CSC) e a firma de uma sociedade anónima deve terminar com a expressão "Sociedade Anónima" ou a abreviatura "SA" (n.º 1 do art.º 275.º do CSC).

A firma das sociedades unipessoais por quotas deve ser formada pela expressão "Sociedade Unipessoal" ou da palavra "Unipessoal" antes da palavra "Limitada" ou da abreviatura "Lda." (art.º 270.º-B do CSC).

De salientar que na firma não podem ser incluídas ou mantidas expressões indicativas de um objeto social que não esteja especificamente previsto na respetiva cláusula do contrato de sociedade e que caso o objeto contratual da sociedade seja alterado, deixando de incluir a atividade especificada na firma, a alteração do objeto deverá ser simultaneamente acompanhada da modificação da firma (n.os 2 e 3 do art.º 200.º e n.os 2 e 3 do art.º 275.º do CSC).

A escolha da firma está sujeita a aprovação pelo Registo Nacional de Pessoas Coletivas (RNPC) mediante apresentação do respetivo pedido, o que pode ser feito através da internet ou enviando por correio o pedido de certificado de admissibilidade de firma. Nos regimes especiais de constituição imediata de sociedades, conhecidos por "Empresa na hora" (Decreto-Lei n.º 111/2005, de 8/7) e "Empresa on-line" (Decreto-Lei n.º 125/2006, de 29/06), os interessados podem escolher a sua firma a partir de uma lista de expressões de fantasia, acrescentando-lhe uma expressão alusiva ao objeto social da empresa, devendo sempre ser incluídos os aditamentos legalmente impostos.

1.1.3. Montante do capital social

De acordo com o art.º 14.º do CSC, o capital social deve ser sempre e apenas expresso em moeda com curso legal em Portugal, neste caso, o euro.

Nas sociedades por quotas o montante de capital social é livremente fixado no contrato de sociedade, correspondendo à soma das quotas subscritas pelos sócios (art.º 201.º do CSC).

Para as sociedades anónimas o n.º 5 do art.º 276.º do CSC estabelece como montante mínimo para o capital social 50.000 euros.

Chama-se ainda a atenção para exigências de capital social mínimo que podem ser impostas a sociedades reguladas por leis especiais e/ou cuja constituição dependa de autorização especial, às quais não se aplicarão os montantes anteriormente referidos (como é o caso, por exemplo, das sociedades cujo objeto social é o transporte rodoviário nacional e internacional).

1.1.4. Quotas

O n.º 1 do art.º 197.º do CSC refere que nas sociedades por quotas o capital social encontra-se dividido em quotas e os sócios são solidariamente responsáveis por todas as entradas convencionadas no contrato social, conforme o disposto no art.º 207.º do CSC. No momento da constituição da sociedade a cada sócio apenas fica a pertencer uma quota, que corresponde à sua entrada (n.º 1 do art.º 219.º do CSC). Os valores nominais das quotas podem ser diversos, mas nenhum pode ser inferior a 1 euro e não podem ser emitidos títulos representativos de quotas (n.os 3 e 7 do art.º 219.º do CSC).

1.1.5. Ações

Nas sociedades anónimas o capital social encontra-se dividido em ações e cada sócio limita a sua responsabilidade ao valor das ações que subscreveu (art.º 271.º do CSC). Estas podem ser ações com valor nominal ou ações sem valor nominal (n.º 1 do art.º 276.º do CSC). Na mesma sociedade não podem coexistir ações com valor nominal e ações sem valor nominal (n.º 2 do art.º 276.º do CSC).

O valor nominal das ações ou, na sua falta, o valor de emissão não deve ser inferior a 1 cêntimo (n.º 3 do art.º 276.º do CSC). Todas as ações devem ter o mesmo valor nominal e devem representar a mesma fração do capital social (n.º 4 do art.º 276.º do CSC). As ações devem ser nominativas, não sendo permitidas ações ao portador (art.º 299.º do CSC). E cada ação é indivisível (n.º 6 do art.º 276.º do CSC).

É proibida a emissão de ações abaixo do par ou, no caso de ações sem valor nominal, abaixo do seu valor de emissão (n.º 1 do art.º 298.º do CSC). Porém, tal não impede que se desconte ao valor de emissão das ações, as despesas de colocação firme por uma instituição de crédito ou outra equiparada por lei para esse efeito (n.º 2 do art.º 298.º do CSC).

As ações podem ser munidas de cupões destinadas à cobrança dos dividendos (art.º 301.º do CSC).

Os direitos inerentes às ações emitidas pela mesma sociedade podem ser diversos, nomeadamente quanto à atribuição de dividendos e quanto à partilha do ativo resultante da liquidação (n.º 1 do art.º 302.º do CSC). As ações que compreendem direitos iguais formam uma categoria (n.º 2 do art.º 302.º do CSC).

O CSC prevê as seguintes categorias de ações:

- Ações ordinárias, cujos direitos são aqueles que emergem da condição de sócio, tal como estabelecem os art.os 21.º, 22.º e 156.º do CSC.
- Ações preferenciais sem direito de voto (art.os 341.º a 344.º do CSC), que conferem: direito a um dividendo prioritário; direito ao reembolso prioritário do seu valor nominal ou do seu valor de emissão em caso de liquidação da sociedade; e todos os direitos de natureza não patrimonial inerentes às ações ordinárias, com exceção do direito de voto. No Capítulo 2 serão abordadas com maior detalhe as características destas ações e a determinação do dividendo prioritário.
- Ações preferenciais de outros tipos (art.º 344.º-A do CSC) que confiram ordinariamente direitos de voto e disponham de dividendo prioritário ou outros direitos especiais que estejam expressamente previstos no contrato de sociedade.
- Ações preferenciais remíveis (art.º 345.º do CSC) cujo mecanismo da remição permite à sociedade cessar o respetivo privilégio e ao acionista receber o respetivo valor nominal ou valor de emissão (podendo ser acrescido um prémio de remição), em data fixa ou quando a Assembleia Geral o deliberar. No Capítulo 3 serão abordados com maior detalhe os aspetos da remição de ações.
- Ações de fruição (art.º 346.º do CSC) que são ações cujos direitos são modificados em consequência da sua amortização sem redução do capital. No Capítulo 3 serão abordados com maior detalhe os aspetos da amortização de ações e da determinação do dividendo relativo às ações de fruição.

Os direitos especiais só podem ser atribuídos a categorias de ações e transmitem-se com estas (n.º 4 do art.º 24.º do CSC). Desta forma, os direitos especiais distinguem-se das vantagens especiais, pois os direitos especiais são atribuídos a categorias de ações e as vantagens especiais são atribuídas aos sócios. Como exemplo de ações com vantagens especiais tem-se as "ações beneficiárias ou partes de fundador" que são atribuídas aos fundadores como forma de os compensar (n.º 8 e alínea b) do n.º 6 do art.º 279.º do CSC). Neste caso a vantagem não se transmite com as ações.

Os direitos especiais não podem ser suprimidos ou coartados sem o consentimento do respetivo titular, salvo regra legal ou estipulação contratual expressa em contrário (n.º 5 do art.º 24.º do CSC), de que é exemplo a remição de ações. Aquele consentimento deve ser dado por deliberação tomada em assembleia especial dos acionistas titulares de ações da respetiva categoria (n.º 6 do art.º 24.º do CSC).

1.1.6. Entradas para realização do capital social

Nas sociedades por quotas e nas sociedades anónimas não são admitidas contribuições de indústria (n.º 1 do art.º 202.º e n.º 1 do art.º 277.º do CSC) pelo que os sócios/acionistas deverão realizar as suas entradas em bens suscetíveis de penhora (alínea a) do art.º 20.º do CSC). Deste modo, a realização pode ser feita em dinheiro ou em espécie, podendo a entrada em espécie consistir em bens e direitos ou num património comercial (bens e direitos, deduzidos de obrigações).

O valor nominal da parte, da quota ou das ações atribuídas a um sócio no contrato de sociedade não pode exceder o valor da sua entrada, como tal se considerando ou a respetiva importância em dinheiro ou o valor atribuído aos bens no relatório do Revisor Oficial de Contas (ROC) exigido pelo art.º 28.º do CSC (n.º 1 do art.º 25.º do CSC). O mesmo é dizer que as ações não podem ser emitidas abaixo do seu valor nominal, ou seja, abaixo do par. No caso de ações sem valor nominal o valor da entrada do sócio deve ser pelo menos igual ao montante do capital social correspondentemente emitido (n.º 2 do art.º 25.º do CSC).

A diferença para mais entre a quantia que os acionistas tiverem desembolsado para adquirir as ações e o seu valor nominal (ou, no caso de ações sem valor nominal, a diferença para mais entre o valor que os acionistas desembolsaram para as adquirir e o montante do capital correspondentemente emitido) consiste num ágio, que em termos contabilísticos é reconhecido na conta "54 Prémios de Emissão", estando sujeito ao regime da reserva legal (alínea a) do n.º 2 e alínea a) do n.º 3 do art.º 295.º do CSC). O regime da reserva legal é objeto de análise no Capítulo 2.

1.1.7. Entradas em bens diferentes de dinheiro

Os bens em espécie têm que ser objeto de um relatório elaborado por um ROC sem interesses na sociedade, designado por deliberação dos sócios na qual estão impedidos de votar os sócios que efetuaram as entradas (n.º 1 do art.º 28.º do CSC).

O ROC que tenha elaborado este relatório não pode, durante dois anos contados da data do registo do contrato de sociedade, exercer quaisquer cargos ou funções profissionais na sociedade ou em sociedades que com ela se encontrem em relação de domínio ou de grupo (n.º 2 do art.º 28.º do CSC).

Relativamente ao conteúdo do relatório, o mesmo deve, pelo menos (n.º 3 do art.º 28.º do CSC):

- descrever os bens;
- identificar os seus titulares;
- avaliar os bens, indicando os critérios utilizados para a avaliação;
- declarar se os valores encontrados atingem ou não o valor nominal da parte, quota ou ações atribuídas aos sócios que efetuaram tais entradas, acrescido do prémio de emissão, se for caso disso, ou a contrapartida a pagar pela sociedade;
- declarar, no caso de ações sem valor nominal, se os valores encontrados atingem ou não o montante do capital correspondentemente emitido (acrescido do prémio de emissão).

O relatório deve reportar-se a uma data não anterior em 90 dias à do contrato de sociedade, devendo o seu autor informar os fundadores da sociedade de alterações relevantes de valores, ocorridas durante aquele período, de que tenha conhecimento (n.º 4 do art.º 28.º do CSC).

O relatório deve ser posto à disposição dos fundadores da sociedade pelo menos quinze dias antes da celebração do contrato, procedendo-se de igual modo, até à data da celebração do contrato, para a informação relativa às alterações relevantes de valores ocorridas após a data a que o relatório se reporta (n.º 5 do art.º 28.º do CSC).

O relatório, incluindo a informação sobre as alterações relevantes de valores ocorridas após a data a que o mesmo se reporta, faz parte integrante da documentação sujeita às formalidades de publicidade, podendo publicar-se apenas menção do depósito do relatório no registo comercial (n.º 6 do art.º 28.º do CSC).

Comparando o valor atribuído aos bens com o valor nominal das ações correspondentes acrescidas do prémio de emissão (ou, no caso de ações sem valor nominal, com o montante de capital correspondentemente emitido acrescido do prémio de emissão), podem ocorrer três cenários:

- O primeiro é igual ao segundo, ficando a obrigação de entrada cumprida.
- O primeiro é inferior ao segundo, tendo o(s) respetivo(s) sócio(s) que entregar bens adicionais ou dinheiro para cumprir com a obrigação de entrada.
- O primeiro é superior ao segundo. Neste caso a obrigação de entrada está cumprida podendo o sócio atuar de dois modos:
  (i) exige que a sociedade lhe reembolse a diferença, traduzindo este valor uma dívida da sociedade ao sócio, a ser relevada na conta "26 Acionistas/sócios", subconta "268 Outras operações"; ou
  (ii) prescinde da diferença em favor da sociedade, o que constitui um ágio. Em termos contabilísticos este ágio é reconhecido na conta "59 Outras Variações no Capital Próprio", subconta "594 Doações", ficando o mesmo sujeito ao regime da reserva legal (alínea a) do n.º 2 e alínea d) do n.º 3 do art.º 295.º do CSC).

Caso se verifique a existência de erro na avaliação feita pelo ROC, o sócio é responsável pela diferença que porventura exista, até ao valor nominal da sua participação ou, no caso de ações sem valor nominal, até ao valor de emissão destas (n.º 3 do art.º 25.º do CSC).

E pelo n.º 4 do art.º 25.º do CSC, se a sociedade for privada, por ato legítimo de terceiro, do bem prestado pelo sócio ou se tornar impossível a prestação, bem como se for ineficaz a estipulação relativa a uma entrada em espécie, nos termos do n.º 2 do art.º 9.º do CSC, deve o sócio realizar em dinheiro a sua participação, sem prejuízo da eventual dissolução da sociedade, por deliberação dos sócios ou por se verificar a hipótese prevista na alínea b) do n.º 1 do art.º 142.º do CSC (a atividade que constitui o objeto contratual se torne de facto impossível).

1.1.8. Tempo das entradas

O art.º 26.º do CSC estabelece que as entradas dos sócios sejam realizadas até ao momento da celebração do contrato, sem prejuízo de que, sempre que a lei o permita, as entradas possam ser realizadas até ao termo do primeiro exercício económico, a contar da data do registo definitivo do contrato de sociedade, e que os sócios possam estipular contratualmente o diferimento das entradas em dinheiro.

A realização até ao termo do primeiro exercício económico é possível apenas nas sociedades por quotas e para as entradas em dinheiro, devendo os sócios declarar no ato constitutivo, sob sua responsabilidade, que já procederam à entrega do valor das suas entradas ou que se comprometem a entregar, até ao final do primeiro exercício económico, as respetivas entradas nos cofres da sociedade (n.º 4 do art.º 202.º do CSC). Neste último caso, na primeira Assembleia Geral anual realizada após aquele prazo, devem os sócios declarar que já procederam à entrega do respetivo valor nos cofres da sociedade (n.º 6 do art.º 202.º do CSC).

A estipulação contratual pelos sócios do diferimento das entradas é apenas possível para entradas em dinheiro, devendo a realização das entradas em espécie ser sempre imediata (n.º 3 do art.º 26.º do CSC).

Relativamente ao diferimento de entradas em dinheiro nas sociedades por quotas, o n.º 1 do art.º 203.º do CSC estipula que o respetivo pagamento seja efetuado em datas certas ou fique dependente de factos certos e determinados. Mas, em qualquer caso, a prestação pode ser exigida a partir do momento em que:

- se cumpra o período de cinco anos sobre a celebração do contrato;
- se encerre o prazo equivalente a metade da duração da sociedade, se este limite for inferior; ou
- nos casos das entradas respeitarem a aumentos de capital, se cumpra o período de cinco anos sobre a respetiva deliberação.

O n.º 2 do art.º 203.º do CSC refere que salvo acordo em contrário, as prestações por conta das quotas dos diferentes sócios devem ser simultâneas e representar frações iguais do respetivo montante. E o n.º 3 do art.º 203.º do CSC estabelece que, não obstante a fixação de prazos no contrato de sociedade, o sócio só entra em mora após interpelado por esta para efetuar o pagamento, em prazo que pode variar entre 30 e 60 dias.

Nas entradas em dinheiro das sociedades anónimas, pode ser diferida a realização de 70% do valor nominal ou do valor de emissão das ações, não podendo ser diferido o prémio de emissão, quando previsto (n.º 2 do art.º 277.º do CSC). Tendo o legislador imposto um capital social mínimo entende-se que o montante correspondente deve estar totalmente realizado no momento da celebração do contrato de sociedade.

O contrato de sociedade não pode diferir a realização de entradas em dinheiro por mais de cinco anos (n.º 1 do art.º 285.º do CSC). A soma das entradas em dinheiro já realizadas deve ser depositada em instituição de crédito, numa conta aberta em nome da futura sociedade, até ao momento da celebração do contrato, devendo os acionistas declarar no ato constitutivo, sob sua responsabilidade, que procederam ao referido depósito (n.os 3 e 4 do art.º 277.º do CSC). Daquela conta apenas podem ser realizados levantamentos depois de o contrato estar definitivamente registado; depois de celebrado o contrato, caso os acionistas autorizem os administradores a efetuá-los para fins determinados; para liquidação provocada pela inexistência ou nulidade do contrato ou pela falta do registo; ou para a restituição prevista na alínea h) do n.º 6 do art.º 279.º e no art.º 280.º do CSC (n.º 5 do art.º 277.º do CSC).

Não obstante a fixação de prazos para a realização das entradas em dinheiro no contrato de sociedade, o acionista só entra em mora depois de interpelado pela sociedade para efetuar o pagamento (n.º 2 do art.º 285.º do CSC).

No quadro seguinte apresenta-se uma síntese que permite distinguir as sociedades por quotas das sociedades anónimas, quanto aos aspetos anteriormente abordados:

	Sociedades por Quotas	Sociedades Anónimas
N.º mínimo de sócios	2 (1 nas Unipessoais por Quotas)	5 (salvo quando a lei o dispense)
Aditamentos à firma	"Limitada" ou "Lda." ("Sociedade Unipessoal", "Unipessoal Limitada" ou "Unipessoal Lda.")	"Sociedade Anónima" ou "SA"
Capital social mínimo	Capital social livre 2 sócios = 2 euros (salvo sociedades reguladas por leis especiais)	50.000 euros (salvo sociedades reguladas por leis especiais)
Quotas/Ações	Valor mínimo de uma quota 1 euro	Valor nominal mínimo de uma ação (ou valor de emissão mínimo, no caso de ações sem valor nominal) 0,01 euros
Tempo das entradas	As entradas em espécie devem ser realizadas de imediato. A realização das entradas em dinheiro pode ocorrer até ao termo do primeiro exercício económico. Pode haver diferimento das entradas em dinheiro: – no caso da constituição, o prazo é de 5 anos sobre a celebração do contrato ou metade do prazo de duração da sociedade, se este for menor; – no caso dos aumentos de capital, o prazo é de 5 anos sobre a respetiva deliberação.	As entradas em espécie devem ser realizadas de imediato. O montante correspondente ao capital social mínimo deve estar realizado no momento da celebração do contrato de sociedade. Pode haver diferimento das entradas em dinheiro: – no máximo 70% do valor nominal ou do valor de emissão das ações, por um período máximo de 5 anos; – o prémio de emissão não pode ser diferido.

1.1.9. Conteúdo do contrato de sociedade

O art.º 9.º do CSC estabelece o conteúdo obrigatório do contrato de qualquer tipo de sociedade, do qual deve constar:

- os nomes ou firmas de todos os sócios fundadores e outros dados de identificação destes;
- o tipo de sociedade;
- a firma da sociedade;
- o objeto da sociedade;
- a sede da sociedade;
- o capital social (salvo nas sociedades em nome coletivo em que todos os sócios contribuam apenas com indústria);
- a quota de capital e a natureza da entrada de cada sócio bem como os pagamentos efetuados por conta de cada quota;
- consistindo a entrada em bens diferentes de dinheiro, a descrição destes e a especificação dos respetivos valores;
- quando o exercício anual for diferente do ano civil, a data do respetivo encerramento, a qual deve coincidir com o último dia de um mês de calendário, sem prejuízo do previsto no art.º 8.º do Código do Imposto sobre o Rendimento das Pessoas Coletivas (CIRC)[1].

Para as sociedades por quotas, o art.º 199.º do CSC estipula ainda a inclusão no contrato de sociedade:

- do montante de cada quota de capital e a identificação do respetivo titular; e
- do montante das entradas realizadas por cada sócio no momento do ato constitutivo ou a realizar até ao termo do primeiro exercício económico, que não pode ser inferior ao valor nominal mínimo da quota fixado por lei, bem como o montante das entradas diferidas.

Para as sociedades anónimas, o art.º 272.º do CSC exige ainda a inclusão no contrato de sociedade dos seguintes elementos:

---

[1] Embora o CSC se refira ao art.º 7.º, na versão atual do Código do Imposto sobre o Rendimento das Pessoas Coletivas trata-se do art.º 8.º relativo ao "Período de tributação".

- número de ações e, se existir, o respetivo valor nominal;
- as condições particulares, se as houver, a que fica sujeita a transmissão de ações;
- as categorias de ações que por ventura sejam criadas, com indicação expressa do número de ações e dos direitos atribuídos a cada categoria;
- a natureza nominativa das ações;
- o montante do capital realizado e os prazos de realização do capital apenas subscrito;
- a autorização, se for dada, para a emissão de obrigações; e
- a estrutura adotada para a administração e fiscalização da sociedade.

No regime especial de constituição imediata de sociedades, conhecido por "Empresa na hora" (Decreto-Lei n.º 111/2005, de 8/7), o pacto social tem que seguir um modelo aprovado pelo Instituto dos Registos e Notariado.

1.1.10. Constituição com apelo à subscrição pública

A constituição de uma sociedade anónima com apelo à subscrição pública deve ser promovida por uma ou mais pessoas, os designados promotores. O objeto da sociedade deve consistir numa ou mais atividades perfeitamente especificadas (n.º 5 do art.º 279.º do CSC).

Os promotores devem subscrever e realizar integralmente ações cuja soma dos valores nominais ou cuja soma dos valores de emissão perfaça, pelo menos, o capital mínimo de 50.000 euros. Estas ações são inalienáveis durante dois anos a contar do registo definitivo da sociedade e os negócios obrigacionais celebrados durante esse tempo sobre oneração ou alienação de ações são nulos (n.º 2 do art.º 279.º do CSC).

Os promotores devem elaborar o projeto completo de contrato de sociedade e requerer o seu registo provisório (n.º 3 do art.º 279.º do CSC). O projeto especificará o número de ações ainda não subscritas e destinadas, respetivamente, à subscrição particular e à subscrição pública (n.º 4 do art.º 279.º do CSC).

Depois de efetuado o registo provisório, os promotores colocarão as ações destinadas à subscrição particular e elaborarão a oferta das ações destinadas à subscrição pública, assinada por todos eles, donde constarão obrigatoriamente os seguintes elementos (n.º 6 do art.º 279.º do CSC):

- o projeto do contrato provisoriamente registado;
- qualquer vantagem que, nos limites da lei, seja atribuída aos promotores;
- o prazo, lugar e formalidades da subscrição;
- o prazo dentro do qual se reunirá a assembleia constitutiva;
- um relatório único, económico e financeiro sobre as perspetivas da sociedade, organizado com base em dados verdadeiros e completos e em previsões justificadas pelas circunstâncias conhecidas nessa data, contendo as informações necessárias para o cabal esclarecimento dos eventuais interessados na subscrição;
- as regras a que obedecerá o rateio da subscrição, se este for necessário;
- a indicação de que a constituição definitiva da sociedade ficará dependente da subscrição total das ações ou das condições em que é admitida aquela constituição, se a subscrição não for completa;
- o montante da entrada a efetuar na altura da subscrição, o prazo e o modo de restituição dessa importância, no caso de não chegar a constituir-se a sociedade.

As entradas em dinheiro efetuadas por todos os subscritores serão diretamente depositadas por estes na conta aberta pelos promotores em nome da sociedade (n.º 7 do art.º 279.º do CSC).

Aos promotores não pode ser atribuída outra vantagem além da reserva de uma percentagem não superior a um décimo dos lucros líquidos da sociedade, por tempo não excedente a um terço da duração desta e nunca superior a cinco anos, a qual só pode ser paga depois de aprovadas as contas anuais (n.º 8 do art.º 279.º do CSC).

Terminado o período de subscrição pública pode acontecer um de três cenários:

(i) o número de ações subscritas é igual ou superior ao número de ações destinadas à subscrição pública – neste caso a sociedade pode ser constituída (podendo haver necessidade de rateio), devendo ser realizada a assembleia constitutiva (veja-se o art.º 281.º do CSC para maior detalhe sobre o funcionamento da assembleia constitutiva);

(ii) o número de ações subscritas é inferior ao número de ações destinadas à subscrição pública, estando subscritas, pelo menos, três quartos das ações destinadas ao público – se o programa de oferta de ações o especificar, pode a assembleia constitutiva deliberar sobre a constituição da sociedade (n.º 3 do art.º 280.º e art.º 281.º do CSC).

(iii) o número de ações subscritas é inferior ao número de ações destinadas à subscrição pública mas, ou não está subscrito o mínimo de três quartos das ações destinadas ao público, ou, estando-o, o programa de oferta de ações não especifica que a assembleia constitutiva pode deliberar sobre a constituição da sociedade – neste caso devem os promotores requerer o cancelamento do registo provisório e publicar um anúncio em que informem os subscritores de que devem levantar as suas entradas. Se, decorrido um mês, não tiverem sido levantadas todas as entradas, deve ser publicado segundo anúncio (n.º 1 do art.º 280.º do CSC).

A instituição de crédito onde for aberta a conta referida só restitui importâncias depositadas mediante a apresentação do documento de subscrição e depósito e depois do registo provisório ter sido cancelado ou ter caducado (n.º 2 do art.º 280.º do CSC).

Não chegando a sociedade a constituir-se, todas as despesas efetuadas são suportadas pelos promotores (n.º 4 do art.º 280.º do CSC).

O contrato de sociedade deve ser celebrado por dois promotores e pelos subscritores que entrem com bens diferentes de dinheiro (n.º 1 do art.º 283.º do CSC). Toda a documentação, incluindo a ata da assembleia constitutiva, fica arquivada na conservatória do registo competente, onde deve ser entregue juntamente com o pedido de conversão do registo em definitivo (n.º 2 do art.º 283.º do CSC).

1.2. Prestações acessórias, prestações suplementares e suprimentos

Prestações acessórias

Nas sociedades por quotas (art.º 209.º do CSC) e nas sociedades anónimas (art.º 287.º do CSC) está prevista a possibilidade do contrato de sociedade impor a todos ou a alguns sócios (acionistas) a obrigação de efetuarem prestações além das entradas, designadas de prestações acessórias, desde que fixe os elementos essenciais desta obrigação e especifique se as prestações devem ser efetuadas onerosa ou gratuitamente.

Quando o conteúdo da obrigação corresponder ao de um contrato típico, aplica-se a regulamentação legal própria desse tipo de contrato (n.º 1 do art.º 209.º e n.º 1 do art.º 287.º do CSC).

Se as prestações estipuladas forem não pecuniárias, o direito da sociedade é intransmissível (n.º 2 do art.º 209.º e n.º 2 do art.º 287.º do CSC).

No caso de se convencionar a onerosidade, a contraprestação pode ser paga independentemente da existência de lucros de exercício (n.º 3 do art.º 209.º e n.º 3 do art.º 287.º do CSC), não podendo exceder o valor da prestação respetiva no caso das sociedades anónimas.

Salvo disposição contratual em contrário, a falta de cumprimento das obrigações acessórias não afeta a situação do sócio como tal (n.º 4 do art.º 209.º e n.º 4 do art.º 287.º do CSC). E as obrigações acessórias extinguem-se com a dissolução da sociedade (n.º 5 do art.º 209.º e n.º 5 do art.º 287.º do CSC).

Prestações suplementares

Nas sociedades por quotas e desde que o contrato de sociedade o permita, podem os sócios deliberar que lhes sejam exigidas prestações suplementares (n.º 1 do art.º 210.º do CSC). As prestações suplementares têm sempre dinheiro por objeto e não vencem juros (n.ºs 2 e 5 do art.º 210.º do CSC).

O contrato de sociedade que permita prestações suplementares fixará (n.º 3 do art.º 210.º do CSC):

- o montante global das prestações suplementares;
- os sócios que ficam obrigados a efetuar tais prestações; e
- o critério de repartição das prestações suplementares entre os sócios a elas obrigados.

O montante global das prestações suplementares é sempre uma menção essencial do contrato de sociedade. Se o contrato não referir quais os sócios que ficam obrigados a efetuar tais prestações, ficarão todos os sócios obrigados a tal. Se o contrato não mencionar o critério de repartição das prestações suplementares, a obrigação de cada sócio é proporcional à sua quota de capital (n.º 4 do art.º 210.º do CSC).

A exigibilidade das prestações suplementares depende sempre de deliberação dos sócios. Essa deliberação não pode ser tomada antes de interpelados todos os sócios para integral liberação das suas quotas de capital e deve fixar o montante tornado exigível e o prazo da prestação, o qual não pode ser inferior a 30 dias a contar da comunicação aos sócios (n.ºs 1 e 2 do art.º 211.º do CSC). Não podem ser exigidas prestações suplementares depois de a sociedade ter sido dissolvida por qualquer causa (n.º 3 do art.º 211.º do CSC).

O não cumprimento da obrigação de efetuar prestações suplementares afeta a situação do sócio como tal, sendo aplicável o disposto nos art.os 204.º e 205.º do CSC relativos à exclusão de sócio remisso e à venda da sua quota (n.º 1 do art.º 212.º do CSC).

Ao crédito da sociedade por prestações suplementares não pode opor-se compensação (n.º 2 do art.º 212.º do CSC). A sociedade não pode exonerar os sócios da obrigação de efetuar prestações suplementares, estejam ou não estas já exigidas (n.º 3 do art.º 212.º do CSC). O direito a exigir prestações suplementares é intransmissível e nele não podem sub-rogar-se os credores da sociedade (n.º 4 do art.º 212.º do CSC).

A restituição das prestações suplementares só pode ocorrer (n.os 1 a 3 do art.º 213.º do CSC):

- antes de declarara a falência da sociedade;
- se o capital próprio não ficar inferior à soma do capital e da reserva legal;
- se o respetivo sócio já tiver liberado a sua quota; e
- mediante deliberação dos sócios.

A restituição das prestações suplementares deve respeitar a igualdade entre os sócios que as tenham efetuado, salvo para os sócios que não tenham liberado as suas quotas (n.º 4 do art.º 213.º do CSC).

Para o cálculo do montante da obrigação vigente de efetuar prestações suplementares não serão computadas as prestações restituídas (n.º 5 do art.º 213.º do CSC).

Suprimentos

O contrato de suprimento, previsto no CSC para as sociedades por quotas, é "o contrato pelo qual o sócio empresta à sociedade dinheiro ou outra coisa fungível, ficando aquela obrigada a restituir outro tanto do mesmo género e qualidade, ou pelo qual o sócio convenciona com a sociedade o diferimento do vencimento de créditos seus sobre ela, desde que, em qualquer dos casos, o crédito fique tendo carácter de permanência" (n.º 1 do art.º 243.º do CSC).

Os n.ºs 2, 3 e 4 do art.º 243.º do CSC referem-se aos indicadores que permitem avaliar o carácter de permanência do crédito, apontando, de uma forma geral, para a estipulação de um prazo de reembolso superior a um ano ou para a não exigência do reembolso devido pela sociedade durante um ano, quando não tenha sido estipulado prazo ou quando este prazo seja inferior.

Também fica sujeito ao regime de crédito de suprimento, o crédito de terceiro contra a sociedade que o sócio adquira por negócio entre vivos, desde que no momento da aquisição o mesmo tenha caráter de permanência (n.º 5 do art.º 243.º do CSC).

A obrigação de efetuar suprimentos pode ser constituída no contrato de sociedade ou por deliberação dos sócios votada por aqueles que a assumam (n.ºs 1 e 2 do art.º 244.º do CSC). Quando a obrigação é estipulada no contrato de sociedade aplica-se o disposto no art.º 209.º do CSC relativo a obrigações acessórias (n.º 1 do art.º 244.º do CSC).

A celebração de contratos de suprimentos não depende de prévia deliberação dos sócios, salvo disposição contratual em contrário (n.º 3 do art.º 244.º do CSC). A validade do contrato de suprimento, de negócio sobre adiantamento de fundos pelo sócio à sociedade, ou de convenção de diferimento de créditos de sócios não está sujeita a forma especial (n.º 6 do art.º 243.º do CSC).

O art.º 245.º do CSC refere-se ao regime do contrato de suprimento, estabelecendo, entre outras disposições, que decretada a falência ou dissolvida por qualquer causa a sociedade:

- os suprimentos só podem ser reembolsados aos seus credores depois de inteiramente satisfeitas as dívidas daquela para com terceiros; e
- não é admissível compensação de créditos da sociedade com créditos de suprimentos.

Na tabela seguinte apresenta-se uma síntese e comparação entre Prestações acessórias, Prestações suplementares e Suprimentos.

	Prestações acessórias Art.º 209.º (SQ) e 287.º (SA) do CSC	**Prestações Suplementares** Art.º 210.º a art.º 213.º (SQ) do CSC	**Suprimentos** Art.º 243.º a art.º 245.º (SQ) do CSC
Natureza Patrimonial	Depende do tipo de prestação previsto no contrato de sociedade.	Capital Próprio	Passivo (não corrente)
Rubrica	Depende do tipo de prestação previsto.	531 Outros instrumentos de capital próprio – Prestações Suplementares	253 Financiamentos obtidos – Participantes de capital – ... – Suprimentos e outros mútuos capital
Objeto	Pecuniárias (por ex. um mútuo à sociedade ou uma "prestação suplementar"). ou Não pecuniárias (por ex. o gozo de um bem; a prestação de determinadas funções; ou o fornecimento de bens).	Só dinheiro.	Dinheiro ou outra coisa fungível.
Exigibilidade	Têm que estar previstas no contrato de sociedade. A sua exigibilidade não depende da deliberação dos sócios, sendo diretamente exigíveis. O não cumprimento não afeta a situação do sócio como tal, salvo disposição contratual em contrário.	Têm que estar previstas no contrato de sociedade. A sua exigibilidade depende da deliberação dos sócios. O não cumprimento afeta a situação de sócio como tal.	Podem não estar previstos no contrato de sociedade, podendo a obrigação ser constituída por deliberação dos sócios que a assumam. A sua exigibilidade não depende da deliberação dos sócios, salvo disposição contratual em contrário. O não cumprimento não afeta a situação do sócio como tal, salvo disposição contratual em contrário.
Remuneração	O contrato de sociedade pode fixar os elementos essenciais desta obrigação e especificar se as prestações devem ser efetuadas onerosa ou gratuitamente.	Não vencem juros.	Podem vencer juros.
Reembolso	Depende da natureza do contrato.	Depende da deliberação dos sócios. Depende da integridade do capital.	Não depende da deliberação dos sócios. Não depende da integridade do capital.

1.3. Casos Práticos

Caso Prático 1.3.1 – Constituição de sociedade por quotas com realização imediata e integral em dinheiro

A 15/10/N António Alves, Bernardo Bento e Carlos Castro, com o objetivo de comercializar uma vasta gama de produtos tradicionais, tais como vinhos, queijos e enchidos de várias regiões do país, procederam à constituição de uma sociedade por quotas. Após analisarem as necessidades de investimento iniciais, decidiram que o capital social seria de 6.000 euros, dividido em três quotas de igual valor e com realização imediata em dinheiro.

A formalização da constituição da sociedade, realizada num balcão "empresa na hora", acarretou despesas de 360 euros. Estas despesas foram pagas pelo sócio António Alves e reembolsadas pela sociedade a 10/11/N.

Pretende-se:

Os lançamentos relativos à constituição da sociedade.

Proposta de resolução:

A situação descrita refere-se à constituição de uma sociedade por quotas, formada por três sócios. Nas sociedades por quotas, o capital social é livre e corresponde à soma das quotas subscritas pelos sócios (art.º 201.º do CSC). O valor nominal das quotas não pode ser inferior a 1 euro (n.º 3 do art.º 219.º do CSC) e na constituição a cada sócio fica apenas a pertencer uma quota (n.º 1 do art.º 219.º do CSC).

Sendo o capital social de 6.000 euros e dividido em partes iguais pelos 3 sócios, caberá a cada um deles uma quota de 2.000 euros. As quotas foram realizadas por todos de igual modo, ou seja, de imediato e integralmente em dinheiro.

Quanto às despesas de constituição e registo da sociedade, foram as mesmas pagas por um dos sócios que será, posteriormente, reembolsado pela sociedade. De salientar que estas despesas são reconhecidas como gastos do período e não como ativo, pois, como refere o § 67 da Norma Contabilística e de Relato Financeiro (NCRF) 6 - Ativos Intangíveis *"o dispêndio é incorrido para proporcionar benefícios económicos futuros a uma entidade, mas nenhum ativo intangível ou outro ativo é adquirido ou criado que possa ser reconhecido"*.

Cumprindo a constituição desta sociedade com as disposições legais aplicáveis às sociedades por quotas, apresentam-se de seguida os respetivos registos contabilísticos.

Subscrição do capital

	15/10/N		
26	Acionistas/sócios		
262	Quotas não liberadas		
2621	Sócio António Alves	2.000	
2622	Sócio Bernardo Bento	2.000	
2623	Sócio Carlos Castro	2.000	
51	Capital subscrito		
511	Quota de António Alves		2.000
512	Quota de Bernardo Bento		2.000
513	Quota de Carlos Castro		2.000

Realização do capital

	15/10/N		
12	Depósitos à Ordem	6.000	
26	Acionistas/sócios		
262	Quotas não liberadas		
2621	Sócio António Alves		2.000
2622	Sócio Bernardo Bento		2.000
2623	Sócio Carlos Castro		2.000

Sendo a totalidade do capital social realizado de imediato em dinheiro, admitir-se-ia o seguinte lançamento em substituição dos dois anteriores:

	15/10/N		
12	Depósitos à Ordem	6.000	
51	Capital subscrito		
511	Quota de António Alves		2.000
512	Quota de Bernardo Bento		2.000
513	Quota de Carlos Castro		2.000

Pelo pagamento das despesas de constituição pelo sócio António Alves

	15/10/N		
62	Fornecimentos e serviços externos		
626	Serviços diversos		
6265	Contencioso e notariado	300	
26	Acionistas/sócios		
268	Outras operações		
2681	Outras operações - Corrente		
26811	Sócio António Alves		300

Pelo reembolso das despesas ao sócio António Alves

	10/11/N		
26	Acionistas/sócios		
268	Outras operações		
2681	Outras operações - Corrente		
26811	Sócio António Alves	300	
12	Depósitos à Ordem		300

Caso Prático 1.3.2 – Constituição de sociedade unipessoal por quotas com realização em dinheiro e em espécie

A 19/10/N foi constituída a sociedade denominada FARMÁCIA HERMENEGILDO SILVA – SOCIEDADE UNIPESSOAL, LDA., por transformação do estabelecimento individual de responsabilidade limitada do Dr. Hermenegildo Silva, farmacêutico. Para a realização do capital social desta sociedade, foi transferido o património do estabelecimento individual, avaliado em 440.000 euros e 20.000 euros em dinheiro.

Do relatório de avaliação dos bens em espécie elaborado pelo ROC constavam os seguintes elementos (valores em euros):

Mobiliário e equipamentos diversos	350.000
Mercadorias	120.000
Dívidas de clientes	50.000
Dívidas a fornecedores	-80.000
Total do património	440.000

A constituição e registo da sociedade envolveu despesas de 1.035 euros, pagas pelo sócio e reembolsadas pela sociedade em 25/10/N.

O recibo de honorários do ROC foi emitido em nome da sociedade, constando do mesmo os seguintes valores:

- Honorários: 8.000 euros;
- Retenção de IRS: 2.000 euros;
- IVA: 1.840 euros.

Pretende-se:
Os lançamentos relativos à constituição da sociedade.

Proposta de resolução:
A situação descrita refere-se à constituição de uma sociedade unipessoal por quotas, por transformação de um estabelecimento individual de responsabilidade limitada.

Nas sociedades unipessoais por quotas apenas existe um sócio (art.º 270.º-A do CSC) e aplicam-se-lhes as normas que regulam as sociedades por quotas, com exceção das que pressupõem a pluralidade de sócios (art.º 270.º-G do CSC).

O capital social da sociedade a constituir é de 460.000 euros, realizados em dinheiro e em espécie.

A entrada em espécie, formada pelo património do estabelecimento individual, foi objeto de avaliação por um ROC, cumprindo com o art.º 28.º do CSC. Esta entrada não pode ser diferida, tendo sido realizada de imediato, como prevê o n.º 3 do art.º 26.º do CSC.

Cumprindo a constituição desta sociedade com as disposições legais aplicáveis às sociedades unipessoais por quotas, apresentam-se de seguida os respetivos registos contabilísticos.

Subscrição do capital

	19/10/N		
26	Acionistas/sócios		
262	Quotas não liberadas		
2621	Sócio Hermenegildo	460.000	
51	Capital subscrito		
511	Quota de Hermenegildo		460.000

Realização do capital em dinheiro

	19/10/N		
12	Depósitos à Ordem	20.000	
26	Acionistas/sócios		
262	Quotas não liberadas		
2621	Sócio Hermenegildo		20.000

Realização do capital em espécie

	19/10/N		
43	Ativos fixos tangíveis		
433	Equipamento básico	350.000	
32	Mercadorias	120.000	
21	Clientes		
211	Clientes c/c		
2111	Clientes gerais	50.000	
22	Fornecedores		
221	Fornecedores c/c		
2211	Fornecedores gerais		80.000
26	Acionistas/sócios		
262	Quotas não liberadas		
2621	Sócio Hermenegildo		440.000

Pagamento pelo sócio das despesas de constituição e registo

	19/10/N		
62	Fornecimentos e serviços externos		
626	Serviços diversos		
6265	Contencioso e notariado	1.035	
26	Acionistas/sócios		
268	Outras operações		
2681	Outras operações - Corrente		
26811	Sócio Hermenegildo		1.035

Reembolso das despesas ao sócio Hermenegildo

	25/10/N		
26	Acionistas/sócios		
268	Outras operações		
2681	Outras operações - Corrente		
26811	Sócio Hermenegildo	1.035	
12	Depósitos à Ordem		1.035

Recibo de honorários do Revisor Oficial de Contas

62	Fornecimentos e serviços externos		
622	Serviços especializados		
6224	Honorários	8.000	
24	Estado e outros entes públicos		
243	Imposto sobre o valor acrescentado		
2432	IVA dedutível	1.840	
24	Estado e outros entes públicos		
242	Retenção de impostos sobre rendimentos		
242X	Rendimentos profissionais (25%)		2.000
12	Depósitos à Ordem		7.840

Caso Prático 1.3.3 – Constituição de sociedade por quotas com realização em espécie excedentária

A 14/09/N, Paulo Pires e Pedro Pedroso constituíram uma sociedade por quotas com um capital de 10.000 euros, correspondente a duas quotas de igual valor.

O sócio Paulo Pires realizou a sua quota com a entrega de uma viatura pesada de mercadorias avaliada em 6.500 euros. O sócio Pedro Pedroso realizou a sua quota entregando uma máquina avaliada em 3.000 euros e com 1.000 euros em dinheiro, comprometendo-se a entregar o restante até ao final do primeiro exercício económico (31/12/N).

As despesas de constituição e registo ascenderam a 510 euros e foram pagas pelo sócio Paulo Pires. A sociedade reembolsou o sócio Paulo Pires das despesas realizadas em 05/11/N.

A fatura (e respetivo recibo) da Sociedade de Revisores de Contas, relativa à avaliação dos bens, foi emitida em nome da sociedade, constando da mesma serviços prestados no montante de 1.200 euros, mais IVA de 276 euros.

Pretende-se:
Os lançamentos relativos à constituição da sociedade.

Proposta de resolução:
A situação descrita refere-se à constituição de uma sociedade por quotas, formada por dois sócios, sendo o capital social 10.000 euros, dividido em duas quotas de 5.000 euros cada.

O sócio Paulo Pires realiza a sua quota em espécie, com uma viatura avaliada em 6.500 euros, o que configura uma realização excedentária. Perante a diferença de 1.500 euros, o sócio pode assumir uma de duas posições: prescinde da diferença em favor da sociedade ou exige ser reembolsado da mesma.

No caso do sócio prescindir da diferença, a mesma constituirá para a sociedade uma doação, a ser registada na conta "59 Outras Variações no Capital Próprio", subconta "594 Doações". À luz do CSC esta diferença é um ágio que fica sujeito ao regime da reserva legal, o qual será analisado no Capítulo 2.

Se o sócio exigir ser reembolsado, então a diferença constituirá um passivo para a sociedade.

O sócio Pedro Pedroso realiza a sua quota em espécie, com uma máquina avaliada em 3.000 euros. Uma vez que este valor é insuficiente para cumprir com a obrigação de entrada, o sócio realizará o remanescente, de 2.000 euros, em dinheiro, ficando cumprido o disposto no n.º 1 do art.º 25.º do CSC. A entrada em dinheiro é realizada da seguinte forma: de imediato 1.000 euros e os restantes 1.000 até ao final do primeiro exercício económico (31/12/N).

Do exposto, conclui-se estarem cumpridos os art.ºs 26.º e 202.º do CSC no que concerne ao tempo das entradas.

Entre outros elementos, o relatório de avaliação dos bens em espécie, previsto no art.º 28.º do CSC, deverá declarar que o valor encontrado para o bem entregue pelo sócio Paulo Pires excede o valor da sua quota em 1.500 euros e que o valor encontrado para o bem entregue pelo sócio Pedro Pedroso não atinge o valor da sua quota, sendo inferior à mesma em 2.000 euros.

No ato constitutivo o sócio Paulo Pires deve declarar, sob sua responsabilidade, que já procedeu à entrega do valor da sua entrada e o sócio Pedro Pedroso deve declarar, sob sua responsabilidade, que se compromete a entregar o valor em falta (1.000 euros) até ao final do primeiro exercício económico (n.º 4 do art.º 202.º do CSC). Na primeira Assembleia Geral anual da sociedade, posterior ao fim daquele prazo, o sócio Pedro Pedroso deve declarar que já procedeu à entrega do valor em falta nos cofres da sociedade (n.º 6 do art.º 202.º do CSC).

Cumprindo a constituição desta sociedade com as disposições legais aplicáveis às sociedades por quotas, apresentam-se de seguida os respetivos registos contabilísticos.

Subscrição do capital

	14/09/N		
26	Acionistas/sócios		
262	Quotas não liberadas		
2621	Sócio Paulo Pires	5.000	
2622	Sócio Pedro Pedroso	5.000	
51	Capital subscrito		
511	Quota Paulo Pires		5.000
512	Quota Pedro Pedroso		5.000

Realização em espécie pelo sócio Paulo Pires – admitindo que este prescindiu da diferença em favor da sociedade

	14/09/N		
43	Ativos fixos tangíveis		
434	Equipamento de transporte	6.500	
26	Acionistas/sócios		
262	Quotas não liberadas		
2621	Sócio Paulo Pires		5.000
59	Outras variações no capital próprio		
594	Doações		1.500

Realização em espécie pelo sócio Paulo Pires – admitindo que este exigiu ser reembolsado da diferença

	14/09/N		
43	Ativos fixos tangíveis		
434	Equipamento de transporte	6.500	
26	Acionistas/sócios		
262	Quotas não liberadas		
2621	Sócio Paulo Pires		5.000
268	Outras operações		
2681	Outras operações - Corrente		
26811	Sócio Paulo Pires		1.500

Realização em espécie pelo sócio Pedro Pedroso

	14/09/N		
43	Ativos fixos tangíveis		
433	Equipamento básico	3.000	
26	Acionistas/sócios		
262	Quotas não liberadas		
2622	Sócio Pedro Pedroso		3.000

Realização em dinheiro pelo sócio Pedro Pedroso

	14/09/N		
12	Depósitos à Ordem	1.000	
26	Acionistas/sócios		
262	Quotas não liberadas		
2622	Sócio Pedro Pedroso		1.000

Pagamento das despesas de constituição pelo sócio Paulo Pires

	14/09/N		
62	Fornecimentos e serviços externos		
626	Serviços diversos		
6265	Contencioso e notariado	510	
26	Acionistas/sócios		
268	Outras operações		
2681	Outras operações - Corrente		
26811	Sócio Paulo Pires		510

Reembolso das despesas ao sócio Paulo Pires

	05/11/N		
26	Sócios		
268	Outras operações		
2681	Outras operações - Corrente		
26811	Sócio Paulo Pires	510	
12	Depósitos à Ordem		510

Fatura e recibo da Sociedade de Revisores Oficiais de Contas

62	Fornecimentos e serviços externos		
622	Serviços especializados		
6221	Trabalhos especializados	1.200	
24	Estado e outros entes públicos		
243	Imposto sobre o valor acrescentado		
2432	IVA dedutível	276	
12	Depósitos à Ordem		1.476

Realização do remanescente em dinheiro pelo sócio Pedro Pedroso

	até 31/12/N		
12	Depósitos à Ordem	1.000	
26	Acionistas/sócios		
262	Quotas não liberadas		
2622	Sócio Pedro Pedroso		1.000

Caso Prático 1.3.4 – Constituição de sociedade por quotas com entradas em espécie e com realização diferida de entradas em dinheiro

A 03/04/N os amigos Dário Damas e Ernesto Évora com as suas esposas, respetivamente, Daniela Damas e Elvira Évora, procederam à constituição de uma sociedade por quotas, com um capital social de 50.000 euros.

Dário Damas, com uma quota de valor nominal 15.000 euros, realizou integralmente a sua entrada com a entrega de uma viatura comercial avaliada em 18.000 euros. Ficou acordado entre todos os sócios que o excesso da sua entrada reverteria para realizar a quota da sua esposa Daniela Damas.

Ernesto Évora, com uma quota de valor nominal 15.000 euros, realizou a sua quota entregando o património do seu estabelecimento em nome individual e o restante em dinheiro. O referido património era composto pelos seguintes elementos (valores em euros):

Equipamento básico	5.700
Mercadorias	3.100
Dívidas de clientes	2.850
Dívidas a fornecedores	-2.650
Valor do património	9.000

As entradas em espécie foram objeto de avaliação por um ROC.

Daniela Damas e Elvira Évora, cujas quotas tinham valores nominais de, respetivamente, 10.000 euros cada, realizaram de imediato metade das suas quotas, diferindo a outra metade para um ano depois.

Pretende-se:
Os lançamentos relativos à subscrição e realização do capital social.

Proposta de resolução:
A situação descrita refere-se à constituição de uma sociedade por quotas, formada por quatro sócios, com um capital social de 50.000 euros, dividido em quatro quotas de diferentes montantes, com realização em espécie e em dinheiro e com diferimento de parte das entradas em dinheiro.

O sócio Dário Damas realiza de imediato a totalidade da sua quota, no valor de 15.000 euros, com a entrega de uma viatura cujo valor excede em 3.000 euros a sua obrigação de entrada. Esta diferença reverte para realizar parte da quota da sua esposa, Daniela Damas.

O sócio Ernesto Évora realiza de imediato a totalidade da sua quota, no valor de 15.000 euros, com um património comercial de 9.000 euros e os restantes 6.000 euros em dinheiro.

A quota da sócia Daniela Damas, no valor de 10.000 euros, fica parcialmente realizada com os 3.000 euros relativos à realização excedentária do seu marido, faltando os restantes 7.000 euros. Este valor será realizado em dinheiro, da seguinte forma: de imediato 2.000 euros e um ano depois 5.000 euros.

A quota da sócia Elvira Évora, no valor de 10.000 euros, será realizada em dinheiro, entregando 5.000 euros de imediato e 5.000 euros um ano depois.

No quadro seguinte sistematiza-se esta informação:

Sócios	Quota (euros)	Entradas	Realização imediata	Realização diferida
Dário Damas	15.000	Espécie: 15.000	Espécie: 15.000	—
Daniela Damas	10.000	Espécie: 3.000 Dinheiro: 7.000	Espécie: 3.000 Dinheiro: 2.000	Um ano depois Dinheiro: 5.000
Ernesto Évora	15.000	Espécie: 9.000 Dinheiro: 6.000	Espécie: 9.000 Dinheiro: 6.000	—
Elvira Évora	10.000	Dinheiro: 10.000	Dinheiro: 5.000	Um ano depois Dinheiro: 5.000
Total	**50.000**	**50.000**	**40.000**	**10.000**

Tal como prevê o art.º 28.º do CSC, o relatório do ROC deverá mencionar que o valor da viatura entregue pelo sócio Dário Damas servirá para fazer face à totalidade da sua entrada e a parte da entrada da sócia Daniela Damas, devendo esta entregar o remanescente em dinheiro. Quanto ao património comercial entregue pelo sócio Dário Damas, o relatório deverá mencionar que o mesmo não é suficiente para cumprir a sua obrigação de entrada e que o mesmo terá que fazer a entrega da diferença em dinheiro.

No caso em apreço, a realização das entradas não ocorre de forma simultânea, já que os sócios Dário Damas e Ernesto Évora realizam as suas quotas integralmente no momento da celebração do contrato de sociedade, não acontecendo o mesmo com as sócias Daniela Damas e Elvira Évora que diferem metade das suas entradas para um ano depois. Porém, tal resultou da vontade de todos os sócios, pelo que está observado o previsto no n.º 2 do art.º 203.º do CSC.

Cumprindo a constituição desta sociedade com as disposições legais aplicáveis às sociedades por quotas, apresentam-se de seguida os respetivos registos contabilísticos.

Pela subscrição do capital

	03/04/N		
26	Acionistas/sócios		
262	Quotas não liberadas		
2621	Sócio Dário Damas	15.000	
2622	Sócio Ernesto Évora	15.000	
2623	Sócia Daniela Damas	10.000	
2624	Sócia Elvira Évora	10.000	
51	Capital subscrito		
511	Quota Dário Damas		15.000
512	Quota Ernesto Évora		15.000
513	Quota Daniela Damas		10.000
514	Quota Elvira Évora		10.000

Pela realização em espécie dos sócios Dário Damas e Daniela Damas

	03/04/N		
43	Ativos fixos tangíveis		
434	Equipamento de transporte	18.000	
26	Acionistas/sócios		
262	Quotas não liberadas		
2621	Sócio Dário Damas		15.000
2623	Sócia Daniela Damas		3.000

Pela realização em espécie do sócio Ernesto Évora

	03/04/N		
43	Ativos fixos tangíveis		
433	Equipamento básico	5.700	
32	Mercadorias		
321	Mercadoria X	3.100	
27	Outras contas a receber e a pagar		
278	Outros devedores e credores		
2781	Outros devedores e credores – Corrente		
27811	"Clientes de Ernesto Évora"	2.850	
27812	"Fornecedores de Ernesto Évora"		2.650
26	Acionistas/sócios		
262	Quotas não liberadas		
2622	Sócio Ernesto Évora		9.000

Pela realização em dinheiro do sócio Ernesto Évora

	03/04/N		
12	Depósitos à Ordem	6.000	
26	Acionistas/sócios		
262	Quotas não liberadas		
2622	Sócio Ernesto Évora		6.000

Pela realização em dinheiro da sócia Daniela Damas

	03/04/N		
12	Depósitos à Ordem	2.000	
26	Acionistas/sócios		
262	Quotas não liberadas		
2623	Sócia Daniela Damas		2.000

Pela realização em dinheiro da sócia Elvira Évora

	03/04/N		
12	Depósitos à Ordem	5.000	
26	Acionistas/sócios		
262	Quotas não liberadas		
2624	Sócia Elvira Évora		5.000

Pela realização do valor remanescente pela sócia Daniela Damas

	03/04/N+1		
12	Depósitos à Ordem	5.000	
26	Acionistas/sócios		
262	Quotas não liberadas		
2623	Sócia Daniela Damas		5.000

Pela realização do valor remanescente pela sócia Elvira Évora

	03/04/N+1		
12	Depósitos à Ordem	5.000	
26	Acionistas/sócios		
262	Quotas não liberadas		
2624	Sócia Elvira Évora		5.000

Caso Prático 1.3.5 – Constituição de sociedade anónima com realização diferida de entradas em dinheiro e com prémio de emissão

A 12/10/N foi constituída uma sociedade anónima, denominada SOFTALL – COMÉRCIO E SERVIÇOS DE INFORMÁTICA E COMUNICAÇÕES, S.A., com um capital social de 80.000 euros, dividido em ações de valor nominal 1 euro/ação. São acionistas desta sociedade o João Matos e a Joana Matos, casados entre si, e três primos, o Joaquim Matos, a Janete Matos e o José Matos. Todos os acionistas detêm igual número de ações.

João Matos e a Joana Matos, na qualidade de promotores e pela sua vasta experiência e contactos comerciais nesta atividade, subscreveram as ações ao par. Os restantes acionistas subscreveram com um prémio de emissão de 0,2 euros/ação.

Os acionistas pretendem realizar as suas entradas em dinheiro e, após avaliarem o investimento inicial a realizar, concluíram que entregam de imediato o mínimo exigido pelo CSC, comprometendo-se a entregar o restante 6 meses depois.

Pretende-se:
Os lançamentos relativos à subscrição e realização do capital social.

Proposta de resolução:
A situação descrita refere-se à constituição de uma sociedade anónima, formada por cinco acionistas, com um capital social dividido em 80.000 ações ordinárias com valor nominal 1 euro. A cada acionista correspondem 16.000 ações, sendo que o João Matos e a Joana Matos subscrevem as ações ao valor nominal e os restantes três acionistas terão que pagar um prémio de emissão de 0,2 euros/ação. Desta forma o capital social totaliza 80.000 euros e o prémio de emissão 9.600 euros (3 acionistas * 16.000 ações * 0,2 euros).

Os acionistas pretendem realizar de imediato o mínimo exigido pelo CSC. Para este propósito há que ter em conta o seguinte (n.º 2 do art.º 277.º e n.º 5 do art.º 276.º do CSC):

- O prémio de emissão não pode ser diferido.
- O valor nominal apenas pode ser diferido em 70%.
- Deve ser realizado de imediato pelo menos o montante do capital social mínimo previsto para as sociedade anónimas, ou seja, 50.000 euros.

Caso os acionistas difiram o valor máximo, apenas realizarão 24.000 euros (30% * 80.000 euros), não ficando assegurada a realização do capital social mínimo. Portanto, terá que ser realizado 50.000 euros mais o prémio de emissão, de 9.600 euros, num total de 59.600 euros.

O diferimento será assim de 30.000 euros (80.000 – 50.000) que representa 37,5% do capital social, ou seja, encontra-se abaixo do limite dos 70%.

Admitindo igualdade no tratamento dos acionistas, cada um terá que realizar de imediato 10.000 euros (50.000 euros/5 acionistas) mais o prémio de emissão, tal como consta do quadro seguinte (valores em euros):

Acionista	N.º ações	Valor Nominal (1 euro/ação)	Prémio de Emissão (0,2 euro/ação)	Realização imediata	Realização diferida
João Matos	16.000	16.000	0	10.000	6.000
Joana Matos	16.000	16.000	0	10.000	6.000
Joaquim Matos	16.000	16.000	3.200	10.000 + 3.200 = 13.200	6.000
Janete Matos	16.000	16.000	3.200	10.000 + 3.200 = 13.200	6.000
José Matos	16.000	16.000	3.200	10.000 + 3.200 = 13.200	6.000
Total	**80.000**	**80.000**	**9.600**	**59.600**	**30.000**

Cumprindo a constituição desta sociedade com as disposições legais aplicáveis às sociedades anónimas, apresentam-se de seguida os respetivos registos contabilísticos.

Pela subscrição do capital

	12/10/N		
26	Acionistas/sócios		
261	Acionistas com subscrição		
2611	Acionista João Matos	16.000	
2612	Acionista Joana Matos	16.000	
2613	Acionista Joaquim Matos	19.200	
2614	Acionista Janete Matos	19.200	
2615	Acionista José Matos	19.200	
51	Capital subscrito		
511	Ações ordinárias		80.000
54	Prémios de emissão		9.600

Pela realização efetuada de imediato (por simplicidade de exposição apresenta-se um único lançamento)

	12/10/N		
12	Depósitos à Ordem	59.600	
26	Acionistas/sócios		
261	Acionistas com subscrição		
2611	Acionista João Matos		10.000
2612	Acionista Joana Matos		10.000
2613	Acionista Joaquim Matos		13.200
2614	Acionista Janete Matos		13.200
2615	Acionista José Matos		13.200

Pela realização do remanescente, seis meses depois (por simplicidade de exposição apresenta-se um único lançamento)

	12/04/N+1		
12	Depósitos à Ordem	30.000	
26	Acionistas/sócios		
261	Acionistas com subscrição		
2611	Acionista João Matos		6.000
2612	Acionista Joana Matos		6.000
2613	Acionista Joaquim Matos		6.000
2614	Acionista Janete Matos		6.000
2615	Acionista José Matos		6.000

Caso Prático 1.3.6 – Constituição de sociedade anónima com ações sem valor nominal e entradas em espécie com erro na respetiva avaliação

A 18/11/N constituiu-se uma sociedade anónima com um capital social de 120.000 euros, formada por 30.000 ações sem valor nominal, distribuídas equitativamente pelos seus seis acionistas.

O acionista A realizou a sua entrada com mercadorias avaliadas em 16.000 euros e o restante em dinheiro.

O acionista B entregou um terreno avaliado em 50.000 euros, exigindo que a sociedade lhe restitua a diferença, até um ano depois.

Os restantes acionistas (C, D, E e F) realizaram integralmente e de imediato as suas entradas em dinheiro.

A 30/11/N as mercadorias foram vendidas por 10.000 euros, constatando-se que a perda sofrida se deveu à incorreta avaliação das mesmas pelo ROC. O acionista A procedeu à restituição da diferença a 15/12/N, por transferência bancária.

Pretende-se:
Os lançamentos relativos à subscrição e realização do capital social.

Proposta de resolução:
A situação descrita refere-se à constituição de uma sociedade anónima, com um capital social de 120.000 euros, dividido em 30.000 ações sem valor nominal, ou seja, cada ação tem um valor de emissão correspondente a 4 euros.

Sendo as ações distribuídas de modo igual entre os seus seis acionistas, cada acionista subscreve 5.000 ações, tendo que realizar o seu valor de emissão que é de 20.000 euros (5.000 ações * 4 euros).

A realização do capital social foi feita de imediato, em dinheiro e em espécie, do seguinte modo:

- O acionista A realiza 16.000 euros em espécie (mercadorias) e os restantes 4.000 euros em dinheiro;
- O acionista B entrega um terreno avaliado em 50.000 euros, exigindo que a sociedade lhe restitua a diferença de 30.000 euros;
- Os acionistas C, D, E e F entregam, cada um, 20.000 euros em dinheiro.

No que respeita ao erro na avaliação feita pelo ROC ao valor das mercadorias, há que referir que o acionista A é responsável pela diferença que exista, até ao valor nominal da sua participação (n.º 3 do art.º 25.º do CSC). Assim, terá que proceder à restituição da diferença de 6.000 euros à sociedade, pelo que os registos a realizar devem evidenciar essa obrigação, bem como a correção do custo das mercadorias.

Cumprindo a constituição desta sociedade com as disposições legais aplicáveis às sociedades anónimas, apresentam-se de seguida os respetivos registos contabilísticos.

Pela subscrição do capital

	18/11/N		
26	Acionistas/sócios		
261	Acionistas com subscrição		
2611	Acionista A	20.000	
2612	Acionista B	20.000	
2613	Acionista C	20.000	
2614	Acionista D	20.000	
2615	Acionista E	20.000	
2616	Acionista F	20.000	
51	Capital subscrito		
511	Ações ordinárias		120.000

Realização em espécie pelo acionista A

	18/11/N		
32	Mercadorias		
321	Mercadoria X	16.000	
26	Acionistas/sócios		
261	Acionistas com subscrição		
2611	Acionista A		16.000

Realização em dinheiro pelo acionista A

	18/11/N		
12	Depósitos à Ordem	4.000	
26	Acionistas/sócios		
261	Acionistas com subscrição		
2611	Acionista A		4.000

Realização em espécie pelo acionista B

	18/11/N		
43	Ativos fixos tangíveis		
431	Terrenos e recursos naturais	50.000	
26	Acionistas/sócios		
261	Acionistas com subscrição		
2612	Acionista B		20.000
268	Outras operações		
2681	Outras operações - Corrente		
26812	Acionista B		30.000

Realização em dinheiro pelos restantes acionistas (por simplicidade de exposição apresenta-se um único lançamento)

	18/11/N		
12	Depósitos à Ordem	80.000	
26	Acionistas/sócios		
261	Acionistas com subscrição		
2613	Acionista C		20.000
2614	Acionista D		20.000
2615	Acionista E		20.000
2616	Acionista F		20.000

Pela imputação do erro de avaliação das mercadorias ao acionista A

	30/11/N		
26	Acionistas/sócios		
261	Acionistas com subscrição		
2611	Acionista A	6.000	
32	Mercadorias		
32X	Mercadoria X		6.000

Correção do custo das mercadorias vendidas

32	Mercadorias		
32X	Mercadoria X	6.000	
61	Custo do inventários vendidos e das matérias consumidas		
611	Mercadorias		
611X	Mercadoria X		6.000

Pela restituição pelo acionista A da diferença relativa ao erro de avaliação das mercadorias

	15/12/N		
12	Depósitos à Ordem	6.000	
26	Acionistas/sócios		
261	Acionistas com subscrição		
2611	Acionista A		6.000

Pela restituição da diferença ao acionista B

	até 18/11/N+1		
26	Acionistas/sócios		
268	Outras operações		
2681	Outras operações - Corrente		
26812	Acionista B	30.000	
12	Depósitos à Ordem		30.000

Caso Prático 1.3.7 – Constituição de sociedade anónima com apelo à subscrição pública e rateio

Em 1/2/N foi efetuado o registo provisório da sociedade INTRONIC – IMPORTAÇÃO E EXPORTAÇÃO DE COMPONENTES ELETRÓNICOS, S.A., com o capital social de 500.000 euros, dividido em 500.000 ações de valor nominal 1 euro cada, acrescido de um prémio de 20 cêntimos por ação.

Os quatro promotores efetuaram a subscrição particular de 200.000 ações, depositando 50% do valor nominal das ações subscritas mais a totalidade do prémio de emissão.

O restante capital foi objeto de subscrição pública, tendo o banco MONEY recolhido a subscrição de 350.000 ações, com pagamento imediato idêntico ao dos promotores, depositado na conta da empresa.

Em 1/4/N foi feito o rateio, devolvendo-se aos subscritores os valores entregues em excesso. Após o rateio, foram pagos os restantes 50% por todos os subscritores.

Para além de despesas com escrituras, registos e publicações, foram ainda suportadas despesas de colocação do capital, debitadas pelo banco MONEY, em 15/4/N, no montante de 15.000 euros.

Pretende-se:
Os lançamentos relativos à constituição da sociedade.

Proposta de resolução:
A situação descrita configura a constituição de uma sociedade anónima com apelo à subscrição pública, a qual deve ser promovida por uma ou mais pessoas (os promotores) (n.º 1 do art.º 279.º do CSC).

Entre outras obrigações, os promotores devem:

- Subscrever e realizar integralmente ações cuja soma dos valores nominais perfaça, pelo menos, o capital mínimo de 50.000 euros (n.º 2 do art.º 279.º do CSC).
- Elaborar o projeto completo de contrato de sociedade e requerer o seu registo provisório (n.º 3 do art.º 279.º do CSC).
- Elaborar oferta de ações destinadas à subscrição pública (n.º 6 do art.º 279.º do CSC).

Da subscrição pública resultou um número de ações subscritas pelo público superior ao número de ações emitidas e destinadas a este, pelo que a sociedade pode ser constituída, embora haja necessidade de se proceder a um rateio. Assim, deverão os promotores convocar a assembleia constitutiva, que deliberará sobre a constituição da sociedade, nos precisos termos do projeto registado, e sobre as designações para os órgãos sociais (art.º 281.º do CSC).

Relativamente à contabilização da constituição desta sociedade, colocam-se aqui duas novas situações. A primeira diz respeito ao tratamento contabilístico das despesas cobradas pelo banco, que configuram um gasto de emissão de capital, devendo ser tratado à luz do previsto no § 20 da NCRF 27 – Instrumentos Financeiros, que estabelece o seguinte: "*Todos os custos associados à emissão de instrumentos de capital próprio devem ser deduzidos à quantia inscrita no respetivo capital próprio*". Uma vez que o quadro de contas do SNC não previu uma conta especifica para estes gastos, é nosso entender que os mesmos sejam debitados à conta "54 Prémios de Emissão" ou, na sua ausência, a uma subconta criada para o efeito dentro da conta "51 Capital Subscrito".

A segunda situação relaciona-se com o rateio, que pode ser ou não objeto de relevação contabilística. Caso o rateio não seja objeto de relevação, os lançamentos da subscrição e realização traduzem apenas os valores após o rateio. Considerando que a relevação contabilística do rateio proporciona informação mais completa sobre o processo de constituição da sociedade, proceder-se-á à contabilização do mesmo.

No quadro seguinte sintetiza-se a informação que servirá de suporte aos lançamentos relativos à subscrição particular (valores em euros):

	N.º ações subscritas	Valor Nominal (1 euro/ação)	Prémio de Emissão (0,2 euros/ação)	Total dos valores subscritos	Realização imediata	Realização diferida
Promotor A	50.000	50.000	10.000	60.000	25.000 + 10.000 = 35.000	25.000
Promotor B	50.000	50.000	10.000	60.000	25.000 + 10.000 = 35.000	25.000
Promotor C	50.000	50.000	10.000	60.000	25.000 + 10.000 = 35.000	25.000
Promotor D	50.000	50.000	10.000	60.000	25.000 + 10.000 = 35.000	25.000
Total	**200.000**	**200.000**	**40.000**	**240.000**	**140.000**	**100.000**

Pela subscrição particular (promotores)

	01/02/N		
26	Acionistas/sócios		
261	Acionistas com subscrição		
2611	Promotores		
26111	Promotor A	60.000	
26112	Promotor B	60.000	
26113	Promotor C	60.000	
26114	Promotor D	60.000	
51	Capital subscrito		
511	Ações ordinárias		200.000
54	Prémios de Emissão		40.000

Pela realização imediata dos promotores

	01/02/N		
12	Depósitos à Ordem	140.000	
26	Acionistas/sócios		
261	Acionistas com subscrição		
2611	Promotores		
26111	Promotor A		35.000
26112	Promotor B		35.000
26113	Promotor C		35.000
26114	Promotor D		35.000

O quadro seguinte apresenta a informação que servirá de apoio à contabilização da subscrição pública e do rateio.

<table>
<tr><th></th><th>N.º de ações</th><th>Valor Nominal (1 euro/ação)</th><th>Prémio de Emissão (0,2 euros/ação)</th><th>Realização imediata</th><th>Realização diferida</th></tr>
<tr><td rowspan="2">Valores correspondentes à Emissão</td><td rowspan="2">300.000</td><td>Capital Social: 300.000</td><td>Prémio de Emissão: 60.000</td><td rowspan="2">150.000 + 60.000 = 210.000</td><td rowspan="2">150.000</td></tr>
<tr><td colspan="2">Total a subscrever = 360.000</td></tr>
<tr><td rowspan="2">Valores correspondentes à Subscrição</td><td rowspan="2">350.000</td><td>350.000</td><td>70.000</td><td rowspan="2">175.000 + 70.000 = 245.000</td><td rowspan="2">175.000</td></tr>
<tr><td colspan="2">Total subscrito = 420.000</td></tr>
<tr><td rowspan="2">Excesso (Rateio)</td><td rowspan="2">50.000</td><td colspan="2"></td><td>Devolução aos subscritores: 35.000</td><td>Dívida a anular: 25.000</td></tr>
<tr><td colspan="2">Excesso a anular</td><td colspan="2">60.000</td></tr>
</table>

Pela subscrição pública (excedentária)

26	Acionistas/sócios		
261	Acionistas com subscrição		
2612	Subscrição pública		
26121	Subscritores em geral	420.000	
51	Capital subscrito		
511	Ações ordinárias		300.000
54	Prémios de emissão		60.000
26	Acionistas/sócios		
261	Acionistas com subscrição		
2612	Subscrição pública		
26129	Excesso a anular		60.000

Pela realização imediata dos subscritores

12	Depósitos à Ordem	245.000	
26	Acionistas/sócios		
261	Acionistas com subscrição		
2612	Subscrição pública		
26121	Subscritores em geral		245.000

Rateio – Devolução aos subscritores das quantias entregues em excesso

	01/04/N		
26	Acionistas/sócios		
261	Acionistas com subscrição		
2612	Subscrição pública		
26129	Excesso a anular	35.000	
12	Depósitos à Ordem		35.000

Rateio – Anulação da dívida refletida

	01/04/N		
26	Acionistas/sócios		
261	Acionistas com subscrição		
2612	Subscrição pública		
26129	Excesso a anular	25.000	
26	Acionistas/sócios		
261	Acionistas com subscrição		
2612	Subscrição pública		
26121	Subscritores em geral		25.000

Pela realização do remanescente pelos promotores e pelos subscritores (por simplicidade de exposição apresenta-se um único lançamento)

12	Depósitos à Ordem	250.000	
26	Acionistas/sócios		
261	Acionistas com subscrição		
2611	Promotores		
26111	Promotor A		25.000
26112	Promotor B		25.000
26113	Promotor C		25.000
26114	Promotor D .		25.000
2612	Subscrição pública		
26121	Subscritores em geral		150.000

Pelas despesas de colocação/emissão do capital

	15/04/N		
54	Prémios de emissão	15.000	
12	Depósitos à Ordem		15.000

As despesas com escrituras, registos e publicações (relativamente às quais não são apresentados montantes) seriam registadas em "Fornecimentos e Serviços Externos".

Caso Prático 1.3.8 – Constituição de sociedade anónima com apelo à subscrição pública incompleta

Em 30/06/N foi efetuado o registo provisório da sociedade MAIS SAÚDE – HOSPITAL PRIVADO, S.A., com o capital social 10.000.000 euros, dividido em 10.000.000 de ações de valor nominal 1 euro cada. A constituição desta sociedade foi promovida por três médicos, sócios da CLÍNICA DENTÁRIA VITA, LDA..

A subscrição particular de 5.000.000 de ações será realizada pelos três médicos (1.000.000 de ações cada) e pela própria clínica (2.000.000 de ações) que realizam de imediato 50% do valor nominal das ações subscritas.

As restantes ações foram colocadas à subscrição pública, através do banco MONEY, com um prémio de emissão de 10 cêntimos por ação, e com pagamento imediato de 60% do valor nominal mais a totalidade do prémio de emissão.

O programa de oferta de ações à subscrição pública prevê a possibilidade da assembleia constitutiva deliberar sobre a constituição da sociedade, em caso de subscrição incompleta, desde que reunidas as condições para tal.

A 15/08/N o banco MONEY informou os promotores que havia recolhido a subscrição de 4.000.000 ações, tendo debitado, em 02/09/N, despesas relativas à operação de 55.000 euros.

O remanescente dos valores subscritos foram pagos até 30/09/N.

Pretende-se:
Os lançamentos relativos à constituição da sociedade.

Proposta de resolução:
Neste caso ilustra-se a constituição de uma sociedade anónima com apelo à subscrição pública, onde o número de ações subscritas pelo público é inferior ao número de ações emitidas, ou seja, a subscrição foi incompleta.

De salientar que uma forma de evitar a subscrição incompleta é a tomada firme da operação por um ou vários promotores ou pelo próprio banco que monta a operação. No caso descrito, tal não aconteceu, pelo que se terá que analisar se estão reunidas as condições para a constituição da sociedade, ou se, pelo contrário, os promotores devem proceder ao cancelamento do seu registo provisório e publicar um anúncio onde informem os subscritores de que devem levantar as suas entradas, tal como previsto no art.º 280.º do CSC.

Segundo o n.º 3 do art.º 280.º do CSC, para que a assembleia constitutiva se possa pronunciar sobre a constituição da sociedade, tal deve estar previsto no programa de oferta de ações, o que aconteceu no caso descrito. Concomitantemente, têm que estar subscritas pelo menos 3/4 (75%) das ações destinadas ao público. Esta condição também está cumprida, já que foram subscritas pelo público 80% das ações a ele destinadas (4.000.000/5.000.000).

O quadro seguinte faz uma síntese da informação descrita.

		N.º ações subscritas	Valor Nominal (1 euro/ ação)	Prémio de Emissão (0,1 euro/ ação)	Total dos valores subscritos	Realização imediata	Realização diferida
Subscrição particular	Promotor A	1.000.000	1.000.000	0	1.000.000	500.000	500.000
	Promotor B	1.000.000	1.000.000	0	1.000.000	500.000	500.000
	Promotor C	1.000.000	1.000.000	0	1.000.000	500.000	500.000
	Clínica Dentária	2.000.000	2.000.000	0	2.000.000	1.000.000	1.000.000
Subscrição pública		4.000.000	4.000.000	400.000	4.400.000	2.800.000	1.600.000
Total		9.000.000	9.000.000	400.000	9.400.000	5.300.000	4.100.000

Observados os requisitos legais e assumindo que a assembleia constitutiva deliberou no sentido da constituição da sociedade, apresentam-se os lançamentos contabilísticos relativos à mesma.

Pela subscrição particular

	30/06/N		
26	Acionistas/sócios		
261	Acionistas com subscrição		
2611	Promotores		
26111	Promotor A	1.000.000	
26112	Promotor B	1.000.000	
26113	Promotor C	1.000.000	
26114	Clínica Dentária Vita, Lda.	2.000.000	
51	Capital subscrito		
511	Ações ordinárias		5.000.000

Pela realização imediata da subscrição particular

	30/06/N		
12	Depósitos à Ordem	2.500.000	
26	Acionistas/sócios		
261	Acionistas com subscrição		
2611	Promotores		
26111	Promotor A		500.000
26112	Promotor B		500.000
26113	Promotor C		500.000
26114	Clínica Dentária Vita, Lda.		1.000.000

Pela subscrição pública (incompleta)

	15/08/N		
26	Acionistas/sócios		
261	Acionistas com subscrição		
2612	Subscrição pública		
26121	Subscritores em geral	4.400.000	
51	Capital subscrito		
511	Ações ordinárias		4.000.000
54	Prémios de emissão		400.000

Pela realização imediata dos subscritores

	15/08/N		
12	Depósitos à Ordem	2.800.000	
26	Acionistas/sócios		
261	Acionistas com subscrição		
2612	Subscrição pública		
26121	Subscritores em geral		2.800.000

Pelas despesas de colocação/emissão do capital

	02/09/N		
54	Prémios de Emissão	55.000	
12	Depósitos à Ordem		55.000

Pela realização do remanescente pelos promotores e pelos subscritores (por simplicidade de exposição apresenta-se um único lançamento)

	até 30/09/N		
12	Depósitos à Ordem	4.100.000	
26	Acionistas/sócios		
261	Acionistas com subscrição		
2611	Promotores		
26111	Promotor A		500.000
26112	Promotor B		500.000
26113	Promotor C		500.000
26114	Clínica Dentária Vita, Lda.		1.000.000
2612	Subscrição pública		
26121	Subscritores em geral		1.600.000

Caso Prático 1.3.9 – Prestações suplementares

Na primeira Assembleia Geral anual após a sua constituição, realizada a 20/03/N+1, os três sócios da sociedade ALVES, BENTO E CASTRO – COMÉRCIO DE PRODUTOS REGIONAIS, LDA., confrontados com a insuficiência do capital social, deliberaram a realização de prestações suplementares. O capital social desta sociedade corresponde a 6.000 euros, dividido em três quotas de igual valor e a sua realização foi imediata e em dinheiro.

No contrato de sociedade ficou estipulado o seguinte: "Por deliberação dos sócios, podem ser exigidas prestações suplementares até um montante global igual ao dobro do capital social."

A deliberação, aprovada por unanimidade pelos três sócios presentes na assembleia (António Alves, Bernardo Bento e Carlos Castro), estabelece que estes deverão proceder à realização de prestações suplementares, num total de 9.000 euros, até 10/05/N+1.

Pretende-se:
Os lançamentos relativos à realização das prestações suplementares.

Proposta de resolução:
O caso que se apresenta respeita à realização de prestações suplementares. As prestações suplementares têm sempre dinheiro por objeto (n.º 2 do art.º 210.º do CSC). Uma vez que o contrato de sociedade é omisso quanto aos sócios que ficam obrigados a efetuar tais prestações e quanto ao critério de repartição das mesmas entre sócios, assume-se que ficam todos obrigados na proporção das suas quotas (n.º 4 do art.º 210.º do CSC).

Estando cumpridas as demais disposições legais, nomeadamente, todos os sócios terem as suas quotas integralmente liberadas e a exigibilidade ter sido sujeita a deliberação dos sócios (art.º 211.º do CSC), ficam estes obrigados à realização de prestações suplementares, no montante global de 9.000 euros, a serem realizadas até 10/05/N+1 (o que constitui um prazo superior a 30 dias, tal como exigido no n.º 1 do art.º 211.º do CSC).

Considerando a proporção de cada quota, as prestações suplementares a realizar por cada um dos sócios, serão as seguintes:

Sócio	Quota	%	Prestações suplementares
António Alves	2.000	33,3(3)	3.000
Bernardo Bento	2.000	33,3(3)	3.000
Carlos Castro	2.000	33,3(3)	3.000
	6.000		9.000

Pela deliberação de realização de prestações suplementares

	20/03/N+1		
26	Acionistas/sócios		
268	Outras operações		
2681	Outras operações - Corrente		
26811	Sócio António Alves	3.000	
26812	Sócio Bernardo Bento	3.000	
26813	Sócio Carlos Castro	3.000	
53	Outros instrumentos de capital próprio		
531	Prestações suplementares		
5311	Sócio António Alves		3.000
5312	Sócio Bernardo Bento		3.000
5313	Sócio Carlos Castro		3.000

Pela realização (admitindo a realização simultânea e na data limite)

	10/05/N+1		
12	Depósitos à Ordem	9.000	
26	Acionistas/sócios		
268	Outras operações		
2681	Outras operações - Corrente		
26811	Sócio António Alves		3.000
26812	Sócio Bernardo Bento		3.000
26813	Sócio Carlos Castro		3.000

Caso Prático 1.3.10 – Suprimentos

A sociedade PIRES E PEDROSO, LDA., foi constituída em 14/09/N, com um capital social de 10.000 euros, detido pelos sócios Paulo Pires e Pedro Pedroso, em partes iguais.

No seu pacto social não existe nenhuma cláusula relativa a suprimentos.

Confrontados com a insuficiência do capital social, os dois sócios reuniram, a 12/01/N+1, deliberando por unanimidade que ambos realizariam até 15/02/N+1 um suprimento de 5.000 euros cada, a ser reembolsado sem juros, a 15/02/N+3. Os sócios realizaram as transferências bancárias para a sociedade a 14/02/N+1.

Pretende-se:

Os lançamentos referentes à realização do suprimento.

Proposta de resolução:

Este caso refere-se à realização de suprimento em dinheiro, pelos sócios. Sendo o prazo de reembolso superior a um ano, considera-se que o crédito tem caráter de permanência como previsto no art.º 243.º do CSC.

Na ausência de qualquer disposição no contrato de sociedade quanto à obrigação de realizar suprimentos, esta pode ser constituída por deliberação dos sócios votada por aqueles que a assumam (n.º 2 do art.º 244.º do CSC).

Do ponto de vista contabilístico, os suprimentos são para a sociedade um financiamento obtido.

Pela realização dos suprimentos

	14/02/N+1		
12	Depósitos à Ordem	10.000	
25	Financiamentos obtidos		
253	Participantes de capital		
2532	Outros participantes – suprimentos e outros mútuos		
25322	Outros participantes – suprimentos e outros mútuos – Não corrente		
253221	Sócio Paulo Pires		5.000
253222	Sócio Pedro Pedroso		5.000

Caso Prático 1.3.11 – Restituição de prestações suplementares e suprimentos

A ordem de trabalhos da Assembleia Geral anual da sociedade ALVES, BENTO E CASTRO, LDA., a realizar a 30/03/N+8, contemplava, entre outros, os seguintes assuntos:

- a aplicação do resultado líquido do ano N+7;
- a possibilidade de restituição das prestações suplementares realizadas em N+1; e
- o reembolso dos suprimentos realizados em N+2, para os quais não havia sido estipulado prazo de reembolso.

Após as alterações decorrentes da contabilização da deliberação sobre a aplicação do resultado líquido do ano N+7, o capital próprio apresentava a seguinte estrutura:

Capital Próprio	(valores em euros)
Capital Subscrito	6.000
Prestações Suplementares	9.000
Reserva Legal (art.º 218.º/ art.º 295.º CSC)	100
Resultados Transitados	(1.500)
Total	13.600

Informações adicionais:

- O capital social é formado por três quotas de igual valor, pertencentes a cada um dos sócios António Alves, Bernardo Bento e Carlos Castro, e estão inteiramente liberadas;
- As prestações suplementares foram realizadas por todos os sócios, na proporção das suas quotas;
- Os suprimentos totalizam 10.000 euros e foram realizados em partes iguais, pelos sócios António Alves e Bernardo Bento.

Pretende-se:

Pronuncie-se sobre o reembolso das prestações suplementares e dos suprimentos e proceda aos lançamentos contabilísticos que essas operações originariam na sociedade, pressupondo que a mesma dispunha de meios financeiros líquidos para o efeito.

Proposta de resolução:

Os suprimentos realizados não ficaram sujeitos a um prazo de reembolso definido, pelo que se aplica o n.º 2 do art.º 777.º do Código Civil, ou seja, os credores podem a todo o tempo exigir o cumprimento da obrigação (n.º 1 do art.º 245.º do CSC). Tendo os credores feito tal exigência e sendo intenção da sociedade cumpri-la, não haverá outros requisitos a observar. O lançamento contabilístico a efetuar seria o seguinte:

Pelo reembolso dos suprimentos

25	Financiamentos obtidos		
253	Participantes de capital		
2532	Outros participantes - suprimentos e outros mútuos		
25322	Outros participantes - suprimentos e outros mútuos - Não corrente		
253221	Sócio António Alves	5.000	
253222	Sócio Bernardo Bento	5.000	
12	Depósitos à Ordem		10.000

Já a restituição das prestações suplementares exige que: os sócios tenham liberado integralmente as suas quotas; que o total do capital próprio não fique inferior à soma do capital mais a reserva legal; e que a restituição seja deliberada pelos sócios (n.ºs 1 e 2 do art.º 213.º do CSC).

Da análise ao capital próprio da sociedade, observa-se que a soma do capital subscrito mais a reserva legal totaliza 6.100 euros. Caso sejam restituídas a totalidade das prestações suplementares, o total do capital próprio passará a ser de 4.600 euros (13.600 – 9.000), ou seja, inferior à soma do capital mais a reserva legal.

Assim, o valor máximo das prestações suplementares suscetível de restituição será 7.500 euros, pois neste caso o total do capital próprio ficará igual à soma do capital mais a reserva legal (13.600 – 7.500 = 6.100 euros).

As prestações suplementares foram realizadas por todos os sócios, na proporção das suas quotas. Uma vez que os sócios detêm quotas iguais, significa que o montante das prestações suplementares efetuadas foi igual para todos. O n.º 4 do art.º 213.º do CSC exige que a restituição das prestações suplementares respeite a igualdade entre os sócios que as tenham efetuado, como tal, deverá ser devolvido a cada um 2.500 euros (7.500 euros/3 sócios).

Os lançamentos contabilísticos a efetuar são:

Pela deliberação de restituição das prestações suplementares

	30/03/N+8		
53	Outros instrumentos de capital próprio		
531	Prestações suplementares		
5311	Sócio António Alves	2.500	
5312	Sócio Bernardo Bento	2.500	
5313	Sócio Carlos Castro	2.500	
26	Acionistas/sócios		
268	Outras operações		
2681	Outras operações - Corrente		
26811	Sócio António Alves		2.500
26812	Sócio Bernardo Bento		2.500
26813	Sócio Carlos Castro		2.500

Pela restituição das prestações suplementares

26	Acionistas/sócios		
268	Outras operações		
2681	Outras operações - Corrente		
26811	Sócio António Alves	2.500	
26812	Sócio Bernardo Bento	2.500	
26813	Sócio Carlos Castro	2.500	
12	Depósitos à Ordem		7.500

Após a restituição de 7.500 euros de prestações suplementares, a estrutura do capital próprio é a seguinte:

Capital Próprio	(valores em euros)
Capital Subscrito	6.000
Prestações Suplementares	1.500
Reserva Legal (art.º 218.º/ art.º 295.º CSC)	100
Resultados Transitados	(1.500)
Total	6.100

Tal como é exigido pelo n.º 1 do art.º 213.º do CSC, o total do capital próprio não ficou inferior à soma do capital mais a reserva legal.

CAPÍTULO 2
—
APLICAÇÃO DOS RESULTADOS

2.1. Principais disposições legais relativas à aplicação dos resultados nas sociedades por quotas e anónimas

2.1.1. Destino dos lucros e dos prejuízos

O resultado líquido de um período económico pode ser positivo ou negativo, sendo designado no âmbito do CSC, respetivamente, de lucro do exercício e de perdas (ou prejuízo) do exercício. Na falta de preceito especial ou convenção em contrário, os sócios participam nos lucros e nas perdas da sociedade, segundo a proporção dos valores das respetivas participações no capital (n.º 1 do art.º 22.º do CSC).

Todo o sócio tem o direito a quinhoar nos lucros, sendo proibida toda a estipulação pela qual deva algum sócio receber juros ou outra importância certa em retribuição do seu capital (alínea a) do n.º 1 e n.º 2 do art.º 21.º do CSC).

Se o contrato determinar somente a parte de cada sócio nos lucros, presumir-se-á ser a mesma a sua parte nas perdas (n.º 2 do art.º 22.º do CSC). E é nula a cláusula:

- que exclua um sócio da comunhão nos lucros ou que o isente de participar nas perdas da sociedade (n.º 3 do art.º 22.º do CSC);
- pela qual a divisão de lucros ou perdas seja deixada ao critério de terceiro (n.º 4 do art.º 22.º do CSC).

Na presença de prejuízos acumulados (resultados transitados negativos), o lucro do exercício deverá ter como primeiro destino a cobertura daqueles prejuízos (n.º 1 do art.º 33.º do CSC).

Caso não existam prejuízos acumulados, a prioridade no destino dos lucros das sociedades anónimas e das sociedades por quotas (incluindo as unipessoais por quotas) será a constituição da reserva legal prevista nos art.os 218.º e 295.º do CSC. O contrato de sociedade também pode impor a constituição de outras reservas, que deverão ser acauteladas no destino dos lucros (n.º 1 do art.º 33.º do CSC).

Depois de destinar parte do lucro à constituição da reserva legal, e de outras reservas impostas pelo contrato de sociedade, haverá que determinar o lucro passível de ser distribuído aos sócios, tendo em conta os limites à distribuição de bens aos sócios impostos nos art.ºs 32.º e 33.º do CSC. Uma vez determinado o montante do lucro distribuível, não é imperativa a sua total distribuição, porquanto poderá parte do mesmo ser retido na empresa sob a forma de reservas livres ou resultados transitados. Esta retenção pode ter como objetivo, entre outros, a cobertura de prejuízos futuros.

Na determinação do lucro a distribuir aos sócios haverá que considerar que, salvo cláusula contratual ou deliberação tomada por maioria de três quartos, não lhes pode deixar de ser distribuído metade do lucro distribuível (n.º 1 do art.º 217.º e n.º 1 do art.º 294.º do CSC).

Nas sociedades constituídas com apelo à subscrição pública, não pode aos promotores ser atribuída outra vantagem além da reserva de uma percentagem não superior a um décimo dos lucros líquidos da sociedade, por tempo não excedente a um terço da duração desta e nunca superior a cinco anos, a qual não poderá ser paga sem se acharem aprovadas as contas anuais (n.º 8 do art.º 279.º do CSC).

2.1.2. Reserva legal

As sociedades por quotas (incluindo as unipessoais por quotas) e as sociedades anónimas estão obrigadas à constituição de uma reserva legal (n.º 1 do art.º 218.º, n.º 1 do art.º 295.º e art.º 270.º-G do CSC).

O valor mínimo da reserva legal é de 20% do capital social, sendo que para as sociedades por quotas aquele montante não pode ser inferior a 2.500 euros (n.º 2 do art.º 218.º e n.º 1 do art.º 295.º do CSC). No entanto, o CSC não exige que esta reserva seja constituída de uma só vez, mas sim que a sociedade lhe destine, no mínimo, 5% do lucro de cada exercício até que a mesma atinja os valores mínimos exigidos (n.º 2 do art.º 218.º e n.º 1 do art.º 295.º do CSC).

No contrato de sociedade podem fixar-se percentagens e montantes mínimos mais elevados para a reserva legal (n.º 1 do art.º 295.º do CSC).

A reserva legal só pode ser utilizada nos seguintes fins (art.º 296.º do CSC):

- para cobrir a parte do prejuízo acusado no balanço do exercício que não possa ser coberta pela utilização de outras reservas;

- para cobrir a parte dos prejuízos transitados do exercício anterior que não possa ser coberto pelo lucro do exercício nem pela utilização de outras reservas;
- para incorporação no capital.

Este regime de utilização da reserva legal é também aplicável às reservas constituídas pelos seguintes valores (n.os 2 e 4 do art.º 295.º do CSC):

- ágios obtidos na emissão de ações, obrigações com direito a subscrição de ações, ou obrigações convertíveis em ações, em troca destas por ações e em entradas em espécie; por portaria dos Ministros das Finanças e da Justiça estes ágios podem ser dispensados, no todo ou em parte, do regime da reserva legal;
- saldos positivos de reavaliações monetárias que forem consentidas por lei, na medida em que não forem necessários para cobrir prejuízos já acusados no balanço;
- importâncias correspondentes a bens obtidos a título gratuito, quando não lhes tenha sido imposto destino diferente, bem como acessões e prémios que venham a ser atribuídos a títulos pertencentes à sociedade;
- diferença entre o resultado atribuível às participações financeiras reconhecido na demonstração de resultados e o montante dos dividendos já recebidos ou cujo pagamento possa ser exigido relativamente às mesmas participações.

O n.º 3 do art.º 295.º do CSC explica em que consistem os ágios referidos no seu n.º 2:

- quanto à emissão de ações, à diferença para mais entre o valor nominal e a quantia que os acionistas tiverem desembolsado para as adquirir ou, no caso de ações sem valor nominal, o montante do capital correspondentemente emitido;
- quanto à emissão de obrigações com direito de subscrição de ações ou de obrigações convertíveis, na diferença para mais entre o valor de emissão e o valor por que tiverem sido reembolsadas;
- quanto à troca de obrigações com direito de subscrição de ações ou de obrigações convertíveis em ações, na diferença para mais entre o valor de emissão daquelas e o valor nominal destas ou, no caso de ações sem valor nominal, o montante do capital correspondentemente emitido;

- quanto às entradas em espécie, na diferença para mais entre o valor atribuído aos bens em que a entrada consiste e o valor nominal das ações correspondentes[2] ou, no caso de ações sem valor nominal, o montante de capital correspondentemente emitido.

2.1.3. Distribuição aos sócios

O n.º 1 do art.º 32.º do CSC estabelece que, sem prejuízo do preceituado quanto à redução do capital social, não podem ser distribuídos aos sócios bens da sociedade quando o capital próprio desta, incluindo o resultado líquido do exercício, tal como resulta das contas elaboradas e aprovadas nos termos legais, seja inferior à soma do capital social e das reservas que a lei ou o contrato não permitem distribuir aos sócios ou se tornasse inferior a esta soma em consequência da distribuição.

De salientar que a distribuição de bens aos sócios contempla não só a distribuição do lucro do exercício, como de lucros acumulados em períodos anteriores, sob a forma de resultados transitados ou reservas distribuíveis.

Portanto, antes de se proceder à distribuição de bens aos sócios e depois dessa distribuição, a seguinte condição tem que estar verificada:

Total do Capital Próprio ≥ Capital Social + Reservas que a lei ou o contrato não permitam distribuir

Reservas que a lei ou o contrato não permitam distribuir incluem, entre outras, as seguintes:

- prestações suplementares (e prestações acessórias reconhecidas como capital próprio);
- reserva legal (art.ºs 218.º e 295.º do CSC);
- reservas sujeitas ao regime da reserva legal (por exemplo, prémios de emissão e doações);
- reservas estatutárias (se o contrato de sociedade não permitir a sua distribuição);

[2] Em nosso entender, acrescido do prémio de emissão, se existir.

- reserva indisponível afeta à aquisição de ações/quotas próprias (art.º 220.º e art.º 324.º do CSC);
- reservas especiais por remição de ações (art.º 345.º do CSC), por amortização de ações (art.º 347.º do CSC) e por extinção de ações próprias (art.º 463.º do CSC);
- reservas livres e/ou resultados transitados necessários para cobrir o valor das despesas não amortizadas previstas no n.º 2 do art.º 33.º do CSC;
- ganhos por aplicação do justo valor refletidos nos capitais próprios ou em resultados e não realizados (n.º 2 do art.º 32.º do CSC); e
- rendimentos e variações patrimoniais positivas resultantes da aplicação do método da equivalência patrimonial não realizados (n.º 3 do art.º 32.º do CSC).

Sublinhe-se que as reservas cuja existência e cujo montante não figuram expressamente no balanço não podem ser utilizadas para distribuição aos sócios (n.º 3 do art.º 33.º do CSC).

Relativamente à determinação do lucro do exercício distribuível aos sócios, há que considerar as seguintes restrições:

(i) O lucro do exercício deverá, em primeiro lugar, ser destinado à cobertura de prejuízos transitados e à formação ou reconstituição de reservas impostas pela lei ou pelo contrato de sociedade (n.º 1 do art.º 33.º do CSC).
(ii) Não podem ser distribuídos aos sócios lucros do exercício enquanto as despesas de constituição, de investigação e de desenvolvimento não estiverem completamente amortizadas, exceto se o montante das reservas livres e dos resultados transitados for, pelo menos, igual ao dessas despesas não amortizadas (n.º 2 do art.º 33.º do CSC)[3].
(iii) Os incrementos decorrentes da aplicação do justo valor através de componentes do capital próprio, incluindo os da sua aplicação através do resultado líquido do exercício, apenas relevam para poderem ser distribuídos aos sócios bens da sociedade, quando os elementos ou direitos que lhes

[3] O atual tratamento das despesas de constituição e das despesas de investigação previsto na NCRF 6 – Ativos Intangíveis, impõe o seu reconhecimento imediato como gasto do período em que são incorridas. Como tal, consideramos que esta disposição se refere apenas às despesas de desenvolvimento ainda não amortizadas.

deram origem sejam alienados, exercidos, extintos, liquidados ou, também quando se verifique o seu uso, no caso de ativos fixos tangíveis e intangíveis (n.º 2 do art.º 32.º do CSC).

(iv) Os rendimentos e outras variações patrimoniais positivas reconhecidos em consequência da utilização do método da equivalência patrimonial, nos termos das normas contabilísticas e de relato financeiro, apenas relevam para poderem ser distribuídos aos sócios quando sejam realizados (n.º 3 do art.º 32.º do CSC).

O art.º 34.º do CSC refere-se às consequências da distribuição de bens aos sócios indevidamente recebidos, nomeadamente, por não cumprimento com as disposições dos art.os 32.º e 33.º do CSC.

O lucro distribuível, determinado após considerar as restrições descritas, representa o valor máximo suscetível de distribuição. Como já se referiu, poderão os sócios decidir não distribuir todo esse valor. Mas, salvo diferente cláusula contratual ou deliberação tomada por maioria de três quartos dos votos correspondentes ao capital social em Assembleia Geral para o efeito convocada, não pode deixar de ser distribuído aos sócios metade do lucro distribuível (n.º 1 do art.º 217.º e n.º 1 do art.º 294.º do CSC).

O crédito do sócio à sua parte dos lucros vence-se decorridos 30 dias sobre a deliberação da sua atribuição (n.º 2 do art.º 217.º e n.º 2 do art.º 294.º do CSC). No caso das sociedades por quotas podem os sócios consentir o diferimento daquele prazo ou deliberar, com fundamento em situação excecional da sociedade, a extensão daquele prazo até mais 60 dias (n.º 2 do art.º 217.º do CSC). No caso das sociedades anónimas devem ser cumpridas as disposições legais que proíbam o pagamento antes de observadas certas formalidades, podendo também os acionistas deliberar no sentido da extensão daquele prazo até mais 60 dias, com fundamento em situação excecional da sociedade, desde que as ações não estejam admitidas à negociação em mercado regulamentado (n.º 2 do art.º 294.º do CSC).

Se, pelo contrato de sociedade, os membros dos respetivos órgãos (gerentes e fiscais no caso das sociedade por quotas) tiverem direito a uma participação nos lucros, esta só pode ser paga depois de postos a pagamento os lucros dos sócios (n.º 3 do art.º 217.º e n.º 3 do art.º 294.º do CSC).

Quando os dividendos não são reclamados durante o prazo de cinco anos, estes são considerados abandonados e revertem para o Estado. Também se consideram abandonadas e revertem para o Estado, as ações cujos titulares nunca tenham exercido este direito durante vinte anos (Decreto-Lei n.º 187/70, de 30/04).

2.1.4. Cobertura de prejuízos

Perante prejuízos acumulados em exercícios anteriores (resultados transitados negativos), o lucro do exercício deverá, em primeiro lugar, ser destinado à cobertura desses prejuízos (n.º 1 do art.º 33.º do CSC).

Para além do lucro do exercício, podem ser utilizados para cobrir os prejuízos acumulados:

- as reservas que sejam distribuíveis aos sócios;
- a reserva legal e as reservas sujeitas ao regime da reserva legal, mas só depois de esgotado o lucro do exercício e as reservas distribuíveis (art.º 296.º do CSC).

A cobertura dos prejuízos também pode ocorrer através de entradas dos sócios a serem efetuadas, salvo preceito especial ou convenção em contrário, segundo a proporção dos valores das respetivas participações no capital (n.º 1 do art.º 22.º do CSC).

Por fim, em situações muito especiais, a cobertura de prejuízos pode ocorrer através da redução do capital social, como acontece no caso da perda de metade do capital social, prevista no art.º 35.º do CSC.

2.1.5. Dividendos antecipados e adiantamentos por conta de lucros

O art.º 297.º do CSC prevê para as sociedades anónimas um conjunto de regras a cumprir para a realização, no decurso do exercício, de "adiantamentos sobre os lucros":

- Os adiantamentos têm que estar autorizados no contrato de sociedade. Se o contrato de sociedade for alterado para nele ser concedida esta autorização, o primeiro adiantamento apenas pode ser efetuado no exercício seguinte àquele em que ocorrer a alteração contratual.

- O conselho de administração ou o conselho de administração executivo, com o consentimento do conselho fiscal, da comissão de auditoria ou do conselho geral e de supervisão, resolva o adiantamento.
- A resolução do conselho de administração ou do conselho de administração executivo seja precedida de um balanço intercalar, elaborado com a antecedência máxima de 30 dias e certificado pelo ROC, que demonstre a existência nessa ocasião de importâncias disponíveis para os aludidos adiantamentos, que devem observar, no que seja aplicável, as regras dos art.os 32.º e 33.º do CSC, tendo em conta os resultados verificados durante a parte já decorrida do exercício em que o adiantamento é efetuado.
- Seja efetuado um só adiantamento no decurso de cada exercício e sempre na segunda metade deste.
- As importâncias a atribuir como adiantamento não excedam metade das que seriam distribuíveis de acordo com o balanço intercalar e observadas as regras dos art.os 32.º e 33.º do CSC.

Em termos contabilísticos estes "adiantamentos sobre os lucros" devem ser relevados na conta "89 Dividendos antecipados", traduzindo uma redução do capital próprio, já que constituem uma distribuição antecipada de dividendos relativos ao resultado do próprio exercício. Esta distribuição tem caráter definitivo, isto é, os acionistas não terão em circunstância alguma que restituir à sociedade as importâncias recebidas.

O CSC não prevê uma disposição idêntica para as sociedades por quotas, o que não invalida que lhes possa ser aplicado o art.º 297.º do CSC, na medida em que as suas disposições visam garantir a integridade do capital.

Não se deverá confundir os "adiantamentos sobre os lucros" a que se refere o art.º 297.º do CSC com o âmbito da subconta "263 Adiantamentos por conta de lucros". Este corresponderá a "empréstimos" efetuados a sócios ou acionistas, a serem restituídos à sociedade por compensação com lucros futuros a receber.

2.1.6. Proposta de aplicação dos resultados

O órgão de gestão da sociedade deve apresentar no Relatório de Gestão uma proposta de aplicação dos resultados devidamente fundamentada (alínea f) do n.º 5 do art.º 66.º do CSC).

O Relatório de Gestão[4], as demonstrações financeiras e demais documentos de prestação de contas, devem ser apresentados ao órgão competente e por este apreciados, salvo casos particulares previstos na lei, no prazo de três meses a contar da data de encerramento de cada exercício anual, ou no prazo de cinco meses a contar da mesma data quando se trate de sociedades que devam apresentar contas consolidadas ou que apliquem o método da equivalência patrimonial (n.º 5 do art.º 65.º do CSC).

O órgão competente ali referido é a Assembleia Geral. No caso das sociedades por quotas a alínea e) do n.º 1 do art.º 246.º do CSC refere que está dependente da deliberação dos sócios a aprovação do relatório de gestão e das contas do exercício, a atribuição de lucros e o tratamento dos prejuízos. Para as sociedades anónimas as alíneas a) e b) do n.º 1 do art.º 376.º do CSC dispõem em sentido idêntico relativamente à Assembleia Geral anual dos acionistas.

Com exceção dos casos de distribuição antecipada de lucros ou outros expressamente previstos na lei, nenhuma distribuição de bens sociais, ainda que a título de distribuição de lucros do exercício ou de reservas, pode ser feita aos sócios sem ter sido objeto de deliberação destes (n.º 1 do art.º 31.º do CSC).

As deliberações dos sócios só podem ser provadas pelas atas das assembleias ou, quando sejam admitidas deliberações por escrito, pelos documentos donde elas constem (n.º 1 do art.º 63.º do CSC).

Devem ser expressamente mencionadas na deliberação quais as reservas distribuídas, no todo ou em parte, quer isoladamente quer juntamente com os lucros de exercício (n.º 4 do art.º 33.º do CSC).

2.1.7. Dividendos prioritários

As ações preferenciais sem direito de voto conferem direito a um dividendo prioritário e ao reembolso prioritário do seu valor nominal ou do seu valor de emissão em caso de liquidação da sociedade (n.º 2 do art.º 341.º do CSC).

Para além deste direito de natureza patrimonial, estas ações conferem todos os direitos de natureza não patrimonial inerentes às ações ordinárias, com exceção do direito de voto (n.º 5 do art.º 341.º do CSC). Por este motivo, as ações sem direito de

[4] O n.º 6 do art.º 66.º do CSC dispensa da elaboração do Relatório de Gestão, as microentidades, sob certas condições.

voto não contam para a determinação da representação do capital exigida na lei ou no contrato de sociedade para as deliberações dos acionistas (n.º 6 do art.º 341.º do CSC). Excecionam-se desta regra as situações em que as ações readquirirem o direito de voto por qualquer um dos motivos apontados no art.º 342.º do CSC.

O contrato de sociedade pode autorizar a emissão de ações preferenciais sem direito de voto até ao montante representativo de metade do capital social (n.º 1 do art.º 341.º do CSC).

O dividendo prioritário não deverá ser inferior a 1% do valor nominal das ações ou, na sua falta, do seu valor de emissão deduzido de eventual prémio de emissão e deve ser retirado dos lucros que, nos termos dos art.ºs 32.º e 33.º do CSC, possam ser distribuídos aos acionistas (n.º 2 do art.º 341.º do CSC).

As ações preferenciais sem direito de voto atribuem aos seus titulares uma prioridade no recebimento do respetivo dividendo face aos demais acionistas, exceto se o contrato de sociedade estabelecer que o mesmo atribui o direito a um dividendo adicional, o qual, além de ser pago com prioridade, deve acrescer aos dividendos a atribuir a cada acionista (n.º 3 do art.º 341.º do CSC).

No caso de ações preferenciais sem direito de voto que sejam subscritas exclusivamente por investidores qualificados, na aceção do Código dos Valores Mobiliários, e que não sejam admitidas à negociação em mercado regulamentado, o contrato de sociedade pode prever que as mesmas apenas conferem direito ao dividendo prioritário previsto no contrato de sociedade, não participando do remanescente dos dividendos a atribuir a todas as ações (n.º 4 do art.º 341.º do CSC).

Se os lucros distribuíveis não forem suficientes para satisfazer o pagamento do dividendo prioritário de determinado exercício, são os mesmos repartidos proporcionalmente pelas ações preferenciais sem voto (n.º 1 do art.º 342.º do CSC).

O dividendo prioritário que não for integralmente pago num determinado exercício deve ser pago nos três exercícios seguintes, antes do dividendo relativo a estes, desde que haja lucros distribuíveis, sem prejuízo do contrato de sociedade poder prever um número de exercícios superior (n.º 2 do art.º 342.º do CSC).

Se o dividendo prioritário não for integralmente pago durante dois exercícios sociais, as ações preferenciais passam a conferir o direito de voto, nos mesmos termos que as ações ordinárias, e só o perdem no exercício seguinte àquele em que tiverem sido pagos os dividendos prioritários em atraso (n.º 3 do art.º 342.º do CSC).

No caso de ações subscritas por investidores qualificados, na aceção do Código dos Valores Mobiliários, que não sejam admitidas à negociação em mercado regulamentado, é possível estabelecer um regime diferente quanto ao pagamento do dividendo prioritário, podendo o contrato de sociedade (n.º 4 do art.º 342.º do CSC):

- Afastar ou regular de forma diversa quanto ao regime do dividendo prioritário que não seja pago num determinado exercício;
- Prever que o dividendo prioritário correspondente a exercícios em que não tenham sido gerados lucros distribuíveis seja considerado perdido;
- Prever que as ações preferenciais se convertam em ações ordinárias nas circunstâncias especificadas nas condições da emissão relacionadas com a deterioração da situação financeira da sociedade que ponha em causa o pagamento do dividendo prioritário;
- Prever um número de exercícios sociais diferente, mas não superior a cinco exercícios para efeitos de atribuição de direito de voto por falta de pagamento integral do dividendo prioritário.

Existindo lucros distribuíveis, a sociedade é obrigada a proceder ao pagamento do dividendo prioritário, sendo o direito ao recebimento deste último suscetível de execução específica (n.º 5 do art.º 342.º do CSC).

2.2. Casos Práticos

Caso Prático 2.2.1 – Contabilização da aplicação dos resultados e da distribuição dos dividendos

Em Assembleia Geral realizada a 15/03/N+1 os acionistas da sociedade CONDE & FILHOS, S.A. aprovaram a seguinte aplicação do resultado líquido do exercício N, que totalizou 500.000 euros:

- Reserva Legal: 130.000 euros
- Reservas Estatutárias: 25.000 euros
- Reservas Livres: 45.000 euros
- Distribuição de dividendos: 250.000 euros
- Resultados Transitados: 50.000 euros

Os dividendos foram colocados à disposição e pagos a 15/04/N+1.

Pretende-se:
Lançamentos relativos à deliberação da aplicação dos resultados e à distribuição e pagamento dos dividendos aos acionistas.

Proposta de resolução:
De salientar que o resultado líquido agora objeto de distribuição já se encontra em resultados transitados, por via da sua transferência no início do período daquela para esta conta.

Pela transferência do resultado líquido do ano N para resultados transitados

	02/01/N+1		
81	Resultado líquido do período		
818	Resultado líquido	500.000	
56	Resultados transitados		500.000

Pela aplicação do resultado líquido do ano N

	15/03/N+1		
56	Resultados transitados	450.000	
55	Reservas		
551	Reservas legais		
5511	Reserva legal (art.º 295.º CSC)		130.000
552	Outras reservas		
5521	Reservas livres		45.000
5522	Reservas estatutárias		25.000
26	Acionistas/sócios		
264	Resultados atribuídos		250.000

Pela colocação à disposição dos dividendos

	15/04/N+1		
26	Acionistas/sócios		
264	Resultados Atribuídos	250.000	
24	Estado e outros entes públicos		
242	Retenção de impostos sobre rendimentos		
242X	Rendimentos de capitais (28%)		70.000
26	Acionistas/Sócios		
265	Lucros disponíveis		180.000

Pelo pagamento dos dividendos

	15/04/N+1		
26	Acionistas/sócios		
265	Lucros disponíveis	180.000	
12	Depósitos à Ordem		180.000

Caso Prático 2.2.2 – A reserva legal nas sociedades por quotas – proposta de aplicação dos resultados e contabilização

A sociedade JPS – SERVIÇOS DE CONTABILIDADE, UNIPESSOAL LIMITADA, foi constituída com um capital social de 10.000 euros. No final do ano N os seus capitais próprios eram formados, para além do capital social, por uma reserva legal de 2.000 euros e um resultado líquido do período de 5.000 euros.

O sócio pretende reter na sociedade o mínimo de resultados, dentro do cumprimento das disposições legais aplicáveis.

Pretende-se:

1. A apresentação de uma proposta de aplicação dos resultados que atenda às pretensões do sócio.
2. Apresentação dos lançamentos contabilísticos que aquela proposta implicaria.

Proposta de resolução:

Pedido 1

Tratando-se de uma sociedade unipessoal por quotas, são-lhe aplicáveis as disposições das sociedades por quotas. Como tal, esta sociedade está obrigada à constituição de uma reserva legal de montante não inferior a 20% do capital social, com o limite mínimo de 2.500 euros (art.º 218.º conjugado com o n.º 1 do art.º 295.º do CSC).

Neste caso, embora a reserva legal já represente 20% do capital social (20% * 10.000 euros = 2.000 euros), haverá que continuar o seu reforço até que a mesma atinja os 2.500 euros.

Embora o reforço da reserva legal pudesse ser superior ao mínimo exigido pelo CSC, que é de 5% do resultado líquido do período (n.º 1 do art.º 295.º do CSC), como o sócio pretende reter na sociedade o mínimo de lucros (maximizando a respetiva distribuição), proceder-se-á apenas à afetação à reserva legal daquele mínimo: 5% * 5.000 euros = 250 euros.

A proposta de aplicação do resultado líquido do período N, no montante de 5.000 euros, será a seguinte:

- Reserva Legal: 250 euros
- Distribuição de lucros: 4.750 euros

Pedido 2

Os lançamentos contabilísticos necessários para refletir aquela aplicação seriam os seguintes:

Pela transferência do resultado líquido do ano N para resultados transitados

	02/01/N+1		
81	Resultado líquido do período		
818	Resultado líquido	5.000	
56	Resultados transitados		5.000

Pela aplicação do resultado líquido do ano N

56	Resultados transitados	5.000	
55	Reservas		
551	Reservas legais		
5511	Reserva legal (art.º 218.º/art.º 295.º CSC)		250
26	Acionistas/sócios		
264	Resultados atribuídos		4.750

Caso Prático 2.2.3 – Cobertura de prejuízos transitados – proposta de aplicação dos resultados e contabilização

A sociedade CICLOVIPE, LDA. foi constituída a 15/02/N-2, pelos irmãos Arnaldo e António Rodas, com um capital social de 25.000 euros. A localização escolhida inicialmente para o estabelecimento comercial não permitiu atrair muitos clientes, tendo a sociedade acumulado prejuízos de 15.000 euros nos dois primeiros anos de atividade. No ano N, a mudança de instalações permitiu reverter esta situação, alcançando a sociedade um resultado líquido de 22.000 euros.

Como forma de consolidar o seu capital próprio, os sócios concordam em não proceder a qualquer distribuição de lucros e em constituir a reserva legal o mais rapidamente possível.

Pretende-se:

1. A apresentação de uma proposta de aplicação dos resultados que atenda às pretensões dos sócios.
2. Apresentação dos lançamentos contabilísticos que aquela proposta implicaria, caso fosse aprovada.

Proposta de resolução:

Pedido 1

Na presença de prejuízos acumulados de 15.000 euros, o lucro do exercício, de 22.000 euros, deve, em primeiro lugar, ser destinado a cobrir aquele prejuízo (n.º 1 do art.º 33.º do CSC).

Com o valor sobrante, de 7.000 euros, haverá que proceder à constituição da reserva legal. Dado o montante do capital social, a reserva legal deverá ser, no mínimo, de 5.000 euros (20% * 25.000 euros) (art.º 218.º e n.º 1 do art.º 295.º do CSC).

Uma vez que ambos os sócios concordam em não receber lucros e tencionam constituir a reserva legal o mais rapidamente possível, proceder-se-á à constituição da mesma pela totalidade, de uma só vez. Esta aplicação dos resultados apenas é possível porque ambos os sócios estiveram de acordo (veja-se art.º 217.º do CSC).

A proposta de aplicação do resultado líquido do período N, no montante de 22.000 euros, será a seguinte:

- Cobertura de prejuízos transitados: 15.000 euros
- Reserva Legal: 5.000 euros
- Resultados Transitados: 2.000 euros

Pedido 2

Os lançamentos contabilísticos necessários para refletir esta aplicação seriam os seguintes:

Pela transferência do resultado líquido do ano N para resultados transitados

	02/01/N+1		
81	Resultado líquido do período		
818	Resultado líquido	22.000	
56	Resultados transitados		22.000

Pela aplicação do resultado líquido do ano N

56	Resultados transitados	5.000	
55	Reservas		
551	Reservas legais		
5511	Reserva legal (art.º 218.º/art.º 295.º CSC)		5.000

Neste momento os Resultados Transitados evidenciam um saldo credor de 2.000 euros:

56 Resultados Transitados

Prejuízos acumulados:	15.000	RLP (Lucro) de N:	22.000
Constituição da Reserva Legal:	5.000		
Saldo credor:	**2.000**		

Caso Prático 2.2.4 – Cobertura de prejuízos através de reservas e suprimentos

A sociedade FITNESS, LDA. apresentava, a 31/12/N, os seguintes capitais próprios:

Capital Próprio	(valores em euros)
Capital Subscrito	30.000
Reservas Legais - Reserva Legal (art.º 218.º/ art.º 295.º CSC)	1.500
Reservas Livres	3.000
Resultados Transitados	(7.500)
Resultado Líquido do Período	(9.000)
Total	18.000

O capital social é formado por três quotas, pertencentes a cada uma das três sócias: a Bela, com uma quota de 12.000 euros; e a Lisa e a Lena, cada uma com uma quota de 9.000 euros.

As sócias são também titulares de suprimentos, efetuados na proporção das suas quotas, num total de 20.000 euros.

Confrontadas com a necessidade de melhorar a imagem dos capitais próprios perante a banca, na Assembleia Geral realizada a 30/03/N+1 as sócias deliberaram por unanimidade cobrir a totalidade dos prejuízos, utilizando prioritariamente reservas disponíveis para o efeito e autorizando o débito das suas contas de suprimentos pelos montantes necessários para aquele fim.

Pretende-se:

Os lançamentos contabilísticos relativos à deliberação tomada.

Proposta de resolução:

Pela transferência do resultado líquido do ano N para resultados transitados

	02/01/N+1		
56	Resultados transitados	9.000	
81	Resultado líquido do período		
818	Resultado líquido		9.000

Após efetuar este lançamento, a conta de Resultados Transitados evidencia um saldo negativo de 16.500 euros, que são os prejuízos a cobrir. De acordo com a deliberação tomada pelas sócias, deverão primeiro ser utilizadas as reservas disponíveis para o efeito. Neste caso, e seguindo o disposto no art.º 296.º do CSC, deverão utilizar-se em primeiro lugar as Reservas Livres e só depois a Reserva Legal. Os montantes destas reservas totalizam 4.500 euros, valor que é insuficiente para cobrir a totalidade dos prejuízos.

Daqui resulta a necessidade de debitar 12.000 euros (16.500 – 4.500) aos suprimentos das sócias. Considerando que estes foram efetuados na proporção das suas quotas, ter-se-á:

Sócia	VN das quotas		Suprimentos	Débito aos suprimentos
Bela	12.000	40%	8.000	4.800
Lisa	9.000	30%	6.000	3.600
Lena	9.000	30%	6.000	3.600
	30.000	100%	20.000	12.000

Pela cobertura de prejuízos através de reservas

55	Reservas		
551	Reservas legais		
5511	Reserva legal (art.º 218.º/art.º 295.º CSC)	1.500	
552	Outras reservas		
5521	Reservas livres	3.000	
56	Resultados transitados		4.500

Pelo cobertura de prejuízos através do débito de suprimentos

25	Financiamentos obtidos		
253	Participantes de capital		
2532	Outros participantes – suprimentos e outros mútuos		
25322	Outros participantes – suprimentos e outros mútuos – Não corrente		
253221	Sócia Bela	4.800	
253222	Sócia Lisa	3.600	
253223	Sócia Lena	3.600	
56	Resultados transitados		12.000

Caso Prático 2.2.5 – Resultado líquido do período negativo – proposta de aplicação dos resultados e contabilização

A sociedade SILVA & ROSAS, LDA. apresentava no seu balanço de 31/12/N, os seguintes valores do capital próprio:

Capital Próprio	(valores em euros)
Capital Subscrito	5.000
Reservas Legais - Reserva Legal (art.º 218.º/ art.º 295.º CSC)	250
Resultados Transitados	4.750
Resultado Líquido do Período	(1.000)
Total	9.000

As sócias e gerentes desta sociedade nunca distribuíram quaisquer lucros. No entanto, por questões pessoais, ponderavam fazê-lo agora. Porém, na presença de um resultado líquido negativo ficaram na dúvida se o poderiam fazer.

Pretende-se:

A análise da situação, a apresentação de uma proposta de aplicação dos resultados e a apresentação dos lançamentos contabilísticos que a mesma implicaria, caso fosse aprovada.

Proposta de resolução:

Pela transferência do resultado líquido do ano N para resultados transitados

	02/01/N+1		
56	Resultados transitados	1.000	
81	Resultado líquido do período		
818	Resultado líquido		1.000

Na presença de um resultado líquido negativo (prejuízo) não haverá que reforçar a reserva legal (n.º 1 do art.º 295.º do CSC).

Neste momento os Resultados Transitados evidenciam um saldo credor de 3.750 euros:

56 Resultados Transitados			
RLP (Prejuízo) de N:	1.000	Lucros acumulados:	4.750
Saldo credor:	**3.750**		

No caso das sócias não pretenderem receber quaisquer lucros, a proposta de aplicação do resultado líquido do período N seria apenas a seguinte:

> O resultado líquido do ano N, negativo em 1.000 euros, será transferido para Resultados Transitados.

Sendo vontade das sócias distribuir lucros e uma vez que o resultado líquido do período N foi negativo, a distribuição apenas pode ocorrer a partir de reservas disponíveis para o efeito. Neste caso, essas reservas consistem nos resultados transitados que, após a transferência do resultado líquido negativo, totalizam 3.750 euros.

O valor máximo suscetível de distribuição deverá ser tal que, após essa distribuição, se verifique a seguinte condição (n.º 1 do art.º 32.º do CSC):

> Total do Capital Próprio ≥ Capital Social + Reservas que a lei ou o contrato não permitam distribuir

Portanto, será possível distribuir a totalidade dos resultados transitados, de 3.750 euros, sendo o capital próprio depois dessa distribuição, o seguinte:

Capital Próprio	(valores em euros)
Capital Subscrito	5.000
Reservas Legais - Reserva Legal (art.º 218.º/ art.º 295.º CSC)	250
Total	5.250

A proposta para a distribuição dos lucros poderia ter o seguinte teor:

> O resultado líquido do ano N, negativo em 1.000 euros, será transferido para Resultados Transitados. Uma vez que os Resultados Transitados totalizam, após aquela transferência, 3.750 euros, e não havendo à luz do CSC quaisquer limitações à sua distribuição, propõe-se a atribuição de lucros pela totalidade dos Resultados Transitados.

Neste caso, para além do lançamento já apresentado haveria que efetuar o seguinte:

Pela atribuição dos lucros

56	Resultados transitados	3.750	
26	Acionistas/sócios		
264	Resultados atribuídos		3.750

Caso Prático 2.2.6 – O lucro distribuível na presença de ganhos por aumento do justo valor – proposta de aplicação dos resultados e contabilização

A sociedade SUPERMERCADOS SEMPRE FRESCO, LDA. apresentava no seu balanço a 31/12/N, os seguintes valores do capital próprio:

Capital Próprio	(valores em euros)
Capital Subscrito	50.000
Reservas Legais – Reserva Legal (art.º 218.º/art.º 295.º CSC)	7.500
Resultados Transitados	(2.000)
Resultado Líquido do Período	11.000
Total	66.500

O resultado líquido do período inclui ganhos por aumento do justo valor de ações adquiridas em bolsa por 3.000 euros, cuja cotação à data de balanço era de 3.800 euros.

Os quatro sócios daquela sociedade não estão de acordo quanto à aplicação do resultado, havendo dois deles que consideram prudente que não se distribuam quaisquer lucros, enquanto os outros dois pretendem que tal distribuição ocorra.

Pretende-se:

1. Determinação do lucro distribuível.
2. Apresentação de uma proposta de aplicação dos resultados que seja suscetível de aprovação dadas as diferentes pretensões dos sócios.
3. Apresentação dos lançamentos contabilísticos que aquela proposta originaria, caso fosse aprovada.

Proposta de resolução:

Pedido 1

Na determinação do lucro distribuível há que considerar três aspetos:

- a cobertura dos prejuízos acumulados de 2.000 euros (n.º 1 do art.º 33.º do CSC);
- o reforço da reserva legal, que ainda não atingiu o mínimo de 10.000 euros (20% * 50.000 euros) (art.º 218.º e n.º 1 do art.º 295.º do CSC); e

- a inclusão naquele lucro de incrementos decorrentes da aplicação do justo valor, no montante de 800 euros, que não podem ser distribuídos, uma vez que não se encontram realizados (n.º 2 do art.º 32.º do CSC).

No quadro seguinte sistematiza-se a determinação do lucro distribuível:

Resultado líquido do período	11.000
Cobertura de prejuízos acumulados	-2.000
Subtotal	9.000
Reforço da reserva legal (5% * 9.000)	-450
Subtotal	8.550
Ganhos por aumento do justo valor	-800
Lucro distribuível	7.750

Caso se proceda à distribuição da totalidade do lucro distribuível, de 7.750 euros, o capital próprio ficará:

Capital Próprio	(valores em euros)
Capital Subscrito	50.000
Reservas Legais – Reserva Legal (art.º 218.º/art.º 295.º CSC)	7.500 + 450 = 7.950
Resultados Transitados	– 2.000 + 11.000 – 450 – 7.750 = 800
Total	58.750

O capital social e as reservas não suscetíveis de distribuição (onde se incluem os ganhos por aumento do justo valor de 800) totalizam 58.750. Deste modo, encontra-se verificada a condição do n.º 1 do art.º 32.º do CSC:

Total do Capital Próprio ≥ Capital Social + Reservas que a lei ou o contrato não permitam distribuir

Mas sublinhe-se que não pode ser distribuído mais nenhum valor do capital próprio, caso contrário aquela condição deixa de se verificar.

Dada a divergência de posição dos sócios relativamente ao montante a distribuir, há que referir que não poderá deixar de ser distribuído metade do lucro distribuível. De facto, parece não existir cláusula contratual que disponha de forma diferente, nem tal será deliberado por maioria de três quartos dos votos, uma vez que dois dos quatro sócios pretendem que haja distribuição (n.º 1 do art.º 217.º do CSC).

Pedido 2

Considerando a distribuição de metade do lucro distribuível, ou seja, de 3.875 euros, a proposta de aplicação do resultado líquido do período N, no montante de 11.000 euros, será a seguinte:

- Cobertura de prejuízos transitados: 2.000 euros
- Reserva Legal: 450 euros
- Distribuição aos sócios: 3.875 euros
- Resultados Transitados: 4.675 euros

Pedido 3

Os lançamentos contabilísticos necessários para refletir a aplicação proposta seriam os seguintes:

Pela transferência do resultado líquido do ano N para resultados transitados

	02/01/N+1		
81	Resultado líquido do período		
818	Resultado líquido	11.000	
56	Resultados transitados		11.000

Neste momento os Resultados Transitados evidenciam um saldo credor de 9.000 euros:

56 Resultados Transitados

Débito		Crédito	
Prejuízos acumulados:	2.000	RLP de N:	11.000
Saldo credor:	**9.000**		

Pela aplicação do resultado líquido do ano N

56	Resultados transitados	4.325	
55	Reservas		
551	Reservas legais		
5511	Reserva legal (art.º 218.º/art.º 295.º CSC)		450
26	Acionistas/sócios		
264	Resultados atribuídos		3.875

Depois de contabilizada a aplicação do resultado, os Resultados Transitados evidenciam um saldo credor de 4.675 euros:

56 Resultados Transitados

Prejuízos acumulados:	2.000	RLP (lucro) de N:	11.000
Reforço da Reserva Legal:	450		
Distribuição:	3.875		
Saldo credor:	**4.675**		

O saldo de 4.675 euros corresponde ao lucro não distribuído (3.875 euros) e ao ganho não realizado, decorrente da aplicação do justo valor (800 euros). Pode ser útil separar dentro da conta Resultados Transitados, os "resultados realizados" e os "resultados não realizados". Neste caso, quando aquelas ações forem vendidas haverá que reclassificar aquele ganho de "resultados não realizados" para "resultados realizados".

Caso Prático 2.2.7 – O lucro distribuível na presença de despesas de desenvolvimento não amortizadas – proposta de aplicação dos resultados

A sociedade QUIMITEX, S.A. apresentava no seu balanço de 31/12/N, os seguintes valores do capital próprio:

Capital Próprio	(valores em euros)
Capital Subscrito	12.000.000
Reservas Legais - Reserva Legal (art.º 295.º CSC)	2.380.000
Outras Reservas - Reservas Livres	500.000
Resultados Transitados	400.000
Resultado Líquido do Período	800.000
Total	16.080.000

Sabe-se ainda que:

- No ativo estão reconhecidos Projetos de Desenvolvimento por 1.100.000 euros.
- O Resultado Líquido do Período inclui ganhos por aumento do justo valor de ações adquiridas em bolsa, no montante de 50.000 euros.

Pretende-se:
A apresentação de uma proposta de aplicação dos resultados que maximize o valor a ser distribuído aos acionistas.

Proposta de resolução:
Na determinação do lucro distribuível há que considerar os seguintes aspetos:

- É necessário reforçar a reserva legal uma vez que a mesma ainda não atingiu o mínimo de 20% do capital social, ou seja, 2.400.000 euros (n.º 1 do art.º 295.º do CSC);
- Os ganhos por aumento do justo valor das ações adquiridas em bolsa, no montante de 50.000 euros, não podem ser distribuídos aos acionistas (n.º 2 do art.º 32.º do CSC).

- As despesas de desenvolvimento não amortizadas, no valor de 1.100.000 euros, não estão totalmente cobertas por reservas livres e por resultados transitados, uma vez que estes totalizam apenas 900.000 euros (n.º 2 do art.º 33.º do CSC).

No quadro seguinte sistematiza-se a determinação do lucro distribuível:

Resultado líquido do período	800.000
Reforço da reserva legal (5% * 800.000)	-40.000
Subtotal	760.000
Ganhos por aumento do justo valor	-50.000
Subtotal	710.000
Despesas de desenvolvimento não amortizadas e não cobertas por reservas livres e/ou resultados transitados	-200.000
Lucro distribuível	510.000

A situação dos capitais próprios após a distribuição da totalidade do lucro distribuível seria a seguinte:

Capital Próprio	(valores em euros)
Capital Subscrito	12.000.000
Reserva Legal (art.º 295.º CSC)	2.380.000 + 40.000 = 2.420.000
Reservas Livres	500.000
Resultados Transitados	400.000 + 800.000 – 40.000 – 510.000 = 650.000
Total	15.570.000

Perante esta estrutura de capitais próprios, os valores que não podem ser distribuídos aos acionistas são os seguintes (art.^{os} 32.º, 33.º e 296.º do CSC):

Valores não distribuíveis	(valores em euros)
Capital subscrito	12.000.000
Reserva Legal	2.420.000
Reservas Livres (necessárias para cobrir despesas de desenvolvimento não amortizadas)	500.000
Resultados Transitados (necessários para cobrir despesas de desenvolvimento não amortizadas)	600.000
Resultados Transitados (no montante dos ganhos por aumento do justo valor não realizados)	50.000
Total	15.570.000

Portanto, após a distribuição da totalidade do lucro distribuível estará observada a condição do n.º 1 do art.º 32.º do CSC:

Total do Capital Próprio ≥ Capital Social + Reservas que a lei ou o contrato não permitam distribuir

Mas sublinhe-se que não pode ser distribuído mais nenhum valor do capital próprio, caso contrário aquela condição não é observada.

A proposta de aplicação dos resultados poderia ser redigida como se segue.

Considerando que:

- É necessário proceder ao reforço da reserva legal, uma vez que a mesma ainda não atingiu o mínimo exigido pelo art.º 295.º do CSC, ou seja, 20% do capital social.
- O resultado líquido contém ganhos por aumento do justo valor no montante de 50.000 euros, não distribuíveis à luz do art.º 32.º do CSC.
- Não existem reservas livres e resultados transitados em montante suficiente para cobrir o saldo dos projetos de desenvolvimento ainda não amortizados, de 1.100.000 euros, como exigido pelo art.º 33.º do CSC.

Propõe-se a seguinte aplicação do resultado líquido do ano N, no montante de 800.000 euros:

- Reserva Legal: 40.000 euros
- Distribuição de dividendos: 510.000 euros
- Resultados transitados*: 250.000 euros

* alternativamente poder-se-ia propor Reservas livres

Caso Prático 2.2.8 – Distribuição de lucros do período e de reservas – proposta de distribuição e contabilização

A sociedade LABTEX, S.A. apresentava no seu balanço de 31/12/N, os seguintes valores do capital próprio:

Capital Próprio	(valores em euros)
Capital Subscrito (5.000.000 ações ordinárias)	5.000.000
Reservas Legais – Reserva Legal (art.º 295.º do CSC)	1.050.000
Outras Reservas – Reservas Livres	600.000
Resultados Transitados	700.000
Excedentes de Revalorização	100.000
Resultado Líquido do Período	400.000
Total	7.850.000

Sabe-se ainda que:

- No ativo estão reconhecidos Projetos de Desenvolvimento por 800.000 euros.
- Os Excedentes de Revalorização correspondem à parte não realizada dos excedentes gerados na aplicação do modelo de revalorização a ativos fixos tangíveis.
- O Resultado Líquido do Período inclui ganhos por aumento do justo valor de ações adquiridas em bolsa, no montante de 10.000 euros.

Pretende-se:

Sabendo que um grupo maioritário de acionistas se prepara para exigir um dividendo de 0,10 euros por ação:

1. Apresentação de uma proposta de distribuição de resultados que permita satisfazer aquela pretensão.
2. Apresentação dos lançamentos contabilísticos que aquela proposta originaria, caso fosse aprovada.

Proposta de resolução:

Pedido 1

Na determinação do lucro distribuível há que considerar os seguintes aspetos:

- Já não é necessário reforçar a reserva legal, uma vez que a mesma já ultrapassa o valor mínimo exigido pelo art.º 295.º do CSC (20% * 5.000.000 = 1.000.000 euros).
- Os ganhos por aumento do justo valor das ações adquiridas em bolsa, no montante de 10.000 euros, não podem ser distribuídos aos acionistas, de acordo com o n.º 2 do art.º 32.º do CSC.
- As despesas de desenvolvimento não amortizadas, no valor de 800.000 euros, não colocam restrições na determinação do lucro distribuível uma vez que existem reservas livres e resultados transitados em montante superior, como exigido pelo n.º 2 do art.º 33.º do CSC.

No quadro seguinte sistematiza-se a determinação do lucro distribuível:

Resultado líquido do período	400.000
Ganhos por aumento do justo valor	-10.000
Lucro distribuível	390.000

A situação dos capitais próprios após a distribuição da totalidade do lucro distribuível seria a seguinte:

Capital Próprio	(valores em euros)
Capital Subscrito	5.000.000
Reserva Legal (art.º 295.º CSC)	1.050.000
Reservas Livres	600.000
Resultados Transitados	700.000 + 400.000 – 390.000 = 710.000
Excedentes de Revalorização	100.000
Total	7.460.000

Perante esta estrutura de capitais próprios, os valores que não podem ser distribuídos aos acionistas são os seguintes (art.[os] 32.º, 33.º e 296.º do CSC):

Valores não distribuíveis	(valores em euros)
Capital subscrito	5.000.000
Reservas Legais	1.050.000
Reservas Livres (necessárias para cobrir despesas de desenvolvimento não amortizadas)	600.000
Resultados Transitados (necessários para cobrir despesas de desenvolvimento não amortizadas)	200.000
Resultados Transitados (no montante dos ganhos por aumento do justo valor não realizados)	10.000
Excedentes de Revalorização	100.000
Total	6.960.000

Portanto, após a distribuição da totalidade do lucro distribuível estará observada a condição:

Total do Capital Próprio ≥ Capital Social + Reservas que a lei ou o contrato não permitam distribuir

Para atender à pretensão do grupo maioritário de acionistas será necessário distribuir de dividendos 500.000 euros (5.000.000 ações * 0,1 euros), ou seja, a totalidade do lucro distribuível, de 390.000 euros, e ainda reservas disponíveis para o efeito, no montante de 110.000 euros.

Comparando o total do capital próprio após distribuir a totalidade do lucro distribuível, que é de 7.460.000 euros, com os valores não distribuíveis, de 6.960.000 euros, conclui-se que existem resultados transitados suscetíveis de distribuição de 500.000 euros. Portanto, os resultados transitados permitem completar o montante de 110.000 euros necessário para que se atenda à pretensão do grupo maioritário de acionistas.

A proposta de aplicação dos resultados poderia ser redigida como se segue.

Considerando que:

- O resultado líquido do ano N é de 400.000 euros;
- A reserva legal é de 1.050.000 euros, tendo já ultrapassado o mínimo exigido pelo art.º 295.º do CSC, ou seja, 20% do capital social;
- O resultado líquido contém ganhos por aumento do justo valor no montante de 10.000 euros, não distribuíveis à luz do art.º 32.º do CSC;
- O saldo dos projetos de desenvolvimento ainda não amortizados, a que se refere o art.º 33.º do CSC, é de 800.000 euros, existindo reservas livres e resultados transitados superiores a esse valor.

Propõe-se a distribuição da totalidade do resultado distribuível à luz dos art.os 32.º e 33.º do CSC, no montante de 390.000 euros, acrescido de 110.000 euros de resultados transitados, o que representa um pagamento total, a título de dividendos, de 500.000 euros (correspondendo a um dividendo de 0,1 euros por ação, relativamente à totalidade das ações ordinárias emitidas e em circulação).

Pedido 2

Os lançamentos contabilísticos necessários para refletir a aplicação proposta seriam os seguintes:

Pela transferência do resultado líquido do ano N para resultados transitados

	02/01/N+1		
81	Resultado líquido do período		
818	Resultado líquido	400.000	
56	Resultados transitados		400.000

Pela atribuição dos dividendos

56	Resultados transitados	500.000	
26	Acionistas/sócios		
264	Resultados atribuídos		500.000

Caso Prático 2.2.9 – Gratificações por conta de lucros – contabilização

A ata da Assembleia Geral anual da sociedade A PANIFICADORA IDEAL, S.A., realizada a 15 de março de N+1, continha a seguinte proposta de aplicação do resultado líquido do ano N, a qual foi aprovada por unanimidade em todos os seus pontos.

<u>Ponto 1</u>

O resultado líquido apurado pela sociedade A PANIFICADORA IDEAL, S.A., no período findo a 31/12/N, foi de 120.000 euros, como resulta do balanço e contas apresentado a esta Assembleia Geral.

De acordo com as normas de contabilidade aplicáveis, este resultado já reflete um gasto estimado de 15.000 euros relativo a gratificações ao pessoal, cujo valor definitivo é de 15.500 euros, correspondente a meio mês de retribuição mensal, montante que o Conselho de Administração propõe à Assembleia que seja pago aos trabalhadores a título de participação nos lucros, como tem sido prática em anos anteriores.

<u>Ponto 2</u>

Admitindo que a proposta apresentada no Ponto 1 será aprovada pela Assembleia Geral e considerando que não se afigura necessário o reforço da reserva legal, uma vez que a mesma já ultrapassa 20% do capital social, o Conselho de Administração propõe a seguinte aplicação do resultado líquido do período N:

- Distribuição de dividendos: 80.000 euros
- Reservas livres: 40.000 euros

<u>Ponto 3</u>

Considerando o desempenho positivo da sociedade, que permitiu um aumento da retribuição aos acionistas face a anos anteriores, propõe-se a atribuição aos membros do Conselho de Administração de uma gratificação correspondente a 5% do resultado líquido do ano N, a dividir equitativamente entre eles. Para tal, dever-se-á ajustar o montante das reservas livres proposto na aplicação dos resultados.

As gratificações e os dividendos foram processados a 15 de abril de N+1, tendo por base os seguintes valores:

	Valores estimados	Diferença de estimativa	Valores brutos	Retenção de IRS	Segurança Social (trabalhador)	Valores líquidos
Gratificações ao pessoal	15.000	500	15.500	2.790	1.705	11.005
Segurança Social s/ Gratificações (empresa)	3.562,50	118,75	3.681,25			
Gratificações aos órgãos sociais			6.000	1.800	—	4.200
Dividendos			80.000	22.400	—	57.600

Pretende-se:

Os lançamentos contabilísticos relativos à deliberação de aplicação do resultado líquido do ano N e ao processamento das gratificações e dos dividendos.

Proposta de resolução:

Relativamente à estimativa das gratificações por conta de lucros, a pagar ao pessoal, foi efetuado no ano N o seguinte lançamento contabilístico:

Reconhecimento do gasto estimado com gratificações a pagar ao pessoal

	31/12/N		
63	Gastos com o pessoal		
632	Remunerações a pagar ao pessoal		
632X	Gratificações por conta de lucros	15.000,00	
635	Encargos sobre remunerações	3.562,50	
27	Outras contas a receber e a pagar		
272	Devedores e credores por acréscimos		
2722	Credores por acréscimos de gastos		
2722X	Gratificações por conta de lucros		15.000,00
2722Y	Encargos sobre remunerações		3.562,50

Tendo sido aprovados todos os pontos da proposta de aplicação dos resultados, o resultado líquido do ano N, de 120.000 euros, tem a seguinte aplicação:

- Distribuição de dividendos: 80.000 euros
- Gratificações aos órgãos sociais: 6.000 euros
- Reservas livres: 34.000 euros

Pela transferência do resultado líquido do ano N para resultados transitados

	02/01/N+1		
81	Resultado líquido do período		
818	Resultado líquido	120.000	
56	Resultados transitados		120.000

Pela aplicação do resultado do ano N

	15/03/N+1		
56	Resultados transitados	120.000	
26	Acionistas/sócios		
264	Resultados atribuídos		80.000
23	Pessoal		
238	Outras operações		
2381	Com os órgãos sociais		
23811	Com os órgãos sociais - Corrente		
23811X	Gratificações por conta de lucros		6.000
55	Reservas		
552	Outras reservas		
5521	Reservas livres		34.000

Seguindo o quadro apresentado no enunciado, o processamento das gratificações e dos dividendos tem subjacente os seguintes lançamentos:

Pelo processamento das gratificações ao pessoal

	15/04/N+1		
27	Outras contas a receber e a pagar		
272	Devedores e credores por acréscimos		
2722	Credores por acréscimos de gastos		
2722X	Gratificações por conta de lucros	15.000,00	
2722Y	Encargos sobre remunerações	3.562,50	
63	Gastos com o pessoal		
632	Remunerações a pagar ao pessoal		
632X	Gratificações por conta de lucros	500,00	
635	Encargos sobre remunerações	118,75	
24	Estado e outros entes públicos		
242	Retenção de impostos sobre rendimentos		
242X	Rendimentos do trabalho dependente		2.790,00
245	Contribuições para a segurança social		5.386,25
23	Pessoal		
231	Remunerações a pagar		
2312	Ao pessoal		11.005,00

Pelo processamento das gratificações aos órgãos sociais

	15/04/N+1		
23	Pessoal		
238	Outras operações		
2381	Com os órgãos sociais		
23811	Com os órgãos sociais - Corrente		
23811X	Gratificações por conta de lucros	6.000	
24	Estado e Outros Entes Públicos		
242	Retenção de Impostos sobre Rendimentos		
242X	Rendimentos do trabalho dependente		1.800
23	Pessoal		
231	Remunerações a pagar		
2311	Aos órgãos sociais		4.200

Pelo processamento (colocação à disposição) dos dividendos

	15/04/N+1		
26	Acionistas/sócios		
264	Resultados atribuídos	80.000	
24	Estado e outros entes públicos		
242	Retenção de impostos sobre rendimentos		
242X	Rendimentos de capitais		22.400
26	Acionistas/sócios		
265	Lucros disponíveis		57.600

Caso Prático 2.2.10 – Adiantamentos por conta de lucros – contabilização

A sociedade VIEIRA & ANTUNES, LDA. é detida por dois sócios, o Vítor Vieira e o António Antunes, que também são seus gerentes. Esta sociedade tem sido sempre lucrativa e os sócios não têm distribuído a totalidade dos lucros. Porém, em abril do ano N, o sócio Vítor Vieira, por questões pessoais, solicitou um adiantamento por conta de lucros, no montante de 25.000 euros, ao que o António Antunes não se opôs.

Ficou acordado entre os sócios que este adiantamento viria a ser regularizado na aplicação do resultado líquido do ano N, através da distribuição de 25.000 euros de lucros a cada um dos sócios, recorrendo, se necessário, a resultados transitados (lucros de períodos anteriores distribuíveis).

O resultado líquido apurado no ano N foi de 40.000 euros e a proposta para a sua aplicação, aprovada a 20/03/N+1, contemplava:

- Reforço da reserva Legal: 2.000 euros
- Distribuição aos sócios: o restante, ou seja, 38.000 euros, acrescidos de 12.000 euros de resultados transitados, o que totaliza uma distribuição de lucros de 50.000 euros. À parte correspondente ao sócio Vítor Vieira, haverá que deduzir o adiantamento já efetuado, no montante de 25.000 euros.

A colocação à disposição e o pagamento dos lucros ocorreu a 20/04/N+1.

Pretende-se:

Os lançamentos contabilísticos relativos ao adiantamento por conta de lucros, à aplicação do resultado líquido do ano N e à regularização daquele adiantamento.

Proposta de resolução:

Pelo adiantamento por conta de lucros

	01/04/N		
26	Acionistas/sócios		
263	Adiantamentos por conta de lucros		
2631	Sócio Vítor Vieira	25.000	
24	Estado e outros entes públicos		
242	Retenção de impostos sobre o rendimento		
242X	Rendimentos de capitais (28%)		7.000
12	Depósitos à Ordem		18.000

Pela transferência do resultado líquido do ano N para resultados transitados

	02/01/N+1		
81	Resultado líquido do período		
818	Resultado líquido	40.000	
56	Resultados transitados		40.000

Pela aplicação do resultado líquido do ano N e distribuição de resultados transitados

	20/03/N+1		
56	Resultados transitados	52.000	
55	Reservas		
551	Reservas legais		
5511	Reserva legal (art.º 218.º/art.º 295.º CSC)		2.000
26	Acionistas/sócios		
264	Resultados atribuídos		
2641	Sócio Vítor Vieira		25.000
2642	Sócio António Antunes		25.000

Pela regularização do adiantamento por conta de lucros

	20/03/N+1		
26	Acionistas/Sócios		
264	Resultados Atribuídos		
2641	Sócio Vítor Vieira	25.000	
26	Acionistas/sócios		
263	Adiantamentos por conta de lucros		
2631	Sócio Vítor Vieira		25.000

Pela colocação à disposição dos dividendos

	20/04/N+1		
26	Acionistas/sócios		
264	Resultados atribuídos		
2642	Sócio António Antunes	25.000	
24	Estado e outros entes públicos		
242	Retenção de impostos sobre rendimentos		
242X	Rendimentos de capitais (28%)		7.000
26	Acionistas/sócios		
265	Lucros disponíveis		
2652	Sócio António Antunes		18.000

Pelo pagamento

	20/04/N+1		
26	Acionistas/Sócios		
265	Lucros disponíveis		
2652	Sócio António Antunes	18.000	
12	Depósitos à Ordem		18.000

Caso Prático 2.2.11 – Dividendos antecipados – determinação e contabilização

A 20 de outubro do ano N o Conselho de Administração da sociedade VOUGUINHA, S.A. deliberou realizar uma distribuição de dividendos antecipados, com base na seguinte situação do capital próprio, retirada do balanço intercalar, reportado a 30/09/N:

Capital Próprio	(valores em euros)
Capital Subscrito (1.500.000 ações ordinárias)	1.500.000
Reserva Legal (art.º 295.º CSC)	100.000
Reserva Estatutária	20.000
Resultados Transitados	5.000
Resultado Líquido até 30/09/N	180.000
Total	1.805.000

Os estatutos da sociedade preveem a constituição de uma reserva de montante correspondente a 10% do capital social, a partir da retenção de um mínimo de 1% dos lucros de cada período.

Durante os restantes meses do ano N não ocorreram quaisquer operações com impacto no capital próprio da sociedade, à exceção do resultado líquido do ano N, que foi de 220.000 euros.

O resultado líquido do ano N inclui ganhos por aumento do justo valor em ações detidas para negociação, de 5.000 euros. Estas ações foram adquiridas em agosto do ano N, tendo valorizado até ao final de setembro desse ano em 1.000 euros.

A ata da Assembleia Geral anual, realizada a 20/03/N+1, prevê a seguinte proposta de aplicação dos resultados, aprovada por unanimidade:

- Reserva Legal: 11.000 euros.
- Reserva Estatutária: 2.200 euros.
- Distribuição de dividendos: 120.000 euros (dos quais 84.100 euros já foram atribuídos antecipadamente).
- Resultados Transitados: 86.800 euros.

Pedidos:

1. A determinação do valor máximo que pode ser atribuído a título de dividendos antecipados no ano N.
2. Os lançamentos contabilísticos relativos à atribuição e pagamento dos dividendos antecipados.
3. A estrutura do capital próprio a 31/12/N.
4. Os lançamentos contabilísticos relativos à aplicação dos resultados do ano N.

Proposta de resolução:

Pedido 1

A situação descrita corresponde à realização de adiantamentos sobre os lucros no decurso do exercício, prevista no art.º 297.º do CSC. Seguindo o ali disposto, o valor máximo que pode ser atribuído a título de dividendos antecipados corresponde a metade do lucro distribuível determinado a 30/09/N, de acordo com o quadro seguinte:

Resultado líquido até 30/09/N	180.000
Reforço da reserva legal (5% * 180.000)	-9.000
Reforço da reserva estatutária (1% * 180.000)	-1.800
Subtotal	169.200
Ganhos por aumento do justo valor	-1.000
Lucro distribuível	168.200
Dividendos antecipados (valor máximo)	84.100

A situação dos capitais próprios após a atribuição dos dividendos antecipados seria a seguinte:

Capital Próprio	(valores em euros)
Capital Subscrito (1.500.000 ações ordinárias)	1.500.000
Reserva Legal	100.000
Reserva Estatutária	20.000
Resultados Transitados	5.000
Resultado Líquido até 30/09/N	180.000
Dividendos antecipados	(84.100)
Total	1.720.900

Perante esta estrutura de capitais próprios, os valores que não podem ser distribuídos aos acionistas são os seguintes (art.^{os} 32.º, 33.º e 296.º do CSC):

Valores não distribuíveis	(valores em euros)
Capital subscrito	1.500.000
Reserva legal	100.000
Reserva estatutária	20.000
Resultado líquido até 30/09 na parte correspondente: ao montante igual aos dividendos antecipados atribuídos; ao valor necessário para reforçar a reserva legal e a reserva estatutária e ao ganho por aumento do justo valor.	84.100 + 9.000 + 1.800 + 1.000 = 95.900
Total	1.715.900

Portanto, após a atribuição dos dividendos antecipados estará observada a condição:

Total do Capital Próprio ≥ Capital Social + Reservas que a lei ou o contrato não permitam distribuir

Pedido 2

Lançamentos contabilísticos relativos à atribuição e pagamento dos dividendos antecipados:

Pela atribuição dos dividendos antecipados

	20/10/N		
89	Dividendos antecipados	84.100	
26	Acionistas/sócios		
264	Resultados atribuídos		84.100

Pela colocação à disposição dos dividendos antecipados (admitindo que os acionistas são pessoas singulares)

26	Acionistas/sócios		
264	Resultados atribuídos	84.100	
24	Estado e outros entes públicos		
242	Retenção de impostos sobre rendimentos		
242X	Rendimentos de Capitais (28%)		23.548
26	Acionistas/Sócios		
265	Lucros disponíveis		60.552

Pelo pagamento dos dividendos antecipados

26	Acionistas/sócios		
265	Lucros disponíveis	60.552	
12	Depósitos à Ordem		60.552

Pedido 3

Estrutura do capital próprio a 31/12/N:

Capital Próprio	(valores em euros)
Capital Subscrito (1.500.000 ações ordinárias)	1.500.000
Reserva Legal	100.000
Reserva Estatutária	20.000
Resultados Transitados	5.000
Resultado Líquido do Período	220.000
Dividendos antecipados	(84.100)
Total	1.760.900

Pedido 4

Lançamentos contabilísticos relativos à aplicação dos resultados do ano N:

Pela transferência do resultado líquido do ano N para resultados transitados

	02/01/N+1		
81	Resultado Líquido do Período		
818	Resultado Líquido	220.000	
56	Resultados Transitados		135.900
89	Dividendos antecipados		84.100

Pela aplicação do resultado líquido do ano N

	20/03/N+1		
56	Resultados Transitados	49.100	
55	Reservas		
551	Reservas Legais		
5511	Reserva Legal (art.º 295.º CSC)		11.000
552	Outras reservas		
5522	Reservas estatutárias		2.200
26	Acionistas/sócios		
264	Resultados atribuídos		35.900

Caso Prático 2.2.12 – Dividendos "Pro rata temporis" - determinação

A sociedade BRITES & BOTELHO, LDA. foi constituída a 01/04/N, tendo ficado estipulado no seu contrato de sociedade que a distribuição de lucros se deveria efetuar segundo o critério "pro rata temporis", enquanto os sócios não realizassem a totalidade das suas quotas.

Relativamente ao resultado líquido dos anos N e N+1, os sócios deliberaram distribuir, respetivamente, 10.000 euros e 15.000 euros.

No quadro seguinte apresenta-se informação sobre as quotas dos quatro sócios:

	Quotas		Datas de realização			
			01/04/N	01/10/N	01/03/N+1	01/05/N+1
António Brites	15.000	30%	15.000	0	0	0
Bruno Botelho	15.000	30%	10.000	5.000	0	0
Ana Brites	10.000	20%	5.000	0	5.000	0
Bela Botelho	10.000	20%	5.000	0	0	5.000

Pretende-se:

A determinação do lucro que caberá a cada um dos sócios, naqueles dois anos.

Proposta de resolução:

À luz do n.º 1 do art.º 22.º do CSC, o critério "pro rata temporis" constitui um preceito especial relativo à participação dos sócios nos lucros, pelo que deve estar previsto no contrato de sociedade. Segundo este critério, os lucros a atribuir a cada sócio dependem do montante e das datas das prestações já realizadas, para cumprimento da sua obrigação de entrada.

Segundo o critério "pro rata temporis", a atribuição do lucro de 10.000 euros, relativo ao resultado líquido do ano N, far-se-á do seguinte modo:

	Valor realizado a 31/12/N (1)	**N.º de meses de N (2)**	(3)=(1)*(2)	% (3)/(4)	**Lucro a distribuir**
António Brites	15.000	9	135.000	41%	4.100
Bruno Botelho	10.000	9	90.000		
	5.000	3	+ 15.000		
			= 105.000	31,8%	3.180
Ana Brites	5.000	9	45.000	13,6%	1.360
Bela Botelho	5.000	9	45.000	13,6%	1.360
			(4) 330.000	100%	10.000

Quanto à distribuição do lucro de 15.000 euros, relativo ao resultado líquido do ano N+1, ter-se-á:

	Valor realizado a 31/12/N+1 (1)	**N.º de meses de N+1 (2)**	(3)=(1)*(2)	% (3)/(4)	**Lucro a distribuir**
António Brites	15.000	12	180.000	31,6%	4.740
Bruno Botelho	15.000	12	180.000	31,6%	4.740
Ana Brites	5.000	12	60.000		
	5.000	10	+ 50.000		
			= 110.000	19,3%	2.895
Bela Botelho	5.000	12	60.000		
	5.000	8	+ 40.000		
			= 100.000	17,5%	2.625
			(4) 570.000	100%	15.000

Caso Prático 2.2.13 – Percentagem dos promotores (fundadores) – determinação

Uma sociedade anónima constituída no ano N, com apelo à subscrição pública, com um capital de 1.000.000 euros, contempla no seu contrato de sociedade uma cláusula que prevê que seja atribuída aos seus quatro promotores, em partes iguais, 10% dos lucros líquidos, durante os três primeiros exercícios económicos da sociedade.

Relativamente ao ano N, sabe-se que:

- O resultado antes de impostos e antes da consideração do gasto relativo à percentagem dos promotores é de 100.000 euros.
- O imposto sobre o rendimento (corrente e diferido), sem considerar o efeito da percentagem dos promotores, é de 30.000 euros.
- A taxa de imposto sobre o rendimento é de 21%.

Pretende-se:
A determinação da percentagem a atribuir aos promotores.

Proposta de resolução:
A cláusula contratual a que se refere o enunciado traduz a designada percentagem dos promotores, prevista no n.º 8 do art.º 279.º do CSC como sendo uma vantagem destinada, unicamente, aos promotores.

Considerando que a percentagem dos promotores se assemelha a uma despesa de constituição, que ocorre de forma diferida no tempo e condicionada pela existência de lucros, é nosso entendimento que a mesma deva ser contabilizada como gasto, nos períodos aos quais respeita o resultado líquido a partir do qual será paga, à semelhança das gratificações por conta de lucros pagas ao pessoal.

Para determinar a percentagem dos promotores ter-se-á que considerar o seguinte:

RAIP: Resultado Antes de Impostos e da Percentagem dos Promotores	RAIP = 100.000
RAI: Resultado Antes de Impostos	RAI = RAIP – P
I: Imposto sobre o Rendimento	I = 30.000 – 21% * P
RLP: Resultado Líquido do Período	RLP = RAI – I
P: Percentagem dos Promotores	P = 10% * RLP

Desenvolvendo as expressões anteriores, tem-se:

P = 0,1 RLP

RLP = RAI – I ⇔ RLP = (RAIP – P) – (30.000 – 0,21 P) ⇔ RLP = (100.000 – P) – (30.000 – 0,21 P) ⇔ RLP = 70.000 – 0,79 P

E substituindo:

RLP = 70.000 – 0,79 * 0,1 RLP ⇔ 1,079 RLP = 70.000 ⇔ **RLP = 64.874,88**

P = 0,1 * 64.874,88 ⇔ **P = 6.487,49**

I = 30.000 – 0,21 * 6.487,49 ⇔ **I = 28.637,63**

Confirmação dos cálculos:

Resultado Antes de Impostos e da Percentagem dos Promotores	100.000
Percentagem dos Promotores (10% * 64.874,88)	– 6.487,49
Resultado Antes de Impostos	= 93.512,51
Imposto sobre o Rendimento	– 28.637,63
Resultado Líquido do Período	= 64.874,88

Caso Prático 2.2.14 – Dividendos prioritários – Determinação e contabilização

O capital social da sociedade A PREFERIDA, S.A. é constituído por 100.000 ações de valor nominal 10 euros, 40% das quais respeitam a ações preferenciais sem direito de voto e os restantes 60% a ações ordinárias.

As ações preferenciais têm direito a um dividendo correspondente a 2% do seu valor nominal.

No quadro seguinte apresentam-se os lucros distribuíveis ao longo de vários exercícios económicos, calculados em obediência aos art.^{os} 32.º e 33.º do CSC.

Ano da atribuição	N	N+1	N+2	N+3	N+4	N+5
Ano a que respeitam os lucros	N-1	N	N+1	N+2	N+3	N+4
Lucros distribuíveis	10.000	5.000	1.000	0	1.500	35.000

Sabe-se que as deliberações sobre a aplicação dos resultados contemplaram sempre a distribuição de 90% do lucro distribuível após pagamento dos dividendos preferenciais, sendo os restantes 10% destinados a Reservas Livres.

Pedidos:

1. Determine o montante dos dividendos a atribuir às ações preferenciais sem direito de voto e às ações ordinárias, em cada um dos anos apresentados.
2. Proceda aos lançamentos contabilísticos relativos ao destino dos lucros distribuíveis em cada um dos anos.

Proposta de resolução:

Pedido 1

Em conformidade com o art.º 341.º do CSC, as ações preferenciais sem direito de voto não ultrapassam metade do capital social e o respetivo dividendo é superior ao mínimo ali exigido de 1% do valor nominal das ações.

O contrato de sociedade deve dispor claramente sobre a forma de cálculo dos dividendos a atribuir às ações preferenciais sem voto, uma vez que são possíveis, à luz do art.º 341.º do CSC, três cenários:

- O dividendo das ações preferenciais é apenas "prioritário" face ao dividendo a atribuir às ações ordinárias. No caso em apreço, após atribuir às ações preferenciais o dividendo prioritário de 2% do valor nominal, e caso sobrem lucros distribuíveis, dever-se-á atribuir às ações ordinárias um dividendo também de 2% do valor nominal. De seguida, e caso sobrem lucros distribuíveis, os mesmos serão distribuídos (no todo ou em parte) pelas ações preferenciais e pelas ações ordinárias, de acordo com um determinado critério, que pode ser diferente para umas e para outras. Este tipo de configuração do dividendo prioritário traduz uma vantagem se os lucros distribuíveis não forem suficientes para satisfazer o dividendo relativo às ações ordinárias.
- O dividendo das ações preferenciais é "prioritário e adicional", ou seja, estas ações recebem o dividendo prioritário que lhes corresponde (2% do valor nominal) e, caso sobrem lucros, os mesmos são repartidos (no todo ou em parte) pelas ações preferenciais e pelas ações ordinárias, segundo um determinado critério. Neste caso as ações preferenciais têm sempre direito a dividendos de montante superior ao que corresponde às ações ordinárias.
- O dividendo das ações preferenciais pode corresponder apenas à % do valor nominal definida para o dividendo prioritário, sem participação em qualquer remanescente. Este é um cenário que pode, em limite, resultar num dividendo inferior para as ações preferenciais, comparativamente com as ações ordinárias. Dadas as suas consequências, este regime apenas pode ser definido para ações preferenciais subscritas por investidores qualificados e que não sejam admitidas à negociação em mercado regulamentado.

Para o caso aqui analisado, considere-se que o contrato de sociedade contempla para as ações preferenciais um dividendo "prioritário e adicional" de 2% do valor nominal e que relativamente ao remanescente, 10% deverá ser destinado a reservas livres e 90% será atribuído a todas as ações, na proporção que representam no capital social. Assim, o dividendo prioritário será:

N.º ações preferenciais	40% * 100.000 = 40.000
Valor nominal	40.000 ações * 10 euros = 400.000 euros
Dividendo prioritário	400.000 euros * 2% = 8.000 euros

Tendo em conta os lucros distribuíveis em cada um dos anos, os dividendos a atribuir serão os seguintes (valores em euros):

Ano da atribuição	N	N+1	N+2	N+3	N+4	N+5
Ano a que respeitam os lucros	N-1	N	N+1	N+2	N+3	N+4
Lucros distribuíveis	10.000	5.000	1.000	0	1.500	35.000
Dividendos prioritários	8.000	8.000	8.000	8.000	8.000	8.000
Pagamento de dividendos prioritários de anos anteriores:						
Ano N+1	—	—	1.000	0	1.500	—
Ano N+2	—	—	—	0	0	8.000
Ano N+3	—	—	—	—	0	8.000
Ano N+4						8.000
Dividendos prioritários não pagos:						
Ano N	0	0	0	—	—	—
Ano N+1	—	3.000	2.000	2.000	500	—
Ano N+2	—	—	8.000	8.000	8.000	0
Ano N+3	—	—	—	8.000	8.000	0
Ano N+4	—	—	—	—	8.000	0
Ano N+5	—	—	—	—	—	0
Dividendo prioritário do ano, pago no próprio ano	8.000	5.000	0	0	0	8.000
Lucro remanescente	2.000	0	0	0	0	3.000
Reservas Livres (10%)	200	0	0	0	0	300
Dividendos "ordinários" (90%)	1.800	0	0	0	0	2.700
Para os detentores de ações ordinárias (60%)	1.080	0	0	0	0	1.620
Para os detentores de ações preferenciais (40%)	720	0	0	0	0	1.080

Em conformidade com o art.º 342.º do CSC e uma vez que o contrato de sociedade não dispõe de modo diferente, o dividendo prioritário que não for integralmente pago num determinado exercício social deve ser pago nos três exercícios seguintes, antes do dividendo relativo a estes, desde que haja lucros distribuíveis. No caso em análise, o dividendo prioritário atribuído no ano N+1 vai sendo parcialmente pago até ao ano N+4, ficando neste ano por pagar 500 euros, valor que se considera perdido.

Uma vez que o dividendo prioritário do ano N+1 não foi totalmente pago durante dois exercícios (ano N+1 e ano N+2), a partir de N+3 estas ações passam a conferir direito de voto. As ações apenas deixam de ter direito de voto no exercício N+6, ou seja, no exercício seguinte àquele em que foram pagos os dividendos em atraso.

Pedido 2

De salientar que não se dispõe de informação sobre o Resultado Líquido de cada um dos anos, nem sobre que parte do mesmo se destinou à constituição ou reforço de reservas impostas pela lei ou pelo contrato, não sendo possível apresentar os lançamentos que reflitam a totalidade da aplicação do Resultado Líquido de Período, em cada um dos anos.

Ano N – Aplicação dos lucros distribuíveis do ano N–1

56	Resultados transitados	10.000	
552	Outras reservas		
5521	Reservas livres		200
26	Acionistas/sócios		
264	Resultados atribuídos		
2641	Acionistas preferenciais		8.720
2642	Acionistas ordinários		1.080

Ano N+1 – Aplicação dos lucros distribuíveis do ano N

56	Resultados transitados	5.000	
26	Acionistas/sócios		
264	Resultados atribuídos		
2641	Acionistas preferenciais		5.000

Ano N+2 – Aplicação dos lucros distribuíveis do ano N+1

56	Resultados transitados	1.000	
26	Acionistas/sócios		
264	Resultados atribuídos		
2641	Acionistas preferenciais		1.000

Ano N+4 – Aplicação dos lucros distribuíveis do ano N+3

56	Resultados transitados	1.500	
26	Acionistas/sócios		
264	Resultados atribuídos		
2641	Acionistas preferenciais		1.500

Ano N+5 – Aplicação dos lucros distribuíveis do ano N+4

56	Resultados transitados	35.000	
552	Outras reservas		
5521	Reservas livres		300
26	Acionistas/sócios		
264	Resultados atribuídos		
2641	Acionistas preferenciais		33.080
2642	Acionistas ordinários		1.620

CAPÍTULO 3

—

MODIFICAÇÕES DO CAPITAL

3.1. Principais disposições legais relativas às modificações do capital nas sociedades por quotas e anónimas

3.1.1. Alteração do contrato de sociedade

As alterações do capital social, que constituem uma das modificações do capital próprio abordadas neste capítulo, implicam a alteração do contrato de sociedade. A alteração do contrato de sociedade, quer por modificação ou supressão de alguma das suas cláusulas, quer por introdução de nova cláusula, só pode ser deliberada pelos sócios, exceto quando a lei permita atribuir cumulativamente essa competência a algum outro órgão (n.º 1 do art.º 85.º do CSC). Por exemplo, o art.º 456.º do CSC prevê para as sociedades anónimas a possibilidade do aumento de capital poder ser deliberado pelo órgão de administração, desde que tal esteja autorizado no contrato de sociedade.

A alteração do contrato de sociedade deve ser reduzida a escrito, sendo suficiente a ata da respetiva deliberação, salvo se esta, a lei ou o contrato de sociedade exigirem outro documento (n.ºs 3 e 4 do art.º 85.º do CSC). Qualquer membro da administração tem o dever de, com a maior brevidade e sem dependência de especial designação pelos sócios, praticar os atos necessários à alteração do contrato (n.º 5 do art.º 85.º do CSC).

Como medida de proteção dos sócios os n.ºs 1 e 2 do art.º 86.º do CSC preveem que só por unanimidade pode ser atribuído efeito retroativo à alteração do contrato de sociedade e apenas nas relações entre sócios. E se a alteração envolver o aumento das prestações impostas pelo contrato aos sócios, esse aumento é ineficaz para os sócios que nele não tenham consentido.

As deliberações dos sócios só podem ser aprovadas pelas atas das assembleias ou, quando sejam admitidas deliberações por escrito, pelos documentos donde elas constem (n.º 1 do art.º 63.º do CSC). A deliberação de alteração do contrato de sociedade será tomada em conformidade com o disposto para cada tipo de sociedade (n.º 2 do art.º 85.º do CSC).

A deliberação de alteração do contrato nas sociedades por quotas

Nas sociedades por quotas os aspetos relativos às deliberações dos sócios estão previstos nos art.os 246.º a 251.º do CSC.

As deliberações de alteração do contrato de sociedade só podem ser tomadas por maioria de três quartos dos votos correspondentes ao capital social ou por número ainda mais elevado de votos, exigido pelo contrato de sociedade (n.º 1 do art.º 265.º do CSC). É permitido estipular no contrato de sociedade que este só pode ser alterado, no todo ou em parte, com o voto favorável de um determinado sócio, enquanto este se mantiver na sociedade (n.º 2 do art.º 265.º do CSC).

A deliberação de alteração do contrato nas sociedades anónimas

Nas sociedades anónimas os aspetos relativos às deliberações dos acionistas estão previstos nos art.os 373.º a 389.º do CSC.

Na falta de disposição contratual, para que a Assembleia Geral possa deliberar em primeira convocação sobre a alteração do contrato de sociedade, devem estar presentes ou representados acionistas que detenham, pelo menos, ações correspondentes a um terço do capital social (n.º 2 do art.º 383.º do CSC). Em segunda convocação, a assembleia pode deliberar seja qual for o número de acionistas presentes ou representados e o capital por eles representado (n.º 3 do art.º 383.º do CSC).

A deliberação de alteração do contrato de sociedade deve ser aprovada por dois terços dos votos emitidos, quer a assembleia reúna em primeira, quer em segunda convocação (n.º 3 do art.º 386.º do CSC). Mas, se na assembleia reunida em segunda convocação estiverem presentes ou representados acionistas detentores de, pelo menos, metade do capital social, a deliberação de alteração do contrato de sociedade pode ser tomada pela maioria dos votos emitidos (n.º 4 do art.º 386.º do CSC).

3.1.2. Aumentos de capital

Os aumentos de capital podem assumir as seguintes **modalidades**:

- por novas entradas;
- por incorporação de reservas;
- por conversão de créditos sobre a sociedade.

Aumentos de capital por novas entradas

A deliberação de aumento do capital por novas entradas deve mencionar (n.º 1 do art.º 87.º do CSC):

- a modalidade do aumento do capital;
- o montante do aumento do capital;
- o montante nominal das novas participações;
- a natureza das novas entradas;
- o ágio, se o houver;
- os prazos dentro dos quais as entradas devem ser efetuadas; e
- as pessoas que participarão no aumento.

Nos aumentos de capital por novas entradas são aplicáveis as disposições da constituição de sociedades, relativas às entradas da mesma natureza, salvo se a deliberação for omissa quanto à exigibilidade das entradas em dinheiro que a lei permite diferir, situação em que as mesmas são exigíveis a partir do registo definitivo do aumento de capital (n.os 1 e 2 do art.º 89.º do CSC). De salientar que não pode ser deliberado aumento de capital na modalidade de novas entradas enquanto não estiver definitivamente registado um aumento anterior, nem estiverem vencidas todas as prestações de capital, inicial ou proveniente de anterior aumento (n.º 3 do art.º 87.º do CSC).

Relativamente às pessoas que participarão no aumento de capital, bastará referir na deliberação, conforme os casos, que participarão os sócios que exerçam o seu direito de preferência, ou que participarão só os sócios, embora sem aquele direito, ou que será efetuada subscrição pública (n.º 2 do art.º 87.º do CSC).

Relativamente às sociedades por quotas, os art.os 266.º, 267.º, 268.º e 269.º do CSC referem-se aos direitos de preferência, às obrigações e direitos dos antigos e dos novos sócios e ao direito de usufruto nos aumentos de capital por novas entradas. Para as sociedades anónimas, os aspetos relativos aos direitos de preferência e ao direito de usufruto nos aumentos de capital por novas entradas estão previstos nos art.os 458.º, 459.º, 460.º e 462.º do CSC.

As situações de subscrição incompleta e de subscrição indireta nos aumentos de capital nas sociedades anónimas estão contempladas, respetivamente, nos art.os 457.º e 461.º do CSC.

Para efeitos internos, o capital considera-se aumentado e as participações constituídas na data da deliberação, se da respetiva ata constar quais as entradas já realizadas e que não é exigida por aquela, pela lei ou pelo contrato a realização de outras entradas (n.º 1 do art.º 88.º do CSC). Caso a deliberação não faça referência a estes factos, o capital considera-se aumentado e as participações consideram-se constituídas na data em que qualquer membro da administração declarar, por escrito e sob sua responsabilidade, quais as entradas já realizadas e que não é exigida pela lei, pelo contrato ou pela deliberação a realização de outras entradas (n.º 2 do art.º 88.º do CSC). A deliberação de aumento de capital caduca no prazo de um ano, caso esta declaração não possa ser emitida nesse prazo por falta de realização das entradas, sem prejuízo da indemnização que for devida pelos subscritores faltosos (n.º 3 do art.º 89.º do CSC).

Aumentos de capital por incorporação de reservas

Os aumentos de capital por incorporação de reservas podem ser efetuados a partir de reservas disponíveis para o efeito, após a aprovação das contas relativas ao exercício anterior à deliberação, exceto se já tiverem decorrido mais de seis meses sobre essa aprovação, caso em que a existência de reservas a incorporar só pode ser aprovada por um balanço especial, organizado e aprovado nos termos prescritos para o balanço anual (n.os 1 e 2 do art.º 91.º do CSC).

O capital não pode ser aumentado por incorporação de reservas enquanto não estiverem vencidas todas as prestações do capital, inicial ou aumentado (n.º 3 do art.º 91.º do CSC).

O aumento do capital por incorporação de reservas corresponde ao aumento da participação de cada sócio, proporcionalmente ao seu valor nominal ou ao respetivo valor contabilístico, salvo se, estando convencionado um critério diverso de atribuição de lucros, o contrato o mandar aplicar à incorporação de reservas ou para esta estipular algum critério especial (n.º 1 do art.º 92.º do CSC). As quotas ou ações próprias da sociedade participam nesta modalidade de aumento de capital, salvo deliberação dos sócios em contrário (n.º 3 do art.º 92.º do CSC). Havendo participações sociais sujeitas a usufruto, este deve incidir nos mesmos termos sobre as novas participações ou sobre as existentes (n.º 5 do art.º 92.º do CSC).

A deliberação do aumento de capital por incorporação de reservas deve mencionar (n.º 4 do art.º 91.º e n.os 2 e 4 do art.º 92.º do CSC):

- a modalidade do aumento do capital;
- o montante do aumento do capital;
- as reservas que serão incorporadas no capital; e

- se são criadas novas quotas ou ações ou se é aumentado o valor nominal das existentes, caso exista, sendo que na falta de indicação, se mantém inalterado o número de ações; se estiverem em causa ações sem valor nominal, o aumento de capital pode realizar-se sem alteração do número de ações.

O pedido de registo de aumento do capital por incorporação de reservas deve ser acompanhado do balanço que serviu de base à deliberação, caso este não se encontre já depositado na conservatória (n.º 1 do art.º 93.º do CSC).

O órgão de administração e, quando deva existir, o órgão de fiscalização devem declarar por escrito não ter conhecimento de que, no período compreendido entre o dia a que se reporta o balanço que serviu de base à deliberação e a data em que esta foi tomada, haja ocorrido diminuição patrimonial que obste ao aumento de capital (n.º 2 do art.º 93.º do CSC).

Aumentos de capital por conversão de créditos sobre a sociedade

No que respeita aos aumentos de capital por conversão de créditos sobre a sociedade, importa distinguir três situações:

- conversão de suprimentos;
- conversão de créditos de terceiros; e
- conversão de obrigações em ações.

Desde que os sócios o deliberem, em conformidade com as maiorias previstas para a alteração do contrato de sociedade, pode o capital social ser aumentado por **conversão de suprimentos** efetuados por qualquer sócio ou por **conversão de créditos** de terceiros sobre a sociedade.

No caso das sociedades por quotas, o sócio que por si ou juntamente com outros reunir a maioria de votos necessária para deliberar a alteração do contrato de sociedade, pode comunicar à gerência o aumento do capital social por **conversão de suprimentos** registados no último balanço aprovado de que seja titular (n.º 4 do art.º 87.º do CSC). De seguida, o órgão de gestão deve proceder à comunicação por escrito, no prazo máximo de 10 dias, aos sócios que não hajam participado no aumento, com a advertência de que a eficácia do aumento depende da não oposição expressa de qualquer um daqueles, manifestada por escrito, no prazo de 10 dias, contados da comunicação de conversão (n.º 5 do art.º 87.º do CSC).

Para efeitos de verificação das entradas, no caso de conversão de suprimentos, é suficiente declaração do contabilista certificado ou do revisor oficial de contas (sempre que esta seja legalmente exigida), mencionando que a quantia consta dos regimes contabilísticos bem como a proveniência e a data (n.º 4 do art.º 89.º do CSC).

Os aumentos de capital por **conversão de obrigações em ações** podem ser realizados nas sociedades anónimas e obedecem a um regime jurídico específico contemplado nos art.os 365.º a 372.º do CSC.

3.1.3. Reintegração do capital

A acumulação de prejuízos (resultados líquidos negativos) ao longo de vários períodos sucessivos pode levar a que o total do capital próprio se torne inferior ao capital social. Nestes casos, surge a necessidade de se proceder à reintegração do capital próprio, ou seja, à sua reposição para níveis considerados adequados, através de entradas dos sócios para cobertura dos prejuízos ou do perdão de créditos que estes tenham sobre a sociedade.

Na medida em que o capital social não é alterado, a reintegração do capital não configura uma alteração do contrato de sociedade.

O art.º 35.º do CSC enquadra uma situação extrema de acumulação de prejuízos que obriga os sócios a reintegrarem o capital próprio ou a reduzirem o capital social, sob pena da sociedade ter que ser dissolvida.

3.1.4. Redução do capital

A convocatória da Assembleia Geral para redução do capital deve mencionar (n.os 1 e 2 do art.º 94.º do CSC):

- a finalidade da redução, indicando, pelo menos, se esta se destina à cobertura de prejuízos, a libertação de excesso de capital ou a finalidade especial;
- a forma da redução, mencionando se será reduzido o valor nominal das participações ou se haverá reagrupamento ou extinção de participações;
- as participações sobre as quais a operação incidirá, no caso de ela não incidir igualmente sobre todas.

A redução do capital não pode ser deliberada se a situação líquida da sociedade não ficar a exceder o novo capital em, pelo menos, 20% (n.º 1 do art.º 95.º do CSC). Excetua-se aqui o caso da redução de capital para cobertura de prejuízos.

Só é permitido deliberar a redução do capital a um montante inferior ao mínimo estabelecido no CSC para o respetivo tipo de sociedade:

- se a redução ficar expressamente condicionada à efetivação de aumento do capital para montante igual ou superior àquele mínimo, a realizar nos 60 dias seguintes à deliberação (n.º 2 do art.º 95.º do CSC); ou
- se, simultaneamente, for deliberada a transformação da sociedade para um tipo que possa legalmente ter um capital do montante reduzido (n.º 3 do art.º 95.º do CSC).

O n.º 4 do art.º 95.º do CSC estabelece que a redução do capital não exonera os sócios das suas obrigações de liberação do capital. Contudo, o n.º 1 do art.º 27.º do CSC estabelece que são nulos os atos da administração e as deliberações dos sócios que liberem total ou parcialmente os sócios da obrigação de efetuar entradas estipuladas, salvo no caso de redução do capital. No caso da redução se destinar a libertar excesso de capital parece não resultar qualquer prejuízo para a sociedade ou para terceiros do disposto no n.º 1 do art.º 27.º do CSC. Já na redução de capital para cobertura de prejuízos parece adequado o previsto no n.º 4 do art.º 95.º do CSC.

Qualquer credor social pode, no prazo de um mês após a publicação do registo da redução do capital, requerer ao tribunal que a distribuição de reservas disponíveis ou dos lucros de exercício seja proibida ou limitada, durante um período a fixar, a não ser que o crédito do requerente seja satisfeito, se já for exigível, ou adequadamente garantido, nos restantes casos (n.º 1 do art.º 96.º do CSC). Esta faculdade apenas pode ser exercida se o(s) credor(es) tiver(em) solicitado à sociedade a satisfação do seu crédito ou a prestação de garantia adequada, há pelo menos 15 dias, sem que o seu pedido tenha sido atendido (n.º 2 do art.º 96.º do CSC). Antes de decorrido o prazo concedido aos credores sociais, não pode a sociedade efetuar aquelas distribuições, valendo a mesma proibição a partir do conhecimento pela sociedade do requerimento de algum credor (n.º 3 do art.º 96.º do CSC).

Nas sociedades anónimas a Assembleia Geral pode deliberar que o capital da sociedade seja reduzido por meio de extinção de ações próprias (n.º 1 do art.º 463.º do CSC). À redução do capital aplica-se o disposto no art.º 95.º do CSC, exceto:

- se forem extintas ações inteiramente liberadas, adquiridas a título gratuito depois da deliberação da Assembleia Geral;
- se forem extintas ações inteiramente liberadas, adquiridas depois da deliberação da Assembleia Geral, unicamente por meio de bens que, nos termos dos art.^{os} 32.º e 33.º do CSC, pudessem ser distribuídos aos acionistas. Neste caso, deve ser levada a reserva especial, sujeita ao regime da reserva legal, quantia equivalente ao valor nominal total das ações extintas.

3.1.5. Ações próprias

Aquisição lícita de ações próprias

Uma sociedade não pode subscrever ações próprias, e, por outra causa, só pode adquirir e deter ações próprias nos casos e nas condições previstos na lei (n.º 1 do art.º 316.º do CSC).

Uma sociedade não pode encarregar outrem de, em nome deste mas por conta da sociedade, subscrever ou adquirir ações dela própria (n.º 2 do art.º 316.º do CSC). Os n.ºs 3, 4, 5, 6 e 7 do art.º 316.º do CSC referem-se às consequências da violação desta disposição.

Uma sociedade não pode conceder empréstimos ou por qualquer forma fornecer fundos ou prestar garantias para que um terceiro subscreva ou por outro meio adquira ações representativas do seu capital (n.º 1 do art.º 322.º do CSC). As exceções a esta regra estão no n.º 2 do art.º 322.º do CSC, mas de tais transações e operações não pode resultar que o ativo líquido da sociedade se torne inferior ao montante do capital subscrito acrescido das reservas que a lei ou o contrato de sociedade não permitam distribuir.

O contrato de sociedade pode proibir totalmente a aquisição de ações próprias ou reduzir os casos em que ela é permitida pelo CSC (n.º 1 do art.º 317.º do CSC).

Uma sociedade não pode adquirir e deter ações próprias representativas de mais de 10% do seu capital, salvo nas situações a seguir descritas ou noutras previstas noutros preceitos legais (n.º 2 do art.º 317.º do CSC). Uma sociedade só pode adquirir ações próprias representativas de mais de 10% do seu capital quando (n.º 3 do art.º 317.º do CSC):

(i) a aquisição resulte do cumprimento pela sociedade de disposições da lei;
(ii) a aquisição vise executar uma deliberação de redução de capital;

(iii) seja adquirido um património, a título universal;
(iv) a aquisição seja feita a título gratuito;
(v) a aquisição seja feita em processo executivo para cobrança de dívidas de terceiros ou por transação em ação declarativa proposta para o mesmo fim;
(vi) a aquisição decorra de processo estabelecido na lei ou no contrato de sociedade para a falta de liberação de ações pelos seus subscritores.

Com exceção dos casos (ii), (iii), (v) e (vi) anteriormente descritos, a sociedade só pode adquirir ações próprias inteiramente liberadas, sendo nulas as aquisições que violem esta disposição (n.os 1 e 2 do art.º 318.º do CSC).

Como contrapartida da aquisição de ações próprias, uma sociedade só pode entregar bens que, nos termos dos art.os 32.º e 33.º do CSC, possam ser distribuídos aos sócios, devendo o valor dos bens distribuíveis ser, pelo menos, igual ao dobro do valor a pagar por elas (n.º 4 do art.º 317.º do CSC).

As aquisições e as alienações de ações próprias devem respeitar o princípio do igual tratamento dos acionistas, salvo se a tanto obstar a própria natureza do caso (art.º 321.º do CSC).

O art.º 325.º do CSC enquadra as situações em que as ações próprias são recebidas pela sociedade em resultado de penhor ou caução.

Os art.os 325.º-A e 325.º-B do CSC referem-se às ações de uma sociedade anónima subscritas, adquiridas ou detidas por outra sociedade daquela dependente, direta ou indiretamente, ou que com aquela esteja em relação de grupo.

Deliberação da aquisição de ações próprias

A aquisição de ações próprias depende de deliberação da Assembleia Geral, salvo nos casos em que essa aquisição permita evitar um prejuízo grave e iminente para a sociedade, situação em que o conselho de administração ou o conselho de administração executivo pode decidir a aquisição, devendo estes, na primeira Assembleia Geral seguinte, expor os motivos e as condições das aquisições efetuadas (n.os 1, 3 e 4 do art.º 319.º do CSC).

A deliberação da Assembleia Geral relativa à aquisição de ações próprias deve conter os seguintes elementos (n.º 1 do art.º 319.º do CSC):

- o número máximo e, se o houver, o número mínimo de ações a adquirir;
- o prazo, não excedente a 18 meses a contar da data da deliberação, durante o qual a aquisição pode ser efetuada;

- as pessoas a quem as ações devem ser adquiridas, quando a deliberação não ordenar que elas sejam adquiridas em mercado regulamentado e seja lícita a aquisição a acionistas determinados;
- as contrapartidas mínima e máxima, nas aquisições a título oneroso.

Segundo o n.º 2 do art.º 319.º do CSC, os administradores não podem executar ou continuar a executar as deliberações da Assembleia Geral se, no momento da aquisição das ações, não se verificarem os requisitos exigidos pelos n.ºs 2, 3 e 4 do art.º 317.º e n.º 1 do art.º 318.º do CSC.

Prazo de detenção das ações próprias

Sem prejuízo de outros prazos ou providências estabelecidos na lei, a sociedade não pode deter por mais de três anos um número de ações próprias representativas de mais de 10% do seu capital, ainda que tenham sido licitamente adquiridas (n.º 1 do art.º 323.º do CSC). As ações próprias ilicitamente adquiridas pela sociedade devem ser alienadas dentro do ano seguinte à aquisição, quando a lei não decretar a nulidade desta (n.º 2 do art.º 323.º do CSC).

Não tendo sido oportunamente efetuadas as alienações previstas quer no caso de aquisição lícita, quer no caso de aquisição ilícita, referidos anteriormente, deve proceder-se à anulação das ações próprias que houvessem de ser alienadas. Relativamente a ações próprias cuja aquisição tenha sido lícita, a anulação deve recair sobre as mais recentemente adquiridas (n.º 3 do art.º 323.º do CSC).

Os administradores são responsáveis, nos termos gerais, pelos prejuízos sofridos pela sociedade, seus credores ou terceiros por causa da aquisição ilícita de ações próprias, da anulação de ações próprias ou da falta de anulação de ações próprias (n.º 4 do art.º 323.º do CSC).

Deliberação da alienação de ações próprias

A alienação de ações próprias depende de deliberação da Assembleia Geral, salvo nos casos em que essa alienação seja imposta por lei, situação em que o conselho de administração ou o conselho de administração executivo pode decidir a alienação, devendo estes, na primeira Assembleia Geral seguinte, expor os motivos e as condições da alienação efetuada (n.ºs 1, 2 e 3 do art.º 320.º do CSC).

A deliberação da Assembleia Geral relativa à alienação de ações próprias deve conter os seguintes elementos (n.º 1 do art.º 320.º do CSC):

- número mínimo e, se o houver, o número máximo de ações a alienar;
- o prazo, não excedente a 18 meses a contar da data da deliberação, durante o qual a alienação pode ser efetuada;
- a modalidade da alienação;
- o preço mínimo ou outra contrapartida das alienações a título oneroso.

Regime das ações próprias

Enquanto pertencerem à sociedade, o art.º 324.º do CSC prevê o seguinte regime para as ações próprias:

- devem considerar-se suspensos todos os direitos inerentes às ações, exceto o de o seu titular receber novas ações no caso de aumento de capital por incorporação de reservas;
- deve tornar-se indisponível uma reserva de montante igual àquele por que as ações estejam contabilizadas;
- no relatório anual do conselho de administração ou do conselho de administração executivo devem ser claramente indicados: (i) o número de ações próprias adquiridas durante o exercício, os motivos das aquisições efetuadas e os desembolsos da sociedade; (ii) o número de ações próprias alienadas durante o exercício, os motivos das alienações efetuadas e os embolsos da sociedade; (iii) o número de ações próprias da sociedade por ela detidas no fim do exercício.

3.1.6. Quotas próprias

A sociedade não pode adquirir quotas próprias não integralmente liberadas, salvo no caso de perda a favor da sociedade previsto no art.º 204.º do CSC relativamente ao sócio remisso e à sua exclusão (n.º 1 do art.º 220.º do CSC).

As quotas próprias só podem ser adquiridas pela sociedade a título gratuito, ou em ação executiva movida contra o sócio, ou se, para esse efeito, ela dispuser de reservas livres em montante não inferior ao dobro do contravalor a prestar (n.º 2 do art.º 220.º do CSC).

São nulas as aquisições de quotas próprias com infração das disposições descritas anteriormente (n.º 3 do art.º 220.º do CSC).

Às quotas próprias é aplicável o regime das ações próprias previsto no art.º 324.º do CSC (n.º 4 do art.º 220.º do CSC).

A aquisição, alienação e oneração de quotas próprias depende de deliberação dos sócios (alínea b) do n.º 1 do art.º 246.º do CSC).

3.1.7. Amortização de quotas

Efeitos quanto ao capital e às quotas

A amortização de quotas tem por efeito a sua extinção, sem prejuízo dos direitos já adquiridos e das obrigações já vencidas (n.º 2 do art.º 232.º do CSC).

A amortização de quotas pode ocorrer com ou sem redução do capital social.

Se a amortização de uma quota não for acompanhada da correspondente redução do capital:

- As quotas dos outros sócios serão proporcionalmente aumentadas, devendo os sócios fixar por deliberação o novo valor nominal das quotas (n.os 1 e 2 do art.º 237.º do CSC).
- Caso o contrato de sociedade o estipule, a quota pode figurar no balanço como quota amortizada para que, posteriormente e por deliberação dos sócios, sejam criadas uma ou várias quotas, destinadas a serem alienadas a um ou a alguns sócios ou a terceiros (n.º 3 do art.º 237.º do CSC).

Papel do contrato de sociedade

A amortização de quotas tem que resultar de disposição da lei ou do contrato de sociedade (n.º 1 do art.º 232.º do CSC). Esta disposição pode configurar um direito da sociedade ou um direito do sócio à amortização da quota:

- Se o contrato de sociedade atribuir ao sócio o direito à amortização da quota, aplica-se o disposto sobre exoneração de sócios (n.º 4 do art.º 232.º do CSC) tal como previsto no art.º 240.º do CSC.
- Se a sociedade tiver o direito de amortizar a quota pode, em vez disso, adquiri-la ou fazê-la adquirir por sócio ou terceiro (n.º 5 do art.º 232.º do CSC). No caso de optar pela aquisição, aplica-se o disposto nos n.os 3 e 4 e na primeira parte do n.º 5 do art.º 225.º do CSC (n.º 6 do art.º 232.º do CSC).

No caso de contitularidade da quota a amortizar haverá que atender ao disposto no art.º 238.º do CSC.

A amortização de uma quota só é permitida se o facto permissivo já figurava no contrato de sociedade ao tempo da aquisição dessa quota pelo seu atual titular ou pela pessoa a quem este sucedeu por morte ou se a introdução desse facto no contrato foi unanimemente deliberada pelos sócios (n.º 2 do art.º 233.º do CSC).

O contrato de sociedade pode estabelecer de forma diferente do CSC os aspetos relativos à contrapartida da amortização e ao seu pagamento (n.º 1 do art.º 235.º do CSC).

Consentimento do sócio

Se a amortização for consentida pelo sócio, pode o consentimento ser dado na própria deliberação ou por documento anterior ou posterior a esta (n.º 3 do art.º 233.º do CSC). Se sobre a quota amortizada incidir direito de usufruto ou de penhor, o consentimento deve também ser dado pelo titular desse direito (n.º 4 do art.º 233.º do CSC). Salvo nos casos previstos na lei, só com consentimento do sócio pode uma quota ser parcialmente amortizada (n.º 5 do art.º 233.º do CSC).

A amortização sem o consentimento do sócio apenas pode ocorrer (n.º 1 do art.º 233.º do CSC):

- Se houver disposição legal nesse sentido; ou
- Se tiver ocorrido um facto que o contrato de sociedade considere fundamento da amortização compulsiva.

Deliberação dos sócios

A amortização de quotas está sujeita a deliberação dos sócios, em cumprimento da respetiva disposição legal ou contratual, e torna-se eficaz mediante comunicação dirigida ao sócio por ela afetado (n.º 1 do art.º 234.º e alínea b) do n.º 1 do art.º 246.º do CSC). A deliberação deve ser tomada no prazo de 90 dias contados do conhecimento por algum gerente da sociedade do facto que permite a amortização (n.º 2 do art.º 234.º do CSC).

Contrapartida da amortização

Salvo estipulação contrária do contrato de sociedade ou acordo das partes (n.º 1 do art.º 235.º do CSC):

- A contrapartida da amortização é o valor de liquidação da quota, determinado nos termos do n.º 2 do art.º 105.º do CSC, com referência ao momento da deliberação.
- O pagamento da contrapartida é fracionado em duas prestações, a efetuar dentro de seis meses e um ano, respetivamente, após a fixação definitiva da contrapartida.

Se a amortização recair sobre quotas arroladas, arrestadas, penhoradas ou incluídas em massa falida ou insolvente, a determinação e o pagamento da contrapartida obedecerão aos termos anteriores, salvo se os estipulados no contrato forem menos favoráveis para a sociedade (n.º 2 do art.º 235.º do CSC).

Na falta de pagamento tempestivo da contrapartida e fora da hipótese prevista no n.º 1 do art.º 236.º do CSC pode o interessado escolher entre a efetivação do seu crédito e a aplicação da regra estabelecida na primeira parte do n.º 4 do mesmo artigo (n.º 3 do art.º 235.º do CSC).

Ressalva do capital

Salvo no caso de redução do capital, a sociedade não pode amortizar quotas que não estejam totalmente liberadas (n.º 3 do art.º 232.º do CSC).

A sociedade só pode amortizar quotas quando, à data da deliberação, a sua situação líquida, depois de satisfeita a contrapartida da amortização, não ficar inferior à soma do capital e da reserva legal, a não ser que simultaneamente delibere a redução do seu capital (n.º 1 do art.º 236.º do CSC). A deliberação de amortização deve mencionar expressamente a verificação deste requisito (n.º 2 do art.º 236.º do CSC).

Se ao tempo do vencimento da obrigação de pagar a contrapartida da amortização se verificar que, depois de feito este pagamento, a situação líquida da sociedade passaria a ser inferior à soma do capital e da reserva legal, a amortização fica sem efeito e o interessado deve restituir à sociedade as quantias porventura já recebidas (n.º 3 do art.º 236.º do CSC).

Neste caso pode o interessado optar pela amortização parcial da quota, em proporção do que já recebeu, e sem prejuízo do montante legal mínimo da quota. Pode também optar pela espera do pagamento até que se verifiquem as condições requeridas, mantendo-se nesta hipótese a amortização (n.º 4 do art.º 236.º do CSC). A opção tomada tem de ser declarada por escrito à sociedade nos 30 dias seguintes àquele em que ao sócio seja comunicada a impossibilidade do pagamento pelo referido motivo (n.º 5 do art.º 236.º do CSC).

3.1.8. Amortização de ações sem redução de capital

Efeitos quanto ao capital e às ações

O capital pode ser reembolsado no todo ou em parte, recebendo os acionistas o valor nominal de cada ação, ou parte dele (n.º 1 do art.º 346.º do CSC). O reembolso não acarreta redução de capital (n.º 2 do art.º 346.º do CSC).

Se o reembolso do valor nominal for parcial, deve ser feito por igual relativamente a todas as ações existentes à data (n.º 3 do art.º 346.º do CSC). Sem prejuízo do disposto quanto a ações remíveis, o reembolso do valor nominal de determinadas ações só pode ser efetuado por sorteio, se o contrato de sociedade o permitir (n.º 3 do art.º 346.º do CSC).

As ações totalmente reembolsadas passam a designar-se de ações de fruição e constituem uma categoria, devendo esse facto constar do título ou do registo das ações (n.º 5 do art.º 346.º do CSC).

Após o reembolso, o número de ações e o montante do capital mantêm-se, passando este a ser composto por ações de fruição (ações totalmente reembolsadas) e ações de capital (não reembolsadas ou parcialmente reembolsadas). O detentor de ações de fruição ou ações parcialmente reembolsadas continua a ser acionista da empresa mas com direitos modificados, nos seguintes termos (n.º 4 do art.º 346.º do CSC):

- Só compartilham dos lucros do exercício, juntamente com as outras, depois de a estas ter sido atribuído um dividendo, cujo máximo é fixado no contrato de sociedade ou, na falta dessa estipulação, é igual à taxa de juro legal. As ações que só foram parcialmente reembolsadas têm direito proporcional àquele dividendo.
- Só compartilham do produto da liquidação da sociedade, juntamente com as outras, depois de a estas ter sido reembolsado o valor nominal. As ações que só foram parcialmente reembolsadas têm direito proporcional a essa primeira partilha.

Na amortização de ações o reembolso é definitivo, mas quer as ações de fruição, quer as ações parcialmente reembolsadas podem recuperar os seus direitos. Nas primeiras, o CSC designa a operação de "conversão" de ações de fruição em ações de capital. Nas segundas, a operação é designada de "reconstituição" de ações parcialmente reembolsadas.

A conversão de ações de fruição em ações de capital pode ocorrer nas seguintes condições:

- Mediante deliberações da Assembleia Geral e da assembleia especial dos respetivos titulares, tomadas pela maioria exigida para alteração do contrato de sociedade (n.º 6 do art.º 346.º do CSC). Estas deliberações estão sujeitas a registo e publicação (n.º 10 do art.º 346.º do CSC).
- Por meio de retenção dos lucros que, num ou mais exercícios, caberiam às ações de fruição, salvo se as referidas assembleias autorizarem que ela se efetue por meio de entradas oferecidas pelos acionistas interessados (n.º 7 do art.º 346.º do CSC).

Estas condições são também aplicáveis à reconstituição de ações parcialmente reembolsadas (n.º 8 do art.º 346.º do CSC).

A conversão considera-se efetuada no momento em que os dividendos retidos atinjam o montante dos reembolsos efetuados ou, no caso de entradas pelos acionistas, no fim do exercício em que estas tenham sido realizadas (n.º 9 do art.º 346.º do CSC).

Papel do contrato de sociedade

O CSC nada refere quanto à necessidade da amortização sem redução do capital ter que estar prevista no contrato de sociedade. Mas, como se referiu, o contrato de sociedade tem que estabelecer:

- O dividendo máximo a ser atribuído às ações de capital, caso contrário o mesmo será igual à taxa de juro legal (alínea a) do n.º 4 do art.º 346.º do CSC).
- Caso se pretenda, que o reembolso será efetuado por sorteio (n.º 3 do art.º 346.º do CSC).

Consentimento do acionista

O CSC nada refere quanto ao consentimento do acionista na amortização de ações sem redução do capital.

Deliberação dos acionistas

A amortização tem que ser sujeita a deliberação pela Assembleia Geral, pela maioria exigida para alteração do contrato de sociedade (n.º 1 do art.º 346.º do CSC). Esta deliberação está sujeita a registo e publicação (n.º 10 do art.º 346.º do CSC).

A conversão de ações de fruição em ações de capital também está sujeita a deliberação dos acionistas, nos termos já descritos.

As deliberações de amortização e conversão estão sujeitas a registo e publicação (n.º 10 do art.º 346.º do CSC).

Contrapartida da amortização

Como já se referiu, o capital pode ser reembolsado no todo ou em parte, recebendo os acionistas o valor nominal de cada ação, ou parte dele (n.º 1 do art.º 346.º do CSC).

Ressalva do capital

Para o reembolso apenas podem ser utilizados fundos que, nos termos dos art.ºs 32.º e 33.º do CSC, possam ser distribuídos aos acionistas (n.º 1 do art.º 346.º do CSC).

3.1.9. Amortização de ações com redução de capital

Efeitos quanto ao capital e às ações

As ações amortizadas extinguem-se na data da redução do capital (n.º 2 do art.º 347.º do CSC). Portanto, a amortização de ações com redução de capital não atinge todas as ações, mas contempla a totalidade do valor nominal das ações amortizadas.

Papel do contrato de sociedade

O contrato de sociedade pode impor ou permitir que, em certos casos e sem o consentimento dos seus titulares, sejam amortizadas ações, com redução do capital (n.ºs 1 e 2 do art.º 347.º do CSC).

Os factos que imponham ou permitam a amortização devem ser concretamente definidos no contrato de sociedade (n.º 3 do art.º 347.º do CSC).

No caso de a amortização ser imposta pelo contrato de sociedade, deve este fixar todas as condições essenciais para que a operação possa ser efetuada, competindo ao conselho de administração ou ao conselho de administração executivo apenas declarar, nos 90 dias posteriores ao conhecimento que tenha do facto, que as ações são amortizadas nos termos do contrato e dar execução ao que para o caso estiver disposto (n.º 4 do art.º 347.º do CSC).

Sendo a amortização permitida pelo contrato de sociedade, pode este fixar um prazo, não superior a um ano, para a deliberação ser tomada. Na falta de disposição contratual, esse prazo será de seis meses a contar da ocorrência do facto que fundamenta a amortização (n.º 6 do art.º 347.º do CSC).

Consentimento do acionista

A amortização de ações com redução do capital pode ocorrer sem o consentimento dos seus titulares (n.º 1 do art.º 347.º do CSC).

Deliberação dos acionistas

No caso de a amortização ser permitida pelo contrato de sociedade, compete à Assembleia Geral deliberar a amortização e fixar as condições necessárias para que a operação seja efetuada na parte que não constar do contrato (n.º 5 do art.º 347.º do CSC).

Contrapartida da amortização

O CSC é omisso quanto à contrapartida da amortização de ações com redução do capital, devendo a mesma ser fixada no contrato de sociedade se a amortização for imposta por este, ou deliberada em Assembleia Geral nos casos em que o contrato de sociedade a permite.

Ressalva do capital

À redução de capital por amortização de ações aplica-se o disposto no art.º 95.º do CSC, exceto (n.º 7 do art.º 347.º do CSC):

- Se forem amortizadas ações inteiramente liberadas, postas à disposição da sociedade, a título gratuito.
- Se para a amortização de ações inteiramente liberadas forem unicamente utilizados fundos que, nos termos dos art.ºs 32.º e 33.º do CSC, possam ser distribuídos aos acionistas. Neste caso, deve ser criada uma reserva sujeita ao regime de reserva legal, de montante equivalente à soma do valor nominal das ações amortizadas.

3.1.10. Remição de ações

Efeitos quanto ao capital e às ações

As ações visadas pela remição são aquelas que beneficiem de algum privilégio patrimonial, ainda que não tenham direito de voto (n.º 1 do art.º 345.º do CSC).

A remição de ações não importa redução do capital e, salvo disposição contrária do contrato de sociedade, podem ser emitidas por deliberação da Assembleia Geral novas ações da mesma espécie em substituição das ações remidas (n.º 7 do art.º 345.º do CSC).

Papel do contrato de sociedade

O contrato de sociedade tem que autorizar que ações que beneficiem de algum privilégio patrimonial, ainda que não tenham direito de voto, fiquem na sua emissão sujeitas a remição, em data fixa ou quando a Assembleia Geral o deliberar (n.º 1 do art.º 345.º do CSC).

O contrato de sociedade deve estabelecer, entre outros aspetos:

- Quando deverá ocorrer a remição (n.º 1 do art.º 345.º do CSC).
- O prémio de remição, se o houver (n.º 4 do art.º 345.º do CSC).
- Caso se pretenda, a proibição de emissão de ações da mesma espécie em substituição das ações remidas (n.º 7 do art.º 345.º do CSC).
- Caso pretenda, as sanções para o incumprimento da obrigação de remir na data fixada pelo contrato (n.º 9 do art.º 345.º do CSC).
- Caso pretenda, disposição relativa à possibilidade de qualquer titular das ações poder requerer a dissolução da sociedade por via administrativa, depois de passado um ano sobre a data em que a obrigação de remir deveria ter sido cumprida sem que a remição tenha sido efetuada (n.º 10 do art.º 345.º do CSC).

Consentimento do acionista

Não é necessário o consentimento do acionista, uma vez que a remição ocorre em data fixa ou quando a Assembleia Geral o deliberar (n.º 1 do art.º 345.º do CSC).

Deliberação dos acionistas

A remição está sujeita a deliberação pela Assembleia Geral (n.º 1 do art.º 345.º do CSC). A necessidade de assegurar a existência de fundos para a remição sugere que mesmo quando a remição ocorre em data fixa, tem que ser objeto de deliberação pela Assembleia Geral.

A deliberação de remição de ações está sujeita a registo e publicação (n.º 8 do art.º 345.º do CSC).

Contrapartida da remição

A remição é feita pelo valor nominal das ações ou, na falta de valor nominal, pelo seu valor de emissão, salvo se o contrato de sociedade previr a concessão de um prémio (n.º 4 do art.º 345.º do CSC).

Ressalva do capital

As ações têm que estar inteiramente liberadas antes de serem remidas (n.º 3 do art.º 345.º do CSC).

A contrapartida da remição de ações, incluindo o prémio, só pode ser retirada de fundos que, nos termos dos art.os 32.º e 33.º do CSC, possam ser distribuídos aos acionistas (n.º 5 do art.º 345.º do CSC).

A partir da remição, uma importância igual ao valor nominal das ações remidas, ou na falta de valor nominal, igual ao valor de emissão, deve ser levada a uma reserva especial que só pode ser utilizada para incorporação no capital social, sem prejuízo da sua eliminação no caso do capital ser reduzido (n.º 6 do art.º 345.º do CSC).

3.2. Casos Práticos

Caso Prático 3.2.1 – Aumento de capital por incorporação de reservas e por entradas em dinheiro dos atuais sócios. Criação de novas quotas

A 31/12/N os capitais próprios da sociedade CICLOVIPE, LDA. eram os que a seguir se apresentam:

Capital Próprio	(valores em euros)
Capital Subscrito	25.000
Reserva Legal (art.º 218.º/art.º 295.º CSC)	5.000
Resultados Transitados	8.000
Resultado Líquido do Período	2.000
Total	40.000

O capital social é formado por duas quotas de 12.500 euros cada e encontra-se totalmente realizado.

Confrontados com a necessidade de realizar novos investimentos, os sócios Arnaldo e António Rodas aproveitaram a Assembleia Geral anual, realizada a 15/03/N+1, para deliberarem o seguinte aumento do capital social:

- Montante: 25.000 euros;
- Modalidade: por incorporação de Resultados Transitados de 10.000 euros; e por entradas em dinheiro no montante de 15.000 euros, realizadas de imediato pelos sócios na proporção das suas quotas;
- O aumento de capital traduzir-se-á na criação de duas novas quotas, cada uma com o valor nominal de 12.500 euros, que ficarão a pertencer a cada um dos sócios.

Pedido:
Apresente os lançamentos contabilísticos relativos ao aumento de capital descrito.

Proposta de resolução:
Tal como estabelece o n.º 2 do art.º 91.º do CSC, este aumento de capital só pode ser realizado após aprovadas as contas do ano N e, neste caso, a determinação das

reservas disponíveis para realizar o aumento do capital terá por base os capitais próprios que constam do balanço a 31/12/N.

Considerando que não é necessário reforçar a Reserva Legal, uma vez que a mesma já atingiu 20% do capital social (n.º 1 do art.º 295.º do CSC), a incorporação no capital social de 10.000 euros de Resultados Transitados, pressupõe que a proposta de aplicação do resultado do ano N não contemple qualquer distribuição aos sócios. De salientar, que tal só é possível se ambos os sócios votarem favoravelmente a não distribuição de resultados (n.º 1 do art.º 217.º do CSC).

Relativamente ao aumento de capital por novas entradas, o mesmo cumpre com a exigência do n.º 3 do art.º 87.º do CSC, ou seja, todas as prestações de capital inicial estão vencidas. O aumento de capital foi apenas subscrito pelos atuais sócios, na proporção das suas quotas, não se colocando a necessidade de tratar direitos de preferência (art.º 266.º do CSC).

Por fim, há a acrescentar que a deliberação do aumento de capital contém os elementos exigidos pelo n.º 1 do art.º 87.º do CSC.

Os lançamentos relativos ao aumento do capital são os seguintes:

Aumento do capital por incorporação de reservas

	15/03/N+1		
56	Resultados Transitados	10.000	
51	Capital subscrito		
513	Quota2 Arnaldo Rodas		5.000
514	Quota2 António Rodas		5.000

Aumento do capital por entradas em dinheiro

	15/03/N+1		
26	Acionistas/sócios		
262	Quotas não liberadas		
2621	Sócio Arnaldo Rodas	7.500	
2622	Sócio António Rodas	7.500	
51	Capital subscrito		
513	Quota2 Arnaldo Rodas		7.500
514	Quota2 António Rodas		7.500

Realização das entradas em dinheiro

	15/03/N+1		
12	Depósitos à Ordem	15.000	
26	Acionistas/sócios		
262	Quotas não liberadas		
2621	Sócio Arnaldo Rodas		7.500
2622	Sócio António Rodas		7.500

Caso Prático 3.2.2 – Aumento de capital por entrada de novo sócio. Determinação do prémio de emissão

Os dois sócios da sociedade IRMÃOS CABRAL, LDA., cujo capital social é formado por duas quotas de 15.000 euros cada, decidiram "dar sociedade" a um primo. Para tal ficou acordado que ficará a pertencer-lhe uma quota de igual valor nominal às existentes, mas a respetiva entrada deverá ser calculada por forma a não prejudicar os atuais sócios. A realização será imediata e em dinheiro.

Antes da entrada do novo sócio, o capital próprio apresentava a seguinte estrutura:

Capital Próprio	(valores em euros)
Capital Subscrito	30.000
Reservas Legais (art.º 218.º/art.º 295.º CSC)	6.100
Resultados Transitados	10.400
Total	46.500

Pedido:

Determine o valor da entrada do novo sócio e apresente os lançamentos contabilísticos relativos ao aumento de capital descrito.

Proposta de resolução:

Antes do aumento de capital, cada uma das quotas existentes representa 50% do capital social, o seu valor nominal é de 15.000 euros e o seu valor contabilístico de 23.250 euros (50% * 46.500).

Após o aumento de capital, este será de 45.000 euros e cada uma das três quotas representará 33,33% do mesmo.

Para que o valor contabilístico das quotas dos atuais sócios não seja afetado, o total do capital próprio deverá aumentar X, tal que:

$$23.250 = 33,3(3)\% \; (46.500 + X) \Leftrightarrow X = 23.250 \text{ euros}$$

Daqui resulta que o novo sócio terá que entrar com o valor nominal da sua quota, que é de 15.000 euros, mais um Prémio de Emissão de 8.250 euros, perfazendo a sua entrada 23.250 euros.

Depois da entrada do novo sócio, o capital próprio apresentará a seguinte estrutura:

Capital Próprio	(valores em euros)
Capital Subscrito	45.000
Prémios de Emissão	8.250
Reservas Legais (art.º 218.º/art.º 295.º CSC)	6.100
Resultados Transitados	10.400
Total	69.750

Confirmando, o valor contabilístico de cada uma das quotas continua a ser de 23.250 euros (69.750 euros/3 quotas).

Pela subscrição do aumento de capital

26	Acionistas/sócios		
262	Quotas não liberadas		
2623	Sócio C	23.250	
51	Capital subscrito		
513	Quota Sócio C		15.000
54	Prémios de emissão		8.250

Realização da entrada em dinheiro

12	Depósitos à Ordem	23.250	
26	Acionistas/sócios		
262	Quotas não liberadas		
2623	Sócio C		23.250

Caso Prático 3.2.3 – Aumento de capital por incorporação de reservas e por entrada de novo sócio. Determinação das reservas incorporáveis. Determinação do prémio de emissão e do novo valor nominal das quotas

A sociedade LUZDEC, LDA. tem três sócios, dois deles com quotas de 30% e um terceiro com uma quota de 40%. Os sócios pretendem abrir o capital da sociedade a um novo sócio, que passará a deter 20% do capital, mediante realização imediata da totalidade da entrada em dinheiro.

Antes de procederem à abertura do capital, os sócios deliberaram incorporar no capital social todas as reservas não distribuíveis, alterando o valor nominal das atuais quotas.

À data da deliberação do aumento de capital por incorporação de reservas, os capitais próprios da sociedade eram os que a seguir se apresentam:

Capital Próprio	(valores em euros)
Capital Subscrito	100.000
Reserva Legal (art.º 218.º/art.º 295.º CSC)	12.000
Reservas Livres	10.000
Outras Variações no Capital Próprio – Doações	8.000
Resultados Transitados	3.000
Excedentes de Revalorização	15.000
Total	148.000

Informações adicionais:

- O capital social encontra-se totalmente realizado.
- Os Excedentes de Revalorização correspondem à parte não realizada dos excedentes gerados na aplicação do modelo de revalorização aos terrenos e edifícios.
- O valor das doações corresponde ao ágio na entrada em espécie de um dos sócios.

Pedidos:

1. Identifique as reservas não distribuíveis a incorporar no capital social, determine o novo valor nominal das quotas dos atuais sócios e apresente o lançamento contabilístico relativo ao aumento de capital por incorporação de reservas.
2. Determine o valor nominal da quota do novo sócio, o valor da respetiva entrada e apresente o lançamento contabilístico relativo ao aumento de capital por entrada do novo sócio.

Proposta de resolução:

Pedido 1

Os sócios pretendem incorporar no capital social as reservas não distribuíveis. Considerando os art.os 295.º e 296.º do CSC, não são distribuíveis a Reserva Legal, os Excedentes de Revalorização e as Outras Variações no Capital Próprio – Doações. E conjugando os art.os 32.º e 295.º do CSC, não poderão ser incorporados no capital social os Excedentes de Revalorização enquanto os mesmos não estiverem realizados. Deste modo, serão incorporáveis apenas a Reserva Legal e as Outras Variações no Capital Próprio – Doações. Estas reservas totalizam 20.000 euros e a sua incorporação no capital social corresponderá ao aumento do valor nominal das quotas dos atuais sócios, como se segue:

	VN das quotas antes do aumento de capital por incorporação de reservas		% no aumento	VN das quotas depois do aumento de capital por incorporação de reservas
Sócio A	30%	30.000	6.000	36.000
Sócio B	30%	30.000	6.000	36.000
Sócio C	40%	40.000	8.000	48.000
		100.000	20.000	120.000

Aumento do capital por incorporação de reservas

55	Reservas		
551	Reservas legais		
5511	Reserva legal (art.º 218.º/art.º 295.º CSC)	12.000	
59	Outras variações no capital próprio		
594	Doações	8.000	
51	Capital subscrito		
511	Quota Sócio A		6.000
512	Quota Sócio B		6.000
513	Quota Sócio C		8.000

Pedido 2

A percentagem de participação de cada um dos atuais sócios diminuirá por forma a que a quota do novo sócio represente 20% do capital social. Tal significa que as quotas dos atuais sócios (o capital social de 120.000 euros) representará 80% do capital após a entrada do novo sócio. Logo o novo capital será de 120.000/0,80 = 150.000 euros e a quota do novo sócio de 150.000 * 20% = 30.000 euros.

No quadro seguinte apresentam-se as percentagens que as quotas dos sócios passarão a representar no novo capital:

	VN das quotas antes da entrada do novo sócio		VN das quotas depois da entrada do novo sócio	
Sócio A	30%	36.000	24%	36.000
Sócio B	30%	36.000	24%	36.000
Sócio C	40%	48.000	32%	48.000
Sócio D			20%	30.000
Capital social		120.000		150.000

O capital próprio antes da entrada do novo sócio é de 148.000 euros, sendo esse o valor contabilístico da totalidade das quotas nesse momento. Para que a entrada do novo sócio não prejudique os atuais, será necessário que o valor contabilístico das quotas pelo menos se mantenha. Deste modo, o capital próprio deverá aumentar X, tal que:

$$80\% * (148.000 + X) = 148.000 \Leftrightarrow X = 37.000$$

Daqui resulta que o novo sócio terá que entrar com o valor nominal da sua quota, que é de 30.000 euros, mais um Prémio de Emissão de 7.000 euros, perfazendo a sua entrada 37.000 euros.

	Valor contabilístico de cada quota antes da entrada do novo sócio		Valor contabilístico de cada quota após a entrada do novo sócio	
Sócio A	30%	44.400	24%	44.400
Sócio B	30%	44.400	24%	44.400
Sócio C	40%	59.200	32%	59.200
Sócio D			20%	37.000
Total do Capital Próprio		148.000		185.000

Pela subscrição do aumento de capital

26	Acionistas/sócios		
262	Quotas não liberadas		
2624	Sócio D	37.000	
51	Capital subscrito		
514	Quota Sócio D		30.000
54	Prémios de emissão		7.000

Pela realização do aumento de capital

12	Depósitos à Ordem	37.000	
26	Acionistas/sócios		
262	Quotas não liberadas		
2624	Sócio D		37.000

Caso Prático 3.2.4 – Aumento de capital por entradas em dinheiro dos atuais acionistas. Alteração do número de ações versus alteração do valor nominal das ações

Os cinco acionistas de uma sociedade anónima, detentores, cada um, de 2.000 ações, com valor nominal, deliberaram, por unanimidade, aumentar o mesmo de 100.000 euros para 150.000 euros.

O aumento será realizado de imediato e integralmente em dinheiro, pelos atuais acionistas, na proporção das suas participações.

Pedidos:

1. Enuncie as alternativas que se colocariam em termos do efeito do aumento de capital no valor nominal e no número de ações detidas por cada acionista.
2. Apresente os lançamentos contabilísticos relativos ao aumento de capital.

Proposta de resolução:

Pedido 1

Se cada um dos cinco acionistas é detentor de 2.000 ações, significa que o capital social é composto por 10.000 ações e que a participação de cada acionista é de 20%.

Uma vez que o capital social é de 100.000 euros, então o valor nominal da cada ação é de 10 euros (100.000 euros/10.000 ações).

Sendo o aumento de capital de 50.000 euros e subscrito apenas pelos atuais acionistas, a entrada de cada um será de 10.000 euros.

Por ser subscrito apenas pelos atuais acionistas e realizado de imediato, o aumento de capital pode processar-se de dois modos alternativos:

- Mantendo o valor nominal das ações e aumentando o número de ações. Neste caso serão emitidas 5.000 novas ações (50.000 euros/10 euros), cabendo a cada acionista 1.000 novas ações (5.000 ações/5 acionistas ou 20% * 5.000 ações).
- Mantendo o número de ações e aumentando o seu valor nominal. Para tal, o valor nominal de cada ação passará a ser de 15 euros (150.000 euros/10.000 ações) e cada acionista mantém o número de ações detidas (2.000 ações), bem como a percentagem de participação (2.000 ações/10.000 ações).

Sucintamente, ter-se-á:

	Antes do aumento de capital	Após o aumento de capital	
		Alterando o número de ações	Alterando o VN das ações
Capital social (euros)	100.000	150.000	150.000
Número de ações	10.000	15.000	10.000
VN das ações (euros)	10	10	15
Ações detidas por cada acionista	2.000	3.000	2.000
Participação de cada acionista:			
Euros	20.000	30.000	30.000
%	20%	20%	20%

Pedido 2

Os lançamentos da subscrição e da realização são os seguintes, independentemente da solução adotada relativamente ao efeito do aumento de capital no número de ações detidas ou no seu valor nominal.

Pela subscrição do aumento de capital

26	Acionistas/sócios		
261	Acionistas com subscrição		
2611	Acionista A	10.000	
2612	Acionista B	10.000	
2613	Acionista C	10.000	
2614	Acionista D	10.000	
2615	Acionista E	10.000	
51	Capital subscrito		
511	Ações ordinárias		50.000

Pela realização do aumento de capital

12	Depósitos à Ordem	50.000	
26	Acionistas/sócios		
261	Acionistas com subscrição		
2611	Acionista A		10.000
2612	Acionista B		10.000
2613	Acionista C		10.000
2614	Acionista D		10.000
2615	Acionista E		10.000

Caso Prático 3.2.5 – Aumento de capital por incorporação de reservas. Determinação das reservas incorporáveis. Determinação do número de ações a emitir

Uma sociedade anónima apresentava a 10/07/N os seguintes capitais próprios:

Capital Próprio	(valores em euros)
Capital Subscrito (500.000 ações com VN)	5.000.000
Prémios de Emissão	500.000
Reserva Legal (art.º 295.º CSC)	200.000
Reservas Estatutárias	100.000
Reservas Livres	280.000
Resultados Transitados	50.000
Excedentes de Revalorização	20.000
Total	6.150.000

Perante a necessidade de aumentar o capital social, encontra-se em análise um aumento por incorporação de reservas, atribuindo-se a cada acionista 1 nova ação por cada 5 ações detidas.

O contrato de sociedade prevê que a reserva estatutária apenas possa ser utilizada para cobertura de prejuízos ou para incorporação no capital social quando não existam outras reservas disponíveis para o efeito.

Os Excedentes de Revalorização correspondem à parte não realizada dos excedentes gerados na aplicação do modelo de revalorização a alguns dos ativos fixos tangíveis.

Pedidos:

1. Determine o número de ações a emitir.
2. Enuncie as alternativas que se colocariam em termos das reservas a incorporar no capital social.
3. Apresente os lançamentos contabilísticos relativos a cada uma das alternativas enunciadas.

Proposta de resolução:

Pedido 1

O valor nominal das ações é de 10 euros (5.000.000 euros/500.000 ações). Sendo o capital social formado por 500.000 ações, o aumento de capital corresponderá a 100.000 novas ações (500.000/5) e a 1.000.000 de euros (100.000 ações * 10 euros).

Pedido 2

Em termos da determinação das reservas a incorporar no capital social, pode adotar-se uma de duas abordagens:

(i) Incorporar em primeiro lugar as reservas não distribuíveis aos acionistas. Esta abordagem permite deixar disponíveis, para uma futura distribuição, o máximo de reservas possível.

(ii) Incorporar em primeiro lugar as reservas distribuíveis aos acionistas. Esta alternativa permite evidenciar uma estrutura dos capitais próprios mais "sólida" perante credores.

De salientar que, independentemente da abordagem seguida, os Excedentes de Revalorização não são incorporáveis no capital social (conjugação dos art.os 32.º e 295.º do CSC).

De acordo com a abordagem (i) são de incorporar em primeiro lugar o Prémio de Emissão e a Reserva Legal, o que totaliza 700.000 euros. Uma vez que as reservas estatutárias não podem ser incorporadas no capital caso existam outras reservas para o efeito, de seguida incorporar-se-ão as Reservas Livres e os Resultados Transitados. Optando-se por incorporar em primeiro lugar as Reservas Livres de 280.000 euros, os restantes 20.000 euros têm origem nos Resultados Transitados. De salientar que tendo sido incorporada a totalidade da Reserva Legal, a mesma terá que ser constituída nos períodos seguintes, de acordo com o art.º 295.º do CSC.

De acordo com a abordagem (ii) são de incorporar em primeiro lugar as Reservas Livres e os Resultados Transitados, o que totaliza 330.000 euros. Uma vez que as reservas estatutárias não podem ser incorporadas no capital se existirem outras reservas para o efeito, de seguida incorporar-se-ão os Prémios de Emissão e a Reserva Legal. De salientar que a Reserva Legal está sujeita a reforço, pelo que a incorporação, em primeiro lugar, do Prémio de Emissão ou da Reserva Legal não é neutra em termos das implicações futuras nos lucros distribuíveis. Optando-se por incorporar em primeiro lugar o Prémio de Emissão de 500.000 euros, a Reserva Legal contribui com 170.000 euros.

Resumidamente, ter-se-á:

Reservas incorporadas	Opção (i)	Opção (ii)
Prémios de Emissão	500.000	500.000
Reserva Legal (art.º 295.º CSC)	200.000	170.000
Reservas Livres	280.000	280.000
Resultados Transitados	20.000	50.000
Total	1.000.000	1.000.000

E os capitais próprios após o aumento de capital serão de:

Capital Próprio	Opção (i)	Opção (ii)
Capital Subscrito (600.000 ações)	6.000.000	6.000.000
Reserva Legal (art.º 295.º CSC)	0	30.000
Reservas Estatutárias	100.000	100.000
Resultados Transitados	30.000	0
Excedentes de Revalorização	20.000	20.000
Total	6.150.000	6.150.000

Pedido 3

Aumento do capital por incorporação de reservas – opção (i)

54	Prémios de Emissão	500.000	
55	Reservas		
551	Reservas legais		
5511	Reserva legal (art.º 295.º CSC)	200.000	
552	Outras reservas		
5521	Reservas livres	280.000	
56	Resultados transitados	20.000	
51	Capital subscrito		
511	Ações ordinárias		1.000.000

Aumento do capital por incorporação de reservas – opção (ii)

54	Prémios de Emissão	500.000	
55	Reservas		
551	Reservas legais		
5511	Reserva legal (art.º 295.º CSC)	170.000	
552	Outras reservas		
5521	Reservas livres	280.000	
56	Resultados transitados	50.000	
51	Capital subscrito		
511	Ações ordinárias		1.000.000

Caso Prático 3.2.6 – Aumento do capital por novas entradas e por incorporação de reservas com ações sem valor nominal

A sociedade CUTE, S.A. foi constituída no ano N-10 por cinco acionistas, detendo cada um 15.000 ações de um capital formado por 75.000 ações sem valor nominal. Estas ações foram emitidas a 2 euros/ação, tendo sido o capital integralmente realizado em dinheiro no momento da constituição da sociedade.

Para além da aplicação do resultado líquido do período, as únicas operações com o capital próprio ocorridas nesta sociedade foram as seguintes:

- No ano N-5, foi deliberado proceder a um aumento de capital por entrada de um novo acionista que passaria a deter 25% do capital, subscrevendo as ações pelo valor contabilístico das mesmas nessa data, acrescido de um prémio de 0,2 euros/ação, sendo a totalidade do valor subscrito realizado de imediato em dinheiro.
- No ano N, foi deliberado um aumento de capital de 50.000 euros por incorporação da Reserva Legal, do Prémio de Emissão e das Reservas Livres.

Os capitais próprios existentes antes da relevação das operações descritas eram os seguintes (valores em euros):

Capital Próprio	N-5	N
Capital Subscrito	150.000	212.500
Prémios de Emissão	—	5.000
Reserva Legal (art.º 295.º CSC)	27.500	35.000
Reservas Livres	—	10.000
Resultados Transitados	10.000	10.500
Total	187.500	273.000

Pedidos:

1. Relativamente ao aumento de capital ocorrido em N-5, determine o número de ações a atribuir ao novo acionista e apresente os respetivos lançamentos contabilísticos.
2. Relativamente ao aumento de capital por incorporação de reservas ocorrido em N, determine as implicações nas participações dos acionistas e apresente os respetivos lançamentos contabilísticos.

Proposta de resolução:

Pedido 1

Nas sociedades com ações sem valor nominal, e para cada emissão, a divisão entre o capital e o número de ações emitidas constitui o **valor de emissão**, ou seja, este valor substitui o valor nominal na relação entre o montante das entradas e o capital social. No momento da constituição da sociedade o valor de emissão foi de 2 euros/ação e sendo 75.000 o número de ações emitidas, perfaz um capital social de 150.000 euros.

O número de ações que formarão o novo capital social após o aumento serão de X, tal que:

75.000 ações + 25% * X = X ⇔ X = 100.000 ações

Deste modo, cabem ao novo acionista 25.000 ações (25%) e as percentagens de participação dos antigos acionistas passam a ser de 15% (15.000 ações/100.000 ações).

Nos aumentos de capital por novas entradas, e na presença de ações sem valor nominal, o valor contabilístico das ações existentes representa o valor de emissão e serve de referência para a definição do **valor de subscrição.** No caso em apreço, o valor de emissão será: 187.500 euros / 75.000 ações = 2,5 euros/ação. A este valor acresce um prémio de 0,2 euros/ação, sendo o valor de subscrição de 2,7 euros/ação.

Desta forma, o aumento de capital será de 25.000 ações * 2,5 euros = 62.500 euros. A este valor acresce um Prémio de Emissão de 25.000 ações * 0,2 euros = 5.000 euros.

Pela subscrição do aumento de capital

26	Acionistas/sócios		
261	Acionistas com subscrição		
2616	Acionista F	67.500	
51	Capital subscrito		
511	Ações ordinárias		62.500
54	Prémios de emissão		5.000

Pela realização do aumento de capital

12	Depósitos à Ordem	67.500	
26	Acionistas/sócios		
261	Acionistas com subscrição		
2616	Acionista F		67.500

Pedido 2

Na presença de ações sem valor nominal e de várias emissões, a medida dos direitos de cada acionista baseia-se no **valor percentual**, dado pela proporção entre o número de ações detidas e o número total de ações que integram o capital social.

	N.º ações detidas	**%**	**Direito no aumento de capital (euros)**
5 acionistas fundadores (VE=2)	5 * 15.000	5 * 15%	5 * 15% * 50.000= 5 * 7.500 = 37.500
1 novo acionista (VE=2,5)	25.000	25%	25% * 50.000= 12.500
Totais	100.000	100%	50.000

O n.º 2 do art.º 92.º do CSC refere que, no caso de ações sem valor nominal, o aumento de capital por incorporação de reservas pode realizar-se sem alteração do número de ações. Ao não ser alterado o número de ações, garante-se a manutenção das percentagens de participação, uma vez que estas são calculadas com base no número de ações. O aumento de capital por incorporação de reservas terá, assim, impacto no valor de emissão de todas as ações, que vai aumentar em:

50.000 euros / 100.000 ações = 0,5 euros/ação.

	N.º ações detidas	**VE antes do aumento**	**VE depois do aumento**
5 acionistas fundadores	5 * 15.000	2 euros/ação	2,5 euros/ação
1 novo acionista	25.000	2,5 euros/ação	3 euros/ação
Capital social	75.000 ações VE=2,5 25.000 ações VE=3 Total: 100.000 ações 262.500 euros		

Aumento do capital por incorporação de reservas

54	Prémios de Emissão	5.000	
55	Reservas		
551	Reservas legais		
5511	Reserva legal (art.º 295.º CSC)	35.000	
552	Outras reservas		
5521	Reservas livres	10.000	
51	Capital subscrito		
511	Ações ordinárias		50.000

Caso Prático 3.2.7 – Exercício de direitos de preferência nos aumentos de capital por entradas em dinheiro

A sociedade FIRST ONE, S.A. foi constituída no ano N com um capital social de 100.000 euros, formado por 100.000 ações de valor nominal 1 euro/ação, assim distribuídas pelos seus cinco acionistas:

Acionista	N.º ações	%
A	40.000	40%
B	15.000	15%
C	15.000	15%
D	15.000	15%
E	15.000	15%
	100.000	100%

No ano N+5 foi deliberado um aumento de capital por entradas em dinheiro, correspondente a 20.000 novas ações. O direito de preferência dos atuais acionistas foi exercido nos seguintes termos:

- O acionista A declarou não querer acompanhar o aumento de capital;
- O acionista B declarou intenção de subscrever apenas metade das ações que proporcionalmente lhe caberia;
- O acionista C declarou intenção de subscrever a totalidade das ações que proporcionalmente lhe caberia;
- Os acionistas D e E declararam intenção de subscrever as ações que proporcionalmente lhes caberia e ainda ações que os restantes acionistas não quisessem subscrever. Mas, o acionista D não pretende subscrever mais de 5.000 ações.

Pedidos:

1. Enquadre a problemática apresentada no Código das Sociedades Comerciais.
2. Determine o número de ações que caberá a cada acionista no aumento de capital, bem como a percentagem de participação de cada um deles no novo capital.

Proposta de resolução:

Pedido 1

A problemática apresentada refere-se ao exercício dos direitos de preferência nas sociedades anónimas, prevista no art.º 458.º do CSC. Aqui é estabelecido que nos aumentos de capital por entradas em dinheiro, as pessoas que, à data da deliberação do aumento de capital, forem acionistas, podem subscrever as novas ações com preferência relativamente a quem não for acionista (n.º 1 do art.º 458.º do CSC).

As novas ações serão repartidas entre os acionistas que exerçam a preferência, do seguinte modo (n.º 2 do art.º 458.º do CSC):

(i) Atribui-se a cada acionista o número de ações proporcional àquelas de que for titular na referida data ou o número inferior a esse que o acionista tenha declarado querer subscrever;

(ii) Satisfazem-se os pedidos superiores ao número referido na primeira parte do ponto anterior, na medida que resultar de um ou mais rateios excedentários.

Não tendo havido alienação dos respetivos direitos de subscrição, caduca o direito de preferência das ações antigas às quais não caiba número certo de ações novas; aquelas que, por esse motivo, não tiverem sido subscritas são sorteadas uma só vez, para subscrição, entre todos os acionistas (n.º 3 do art.º 458.º do CSC).

Havendo numa sociedade várias categorias de ações, todos os acionistas têm igual direito de preferência na subscrição das novas ações, quer ordinárias, quer de qualquer categoria especial, mas se as novas ações forem iguais às de alguma categoria especial já existente, a preferência pertence primeiro aos titulares de ações dessa categoria e só quanto a ações não subscritas por estes gozam de preferência os outros acionistas (n.º 4 do art.º 458.º do CSC).

Pedido 2

No quadro seguinte, na coluna "Direito" apresenta-se o número de ações que caberia a cada acionista se todos pretendessem subscrever ações na proporção das suas participações. A coluna "Intenções" evidencia o número que cada acionista tenciona subscrever.

Relativamente aos acionistas A, B e C, as intenções corresponderão ao número de ações a subscrever por cada um. Depois de satisfazer estas intenções (4.500 ações) e ainda o "Direito" dos acionistas D e E (6.000 ações) sobram 9.500 ações.

Estas 9.500 ações terão que ser rateadas pelos acionistas D e E. Como o acionista D não pretende subscrever mais de 5.000 ações, começa-se por atribuir 2.000 ações a cada um dos acionistas D e E. As restantes 5.500 ações (9.500 – 2 * 2.000) serão atribuídas ao acionista E.

Acionista	N.º ações inicial	%	Direito	Intenções	Atribuição final	N.º ações total final	Nova %
A	40.000	40%	8.000	0	0	40.000	33,34%
B	15.000	15%	3.000	1.500	1.500	16.500	13,75%
C	15.000	15%	3.000	3.000	3.000	18.000	15%
D	15.000	15%	3.000	3.000+X (X≤2.000)	3.000 +2.000 =5.000	20.000	16,66%
E	15.000	15%	3.000	3.000+Y	3.000 +2.000 +5.500 =10.500	25.500	21,25%
	100.000	100%	20.000	10.500+X+Y (X+Y=9.500 ações)	20.000	120.000	100%

Caso Prático 3.2.8 – Aumento de capital deliberado pelo órgão de administração (capital autorizado). Supressão de direitos de preferência. Subscrição incompleta

No uso da autorização prevista no contrato de sociedade, o Conselho de Administração da LILEX, S.A. pretende aumentar o capital social, através de entradas em dinheiro, pelo valor máximo fixado no contrato de sociedade e que foi de 1.000.000 euros. Para tal, propõe que:

- O aumento seja efetuado com apelo à subscrição pública, sem exercício de direitos de preferência pelos atuais acionistas (a supressão dos direitos de preferência foi aprovada em Assembleia Geral, mediante relatório apresentado pelo Conselho de Administração).
- Sejam emitidas 1.000.000 de ações ordinárias, de valor nominal 1 euro, com um prémio de emissão de 0,3 euros/ação.
- Os valores subscritos sejam realizados integral e imediatamente.
- Em caso de subscrição incompleta, o aumento de capital fica limitado às subscrições recolhidas.

A operação será intermediada pelo banco MONEY que, após a liquidação física e financeira da operação, colocará na conta à ordem da sociedade as entradas realizadas, cobrando despesas com a operação equivalentes a 2% desse valor.

Pedidos:

1. Comente a situação descrita à luz do Código das Sociedades Comerciais, admitindo que apenas foram subscritas 900.000 ações.
2. Apresente os respetivos lançamentos contabilísticos.

Proposta de resolução:

Pedido 1

Para enquadrar a situação descrita importa analisar os seguintes artigos do CSC:

- Art.º 456.º "Aumento do capital deliberado pelo órgão de administração"
- Art.º 460.º "Limitação ou supressão do direito de preferência"
- Art.º 457.º "Subscrição incompleta"

Aumento do capital deliberado pelo órgão de administração

A situação descrita configura um aumento de capital a ser deliberado pelo Conselho de Administração. Segundo os n.os 1 e 2 do art.º 456.º do CSC, o contrato de sociedade pode autorizar o órgão de administração a aumentar o capital, uma ou mais vezes, por entradas em dinheiro, devendo aí ficar estabelecidas as seguintes condições para o exercício dessa competência:

- o limite máximo do aumento;
- o prazo, não excedente a cinco anos, durante o qual essa competência pode ser exercida, sendo que, na falta de indicação, o prazo é de cinco anos;
- os direitos atribuídos às ações a emitir; na falta de menção, apenas é autorizada a emissão de ações ordinárias.

A Assembleia Geral, deliberando com a maioria exigida para a alteração do contrato, pode renovar os poderes conferidos ao órgão de administração (n.º 4 do art.º 456.º do CSC).

O órgão de administração deve submeter o projeto de deliberação ao conselho fiscal, à comissão de auditoria ou ao conselho geral e de supervisão, podendo o órgão de administração submeter a divergência a deliberação da Assembleia Geral, se não for dado parecer favorável (n.º 3 do art.º 456.º do CSC).

Quanto à eficácia interna do aumento de capital deliberado pelo órgão de administração, é aplicável o disposto no art.º 88.º do CSC, com as necessárias adaptações (n.º 5 do art.º 456.º do CSC).

Supressão do direito de preferência

No caso descrito, o Conselho de Administração propõe que sejam suprimidos os direitos de preferência dos atuais acionistas. Segundo o n.º 1 do art.º 460.º do CSC, o direito legal de preferência na subscrição de ações não pode ser limitado nem suprimido, a não ser nas condições previstas nesse mesmo artigo. De um modo geral, essas condições envolvem a existência de um interesse social na supressão ou limitação daquele direito e a sujeição a deliberação em Assembleia Geral. Esta deliberação deve ser tomada em separado de qualquer outra deliberação, pela maioria exigida para o aumento de capital (n.º 4 do art.º 460.º do CSC).

O n.º 3 do art.º 460.º do CSC prevê especificamente a limitação ou supressão do direito de preferência dos acionistas em aumento de capital deliberado ou a deliberar pelo órgão de administração. Neste caso, sendo apresentada pelo órgão de administração uma proposta de limitação ou supressão do direito de preferência, deve o mesmo submeter à Assembleia Geral um relatório escrito, donde constem a justificação da proposta, o modo de atribuição das novas ações, as condições da sua liberação, o preço de emissão e os critérios utilizados para a determinação desse preço (n.º 5 do art.º 460.º do CSC).

Subscrição incompleta

Segundo o n.º 1 do art.º 457.º do CSC, não sendo totalmente subscrito um aumento de capital, considera-se a deliberação da assembleia ou do conselho sem efeito, salvo se ela própria tiver previsto que em tal caso o aumento fica limitado às subscrições recolhidas.

No caso em apreço ficou estabelecido que, no caso de subscrição incompleta, o aumento de capital ficaria limitado às subscrições realizadas. Caso tal não tivesse acontecido, segundo o n.º 3 do art.º 457.º do CSC a deliberação do aumento ficaria sem efeito, devendo o órgão de administração avisar desse facto os subscritores nos 15 dias seguintes ao encerramento da subscrição e restituir imediatamente as importâncias recebidas.

Pedido 2

Considerando a subscrição e realização total e imediata de 900.000 ações, o aumento de capital origina o seguinte encaixe:

Valor nominal	900.000 * 1 = 900.000 euros
Prémio de Emissão	900.000 * 0,3 = 270.000 euros
Encaixe bruto	1.170.000 euros
Despesas	2% * 1.170.000 = 23.400
Encaixe líquido	1.146.600

Os lançamentos contabilísticos a efetuar serão aos seguintes:

Pela subscrição do aumento de capital

26	Acionistas/sócios		
261	Acionistas com subscrição		
2612	Subscrição pública		
26121	Subscritores em geral	1.170.000	
51	Capital subscrito		
511	Ações ordinárias		900.000
54	Prémios de emissão		270.000

Pela realização do aumento de capital

12	Depósitos à Ordem	1.170.000	
26	Acionistas/sócios		
261	Acionistas com subscrição		
2612	Subscrição pública		
26121	Subscritores em geral		1.170.000

Pelas despesas de colocação/emissão do capital

54	Prémios de emissão	23.400	
12	Depósitos à Ordem		23.400

Caso Prático 3.2.9 – Aumento de capital por conversão de suprimentos

Paulo Pires e Pedro Pedroso são os dois sócios e gerentes da sociedade PIRES E PEDROSO, LDA., constituída em N com um capital social de 10.000 euros, dividido em duas quotas iguais.

A 15/02/N+3 vence-se um crédito de suprimentos de 10.000 euros, efetuado a 14/02/N+1, de que aqueles sócios são titulares em partes iguais, e relativamente ao qual não foram cobrados juros.

Os sócios ponderam, em vez de serem reembolsados do montante dos suprimentos, converter os mesmos em capital.

Pedidos:

1. Apresente o lançamento contabilístico que o reembolso dos suprimentos originaria.
2. Apresente o lançamento contabilístico que a conversão de suprimentos em capital originaria.

Proposta de resolução:

O caso descrito respeita ao reembolso de suprimentos efetuados pelos sócios em dinheiro, na data do seu vencimento. Os suprimentos traduzem um empréstimo dos sócios à sociedade, com caráter de permanência (n.º 1 do art.º 243.º do CSC). Neste caso, o caráter de permanência é definido pela estipulação de um prazo de reembolso superior a um ano (n.º 2 do art.º 243.º do CSC).

No vencimento, a sociedade tem que restituir aos sócios "outro tanto do mesmo género e qualidade" (n.º 1. do art.º 243.º do CSC). Porém, os sócios ponderam, em vez de serem reembolsados em dinheiro, converter os suprimentos em capital. O n.º 4 do art.º 87.º do CSC estabelece que o sócio de sociedade por quotas que por si ou juntamente com outros reunir a maioria de votos necessária para deliberar a alteração do contrato de sociedade, pode comunicar à gerência o aumento do capital social por conversão de suprimentos registados no último balanço aprovado, de que seja titular. Subsequentemente, o órgão de administração deve proceder à comunicação por escrito, no prazo máximo de 10 dias, aos sócios que não hajam participado no aumento, com a advertência de que a eficácia do aumento depende da não oposição expressa de qualquer um daqueles, manifestada por escrito, no prazo de 10 dias, contados da comunicação de conversão (n.º 5 do art.º 87.º do CSC).

No caso em apreço, ambos os sócios estão de acordo quanto à conversão dos suprimentos em capital e são eles próprios os gerentes, pelo que bastará que a deliberação fique registada em ata, tal como é estipulado no n.º 4 do art.º 63.º do CSC.

Para efeitos de verificação das entradas, será suficiente a declaração do contabilista certificado (ou do ROC, se a sociedade estiver legalmente sujeita a revisão legal de contas), mencionando que a quantia consta dos regimes contabilísticos, bem como a proveniência e a data. Esta declaração deve fazer parte integrante da documentação sujeita às formalidades de publicidade prescritas no CSC, podendo publicar-se apenas menção do respetivo depósito no registo comercial (n.ºs 4 e 5 do art.º 89.º do CSC).

Pedido 1

Pelo reembolso dos suprimentos

	15/02/N+3		
25	Financiamentos obtidos		
253	Participantes de capital		
2532	Outros participantes – suprimentos e outros mútuos		
25321	Outros participantes – suprimentos e outros mútuos – Corrente		
253211	Sócio Paulo Pires	5.000	
253212	Sócio Pedro Pedroso	5.000	
12	Depósitos à Ordem		10.000

Pedido 2

Pela conversão de suprimentos em capital

	15/02/N+3		
25	Financiamentos obtidos		
253	Participantes de capital		
2532	Outros participantes – suprimentos e outros mútuos		
25321	Outros participantes – suprimentos e outros mútuos – Corrente		
253211	Sócio Paulo Pires	5.000	
253212	Sócio Pedro Pedroso	5.000	
51	Capital subscrito		
513	Quota2 Sócio Paulo Pires		5.000
514	Quota2 Sócio Pedro Pedroso		5.000

Caso Prático 3.2.10 – Aumento de capital por conversão de suprimentos (situação prevista no art.º 87.º do CSC)

A sociedade PANIBOLOS, LDA. tem um capital social de 120.000 euros divido em três quotas, pertencentes aos seus três sócios, do seguinte modo:

Sócio	Quota	
	Euros	%
Manuel Pinto	72.000	60%
Rosa Pinho	30.000	25%
Joana Ferreira	18.000	15%
	120.000	100%

Os sócios Manuel Pinho e Joana Ferreira realizaram, no ano N-3, suprimentos em dinheiro à sociedade, no montante de 20.000 euros cada, tendo sido estipulado o não vencimento de juros e o seu reembolso no ano N.

Dadas as dificuldades de tesouraria com que a sociedade se tem confrontado, estes sócios propuseram à gerência, após a aprovação das contas do ano N, a conversão dos seus suprimentos em capital, nos termos do art.º 87.º do CSC.

Os capitais próprios da sociedade à data eram de 250.000 euros.

Pedidos:

1. Comente a situação descrita, à luz do Código das Sociedades Comerciais.
2. Determine o novo valor nominal das quotas, admitindo que a sócia Rosa Pinho não se opôs à operação, mas exigiu que a mesma fosse realizada de modo a não originar uma diminuição do valor contabilístico da sua quota.
3. Apresente os lançamentos contabilísticos relativos ao aumento de capital.

Proposta de resolução:

Pedido 1

A situação descrita enquadra-se no n.º 4 do art.º 87.º do CSC, que prevê que o sócio de sociedade por quotas que por si ou juntamente com outros reunir a maioria de votos necessária para deliberar a alteração do contrato de sociedade, pode comunicar à gerência o aumento do capital social por conversão de suprimentos registados no último balanço aprovado, de que seja titular.

No caso em apreço, os sócios detentores de suprimentos possuem, em conjunto, 75% do capital social, ou seja, a maioria de ¾ necessária para deliberar a alteração do contrato de sociedade numa sociedade por quotas (vide art.º 265.º do CSC).

Na sequência da solicitação dos sócios, a gerência deve proceder à comunicação por escrito, no prazo máximo de 10 dias, à socia que não participou no aumento, com a advertência de que a eficácia do aumento depende da sua não oposição expressa, manifestada por escrito, no prazo de 10 dias, contados da comunicação de conversão (n.º 5 do art.º 87.º do CSC). Na situação analisada a sócia impôs uma condição para a sua não oposição.

Para efeitos de verificação das entradas, neste caso de conversão de suprimentos, é suficiente declaração do contabilista certificado ou do ROC, sempre que a revisão de contas seja legalmente exigida, mencionando que a quantia consta dos regimes contabilísticos bem como a proveniência e a data. Esta declaração deve fazer parte integrante da documentação sujeita às formalidades de publicidade prescritas no CSC, podendo publicar-se apenas menção do respetivo depósito no registo comercial (n.os 4 e 5 do art.º 89.º do CSC).

O capital considera-se aumentado e as participações consideram-se constituídas na data em que a gerência declarar, por escrito e sob sua responsabilidade, quais as entradas já realizadas e que não é exigida pela lei, pelo contrato ou pela deliberação a realização de outras entradas (n.º 2 do art.º 88.º do CSC).

Após estes procedimentos, a gerência deve inscrever no livro de atas a decisão de aumento do capital social, tal como é estipulado no n.º 4 do art.º 63.º do CSC.

Pedido 2

Admitindo que a condição imposta pela sócia Rosa Pinho teve acolhimento por parte dos sócios e que as demais formalidades anteriormente descritas foram cumpridas, haverá que determinar o montante do aumento de capital.

Sendo o total do capital próprio de 250.000 euros, o valor contabilístico das quotas é o seguinte:

Sócio	Quota		Valor contabilístico
	Euros	%	
Manuel Pinto	72.000	60%	150.000
Rosa Pinho	30.000	25%	62.500
Joana Ferreira	18.000	15%	37.500
	120.000	100%	250.000

A conversão de suprimentos em capital aumentará o capital próprio em 40.000 euros, passando o mesmo a ser de 290.000 euros.

A sócia Rosa Pinho, ao não acompanhar este aumento de capital, verá a sua percentagem de participação diminuída. Porém, não deverá ser prejudicada em termos do valor contabilístico da sua quota, porquanto a sua nova percentagem de participação deverá ser de:

62.500 / 290.000 = 21,55(...)%

Mantendo-se o valor nominal da quota da sócia Rosa Pinho, a cifra do novo capital social será:

30.000 / 21,55(...)% = 139.200 euros

Deste modo, o capital social será aumentado em 19.200 euros (139.200 – 120.000), constituindo os restantes 20.800 euros (40.000 – 19.200) um prémio de emissão.

Uma vez que o valor dos suprimentos se encontra repartido de igual forma entre os sócios, as respetivas quotas aumentarão também de forma igual, ou seja, 9.600 euros cada (19.200 euros/2).

	Quotas antes do aumento			Quotas depois do aumento		
Sócio	VN em euros	%	Valor contabilístico	VN em euros	%	Valor contabilístico
Manuel Pinto	72.000	60%	150.000	81.600	58,62(...)%	170.000
Rosa Pinho	30.000	25%	62.500	30.000	21,55(...)%	62.500
Joana Ferreira	18.000	15%	37.500	27.600	19,83(...)%	57.500
	120.000	100%	250.000	139.200	100%	290.000

Como se pode observar, o valor contabilístico das quotas dos sócios que converteram os seus suprimentos aumentou pelo valor dos mesmos e a quota da sócia que não acompanhou este aumento manteve o seu valor contabilístico.

Pedido 3

O lançamento relativo à conversão dos suprimentos em capital será o seguinte:

Aumento de capital por conversão de suprimentos

25	Financiamentos obtidos		
253	Participantes de capital		
2532	Outros participantes – suprimentos e outros mútuos		
25322	Outros participantes – suprimentos e outros mútuos – Não corrente		
253221	Sócio Manuel Pinto	20.000	
253223	Sócia Joana Ferreira	20.000	
51	Capital subscrito		
511	Quota Sócio Manuel Pinto		9.600
513	Quota Sócia Joana Ferreira		9.600
54	Prémios de emissão		20.800

Caso Prático 3.2.11 – Aumento de capital por conversão de outros créditos

A estrutura dos capitais próprios da sociedade LUZDOC, S.A. a 31/12/N, era a seguinte:

Capital Próprio	(valores em euros)
Capital Subscrito (800.000 ações com VN)	800.000
Prémios de Emissão	105.000
Reserva Legal (art.º 295.º CSC)	80.000
Resultados Transitados	(5.000)
Resultado Líquido do Período	20.000
Total	1.000.000

Perante alguns problemas financeiros e de falta de liquidez enfrentados pela sociedade, o Conselho de Administração propôs aos acionistas, reunidos em Assembleia Geral para aprovação das contas do ano N, o seguinte:

- Não distribuir quaisquer dividendos;
- Aumentar o capital social por conversão de um crédito de um fornecedor de investimentos, no montante de 175.000 euros, devidamente certificado pelo Revisor Oficial de Contas.

Pedidos:

1. Determine o número de ações a emitir para proceder ao referido aumento de capital, considerando que a proposta do Conselho de Administração foi aprovada.
2. Apresente os lançamentos contabilísticos relativos ao aumento de capital.

Proposta de resolução:

Pedido 1

O valor contabilístico das ações neste momento é de 1,25 euros/ação (1.000.000 euros/800.000 ações).

Sendo a dívida do fornecedor de 175.000 euros, o número de ações a emitir será de 140.000 (175.000 euros/1,25 euros). Sendo o valor nominal das ações de 1 euro, o prémio correspondente a este aumento de capital será de 0,25 euros/ação, num total de 35.000 euros (0,25 euros * 140.000 ações).

Pedido 2

Pelo aumento de capital por conversão de crédito

27	Outras Contas a Receber e a Pagar		
271	Fornecedores de Investimentos		
2711	Fornecedores de Investimentos – contas gerais		
27112	Fornecedores de Investimentos – contas gerais – Corrente	175.000	
51	Capital subscrito		
511	Ações ordinárias		140.000
54	Prémios de emissão		35.000

Caso Prático 3.2.12 – Aumento de capital por conversão de obrigações em ações

Em 02/01/N-3 a sociedade SINGS, S.A. emitiu um empréstimo por obrigações convertíveis em ações, que foi totalmente subscrito, nas seguintes condições:

N.º de obrigações	1.000.000
Valor nominal	20 euros
Valor de emissão	Ao par
Cupão	Fixo, à taxa anual de 3%, pago a 31/12 de cada ano
Reembolso	Em 02/01/N, ao par
Rácio de conversão	1 obrigação é convertível em 2 ações ordinárias, cujo valor nominal é de 5 euros

Na data de reembolso, os detentores de 900.000 obrigações solicitaram a sua conversão, tendo os restantes obrigacionistas recebido o respetivo valor de reembolso.

O empréstimo foi contabilizado de acordo com o previsto na NCRF 27 – Instrumentos Financeiros, relativamente ao reconhecimento e mensuração de instrumentos compostos.

À data do reembolso, os saldos das respetivas contas eram os que a seguir se reproduzem (valores em euros):

Rubrica		Saldos devedores	Saldos credores
25211	Financiamentos obtidos – ... – obrigações convertíveis		20.000.000
532	Outros instrumentos de capital próprio – opção de conversão de obrigações em ações		1.100.000

Pedido:

Apresente os lançamentos contabilísticos relativos ao aumento de capital por conversão de obrigações em ações e ao reembolso em dinheiro aos restantes obrigacionistas.

Proposta de resolução:

Na maturidade, o valor contabilístico das obrigações corresponde ao seu valor de reembolso, ou seja, 20 euros/obrigação. O saldo da conta de Financiamentos Obtidos reflete o valor total a reembolsar, que deve ser transferido para uma conta de Outras Contas a Receber e a Pagar – Obrigacionistas.

Pela reclassificação da dívida

25	Financiamentos obtidos		
252	Mercados de valores mobiliários		
2521	Empréstimos por obrigações		
25211	Empréstimos por obrigações – Corrente		
25211X	Obrigações convertíveis	20.000.000	
27	Outras contas a receber e a pagar		
278	Outros devedores e credores		
2781	Outros devedores e credores – Corrente		
2781X	Obrigacionistas		20.000.000

A conversão das obrigações em ações foi solicitada pelos detentores de 900.000 obrigações. Considerando o rácio de conversão definido, a sociedade tem que proceder à emissão de 1.800.000 ações, de valor nominal 5 euros, a que corresponde um aumento do Capital Subscrito de 9.000.000 euros.

O valor de emissão das ações é formado:

- Pelo preço de conversão, que é de 10 euros/ação (20 euros / 2 ações); e
- Pelo valor da opção de conversão, que é de 0,55 euros/ação (1.100.000 euros / 2.000.000 ações; este é o número de ações a que a conversão da totalidade das obrigações originaria).

Ou seja, o valor de emissão das ações é de 10,55 euros/ação, donde resulta um Prémio de Emissão de 9.990.000 euros (1.800.000 ações * 5,55 euros).

Por fim, haverá que regularizar a conta de Outros Instrumentos de Capital Próprio relativamente ao valor da opção de conversão exercida e que é de 990.000 euros (0,55 euros * 1.800.000 ações).

Aumento de capital por conversão de obrigações em ações

27	Outras contas a receber e a pagar		
278	Outros devedores e credores		
2781	Outros devedores e credores – Corrente		
2781X	Obrigacionistas	18.000.000	
53	Outros instrumentos de capital próprio		
532	Opção de conversão de obrigações em ações	990.000	
51	Capital subscrito		
511	Ações ordinárias		9.000.000
54	Prémios de Emissão		9.990.000

Relativamente às restantes 100.000 obrigações para as quais foi solicitado o reembolso em dinheiro, há que regularizar o saldo remanescente da conta de Outros Instrumentos de Capital Próprio, de 110.000 euros, por contrapartida de uma conta do capital próprio, que poderá ser de Reservas Livres ou de Resultados Transitados.

Pela regularização da opção de conversão das obrigações não convertidas

53	Outros instrumentos de capital próprio		
532	Opção de conversão de obrigações em ações	110.000	
55	Reservas		
552	Outras Reservas		
5521	Reservas Livres		110.000

Pelo pagamento do valor do reembolso

27	Outras contas a receber e a pagar		
278	Outros devedores e credores		
2781	Outros devedores e credores - Corrente		
2781X	Obrigacionistas	2.000.000	
12	Depósitos à Ordem		2.000.000

Caso Prático 3.2.13 – Efeito do aumento do capital por incorporação de reservas no rácio de conversão de obrigações em ações

Uma sociedade anónima emitiu a 02/01/N-3 um empréstimo por obrigações convertíveis em ações, que foi totalmente subscrito, nas seguintes condições:

N.º de obrigações	500.000
Valor nominal	10 euros
Valor de emissão	Ao par
Reembolso	Em 02/01/N, ao par
Rácio de conversão	4 obrigações são convertíveis numa ação ordinária, cujo valor nominal é de 5 euros

Em N-2, a sociedade aumentou o seu capital social, por incorporação de reservas, de 2.500.000 euros para 3.000.000 euros, mediante emissão de 100.000 novas ações.

Pedido:

Determine o novo rácio de conversão das obrigações em ações.

Proposta de resolução:

O art.º 368.º do CSC refere um conjunto de situações em que as modificações do capital têm que salvaguardar os interesses dos direitos dos detentores de obrigações convertíveis em ações. Uma dessas situações é a relativa aos aumentos de capital por incorporação de reservas, que se analisa aqui.

No quadro seguinte sintetiza-se a informação descrita relativamente à situação antes do aumento de capital por incorporação de reservas:

Capital subscrito (euros)	2.500.000
Capital subscrito (n.º ações)	500.000
Novas ações resultantes da conversão	125.000
Total de ações após conversão	625.000
% das ações resultantes da conversão no novo capital	20%

Após o aumento de capital por incorporação de reservas, este passa a ser formado por 600.000 ações. Para que os obrigacionistas mantenham a sua percentagem de participação após a conversão, esta deve originar um número X de ações, tal que:

$$X / (X + 600.000) = 20\% \Leftrightarrow X = 150.000$$

As 500.000 obrigações devem dar origem a 150.000 ações, logo o novo rácio de conversão é de 10 obrigações para 3 ações (500.000/150.000 ⇔ 50/15 ⇔ 10/3).

Caso Prático 3.2.14 – Reintegração do capital numa sociedade por quotas (situação prevista no art.º 35.º do CSC)

O António Silva e a Rosa Sousa são os gerentes e sócios da sociedade SILVA & SOUSA, LDA., sendo as quotas de cada um deles de, respetivamente, 25% e 75%.

A 25/02/N+1, quando reuniram para aprovar as contas do ano N, constataram que os capitais próprios da sociedade, a 31/12/N, eram os que a seguir se apresentam:

Capital Próprio	(valores em euros)
Capital Subscrito	12.000
Resultados Transitados	(2.000)
Resultado Líquido do Período	(5.000)
Total	5.000

Pedidos:

1. Indique as soluções a adotar para que não seja necessário proceder à dissolução da sociedade.
2. Apresente os lançamentos contabilísticos e a nova situação dos capitais próprios para cada uma das soluções apresentadas.

Proposta de resolução:

Pedido 1

A sociedade encontra-se na situação de perda de metade do capital social, descrita no art.º 35.º do CSC.

Segundo aquele artigo, quando pelas contas do exercício ou contas intercalares, tal como elaboradas pelo órgão de administração, se constate estar perdida metade do capital social, ou em qualquer momento em que existam fundadas razões para admitir que essa perda se verifica, devem os gerentes convocar de imediato a Assembleia Geral ou os administradores requerer prontamente a convocação da mesma, a fim de nela se informar os sócios da situação e de estes tomarem as medidas julgadas convenientes (n.º 1 do art.º 35.º do CSC).

Segundo o n.º 2 do art.º 35.º do CSC, considera-se estar perdida metade do capital social quando:

Total do Capital Próprio ≤ ½ Capital Social

No caso em apreço, o total do capital próprio da sociedade, de 5.000 euros, é inferior a metade do seu capital social, que é 6.000 euros (12.000/2).

Do aviso convocatório da Assembleia Geral constarão, pelo menos, os seguintes assuntos para deliberação pelos sócios:

- A dissolução da sociedade (alínea a) do n.º 3 do art.º 35.º do CSC).
- A redução do capital social para montante não inferior ao capital próprio da sociedade (alínea b) do n.º 3 do art.º 35.º do CSC).
- A realização pelos sócios de entradas para reforço da cobertura do capital (alínea c) do n.º 3 do art.º 35.º do CSC).

No caso em análise, não sendo intenção dos sócios dissolver a sociedade, restam as duas últimas soluções.

Relativamente à redução do capital, a alínea b) no n.º 3 do art.º 35.º do CSC refere que deve a mesma respeitar o disposto no n.º 1 do art.º 96.º do CSC, o que corresponde ao disposto, atualmente, no n.º 2 do art.º 95.º do CSC. Esta disposição refere o seguinte: "*É permitido deliberar a redução do capital a um montante inferior ao mínimo estabelecido nesta lei para o respetivo tipo de sociedade se tal redução ficar expressamente condicionada à efetivação de aumento do capital para montante igual ou superior àquele mínimo, a realizar nos 60 dias seguintes àquela deliberação*".

Porém, como no caso aqui ilustrado se trata de uma sociedade por quotas, cujo montante do capital social é livremente fixado, bastará assegurar a existência de duas quotas com um valor mínimo de 1 euro cada.

A convocatória da assembleia deve mencionar a forma da redução do capital (art.º 94.º do CSC).

Pedido 2

As duas soluções possíveis para resolver a situação de perda de metade de capital, sem dissolver a sociedade, podem ser adotadas em separado ou de forma combinada. De seguida analisar-se-á cada uma delas, em separado, apresentando os respetivos lançamentos contabilísticos.

De salientar que, salvo disposição em contrário, a redução do capital ou a realização das entradas deve afetar cada um dos sócios na medida da sua participação no capital (n.º 1 do art.º 22.º do CSC).

Redução do capital social para montante não inferior ao capital próprio da sociedade

Sendo os prejuízos acumulados de 7.000 euros, o capital social pode ser reduzido nesse montante por forma a cobrir a totalidade dos prejuízos, ficando o novo capital social igual ao total do capital próprio, ou seja, 5.000 euros. Porém, para deixar de estar perdida metade do capital, bastará que a redução garanta um valor para o novo capital social inferior a 10.000 euros.

Tomando a redução para a cobertura da totalidade dos prejuízos, as quotas de cada um dos sócios são reduzidas do seguinte modo:

Sócios	Quotas		Redução	Novas quotas
	%	Euros		
António Silva	25%	3.000	1.750	1.250
Rosa Sousa	75%	9.000	5.250	3.750
		12.000	7.000	5.000

O lançamento contabilístico a efetuar é o seguinte (após transferência do Resultado Líquido do Período N para Resultados Transitados):

Pela redução do capital para cobertura de prejuízos

51	Capital subscrito		
511	Quota António Silva	1.750	
512	Quota Rosa Sousa	5.250	
56	Resultados transitados		7.000

A nova estrutura dos capitais próprios será a seguinte:

Capital Próprio	(valores em euros)
Capital Subscrito	5.000
Total	5.000

Realização pelos sócios de entradas para reforço da cobertura do capital

Os sócios podem realizar entradas para cobrir a totalidade dos prejuízos (7.000 euros) ou apenas pelo montante necessário para que deixe de estar perdida metade do capital. Para que deixe de estar perdida metade do capital social, o total do capital próprio tem que ser superior a 6.000 euros, pelo que bastará que a entrada dos sócios seja por um valor superior a 1.000 euros.

Admitindo que os sócios deliberaram realizar entradas para cobrir a totalidade dos prejuízos, cada um dos sócios efetua a seguinte entrada:

Sócios	Quotas		Entrada para cobertura de prejuízos
	%	Euros	
António Silva	25%	3.000	1.750
Rosa Sousa	75%	9.000	5.250
		12.000	7.000

Os lançamentos contabilísticos a efetuar são os seguintes (após transferência do Resultado Líquido do Período N para Resultados Transitados):

Pela deliberação relativa à cobertura de prejuízos

26	Acionistas/sócios		
268	Outras operações		
2681	Outras operações – Corrente		
26811	Sócio António Silva	1.750	
26812	Sócia Rosa Sousa	5.250	
56	Resultados Transitados		7.000

Pela realização das entradas

12	Depósitos à Ordem	7.000	
26	Acionistas/sócios		
268	Outras operações		
2681	Outras operações - Corrente		
26811	Sócio António Silva		1.750
26812	Sócia Rosa Sousa		5.250

A nova estrutura dos capitais próprios será a seguinte:

Capital Próprio	(valores em euros)
Capital Subscrito	12.000
Total	12.000

Caso Prático 3.2.15 – Reintegração do capital numa sociedade anónima (situação prevista no art.º 35.º do CSC)

Em Assembleia Geral convocada para o efeito, foi deliberado adotar as seguintes medidas tendentes a resolver a situação de perda de metade do capital social de uma sociedade anónima (art.º 35.º do CSC), abaixo ilustrada:

- Reduzir o capital social para cobertura de prejuízos, sem prejuízo do montante mínimo exigido pelo CSC;
- Realizar entradas para reforço da cobertura do capital, pelo montante mínimo necessário.

Capital Próprio	(valores em euros)
Capital Subscrito (60.000 ações com VN)	60.000
Resultados Transitados	(25.000)
Resultado Líquido do Período	(15.000)
Total	20.000

Pedidos:

1. Determine os montantes subjacentes à deliberação.
2. Apresente os respetivos lançamentos contabilísticos.

Proposta de resolução:

Pedido 1

A redução do capital sem prejuízo do montante mínimo de 50.000 euros, exigido pelo n.º 5 do art.º 276.º do CSC, implica a cobertura de apenas 10.000 euros de prejuízo. De salientar que seria possível deliberar a redução do capital para um montante inferior a 50.000 euros, desde que tal redução ficasse expressamente condicionada à realização de aumento de capital para o montante igual ou superior ao mínimo, a realizar nos 60 dias seguintes àquela deliberação (n.º 2 do art.º 95.º do CSC). No entanto, não foi esse o sentido da deliberação tomada.

Após este procedimento, a sociedade ainda se encontra em situação de perda de metade do capital. Para que tal deixe de acontecer, terão que ser realizadas entradas que tornem o total do capital próprio superior a 25.000 euros (metade de 50.000 euros), ou seja, entradas superiores a 5.000 euros.

Admitindo entradas de 5.500 euros, os prejuízos acumulados passam a ser de apenas 24.500 euros e o total do capital próprio de 25.500 euros, deixando a sociedade de estar enquadrada no art.º 35.º do CSC.

Os procedimentos descritos são sistematizados no quadro seguinte:

Capital Próprio	Situação inicial (após transferência de RLP para RT)	Após a redução de capital para cobertura de prejuízos	Após entradas para cobertura de prejuízos
Capital Subscrito	60.000	50.000	50.000
Resultados Transitados	(40.000)	(30.000)	(24.500)
Total	20.000	20.000	25.500

Daqui resultam os seguintes montantes subjacentes à deliberação:

- Redução do capital social para cobertura de prejuízos: 10.000 euros.
- Entradas a realizar para reforço da cobertura do capital: 5.500 euros.

Pedido 2

Pela redução do capital para cobertura de prejuízos

51	Capital subscrito		
511	Ações ordinárias	10.000	
56	Resultados Transitados		10.000

Pela deliberação de entradas em dinheiro para cobertura de prejuízos

26	Acionistas/sócios		
268	Outras operações		
2681	Outras operações - Corrente	5.500	
56	Resultados Transitados		5.500

Pela realização das entradas

12	Depósitos à Ordem	5.500	
26	Acionistas/sócios		
268	Outras operações		
2681	Outras operações - Corrente		5.500

Caso Prático 3.2.16 – Redução de capital para cobertura de prejuízos

Perante a situação dos capitais próprios abaixo descrita, e tendo em vista uma posterior abertura do capital a novos acionistas, o órgão de administração da sociedade DEPPOITE, S.A. pondera apresentar aos acionistas uma proposta de cobertura da totalidade dos prejuízos unicamente com recurso aos fundos existentes na sociedade e afetando, de igual modo, todas as participações.

Capital Próprio	(valores em euros)
Capital Subscrito[1] (500.000 ações com VN)	500.000
Reserva Legal (art.º 295.º CSC)	10.000
Resultados Transitados	(160.000)
Total	350.000

[1] Integralmente realizado

Pedidos:

1. Elabore uma proposta de cobertura de prejuízos que vá de encontro aos objetivos do órgão de administração.
2. Apresente os respetivos lançamentos contabilísticos.

Proposta de resolução:

Pedido 1

Os prejuízos acumulados totalizam 160.000 euros, o capital social 500.000 euros e o total do capital próprio 350.000 euros, pelo que a situação descrita não configura o caso previsto no art.º 35.º do CSC, de perda de metade do capital social.

Para cobrir os prejuízos acumulados com recurso, apenas, a fundos próprios pode utilizar-se a reserva legal (art.º 296.º do CSC) de 10.000 euros e reduzir o capital em 150.000 euros, ficando o novo capital social a ser de 350.000 euros. Este montante é superior ao capital mínimo exigido nas sociedades anónimas, não havendo necessidade de condicionar a redução a um posterior aumento de capital ou à alteração do tipo de sociedade (n.os 2 e 3 do art.º 95.º do CSC).

Sendo a redução de capital destinada à cobertura de prejuízos, não tem que ser observada a disposição do n.º 1 do art.º 95.º do CSC (a situação líquida da sociedade ficar a exceder o novo capital em, pelo menos, 20%).

Para que a redução do capital afete de modo igual todas as participações, a solução mais simples será a redução do valor nominal das ações de 1 euro para 0,7 euros (350.000 euros/500.000 ações).

A convocatória da assembleia para a redução do capital deve referir que a finalidade da redução é a cobertura de prejuízos, implicando a redução do valor nominal de todas as participações de 1 euro para 0,7 euros (art.º 94.º do CSC).

Assim, sucintamente, a proposta de cobertura da totalidade dos prejuízos deve mencionar:

- Prejuízos a cobrir: 160.000 euros;
- Fundos a utilizar para cobrir os prejuízos: 10.000 euros através da Reserva Legal; e os restantes 150.000 euros através da redução do capital.
- Redução do capital: de 500.000 euros para 350.000 euros, mantendo-se o número de ações e reduzindo o seu valor nominal de 1 euro para 0,7 euros.

Pedido 2

Pela cobertura de prejuízos com recurso a reservas e a redução do capital

51	Capital subscrito		
511	Ações ordinárias	150.000	
55	Reservas		
551	Reservas legais		
5511	Reserva legal (art.º 295.º CSC)	10.000	
56	Resultados transitados		160.000

Caso Prático 3.2.17 – Redução para libertar excesso de capital

A sociedade RODEX, S.A. foi constituída em 02/05/N, com um capital social de 1.000.000 euros, correspondente a 1.000.000 de ações de valor nominal 1 euro, divididas de igual modo por cinco acionistas.

Na constituição foi realizado 70% do valor nominal, tendo ficado estabelecido que o restante seria realizado a 02/05/N+5, em igualdade de condições para todos os acionistas.

A 31/12/N+4 os capitais próprios da sociedade eram os que a seguir se apresentam:

Capital Próprio	(valores em euros)
Capital Subscrito (1.000.000 ações com VN)	1.000.000
Reserva Legal (art.º 295.º CSC)	120.000
Resultado Líquido do Período	20.000
Total	1.140.000

Na Assembleia Geral anual, realizada em março de N+5, foi deliberado destinar a totalidade do resultado líquido do período ao reforço da reserva legal e proceder à redução do capital social, nos seguintes termos:

- Motivo: libertação de excesso de capital, por se considerar que o capital social se encontra sobredimensionado face à atividade desenvolvida e aos investimentos previstos.
- Montante: correspondente ao valor das entradas não realizadas.
- Forma da redução: reagrupamento das participações, de igual modo entre todos os acionistas, mantendo o valor nominal das ações.

Pedidos:

1. Determine o montante da redução do capital e o valor nominal das novas participações dos acionistas.
2. Apresente os lançamentos contabilísticos relativos à redução do capital.

Proposta de resolução:

Pedido 1

O capital é formado por 1.000.000 ações de valor nominal 1 euro, pertencendo a cada acionista 200.000 ações (1.000.000 ações/5 acionistas).

O montante não realizado do capital é de 300.000 euros (30% * 1.000.000), pelo que será este o montante da redução, passando o novo capital a ser de 700.000 euros.

Como é pretensão dos acionistas manter o valor nominal das ações, que é de 1 euro, após a redução o capital passará a ser formado por 700.000 ações, cabendo a cada acionista 140.000 ações (700.000 ações/5 acionistas).

Após a contabilização da aplicação do resultado do ano N e da redução do capital, os capitais próprios da sociedade serão os seguintes:

Capital Próprio	(valores em euros)
Capital Subscrito (700.000 ações com VN)	700.000
Reserva Legal (art.º 295.º CSC)	140.000
Total	840.000

Observância do disposto no CSC:

- A liberação parcial da obrigação de entrada é lícita por se enquadrar numa redução de capital, tal como previsto no n.º 1 do art.º 27.º do CSC.
- Após a redução do capital, o capital próprio fica a exceder em pelo menos 20% o capital social, como estipulado pelo n.º 1 do art.º 95.º do CSC.

De salientar que, neste momento, o montante da reserva legal corresponde a 20% do capital, não sendo necessário proceder ao seu reforço no futuro (n.º 1 do art.º 295.º do CSC).

Pedido 2

Pela redução do capital por extinção da obrigação de entrada

51	Capital subscrito		
511	Ações ordinárias	300.000	
26	Acionistas/sócios		
261	Acionistas com subscrição		
2611	Acionista A		60.000
2612	Acionista B		60.000
2613	Acionista C		60.000
2614	Acionista D		60.000
2615	Acionista E		60.000

Caso Prático 3.2.18 – Redução seguida de aumento do capital (operação "harmónio" ou "acordeão"). Conversão de ações com valor nominal em ações sem valor nominal

Uma sociedade anónima apresentava em 31/12/N a seguinte estrutura dos capitais próprios:

Capital Próprio	(valores em euros)
Capital Subscrito (100.000 ações com VN)	100.000
Prémios de Emissão	10.000
Reserva Legal (art.º 295.º CSC)	2.000
Resultados Transitados	(20.000)
Resultado Líquido do Período	(2.000)
Total	90.000

O Conselho de Administração considera imperativo que se abra o capital a um novo investidor, que já manifestou interesse na empresa. Este investidor pretende uma participação de 20% e pretende pagar 0,95 euros por ação. Neste contexto, na Assembleia Geral anual, realizada a 20/03/N+1, os administradores propuseram as seguintes atuações:

- Cobrir a totalidade dos prejuízos, procedendo-se à redução do capital pelo montante necessário;
- Converter as ações com valor nominal em ações sem valor nominal;
- Proceder ao aumento de capital através da emissão de novas ações, a serem subscritas integralmente pelo novo investidor.

Pedido:

Admitindo que a proposta do Conselho de Administração é integralmente aprovada, proceda aos lançamentos contabilísticos relativos às operações descritas.

Proposta de resolução:

Os prejuízos acumulados totalizam 22.000 euros. Para cobrir a totalidade dos prejuízos, recorre-se ao Prémio de Emissão (10.000 euros), à Reserva Legal (2.000 euros) e à redução do capital pelo restante (10.000 euros).

Pela transferência do resultado líquido do ano N para resultados transitados

	02/01/N+1		
56	Resultados transitados	2.000	
81	Resultado líquido do período		
818	Resultado líquido		2.000

Pela cobertura dos prejuízos

	20/03/N+1		
51	Capital subscrito		
511	Ações ordinárias	10.000	
54	Prémios de emissão	10.000	
55	Reservas		
551	Reservas legais		
5511	Reserva legal (art.º 295.º CSC)	2.000	
56	Resultados transitados		22.000

As ações da empresa têm um valor nominal de 1 euro/ação e um valor contabilístico de 0,9 euros/ação (90.000 euros/100.000 ações). Uma vez que o CSC não permite a emissão de ações abaixo do par, a pretensão do novo investidor só pode ser atendida reduzindo o valor nominal das ações na redução do capital ou, tal como sugerido pelos administradores, convertendo as ações com valor nominal, em ações sem valor nominal. Numa mesma sociedade não podem coexistir ações com e sem valor nominal (art.º 276.º do CSC).

Esta operação exige uma alteração ao contrato de sociedade, de acordo com o art.º 85.º do CSC.

Após a cobertura dos prejuízos e a transformação das ações em ações sem valor nominal, a estrutura dos capitais próprios é a seguinte:

Capital Próprio	(valores em euros)
Capital Subscrito (100.000 ações sem VN)	90.000
Total	90.000

Nas ações sem valor nominal, para cada emissão realizada a divisão entre o capital emitido e o número de ações emitidas constitui o **valor de emissão**, que substitui o valor nominal na relação entre o montante das entradas e o capital social. No caso em apreço, os atuais acionistas possuem 100.000 ações com um valor de emissão de 0,9 euros/ação.

A transformação das ações em ações sem valor nominal não implica, necessariamente, relevação contabilística. No entanto, poderá ser útil criar subcontas relativas a cada uma das emissões, uma vez que lhes poderão corresponder ações com diferentes valores de emissão.

O valor de emissão de 0,9 euros/ação constitui também o valor contabilístico das ações existentes, servindo como valor de referência para evitar a perda de riqueza dos atuais acionistas numa nova emissão. As ações a emitir, destinadas ao novo investidor, serão subscritas por 0,95 euros/ação, ou seja, acima daquele valor de referência. Caso a nova emissão ocorresse por um valor abaixo do valor de emissão das ações existentes, seria necessária a elaboração, pelo Conselho de Administração, de um relatório que desse a conhecer as consequências financeiras dessa emissão para os atuais acionistas (art.º 298.º do CSC).

Na presença de ações sem valor nominal, a medida dos direitos de cada acionista, por exemplo para efeitos de distribuição de lucros, deixa de se basear na relação entre o valor nominal da sua participação e o capital social e passa a ser feita com base no **valor percentual**, dado pela proporção entre o número de ações detidas e o número total de ações que integram o capital social.

Uma vez que o novo investidor pretende uma participação de 20%, o número de ações a emitir será X, tal que:

$$X = 20\% \ (100.000 \text{ ações} + X) \Leftrightarrow 0{,}8\,X = 20.000 \Leftrightarrow X = 25.000 \text{ ações}$$

Nas ações sem valor nominal também pode existir Prémio de Emissão, correspondendo este à diferença entre "a quantia que os acionistas tiverem desembolsado para as adquirir" e "o montante do capital correspondentemente emitido" (alínea a) do n.º 3 do art.º 295.º do CSC).

Com a entrada do novo investidor o capital a emitir será de 22.500 euros (25.000 ações * 0,90 euros) e o valor a desembolsar será de 23.750 euros (25.000 ações * 0,95 euros), existindo um Prémio de Emissão de 1.250 euros (23.750 euros – 22.500 euros ou 0,05 euros * 25.000 ações).

De seguida apresentam-se os lançamentos contabilísticos relativos à entrada do novo investidor.

Aumento do capital por entrada do novo acionista

26	Acionistas/sócios		
261	Acionistas com subscrição		
261X	Acionista X	23.750	
51	Capital subscrito		
511	Ações ordinárias		22.500
54	Prémios de emissão		1.250

Realização da entrada em dinheiro

12	Depósitos à Ordem	23.750	
26	Acionistas/sócios		
261	Acionistas com subscrição		
261X	Acionista X		23.750

Após a entrada do novo acionista, a estrutura dos capitais próprios é a seguinte:

Capital Próprio	(valores em euros)
Capital Subscrito (125.000 ações sem VN)	112.500
Prémios de Emissão	1.250
Total	113.750

Caso Prático 3.2.19 – Aquisição e alienação de quota própria

Considere a seguinte estrutura dos capitais próprios de uma sociedade por quotas:

Capital Próprio	(valores em euros)
Capital Subscrito	50.000
Reserva Legal (art.º 218.º/art.º 295.º CSC)	5.000
Reservas Livres	20.000
Resultados Transitados	10.000
Total	85.000

O capital, totalmente liberado, encontra-se dividido em 4 quotas de igual valor nominal, pertencentes a 4 sócios.

Em virtude de alguns desentendimentos, os sócios acordaram entre si a aquisição pela sociedade da quota de um dos sócios, que sairá da sociedade.

Pedidos:

1. Refira as condições a que deve obedecer o capital próprio da sociedade, para que a aquisição da quota possa ocorrer, indicando o preço máximo pelo qual a sociedade a pode adquirir.
2. Apresente os lançamentos contabilísticos relativos à aquisição da quota ao sócio pelo preço máximo determinado no Pedido 1 e apresente a estrutura dos capitais próprios da sociedade após a aquisição.
3. Apresente os lançamentos contabilísticos relativos a uma posterior alienação da quota a um novo sócio, admitindo os seguintes preços de venda:
   (i) 20.000 euros;
   (ii) 15.000 euros;
   (iii) 12.500 euros;
   (iv) 10.000 euros.
4. Apresente a estrutura dos capitais próprios da sociedade após a alienação, para cada uma das situações do Pedido 3 e determine o valor contabilístico das quotas após a alienação.

Proposta de resolução:

Pedido 1

A situação descrita refere-se à aquisição a título oneroso de quota própria. Sucintamente, as condições a que deve obedecer o capital próprio da sociedade para que a aquisição possa ocorrer de forma lícita, são as seguintes:

- A quota deve estar totalmente liberada (n.º 1 do art.º 220.º do CSC), o que acontece no caso em apreço.
- A sociedade deve dispor de reservas livres em montante não inferior ao dobro do contravalor a prestar (n.º 2 do art.º 220.º do CSC). Como se pode constatar a sociedade dispõe em Reservas Livres 20.000 euros e em Resultados Transitados 10.000 euros, pelo que as "reservas livres" totalizam 30.000 euros. Isto significa que o preço máximo pelo qual a sociedade pode adquirir a quota é de 15.000 euros. Trata-se de um valor superior ao valor nominal da quota, que é de 12.500 euros (50.000/4) mas inferior ao seu valor contabilístico de 21.250 euros (85.000/4).
- Enquanto a quota pertencer à sociedade deve tornar-se indisponível uma reserva de montante igual àquele por que a quota esteja contabilizada (art.º 324.º por remissão do n.º 4 do art.º 220.º do CSC). Considerando o preço de compra de 15.000 euros, será este o valor da reserva indisponível.

Pedido 2

Na contabilização da aquisição e da alienação (Pedido 3) da quota própria deve atender-se quer à NCRF 27 – Instrumentos Financeiros, quer à nota de enquadramento à conta "52 Ações (quotas) próprias" do quadro de contas do SNC.

A NCRF 27, no seu parágrafo 8, refere o seguinte:

> "Se uma entidade adquirir ou readquirir os seus próprios instrumentos de capital próprio, esses instrumentos ("quotas/ações próprias") devem ser reconhecidos como dedução ao capital próprio. A quantia a reconhecer deve ser o justo valor da retribuição paga pelos respetivos instrumentos de capital próprio. Uma entidade não deve reconhecer qualquer ganho ou perda na demonstração de resultados decorrente de qualquer compra, venda, emissão ou cancelamento de ações próprias."

Por sua vez, a nota de enquadramento à conta "52 Ações (quotas) próprias" explica detalhadamente os movimentos a efetuar na aquisição e na alienação de ações ou quotas próprias:

"A conta 521 - Valor nominal é debitada pelo valor nominal das ações ou quotas próprias adquiridas. Ainda na fase de aquisição, a conta 522 - Descontos e prémios é movimentada pela diferença entre o custo de aquisição e o valor nominal.

Quando se proceder à venda das ações ou quotas próprias, para além de se efetuar o respetivo crédito na conta 521, movimentar-se-á a conta 522 pela diferença entre o preço de venda e o valor nominal.

Simultaneamente, a conta 522 deverá ser regularizada por contrapartida da conta 599 - Outras variações no capital próprio - Outras, de forma a manter os descontos e prémios correspondentes às ações (quotas) próprias em carteira."

Pela aquisição da quota própria

52	Ações (quotas) próprias		
521	Valor nominal	12.500	
522	Descontos e prémios	2.500	
12	Depósitos à Ordem		15.000

Pela reclassificação das subcontas de capital

51	Capital subscrito		
514	Quota Sócio D	12.500	
51	Capital subscrito		
515	Quota Própria		12.500

Pela constituição da reserva indisponível do art.º 324.º do CSC

55	Reservas		
552	Outras reservas		
5521	Reservas livres	15.000	
55	Reservas		
551	Reservas legais		
5512	Reserva indisponível (art.º 324.º CSC)		15.000

Após a aquisição, a estrutura dos capitais próprios é a seguinte:

Capital Próprio	(valores em euros)
Capital Subscrito	50.000
Quota Própria Valor nominal Descontos e prémios	 (12.500) (2.500)
Reserva Legal (art.º 218.º/art.º 295.º CSC)	5.000
Reserva indisponível (art.º 324.º CSC)	15.000
Reservas Livres	5.000
Resultados Transitados	10.000
Total	70.000

De salientar que o capital social continua a ser formado por 4 quotas: 1 quota pertencente à sociedade e 3 quotas pertencentes aos sócios que permaneceram na sociedade. O valor contabilístico da participação de cada um dos 3 sócios aumentou de 21.250 euros para 23.333,3(3) (70.000/3) pelo facto do preço que a sociedade pagou pela quota ter sido inferior ao seu valor contabilístico.

Pedido 3

(i) 20.000 euros corresponde a um preço de venda superior ao custo de aquisição que foi de 15.000 euros, ou seja, a sociedade tem um ganho de 5.000 euros.

Pela alienação da quota própria

12	Depósitos à Ordem	20.000	
52	Ações (quotas) próprias		
521	Valor nominal		12.500
522	Descontos e prémios		7.500

Pelo reconhecimento do ganho na alienação da quota própria

52	Ações (quotas) próprias		
522	Descontos e prémios	5.000	
59	Outras variações no capital próprio		
599	Outras		5.000

Pela reclassificação das subcontas de capital

51	Capital subscrito		
515	Quota própria	12.500	
51	Capital subscrito		
516	Quota Sócio E		12.500

Pela anulação da reserva indisponível do art.º 324.º do CSC

55	Reservas		
551	Reservas legais		
5512	Reserva indisponível (art.º 324.º CSC)	15.000	
55	Reservas		
552	Outras reservas		
5521	Reservas livres		15.000

(ii) 15.000 euros corresponde a um preço de venda igual ao custo de aquisição.

Pela alienação da quota própria

12	Depósitos à Ordem	15.000	
52	Ações (quotas) próprias		
521	Valor nominal		12.500
522	Descontos e prémios		2.500

Pela reclassificação das subcontas de capital

51	Capital subscrito		
515	Quota própria	12.500	
51	Capital subscrito		
516	Quota Sócio E		12.500

Pela anulação da reserva indisponível do art.º 324.º do CSC

55	Reservas		
551	Reservas legais		
5512	Reserva indisponível (art.º 324.º CSC)	15.000	
55	Reservas		
552	Outras reservas		
5521	Reservas livres		15.000

(iii) 12.500 euros corresponde ao valor nominal e a um preço de venda inferior ao custo de aquisição, ou seja, a sociedade tem uma perda de 2.500 euros.

Pela alienação da quota própria

12	Depósitos à Ordem	12.500	
52	Ações (quotas) próprias		
521	Valor nominal		12.500

Pelo reconhecimento da perda na alienação da quota própria

59	Outras variações no capital próprio		
599	Outras	2.500	
52	Ações (quotas) próprias		
522	Descontos e prémios		2.500

Pela reclassificação das subcontas de capital

51	Capital subscrito		
515	Quota própria	12.500	
51	Capital subscrito		
516	Quota Sócio E		12.500

Pela anulação da reserva indisponível do art.º 324.º do CSC

55	Reservas		
551	Reservas legais		
5512	Reserva indisponível (art.º 324.º CSC)	15.000	
55	Reservas		
552	Outras reservas		
5521	Reservas livres		15.000

(iv) 10.000 euros corresponde a um valor inferior ao valor nominal e a um preço de venda inferior ao custo de aquisição, ou seja, a sociedade tem uma perda de 5.000 euros.

Pela alienação da quota própria

12	Depósitos à Ordem	10.000	
52	Ações (quotas) próprias		
522	Descontos e prémios	2.500	
52	Ações (quotas) próprias		
521	Valor nominal		12.500

Pelo reconhecimento da perda na alienação da quota própria

59	Outras variações no capital próprio		
599	Outras	5.000	
52	Ações (quotas) próprias		
522	Descontos e prémios		5.000

Pela reclassificação das subcontas de capital

51	Capital subscrito		
515	Quota própria	12.500	
51	Capital subscrito		
516	Quota Sócio E		12.500

Pela anulação da reserva indisponível do art.º 324.º do CSC

55	Reservas		
551	Reservas legais		
5512	Reserva indisponível (art.º 324.º CSC)	15.000	
55	Reservas		
552	Outras reservas		
5521	Reservas livres		15.000

Pedido 4

Relembrando que o custo de aquisição foi de 15.000 euros, a situação dos capitais próprios após a alienação, para cada um dos preços de venda, é a seguinte:

Capital Próprio	(i) **20.000**	(ii) **15.000**	(iii) **12.500**	(iv) **10.000**
Capital Subscrito	50.000	50.000	50.000	50.000
Reserva Legal (art.º 218.º/art.º 295.º CSC)	5.000	5.000	5.000	5.000
Reservas Livres	20.000	20.000	20.000	20.000
Resultados Transitados	10.000	10.000	10.000	10.000
Outras Variações no Capital Próprio	5.000	0	(2.500)	(5.000)
Total	90.000	85.000	82.500	80.000
Valor contabilístico de cada quota após a alienação	22.500	21.250	20.625	20.000

Caso Prático 3.2.20 - Quota própria obtida a título gratuito

O herdeiro de um sócio falecido recebeu, em herança, uma quota de valor nominal 1.000 euros, numa sociedade cujo capital social é de 20.000 euros. Dada a situação financeira da sociedade, cujo total do capital próprio é de 15.000 euros, o sócio decidiu entregar a sua quota à sociedade, sem qualquer contrapartida.

Pedido:

Apresente os lançamentos contabilísticos relativos à operação descrita, considerando que o justo valor da quota corresponde ao seu valor contabilístico.

Proposta de resolução:

A operação descrita traduz uma "aquisição" a título gratuito de uma quota própria. Não existindo um contravalor a prestar, não se aplicam as exigências previstas no art.º 220.º do CSC relativas à necessidade da sociedade dispor de determinado montante de reservas livres e de indisponibilizar uma reserva nos termos do art.º 324.º do CSC.

O justo valor da quota corresponde ao seu valor contabilístico, ou seja, 750 euros (1.000/20.000 * 15.000).

Pela "aquisição" da quota a título gratuito

52	Ações (quotas) próprias		
521	Valor nominal	1.000	
522	Descontos e prémios		250
59	Outras variações no capital próprio		
594	Doações		750

Pela reclassificação das subcontas de capital

51	Capital subscrito		
51X	Quota Sócio X	1.000	
51	Capital subscrito		
51Y	Quota própria		1.000

Caso Prático 3.2.21 – Perda de quota a favor da sociedade e sua posterior alienação

A sociedade por quotas ABC, Lda. foi constituída por 3 sócias (a Ana Alves, a Bruna Bela e a Célia Cunha) detendo cada uma delas uma quota de 10.000 euros. No momento da constituição todas as sócias realizaram 60% do valor nominal das quotas, ficando estabelecido que o restante seria pago 2 anos depois. Decorridos todos os prazos legais e efetuadas todas as diligências, a sócia Célia Cunha não efetuou o pagamento do valor em dívida.

Considere os seguintes cenários:

1. A sócia mantém-se na sociedade, com perda da parte da quota não liberada, que é adquirida pelas restantes sócias, em partes iguais, pelo seu valor nominal.
2. A sócia é excluída com perda a favor da sociedade da totalidade da quota.
3. A sócia é excluída com perda a favor da sociedade da parte da quota não liberada, pelo que lhe será reembolsada a parte liberada. Posteriormente, esta quota foi vendida a um terceiro, por 12.000 euros.

Pedido:

Apresente os lançamentos contabilísticos relativos a cada um dos cenários.

Proposta de resolução:

Cenário 1

Este cenário enquadra-se nos art.os 204.º a 208.º do CSC, não envolvendo nenhuma operação com quotas próprias.

A parte da quota não liberada representa um valor nominal de 4.000 euros, que dará origem a duas quotas de 2.000 euros, que ficarão a pertencer às sócias Ana Alves e Bruna Bela, mediante o pagamento, por estas, do seu valor nominal.

Em termos contabilísticos haverá lugar à reclassificação da dívida e das subcontas de capital.

Pela reclassificação da dívida

26	Acionistas/sócios		
262	Quotas não liberadas		
2621	Sócia Ana Alves	2.000	
2622	Sócia Bruna Bela	2.000	
26	Acionistas/sócios		
262	Quotas não liberadas		
2623	Sócia Célia Cunha		4.000

Pela reclassificação das subcontas de capital

51	Capital subscrito		
513	Quota Célia Cunha	4.000	
51	Capital subscrito		
514	Quota2 Ana Alves		2.000
515	Quota2 Bruna Bela		2.000

Pelo recebimento dos montantes em dívida

12	Depósitos à Ordem	4.000	
26	Acionistas/sócios		
262	Quotas não liberadas		
2621	Sócia Ana Alves		2.000
2622	Sócia Bruna Bela		2.000

Cenário 2

Este cenário enquadra-se no art.º 204.º do CSC mas, ficando a quota da sócia remissa a pertencer à sociedade, haverá que atender ao previsto no art.º 220.º do CSC quanto à aquisição de quotas próprias, nomeadamente:

- A sociedade pode "adquirir" a quota não integralmente liberada, porque se trata de perda a favor da sociedade.
- Tratando-se de uma situação de aquisição a título gratuito ou de ação movida contra o sócio, não será necessária a existência de reservas livres em montante não inferior ao dobro do contravalor a prestar.

Pela perda do valor total da quota a favor da sociedade

52	Ações (quotas) próprias		
521	Valor nominal	10.000	
26	Acionistas/sócios		
262	Quotas não liberadas		
2623	Sócia Célia Cunha		4.000
59	Outras variações no capital próprio		
599	Outras		6.000

Pela reclassificação das subcontas de capital

51	Capital subscrito		
513	Quota Sócia Célia Cunha	10.000	
51	Capital subscrito		
514	Quota própria		10.000

Cenário 3

Este cenário enquadra-se nos art.[os] 204.º a 208.º do CSC, ficando ainda sujeito ao art.º 220.º do CSC, nos termos descritos no Cenário 2.

Pela perda de parte do valor da quota a favor da sociedade

52	Ações (quotas) próprias		
521	Valor nominal	10.000	
26	Acionistas/sócios		
262	Quotas não liberadas		
2623	Sócia Célia Cunha		4.000
268	Outras operações		
2681	Outras operações - Corrente		
26813	Sócia Célia Cunha		6.000

Pela devolução do valor devido à sócia excluída

26	Acionistas/sócios		
268	Outras operações		
2681	Outras operações - Corrente		
26813	Sócia Célia Cunha	6.000	
12	Depósitos à Ordem		6.000

Pela reclassificação das subcontas de capital

51	Capital subscrito		
513	Quota Sócia Célia Cunha	10.000	
51	Capital subscrito		
514	Quota própria		10.000

Pela alienação da quota própria

12	Depósitos à Ordem	12.000	
52	Ações (quotas) próprias		
521	Valor nominal		10.000
522	Descontos e prémios		2.000

Pelo ganho na alienação da quota própria

52	Ações (quotas) próprias		
522	Descontos e prémios	2.000	
59	Outras variações no capital próprio		
599	Outras		2.000

Pela reclassificação das subcontas de capital

51	Capital subscrito		
514	Quota própria	10.000	
51	Capital subscrito		
515	Quota Novo Sócio		10.000

Resumidamente, ter-se-á a seguinte situação para as rubricas de capital próprio, em cada um dos cenários (valores em euros):

	Cenário 1	**Cenário 2**	**Cenário 3 após "aquisição"**	**Cenário 3 após alienação**
Quota1 Ana Alves	10.000	10.000	10.000	10.000
Quota2 Ana Alves	2.000			
Quota1 Bruna Bela	10.000	10.000	10.000	10.000
Quota2 Bruna Bela	2.000			
Quota Célia Cunha	6.000	—	—	—
Quota novo sócio	—	—	—	10.000
Quota própria	—	10.000	10.000	—
Capital subscrito	**30.000**	**30.000**	**30.000**	**30.000**
Quota própria	**—**	**(10.000)**	**(10.000)**	**—**
Outras variações no CP	**—**	**6.000**	**—**	**2.000**

Caso Prático 3.2.22 – Distribuição de lucros e reservas na presença de quota própria

A sociedade NELFIN, LDA. foi constituída em N-6, com um capital social de 50.000 euros, assim dividido por três sócias: a Albertina, detentora de uma quota de 10.000 euros; a Bertina detentora de uma quota de 15.000 euros; e a Josefina detentora de uma quota de 25.000 euros. Em N-1, devido a alguns desentendimentos, a sociedade adquiriu a quota à sócia Albertina, por 12.000 euros.

Considere a seguinte estrutura dos capitais próprios da sociedade, a 31/12/N:

Capital Próprio	(valores em euros)
Capital Subscrito (integralmente realizado)	50.000
Quota Própria Valor nominal Descontos e prémios	 (10.000) (2.000)
Reserva Legal (art.º 218.º/art.º 295.º CSC)	5.000
Reserva Indisponível (art.º 324.º CSC)	12.000
Reservas Livres	20.000
Resultado Líquido do Período	15.000
Total	90.000

Na Assembleia Geral anual, realizada em março de N+1, foi deliberado distribuir a totalidade do lucro e reservas distribuíveis.

Pedido:

Determine o montante de lucros e reservas que caberá a cada uma das sócias.

Proposta de resolução:

Uma vez que a Reserva Legal ainda não atingiu o mínimo correspondente a 20% do capital social (art.º 295.º do CSC, por remissão do art.º 218.º do CSC), haverá que reforçar a mesma em 750 euros (5% * 15.000 euros), ficando os capitais próprios com a seguinte estrutura:

Capital Próprio	(valores em euros)
Capital Subscrito (integralmente realizado)	50.000
Quota Própria Valor nominal Descontos e prémios	 (10.000) (2.000)
Reserva Legal (art.º 218.º/art.º 295.º CSC)	5.750
Reserva Indisponível (art.º 324.º CSC)	12.000
Reservas Livres	20.000
Resultados Transitados	14.250
Total	90.000

O restante lucro distribuível é de 14.250 euros (15.000 – 750). Caso se distribua todo este valor, o total do capital próprio passará a ser de 75.750 euros. Uma vez que a soma do capital social e das reservas que a lei ou o contrato não permitam distribuir é de 55.750 euros, a distribuição da totalidade do lucro distribuível não coloca em causa a condição imposta pelo art.º 32.º do CSC:

Total do Capital Próprio ≥ Capital Social + Reservas que a lei ou o contrato não permitam distribuir

No que respeita às reservas, apenas são distribuíveis as Reservas Livres. Caso sejam totalmente distribuídas, o total do capital próprio passará a ser de 55.750 euros, continuando aquela condição a estar cumprida.

Portanto, são distribuíveis lucros e reservas, num total de 34.250 euros (14.250 + 20.000).

Quanto à forma como estes lucros e reservas serão distribuídos pelas sócias, há que considerar que a quota própria não tem direito aos lucros (alínea a) do n.º 1 do art.º 324.º do CSC, por remissão do art.º 220.º do CSC), pelo que este montante apenas caberá às sócias Bertina e Josefina, de acordo com as percentagens seguintes:

Sócia	Quota (euros)	%	Montante a receber (euros)
Bertina	15.000	37,5%	12.843,75
Josefina	25.000	62,5%	21.406,25
	40.000	100%	34.250

Caso Prático 3.2.23 – Aquisição e alienação de ações próprias

A 31/12/N os capitais próprios de uma sociedade anónima eram os que a seguir se apresentam:

Capital Próprio	(valores em euros)
Capital Subscrito[1] (100.000 ações com VN)	100.000
Prémios de Emissão	10.000
Reserva Legal (art.º 295.º CSC)	10.500
Reservas Livres	5.500
Resultados Transitados	(5.000)
Excedentes de Revalorização[2]	14.000
Resultado Líquido do Período	15.000
Total	150.000

[1] Integralmente realizado.
[2] Correspondem à parte não realizada dos excedentes gerados na aplicação do modelo de revalorização a ativos fixos tangíveis.

Na Assembleia Geral anual, realizada em março de N+1, foi votada favoravelmente a aquisição da participação a um acionista, correspondente a 5% do capital social, por 1,5 euros/ação, na sequência da sua saída da sociedade.

Pedidos:

1. Descreva as condições a que devem obedecer os capitais próprios da sociedade para que a aquisição possa ocorrer.
2. Apresente os lançamentos contabilísticos relativos à aquisição das ações e apresente a estrutura dos capitais próprios após a aquisição.
3. Apresente os lançamentos contabilísticos relativos à alienação, dois meses depois, de 2.000 daquelas ações, a 2 euros/ação.

Proposta de resolução:

Pedido 1

A situação descrita refere-se à aquisição a título oneroso de ações próprias. A participação do acionista representa 5% do capital social, ou seja, consiste em 5.000 ações de valor nominal 1 euro. Sendo o preço de compra de 1,5 euros/ação, a totalidade do custo de aquisição é de 7.500 euros.

A proposta de aplicação do resultado líquido do ano N deve contemplar a cobertura do prejuízo transitado (5.000 euros) e o reforço mínimo da Reserva Legal (5% * (15.000 – 5.000) = 500 euros), donde resulta, após estes movimentos, um saldo da conta Resultados Transitados de 9.500 euros.

Sucintamente, as condições a que deve obedecer o capital próprio da sociedade para que a aquisição possa ocorrer de forma lícita, são as seguintes:

- As ações devem estar totalmente liberadas (n.º 1 do art.º 318.º do CSC), o que acontece no caso em apreço.
- As ações próprias a adquirir não representam mais de 10% do capital (n.º 2 do art.º 317.º do CSC).
- Como contrapartida da aquisição de ações próprias a sociedade só pode entregar bens que, nos termos dos art.os 32.º e 33.º do CSC, possam ser distribuídos aos sócios, devendo o valor dos bens distribuíveis ser, pelo menos, igual ao dobro do valor a pagar por elas (n.º 4 do art.º 317.º do CSC). O dobro a pagar pelas ações próprias a adquirir é de 15.000 euros. Considerando que existem Reservas Livres de 5.500 e que, após a cobertura dos prejuízos transitados e o reforço da Reserva Legal, os Resultados Transitados são de 9.500 euros, caso não haja distribuição de quaisquer dividendos, a sociedade dispõe daquele montante, cujo pagamento poderia ocorrer sem que o capital próprio ficasse inferior à soma do Capital Subscrito e da Reserva Legal. Portanto, é necessário que os acionistas deliberem, pela maioria exigida no n.º 1 do art.º 294.º do CSC, a não distribuição de quaisquer dividendos relativos ao resultado do ano N, para que a aquisição das ações próprias possa ocorrer.
- Enquanto as ações pertencerem à sociedade deve tornar-se indisponível uma reserva de montante igual àquele por que estejam contabilizadas (n.º 1 do art.º 324.º do CSC). Considerando o preço de compra de 7.500 euros, será este o montante da reserva indisponível a constituir.

Pedido 2

Na contabilização da aquisição e alienação (Pedido 3) de ações próprias deve seguir-se o preceituado na NCRF 27 – Instrumentos Financeiros e na nota de enquadramento à conta "52 Ações (quotas) próprias" do quadro de contas do SNC, às quais se fez referência anteriormente.

Pela aquisição das ações próprias

52	Ações (quotas) próprias		
521	Valor nominal	5.000	
522	Descontos e prémios	2.500	
12	Depósitos à Ordem		7.500

Pela reclassificação das subcontas de capital

51	Capital subscrito		
511	Ações ordinárias (em circulação)	5.000	
51	Capital subscrito		
512	Ações próprias		5.000

Pela constituição da reserva indisponível do art.º 324.º do CSC

55	Reservas		
552	Outras reservas		
5521	Reservas livres	5.500	
56	Resultados transitados	2.000	
55	Reservas		
551	Reservas legais		
5512	Reserva indisponível (art.º 324.º CSC)		7.500

Após a aquisição, a estrutura dos capitais próprios é a seguinte:

Capital Próprio	(valores em euros)
Capital Subscrito (100.000 ações com VN)	100.000
Ações Próprias Valor nominal Descontos e prémios	 (5.000) (2.500)
Prémios de Emissão	10.000
Reserva Legal (art.º 295.º CSC)	11.000
Reserva Indisponível (art.º 324.º CSC)	7.500
Resultados Transitados	7.500
Excedentes de Revalorização	14.000
Total	142.500

Pedido 3

A venda de 2.000 ações por 4.000 euros (2.000 ações * 2 euros), cujo custo de aquisição foi de 3.000 euros (2.000 ações * 1,5 euros), origina um ganho de 1.000 euros para a sociedade.

Pela alienação das ações próprias

12	Depósitos à Ordem	4.000	
52	Ações (quotas) próprias		
521	Valor nominal		2.000
522	Descontos e prémios		2.000

Pela reclassificação das subcontas de capital

51	Capital subscrito		
512	Ações próprias	2.000	
51	Capital subscrito		
511	Ações ordinárias (em circulação)		2.000

Pelo reconhecimento do ganho na alienação das ações próprias

52	Ações (quotas) próprias		
522	Descontos e prémios	1.000	
59	Outras variações no capital próprio		
599	Outras		1.000

Pela redução da reserva indisponível do art.º 324.º do CSC

55	Reservas		
551	Reservas legais		
5512	Reserva indisponível (art.º 324.º CSC)	3.000	
55	Reservas		
552	Outras reservas		
5521	Reservas livres		3.000

Após estes lançamentos a subconta "521 Valor nominal" evidencia um saldo devedor de 3.000 euros e a subconta "522 Descontos e Prémios" um saldo devedor de 1.500 euros, totalizando 4.500 euros, o que corresponde ao custo de aquisição das 3.000 ações próprias em carteira. Concomitantemente, os movimentos ocorridos na reserva indisponível originam um saldo na mesma de 4.500 euros, ou seja, do custo de aquisição das ações próprias em carteira. Os movimentos nas referidas subcontas são a seguir ilustrados:

521 Ações (quotas) próprias – Valor nominal

Aquisição (VN de 5.000 ações):	5.000	Alienação (VN de 2.000 ações):	2.000
		Saldo devedor:	**3.000**

522 Ações (quotas) próprias – Descontos e prémios

Prémio na aquisição:	2.500	Prémio na alienação:	2.000
Ganho na alienação:	1.000	**Saldo devedor:**	**1.500**

5512 Reserva indisponível

Redução:	3.000	Constituição:	7.500
Saldo credor:	**4.500**		

Caso Prático 3.2.24 – O efeito do aumento de capital por incorporação de reservas nas ações próprias

Uma sociedade anónima elaborou um balanço especial, com referência a 30/09/N, para suportar o aumento de capital por incorporação de reservas, do qual constavam os seguintes capitais próprios:

Capital Próprio	(valores em euros)
Capital Subscrito[1] (150.000 ações com VN)	150.000
Ações Próprias Valor nominal Descontos e prémios	 (15.000) (16.500)
Reserva Legal (art.º 295.º CSC)	28.000
Reserva Indisponível (art.º 324.º CSC)	31.500
Reservas Livres	40.000
Resultados Transitados	25.000
Total	243.000

[1] Integralmente realizado

O aumento de capital a efetuar é de 50.000 euros, mediante a criação de 50.000 novas ações, sendo para tal incorporado o total das Reservas Livres (40.000 euros) e 10.000 euros de Resultados Transitados.

Pedido:

Apresente os lançamentos contabilísticos relativos ao aumento de capital por incorporação de reservas.

Proposta de resolução:

Pelo aumento do capital por incorporação de reservas

55	Reservas		
552	Outras reservas		
5521	Reservas livres	40.000	
56	Resultados transitados	10.000	
51	Capital subscrito		
511	Ações ordinárias		50.000

As ações próprias têm todos os seus direitos suspensos, nomeadamente, o direito de voto e o direito aos lucros, com exceção do direito do seu titular receber novas ações no caso de aumento de capital por incorporação de reservas (n.º 1 do art.º 324.º do CSC). Este direito está também previsto no n.º 3 do art.º 92.º do CSC onde é dito que as quotas ou ações próprias da sociedade participam nesta modalidade de aumento de capital, salvo deliberação dos sócios em contrário.

Considerando que não existe deliberação em contrário, as ações próprias participam no aumento de capital por incorporação de reservas na proporção do seu valor nominal, tal como acontece com os restantes acionistas (n.º 1 do art.º 92.º do CSC).

Representando as ações próprias 10% do capital social (15.000/150.000 ações), as mesmas terão direito a 5.000 novas ações (10% * 50.000 ações).

Relativamente à contabilização do efeito nas ações próprias do aumento de capital por incorporação de reservas, existem três posições, que a seguir se apresentam. Não se efetuam os lançamentos de reclassificação das subcontas de "51 Capital Subscrito".

Solução proposta por Costa (1995)[5]:

Consiste em debitar a conta de ações próprias pelo valor nominal, creditando uma subconta, a ser criada para este efeito, denominada de "Reavaliação de Ações Próprias". À época esta subconta seria criada dentro da conta "Reservas de Reavaliação" a qual corresponde no atual quadro de contas do SNC à conta "58 Excedentes de Revalorização de Ativos Fixos Tangíveis e Intangíveis". Uma vez que o título desta conta remete especificamente para revalorizações de ativos fixos tangíveis e intangíveis, sugere-se aqui a criação daquela subconta na conta "59 Outras Variações no Capital Próprio". A par deste registo, haverá que reforçar a reserva indisponível pelo mesmo montante.

Segundo Ferreira, Carmo e Alves (2004)[6] esta solução parece ter subjacente, por um lado, que o acréscimo das ações próprias, resultante do aumento de capital por incorporação de reservas, ainda não se encontra realizado. Por outro lado, que o recebimento das ações não é a título gratuito, levando ao aumento do seu custo de aquisição refletido na conta de "Ações (quotas) próprias" e, consequentemente, ao reforço da reserva indisponível.

---

[5] Costa, Carlos B. da; 1995; Auditoria Financeira – Teoria e Prática; 5.ª edição; Rei dos Livros; Lisboa; Portugal.

[6] Ferreira, Augusta da C. S.; Carmo, Cecília M. R. do, Alves; Sandra M. G.; 2004; "Acções próprias: Algumas considerações sobre os aspectos jurídicos e contabilísticos"; Revista de Contabilidade e Comércio; n.º 236; vol. LIX; pp. 623-649.

Pelo efeito do aumento do capital por incorporação de reservas nas ações próprias em carteira – Solução adaptada da proposta por Costa (1995)

52	Ações (quotas) próprias		
521	Valor nominal	5.000	
59	Outras variações no capital próprio		
599	Outras		
5991	"Revalorização" de ações próprias		5.000

Pelo reforço da reserva indisponível do art.º 324.º do CSC

56	Resultados Transitados	5.000	
55	Reservas		
551	Reservas Legais		
5512	Reserva indisponível (art.º 324.º CSC)		5.000

Solução proposta por Cravo e Graça (1997)[7]:

Estes autores consideram que o acréscimo das ações próprias, resultante do aumento de capital por incorporação de reservas, é obtido a título gratuito. Consequentemente, os registos a efetuar deverão garantir a manutenção do custo de aquisição das ações próprias. Para tal, propõem que o valor nominal das novas ações seja debitado na subconta "Valor Nominal", por crédito da subconta "Descontos e Prémios", não sendo necessário qualquer ajustamento na reserva indisponível.

Pelo efeito do aumento do capital por incorporação de reservas nas ações próprias em carteira – Solução proposta por Cravo e Graça (1997)

52	Ações (quotas) próprias		
521	Valor nominal	5.000	
52	Ações (quotas) próprias		
522	Descontos e prémios		5.000

Solução proposta por Machado (1997)[8]:

Trata-se de uma solução próxima da solução de Costa (1995), mas o aumento das ações próprias não é considerado um "Excedente de Revalorização", devendo

[7] Cravo, Domingos J. da S.; Graça, Fernando, M. F. V.; 1997, "Acções Próprias – A Contabilização do Aumento de Capital por Incorporação de Reservas"; Revista de Contabilidade e Finanças; n.º 5; janeiro-março; pp. 14-17.

[8] Machado, José R. B., 1997, "Acções próprias – Aumento de Capital por Recurso a Reservas – Uma Intromissão Impertinente", Revista de Contabilidade e Finanças, n.º 6, abril-junho, pp. 16-17.

ser creditado em "Reservas Livres". Esta solução não considera que o aumento das ações próprias seja gratuito, pelo que se deve proceder ao reforço da reserva indisponível.

Pelo efeito do aumento do capital por incorporação de reservas nas ações próprias em carteira – Solução proposta por Machado (1997)

52	Ações (quotas) próprias		
521	Valor nominal	5.000	
55	Reservas		
552	Outras Reservas		
5521	Reservas Livres		5.000

Pelo reforço da reserva indisponível do art.º 324.º do CSC

55	Reservas		
552	Outras Reservas		
5521	Reservas Livres	5.000	
55	Reservas		
551	Reservas Legais		
5512	Reserva indisponível (art.º 324.º CSC)		5.000

A estrutura dos capitais próprios após o aumento de capital por incorporação de reservas, de acordo com cada uma das soluções apresentadas é a seguinte (valores em euros):

Capital Próprio	Costa (1995) (adaptado)	Cravo e Graça (1997)	Machado (1997)
Capital Subscrito (200.000 ações de VN=1 euro)	200.000	200.000	200.000
Ações Próprias (20.000 ações)	(36.500)	(31.500)	(36.500)
Reserva Legal (art.º 295.º CSC)	28.000	28.000	28.000
Reserva Indisponível (art.º 324.º CSC)	36.500	31.500	36.500
Resultados Transitados	10.000	15.000	15.000
Outras Variações no Capital Próprio – "Revalorização" de ações próprias	5.000	—	—
Total	243.000	243.000	243.000

Caso Prático 3.2.25 – O efeito da redução de capital para cobertura de prejuízos nas ações próprias

Perante a situação dos capitais próprios abaixo descrita, foi aprovada em Assembleia Geral uma proposta de cobertura da totalidade dos prejuízos, utilizando-se para tal as reservas disponíveis para o efeito e procedendo-se à redução do capital, pelo montante necessário. A redução do capital deverá ser efetuada através de reagrupamento de participações, mantendo-se o valor nominal das ações.

Capital Próprio	(valores em euros)
Capital Subscrito[1] (100.000 ações de VN=1 euro)	100.000
Ações Próprias Valor nominal Descontos e prémios	 (10.000) (2.000)
Prémios de Emissão	2.000
Reserva Legal (art.º 295.º CSC)	28.000
Reserva Indisponível (art.º 324.º CSC)	12.000
Resultados Transitados	(50.000)
Total	80.000

[1] Integralmente realizado

Pedido:

Apresente os lançamentos contabilísticos relativos à deliberação tomada para a cobertura dos prejuízos.

Proposta de resolução:

Os prejuízos a cobrir totalizam 50.000 euros, podendo ser utilizados para a sua cobertura a Reserva Legal e os Prémios de Emissão, o que totaliza 30.000 euros. Deste modo, será necessário proceder à redução do capital em 20.000 euros.

Pela cobertura de prejuízos através de reservas disponíveis para o efeito

54	Prémios de emissão	2.000	
55	Reservas		
551	Reservas legais		
5511	Reserva legal (art.º 295.º CSC)	28.000	
56	Resultados transitados		30.000

Pela redução do capital para cobertura de prejuízos

51	Capital subscrito		
511	Ações ordinárias	20.000	
56	Resultados Transitados		20.000

O CSC não regula o modo de participação das ações próprias na redução de capital para cobertura de prejuízos, contrariamente ao que acontece para a sua participação nos aumentos de capital por incorporação de reservas.

Mas, como referem Ferreira, Carmo e Alves (2004), por analogia, assim como as ações próprias têm direito a participar nos aumentos de capital por incorporação de reservas, também deverão ter a obrigação de participar proporcionalmente na redução do capital para cobertura de prejuízos.

As ações próprias correspondem a 10% do capital social (10.000 ações/100.000 ações). A redução de capital de 20.000 euros, corresponderá a 20.000 ações, pelo que as ações próprias deverão sofrer um ajustamento proporcional, ou seja, de 2.000 ações (10% * 20.000 ações).

Dentro da filosofia das soluções existentes para a contabilização do efeito nas ações próprias do aumento de capital por incorporação de reservas, poder-se-á adotar uma das seguintes abordagens quanto ao efeito nas ações próprias da redução do capital para cobertura de prejuízos. Não se efetuam os lançamentos de reclassificação das subcontas de "51 Capital Subscrito".

Solução 1 – Baseada em Costa (1995):

Pelo efeito da redução de capital para cobertura de prejuízos nas ações próprias em carteira

59	Outras variações no capital próprio		
599	Outras		
5991	"Revalorização" de ações próprias	2.000	
52	Ações (quotas) próprias		
521	Valor nominal		2.000

Pela redução da reserva indisponível do art.º 324.º do CSC

55	Reservas		
551	Reservas legais		
5512	Reserva indisponível (art.º 324.º CSC)	2.000	
55	Reservas		
552	Outras reservas		
5521	Reservas livres		2.000

Solução 2 – Baseada em Cravo e Graça (1997):

Pelo efeito da redução de capital para cobertura de prejuízos nas ações próprias em carteira

52	Ações (quotas) próprias		
522	Descontos e prémios	2.000	
52	Ações (quotas) próprias		
521	Valor nominal		2.000

Solução 3 – Baseada em Machado (1997):

Pelo efeito da redução de capital para cobertura de prejuízos nas ações próprias em carteira

55	Reservas		
552	Outras Reservas		
5521	Reservas Livres[a]	2.000	
52	Ações (quotas) próprias		
521	Valor nominal		2.000

[a] De salientar que esta conta não tem saldo neste momento, o que implica que a redução da reserva indisponível (lançamento seguinte) ocorra por crédito desta conta.

Pela redução da reserva indisponível do art.º 324.º do CSC

55	Reservas		
551	Reservas Legais		
5512	Reserva indisponível (art.º 324.º CSC)	2.000	
55	Reservas		
552	Outras Reservas		
5521	Reservas Livres		2.000

A estrutura dos capitais próprios, após a redução de capital para cobertura de prejuízos, de acordo com cada uma das soluções apresentadas é a seguinte (valores em euros):

Capital Próprio	Solução 1 Baseada em Costa (1995)	Solução 2 Baseada em Cravo e Graça (1997)	Solução 3 Baseada em Machado (1997)
Capital Subscrito (80.000 ações de VN=1 euro)	80.000	80.000	80.000
Ações Próprias (8.000 ações)	(10.000)	(12.000)	(10.000)
Reserva Indisponível (art.º 324.º CSC)	10.000	12.000	10.000
Reservas Livres	2.000	—	—
Outras Variações no Capital Próprio – "Revalorização" de ações próprias	(2.000)	—	—
Total	80.000	80.000	80.000

Caso Prático 3.2.26 – Alienação de ações próprias adquiridas em diferentes momentos

Relativamente às ações próprias de uma sociedade anónima, cujo valor nominal é de 1 euro/ação, conhece-se a seguinte informação:

Data	Movimento	N.º de ações	Valor nominal (euros)	Descontos e Prémios (euros)	Total (euros)
02/02/N	Aquisição	1.000	1.000	300	1.300
04/04/N	Aquisição	2.000	2.000	1.000	3.000
06/06/N	Efeito do aumento de capital por incorporação de reservas	1.500	1.500	-1.500	0
	Totais	4.500	4.500	-200	4.300

Pedidos:

1. Determine o saldo da reserva indisponível afeta à aquisição de ações próprias, exigida pelo art.º 324.º do CSC.
2. Apresente os lançamentos contabilísticos relativos a uma alienação de 3.500 ações próprias, ocorrida a 08/08/N, por 1,2 euros/ação.

Proposta de resolução:

Pedido 1

Como já se explicou, são possíveis três soluções de tratamento do efeito do aumento de capital por incorporação de reservas, nas ações próprias em carteira. Pelos dados apresentados pode deduzir-se que a solução adotada para a contabilização foi a preconizada por Cravo e Graça (1997), que garante a manutenção do custo de aquisição das ações próprias e não implica o reforço da reserva indisponível.

O saldo da reserva indisponível afeta à aquisição de ações próprias corresponde ao montante pelo qual as mesmas estão contabilizadas, ou seja, ao custo de aquisição, que é de 4.300 euros.

Pedido 2

As ações próprias em carteira foram adquiridas em diferentes momentos e, por isso, por diferentes preços. A determinação do custo das ações alienadas tem por base o seu custo médio unitário que é de 4.300/4.500 = 0,95(55) euros/ação.

Portanto, o custo das ações alienadas é de 3.344,45 euros (3.500 ações * 0,95(55) euros), o valor de venda é de 4.200 euros (3.500 ações * 1,2 euros), donde resulta um ganho de 855,55 euros.

Pela alienação das ações próprias

12	Depósitos à Ordem	4.200	
52	Ações (quotas) próprias		
521	Valor nominal		3.500
522	Descontos e prémios		700

Pela reclassificação das subcontas de capital

51	Capital subscrito		
512	Ações próprias	3.500	
51	Capital subscrito		
511	Ações ordinárias (em circulação)		3.500

Pelo reconhecimento do ganho na alienação das ações próprias

52	Ações (quotas) próprias		
522	Descontos e prémios	855,55	
59	Outras variações no capital próprio		
599	Outras		855,55

Pela redução da reserva indisponível do art.º 324.º do CSC

55	Reservas		
551	Reservas legais		
5512	Reserva indisponível (art.º 324.º CSC)	3.344,45	
55	Reservas		
552	Outras reservas		
5521	Reservas livres		3.344,45

Após estes movimentos, quer as subcontas relativas às ações próprias, quer a reserva indisponível, deverão refletir os valores relativos às 1.000 ações que ficam em carteira, cujo custo corresponde a 955,55 euros (1.000 * 0,95(55) euros).

521 Ações (quotas) próprias – Valor nominal

02/02/N:	1.000	08/08/N:	3.500
04/04/N:	2.000		
06/06/N:	1.500	**Saldo devedor:**	**1.000**

522 Ações (quotas) próprias – Descontos e prémios

02/02/N:	300,00	06/06/N:	1.500
04/04/N:	1.000,00	08/08/N:	700
08/08/N:	855,55		
Saldo credor:	**44,45**		

5512 Reserva indisponível

08/08/N:	3.344,45	02/02/N:	1.300
Saldo credor:	**955,55**	04/04/N:	3.000

Caso Prático 3.2.27 – Aumento de capital por novas entradas e distribuição de dividendos, na presença de ações próprias

A sociedade LAMPARIM, S.A. apresentava a 31/12/N a seguinte estrutura do capital próprio:

Capital Próprio	(valores em euros)
Capital Subscrito[1] (50.000 ações de VN=10 euros)	500.000
Prémios de Emissão	250.000
Reserva Legal (art.º 295.º CSC)	100.000
Reservas Livres	50.000
Resultados Transitados	35.000
Resultado Líquido do Período	30.000
Total	965.000

[1] Integralmente realizado.

Em março de N+1, em Assembleia Geral, foi deliberado autorizar o Conselho de Administração a adquirir ações próprias até ao limite legalmente permitido e por um preço máximo de 22 euros/ação, sendo esta autorização válida até ao final de outubro de N+1.

Relativamente ao Resultado Líquido do Período N foi deliberada a não distribuição de resultados e a sua transferência para Reservas Livres, uma vez que a Reserva Legal já atingiu o mínimo exigido pelo CSC.

Em agosto de N+1, são adquiridas 2.500 ações próprias, por 20 euros/ação.

Em Assembleia Geral extraordinária realizada em outubro de N+1, é deliberado um aumento de capital, integralmente subscrito pelos atuais acionistas e a realizar em dinheiro, nas seguintes condições:

- Cada acionista recebe 1 nova ação por cada 5 ações detidas, subscrita com um prémio de emissão de 2 euros/ação.
- O aumento de capital é efetivado no dia 1 de novembro de N+1, com realização nessa data do mínimo exigido legalmente e do restante até ao final de fevereiro de N+2.
- As novas ações partilham do direito aos lucros desde o dia 1 de janeiro de N+1, nos mesmos termos das ações existentes.

O Resultado Líquido do Período N+1 da sociedade foi de 25.000 euros, não tendo ocorrido quaisquer outras operações no capital próprio durante este ano, para além das anteriormente descritas.

Na Assembleia Geral anual, realizada em março de N+2, foi deliberado distribuir um dividendo de 0,3 euros/ação, levando o restante a Reservas Livres. Até esta data, não ocorreram outras operações com ações próprias.

Pedido:

Apresente os lançamentos contabilísticos relativos às operações descritas.

Proposta de resolução:

Pela transferência do resultado líquido do ano N para resultados transitados

	02/01/N+1		
81	Resultado líquido do período		
818	Resultado líquido	30.000	
56	Resultados transitados		30.000

Pela aplicação do resultado líquido do ano N

	março/N+1		
56	Resultados transitados	30.000	
55	Reservas		
552	Outras reservas		
5521	Reservas livres		30.000

Pela aquisição das ações próprias

	agosto/N+1		
52	Ações (quotas) próprias		
521	Valor nominal	25.000	
522	Descontos e prémios	25.000	
12	Depósitos à Ordem		50.000

Pela reclassificação das subcontas de capital

51	Capital subscrito		
511	Ações ordinárias (em circulação)	25.000	
51	Capital subscrito		
512	Ações próprias		25.000

Pela constituição da reserva indisponível do art.º 324.º do CSC

55	Reservas		
552	Outras reservas		
5521	Reservas livres	50.000	
55	Reservas		
551	Reservas legais		
5512	Reserva indisponível (art.º 324.º CSC)		50.000

No aumento de capital, o critério de atribuição aos atuais acionistas das novas ações é de 1 nova ação por cada 5 ações detidas. Tratando-se de um aumento de capital por novas entradas, as ações próprias não participam no mesmo, pois a sociedade não pode subscrever ações próprias (n.º 1 do art.º 316.º do CSC). Estando neste momento em circulação 47.500 ações (50.000 – 2.500), serão emitidas 9.500 novas ações (47.500/5).

Estas novas ações vão ser subscritas com um prémio de emissão de 2 euros/ação, com realização imediata do mínimo exigido legalmente, ou seja, a totalidade do prémio de emissão e 30% do valor nominal (n.º 2 do art.º 277.º do CSC). No quadro seguinte sintetizam-se os valores relativos ao aumento de capital.

N.º ações	Valor Nominal (10€/ação)	Prémio de Emissão (2€/ação)	Total subscrito	Realização imediata	Realização diferida
9.500	95.000	19.000	114.000	30% * 95.000 + 19.000 = 47.500	70% * 95.000 = 66.500

Pela subscrição do aumento de capital

	novembro/N+1		
26	Acionistas/sócios		
261	Acionistas com subscrição	114.000	
51	Capital subscrito		
511	Ações ordinárias		95.000
54	Prémios de emissão		19.000

Pela realização imediata

12	Depósitos à Ordem	47.500	
26	Acionistas/sócios		
261	Acionistas com subscrição		47.500

Pela realização do restante (em fevereiro de N+2)

12	Depósitos à Ordem	66.500	
26	Acionistas/sócios		
261	Acionistas com subscrição		66.500

Considerando que o Resultado Líquido do Período N+1 foi de 25.000 euros e que não houve quaisquer outras operações no capital próprio durante este ano, a estrutura do capital próprio a 31/12/N+1 será a seguinte:

Capital Próprio	(valores em euros)
Capital Subscrito (59.500 ações de VN=10 euros)	595.000
Ações Próprias (2.500 ações)	(50.000)
Prémios de Emissão	269.000
Reserva Legal (art.º 295.º CSC)	100.000
Reserva Indisponível (art.º 324.º CSC)	50.000
Reservas Livres	30.000
Resultados Transitados	35.000
Resultado Líquido do Período	25.000
Total	1.054.000

A proposta de aplicação dos resultados a ser apresentada na Assembleia Geral de março de N+2, deve considerar a necessidade de reforçar a Reserva Legal, uma vez que, após o aumento de capital, a mesma deixou de cumprir com o mínimo exigido pelo CSC. Este reforço será, no mínimo, de 1.250 euros (5% * 25.000 euros). Considerando este montante para a Reserva Legal, o lucro distribuível é de 23.750 euros (25.000 – 1.250).

Os dividendos a atribuir são de 0,3 euros/ação. Apenas as ações em circulação terão direito a este montante, uma vez que as ações próprias não têm direito aos lucros. Na medida em que se sabe o número de ações próprias em carteira nesta data, os dividendos a atribuir são de 17.100 euros (57.000 ações em circulação * 0,3 euros).

O restante lucro distribuível, de 6.650 euros (25.000 – 1.250 – 17.100), será levado a Reservas Livres.

Pela transferência do resultado líquido do ano N+1 para resultados transitados

	02/01/N+2		
81	Resultado líquido do período		
818	Resultado líquido	25.000	
56	Resultados transitados		25.000

Pela aplicação do resultado líquido do ano N+1

	março/N+2		
56	Resultados transitados	25.000	
55	Reservas		
551	Reservas legais		
5511	Reserva legal (art.º 295.º CSC)		1.250
552	Outras reservas		
5521	Reservas livres		6.650
26	Acionistas/sócios		
264	Resultados atribuídos		17.100

Caso Prático 3.2.28 – A redução de capital por extinção de ações próprias adquiridas para o efeito

Em Assembleia Geral da sociedade ASFALTEX, S.A. foi deliberada a redução do capital em 30.000 euros, tendo em vista a libertação de excesso de capital, através da extinção de ações próprias a adquirir para o efeito.

Observadas as formalidades legais, as ações foram adquiridas por 1,5 euros/ação, a acionistas que manifestaram vontade em vender as suas participações.

Os capitais próprios à data da deliberação eram os que a seguir se apresentam:

Capital Próprio	(valores em euros)
Capital Subscrito[1] (200.000 ações com VN)	200.000
Prémios de Emissão	50.000
Reserva Legal (art.º 295.º CSC)	30.000
Reservas Livres	40.000
Resultados Transitados	10.000
Total	330.000

[1] Integralmente realizado.

Pedidos:

1. Comente a situação descrita, à luz do Código das Sociedades Comerciais.
2. Apresente os respetivos lançamentos contabilísticos.

Proposta de resolução:

Pedido 1

A situação descrita refere-se à redução de capital por extinção de ações próprias a adquirir para o efeito, referida no n.º 2 do art.º 463.º do CSC, pelo que não lhe é aplicável o art.º 95.º do CSC.

A deliberação de redução do capital deverá conter os elementos referidos no art.º 94.º do CSC e a deliberação de aquisição de ações próprias deve atender ao disposto no art.º 319.º do CSC.

O capital social é formado por 200.000 ações, pelo que a aquisição de 30.000 ações corresponde a 15% do capital social. Uma vez que as ações foram adquiridas aos acionistas que as quiseram vender, não foi posta em causa a igualdade de tratamento dos acionistas exigida pelo art.º 321.º do CSC.

A percentagem que as ações próprias a adquirir representam no capital é superior aos 10% referidos no n.º 2 do art.º 317 do CSC. Porém, a alínea b) do n.º 3 do art.º 317.º do CSC permite que aquela percentagem seja superior quando a aquisição vise executar uma deliberação de redução do capital.

As ações estão totalmente liberadas, em conformidade com o n.º 1 do art.º 318.º do CSC, muito embora quando a aquisição vise a redução de capital possam ser adquiridas ações não inteiramente liberadas (neste caso a contrapartida a pagar pelas mesmas teria que considerar este facto).

A contrapartida da aquisição das ações próprias é de 45.000 euros (30.000 ações * 1,5 euros). Segundo a alínea b) do n.º 2 do art.º 463.º do CSC, as ações inteiramente liberadas têm que ser adquiridas por contrapartida de bens distribuíveis aos acionistas, nos termos dos art.os 32.º e 33.º do CSC. Neste caso, a sociedade dispõe de Reservas Livres e de Resultados Transitados num total de 50.000 euros. Também o total do capital próprio não é inferior à soma do capital social e das reservas que a lei ou o contrato não permitem distribuir, nem se torna inferior em consequência da distribuição daquele valor.

A alínea b) do n.º 2 do art.º 463.º do CSC exige que se constitua uma reserva especial, sujeita ao regime da Reserva Legal, de quantia equivalente ao valor nominal das ações extintas.

Pedido 2

Os lançamentos relativos à aquisição das ações próprias e à sua posterior extinção, são apresentados de seguida. Não se efetuam lançamentos de reclassificação das subcontas de "51 Capital Subscrito".

Pela aquisição das ações próprias

52	Ações (quotas) próprias		
521	Valor nominal	30.000	
522	Descontos e prémios	15.000	
12	Depósitos à Ordem		45.000

Pela redução do capital por extinção de ações próprias

51	Capital subscrito		
511	Ações ordinárias	30.000	
52	Ações (quotas) próprias		
521	Valor nominal		30.000

Pela anulação do saldo de "Descontos e Prémios"

59	Outras variações no capital próprio		
599	Outras	15.000	
52	Ações (quotas) próprias		
522	Descontos e prémios		15.000

Pela constituição da reserva especial do art.º 463.º do CSC

55	Reservas		
552	Outras reservas		
5521	Reservas livres	30.000	
55	Reservas		
551	Reservas legais		
5513	Reserva especial por extinção de AP (art.º 463.º CSC)		30.000

Após a redução de capital por extinção de ações próprias a situação dos capitais próprios é a seguinte:

Capital Próprio	(valores em euros)
Capital Subscrito (170.000 ações com VN)	170.000
Prémios de Emissão	50.000
Reserva Legal (art.º 295.º CSC)	30.000
Reserva Especial (art.º 463.º CSC)	30.000
Reservas Livres	10.000
Resultados Transitados	10.000
Outras Variações no Capital Próprio	(15.000)
Total	285.000

Caso Prático 3.2.29 – A redução de capital por extinção de ações próprias em carteira

Em Assembleia Geral anual da sociedade TEXTILTEX, S.A. foi apresentada, pelo Conselho de Administração, uma proposta de redução de capital por extinção de ações próprias, cujo extrato se apresenta de seguida:

Considerando que:

(i) O montante do capital social se revela superior às necessidades da atividade desenvolvida pela sociedade;

(ii) Nos capitais próprios existem reservas sujeitas ao regime da reserva legal, que não se justifica manter, a saber: o Prémio de Emissão; a Reserva Especial nos termos da alínea b) do n.º 2 do art.º 463.º do CSC e uma Doação evidenciada na rubrica "Outras Variações no Capital Próprio";

(iii) A Reserva Legal já se encontra constituída por montante que excede a quinta parte do capital social;

(iv) A sociedade é detentora de 30.000 ações próprias que podem ser extintas sem afetar o valor do capital próprio da sociedade.

É de toda a conveniência proceder a uma reconfiguração do capital próprio da sociedade através de três atos societários interdependentes, cuja ordem lógica será: primeiro, reduzir o capital por extinção de ações próprias, para determinar o valor das reservas em excesso; segundo, integração no capital de reservas não distribuíveis; e, terceiro, posterior redução do capital aumentado. Embora estes atos sejam interdependentes, estão sujeitos a deliberações autónomas.

Assim, propõe-se:

- Reduzir o capital social no montante de 30.000 euros, por extinção de 30.000 ações próprias em carteira, passando o novo capital a ser de 270.000 euros, formado por 270.000 ações de valor nominal 1 euro.

Os capitais próprios da TEXTILTEX, S.A. à data da deliberação, eram os que a seguir se apresentam:

Capital Próprio	(valores em euros)
Capital Subscrito[1] (300.000 ações com VN)	300.000
Ações Próprias (30.000 ações)	(45.000)
Prémios de Emissão	50.000
Reserva Legal (art.º 295.º CSC)	61.000
Reserva Indisponível (art.º 324.º CSC)	45.000
Reserva Especial (art.º 463.º CSC)	10.000
Reservas Livres	4.000
Resultados Transitados	1.000
Outras Variações no Capital Próprio – Doações	25.000
Outras Variações no Capital Próprio – Outras	(35.000)
Total	416.000

[1] Integralmente realizado

Pedidos:

1. Apresente os lançamentos contabilísticos relativos à proposta de redução de capital por extinção de ações próprias, no pressuposto de que a mesma foi aprovada.
2. Determine os valores a apresentar nas propostas relativas aos atos societários subsequentes, admitindo que bastaria manter um capital social de 50.000 euros.

Proposta de resolução:

Pedido 1

A situação descrita refere-se a uma redução de capital por extinção de ações próprias em carteira, prevista no art.º 463.º do CSC e à qual é aplicável o art.º 95.º do CSC. Neste caso o art.º 95.º do CSC está cumprido pois, após a redução, o capital social será de 270.000 euros (superior ao mínimo exigido para as sociedades anónimas) e o total do capital próprio mantém-se nos 416.000 euros, ou seja, excede o novo capital social em mais de 20%.

Os lançamentos contabilísticos relativos à redução do capital por extinção de ações próprias são apresentados de seguida. Não se efetuam os lançamentos de reclassificação das subcontas de "51 Capital Subscrito".

Pela redução do capital por extinção de ações próprias

51	Capital subscrito		
511	Ações ordinárias	30.000	
52	Ações (quotas) próprias		
521	Valor nominal		30.000

Pela anulação do saldo de "Descontos e Prémios"

59	Outras variações no capital próprio		
599	Outras	15.000	
52	Ações (quotas) próprias		
522	Descontos e prémios		15.000

Pela anulação da reserva indisponível do art.º 324.º do CSC

55	Reservas		
551	Reservas legais		
5512	Reserva indisponível (art.º 324.º CSC)	45.000	
55	Reservas		
552	Outras reservas		
5521	Reservas livres		45.000

Pedido 2

Após a extinção das ações próprias em carteira e respetiva redução do capital social, os capitais próprios apresentam a seguinte estrutura:

Capital Próprio	(valores em euros)
Capital Subscrito (270.000 ações de VN=1 euro)	270.000
Prémios de Emissão	50.000
Reserva Legal (art.º 295.º CSC)	61.000
Reserva Especial (art.º 463.º CSC)	10.000
Reservas Livres	49.000
Resultados Transitados	1.000
Outras Variações no Capital Próprio – Doações	25.000
Outras Variações no Capital Próprio – Outras	(50.000)
Total	416.000

Os dois atos societários seguintes consubstanciam uma distribuição aos acionistas de bens que, de outra forma, não poderiam ser distribuídos. Para tal, procede-se ao aumento de capital por incorporação de reservas não distribuíveis e, depois, à redução do capital para um mínimo de 50.000 euros.

Perante a situação dos capitais próprios, podem ser incorporadas no capital social as seguintes reservas (não distribuíveis): os Prémios de Emissão, a Reserva Legal, a Reserva Especial e as Outras Variações nos Capitais Próprios – Doações. Caso se proceda à incorporação da totalidade do saldo destas rubricas, o aumento do capital será de 146.000 euros, passando este a ser de 416.000 euros, ou seja, igual ao total do capital próprio. Isto acontece porque as Reservas Livres e os Resultados Transitados são de montante igual à perda evidenciada em Outras Variações nos Capitais Próprios.

Qualquer redução posterior do capital social implicará uma igualdade entre capital próprio e capital social, não podendo ser deliberada, uma vez que não cumpre com o art.º 95.º do CSC, que exige que o total do capital próprio exceda o novo capital social em, pelo menos, 20%.

Assim, propõe-se que não seja incorporada uma parte da Reserva Legal correspondente a 20% do capital social após redução, ou seja, 10.000 euros (20% * 50.000 euros). Desta forma, é cumprida a exigência do art.º 95.º do CSC e fica constituída esta reserva (que teria que ser sempre constituída no futuro).

Resumidamente, os valores a propor são os seguintes:

- Aumento de capital em 136.000 euros, passando de 270.000 euros para 406.000 euros, por incorporação das seguintes reservas: Prémios de Emissão – 50.000 euros; Reserva Legal (art.º 295.º do CSC) – 51.000 euros; Reserva Especial (art.º 463.º do CSC) – 10.000 euros; Outras Variações no Capital Próprio – Doações – 25.000.
- Redução de capital em 356.000 euros, passando de 406.000 euros para 50.000 euros.

Os capitais próprios, após cada uma destas operações, são os seguintes (valores em euros):

Capital Próprio	Após aumento de capital por incorporação de reservas	Após redução de capital
Capital Subscrito (ações de VN=1 euro)	406.000	50.000
Reserva Legal (art.º 295.º CSC)	10.000	10.000
Reservas Livres	49.000	49.000
Resultados Transitados	1.000	1.000
Outras Variações no Capital Próprio – Outras	(50.000)	(50.000)
Total	416.000	60.000

Caso Prático 3.2.30 – Amortização de quota com redução de capital

Um dos sócios de uma sociedade por quotas, detentor de uma quota inteiramente liberada e representativa de 10% do capital, pediu a sua exoneração ao abrigo de disposição estatutária, na sequência da deliberação, contra o seu voto expresso, da transformação da sociedade em sociedade anónima.

Perante o pedido de exoneração, foi deliberada a amortização da quota com redução de capital, mediante pagamento ao sócio do valor contabilístico da quota, determinado com base na seguinte informação:

Capital Próprio	(valores em euros)
Capital Subscrito	100.000
Reserva Legal (art.º 218.º/art.º 295.º CSC)	15.000
Reservas Livres	25.000
Resultados Transitados	10.000
Total	150.000

Pedidos:

1. Indique as condições a que deve obedecer o capital próprio da sociedade para que a amortização da quota com redução de capital possa ocorrer.
2. Apresente os lançamentos contabilísticos relativos à amortização da quota com redução de capital.

Proposta de resolução:

Pedido 1

A contrapartida da amortização da quota, a ser paga ao sócio exonerado, corresponde ao valor contabilístico da quota e que é de 15.000 euros (10% * 150.000 euros).

De salientar que a sociedade só pode amortizar quotas quando, à data da deliberação, a sua situação líquida, depois de satisfeita a contrapartida da amortização, não ficar inferior à soma do capital e da reserva legal, a não ser que simultaneamente delibere a redução do seu capital (n.º 1 do art.º 236.º do CSC). Embora a amortização seja acompanhada de redução de capital, mesmo que o não fosse, a sociedade cumpria com aquela exigência, uma vez que possui Reservas Livres e Resultados Transitados em montante superior ao valor a pagar.

Pedido 2

O lançamento contabilístico relativo à amortização da quota com redução de capital é apresentado de seguida. Ignora-se o lançamento do pagamento da contrapartida da amortização, mas salienta-se que de acordo com a alínea b) do n.º 1 do art.º 235.º do CSC, o mesmo é fracionado em duas prestações, a efetuar dentro de seis meses e um ano, respetivamente, após a fixação definitiva da contrapartida.

Pela amortização de quota com redução de capital e correspondente contrapartida a pagar ao sócio

51	Capital subscrito		
511	Quota Sócio X	10.000	
55	Reservas		
552	Outras reservas		
5521	Reservas livres	5.000	
26	Acionistas/sócios		
268	Outras operações		
2681	Outras operações - Corrente		15.000

Após a amortização da quota com redução de capital, a situação dos capitais próprios é a seguinte:

Capital Próprio	(valores em euros)
Capital Subscrito	90.000
Reserva Legal (art.º 218/art.º 295.º CSC)	15.000
Reservas Livres	20.000
Resultados Transitados	10.000
Total	135.000

Como se pode constatar o total do capital próprio excede em mais de 20% o novo capital social, em cumprimento com o art.º 95.º do CSC.

Caso Prático 3.2.31 – Amortização de quota sem redução de capital

A sociedade POISSONS DO VOUGA, LDA. é formada por três sócios: o Luís Laranjeira, o Carlos Castanheira e o Pedro Pessegueiro. Os dois primeiros detêm, cada um, uma quota de 30% e o último detém uma quota de 40%. O capital subscrito encontra-se totalmente realizado.

Inesperadamente, o sócio Pedro Pessegueiro faleceu num acidente de viação. Prevendo o respetivo contrato de sociedade o direito da sociedade amortizar a quota de sócio falecido, deliberaram os restantes sócios a amortização da quota sem redução do capital, acordando com os herdeiros que a contrapartida da mesma seria o valor contabilístico, determinado com base na seguinte informação:

Capital Próprio	(valores em euros)
Capital Subscrito	30.000
Reserva Legal (art.º 218.º/art.º 295.º CSC)	5.000
Reservas Livres	10.000
Resultados Transitados	20.000
Total	65.000

Pedidos:

1. Indique as condições a que deve obedecer o capital próprio da sociedade para que a amortização da quota sem redução de capital possa ocorrer.
2. Apresente os lançamentos contabilísticos relativos à amortização da quota sem redução de capital, admitindo os seguintes cenários:
   (i) As quotas dos restantes sócios são proporcionalmente aumentadas.
   (ii) O contrato de sociedade estabelece que a quota deva ficar no balanço como quota amortizada.
   (iii) Com base no cenário (ii), admita que passado 1 ano os sócios deliberam a divisão dessa quota, em duas quotas de igual montante, que são adquiridas por cada um deles pelo seu valor nominal.
   (iv) Com base no cenário (ii), admita que passado 1 ano os sócios deliberam a venda dessa quota a um novo sócio, por 20.000 euros.

Proposta de resolução:

Pedido 1

A contrapartida da amortização da quota, a ser paga aos herdeiros do sócio falecido, foi fixado no valor contabilístico da quota, que é de 26.000 euros (40% * 65.000 euros).

As condições a que deve obedecer o capital próprio da sociedade para que a amortização sem redução do capital possa ocorrer, são as seguintes:

- A quota tem que estar integralmente liberada (n.º 3 do art.º 232.º do CSC), o que acontece.
- À data da deliberação, a situação líquida da sociedade, depois de satisfeita a contrapartida da amortização, não pode ficar inferior à soma do capital e da reserva legal (n.º 1 do art.º 236.º do CSC). Neste caso, esta exigência está verificada, uma vez que a sociedade possui Reservas Livres e Resultados Transitados em montante superior ao valor a pagar.

Pedido 2

Os lançamentos contabilísticos relativos à amortização da quota sem redução de capital, para os vários cenários, são apresentados de seguida. Ignoram-se os lançamentos do pagamento da contrapartida da amortização, mas salienta-se que:

- De acordo com a alínea b) do n.º 1 do art.º 235.º do CSC, o mesmo é fracionado em duas prestações, a efetuar dentro de seis meses e um ano, respetivamente, após a fixação definitiva da contrapartida.
- As condições impostas para a situação líquida da sociedade à data da deliberação têm que estar observadas à data do vencimento da obrigação de pagar, sob pena de se ter que proceder conforme os n.ºs 3, 4 e 5 do art.º 236.º do CSC.

Cenário (i): As quotas dos restantes sócios são proporcionalmente aumentadas

Neste caso a repartição do capital social passa a ser a seguinte:

	Quotas antes da amortização		Quotas depois da amortização	
Luís Laranjeira	30%	9.000	50%	15.000
Carlos Castanheira	30%	9.000	50%	15.000
Pedro Pessegueiro	40%	12.000	—	—
		30.000		30.000

Pela amortização da quota sem redução de capital e correspondente contrapartida a pagar aos herdeiros

55	Reservas		
552	Outras reservas		
5521	Reservas livres	10.000	
56	Resultados Transitados	16.000	
27	Outras contas a receber e a pagar		
278	Outros devedores e credores		
2781	Outros devedores e credores - Corrente		26.000

Pela reclassificação das subcontas de capital

51	Capital subscrito		
513	Quota Pedro Pessegueiro	12.000	
51	Capital subscrito		
511	Quota Luís Laranjeira		6.000
512	Quota Carlos Castanheira		6.000

Cenário (ii): A quota fica no balanço como quota amortizada

À semelhança da aquisição de quotas ou ações próprias, a amortização de quotas ou ações e a remição de ações, são operações que se consubstanciam na devolução de capital aos sócios. Por este motivo, e não existindo no SNC nenhuma conta específica para as ações ou quotas amortizadas, nem para as ações remidas, sugere-se a utilização da conta das ações (quotas) próprias para o tratamento desta problemática[9].

[9] Tal como preconizava a "Diretriz Contabilistica n.º 15 – Remissão e amortização de acções" onde era sugerida a alteração da denominação da conta de ações (quotas) próprias para "52 Acções (quotas) próprias/remidas/amortizadas", criando-se duas subcontas: "523 Acções remidas – valor nominal" e "524 Acções (quotas) amortizadas – valor nominal". Esta diretriz vigorou desde a sua emissão em 1994 até 2009, sendo revogada (tal como todas as restantes diretrizes contabilísticas) com a entrada em vigor do SNC, a partir de 2010.

Pela amortização da quota sem redução de capital e correspondente contrapartida a pagar aos herdeiros

52	Ações (Quotas) próprias (Remidas/Amortizadas)		
524	Ações (Quotas) amortizadas – Valor nominal	12.000	
55	Reservas		
552	Outras reservas		
5521	Reservas livres	10.000	
56	Resultados Transitados	4.000	
27	Outras contas a receber e a pagar		
278	Outros devedores e credores		
2781	Outros devedores e credores - Corrente		26.000

Pela reclassificação das subcontas de capital

51	Capital subscrito		
513	Quota Pedro Pessegueiro	12.000	
51	Capital subscrito		
514	Quota amortizada		12.000

Cenário (iii): Passado 1 ano, a quota amortizada é dividida e vendida aos atuais sócios pelo valor nominal

Pela deliberação relativa à divisão da quota e sua aquisição pelos atuais sócios

26	Acionistas/sócios		
262	Quotas não liberadas		
2621	Sócio Luís Laranjeira	6.000	
2622	Sócio Carlos Castanheira	6.000	
52	Ações (Quotas) próprias (Remidas/Amortizadas)		
524	Ações (Quotas) amortizadas – Valor nominal		12.000

Pela reclassificação das subcontas de capital

51	Capital subscrito		
514	Quota amortizada	12.000	
51	Capital subscrito		
515	Quota2 Sócio Luís Laranjeira		6.000
516	Quota2 Sócio Carlos Castanheira		6.000

Cenário (iv): Passado 1 ano, a quota amortizada é vendida a um novo sócio por 20.000 euros

Pela deliberação relativa à venda da quota

26	Acionistas/sócios		
262	Quotas não liberadas		
2624	Novo Sócio	20.000	
52	Ações (Quotas) próprias (Remidas/Amortizadas)		
524	Ações (Quotas) amortizadas – Valor nominal		12.000
59	Outras variações no capital próprio		
599	Outras		8.000

Pela reclassificação das subcontas de capital

51	Capital subscrito		
514	Quota Amortizada	12.000	
51	Capital subscrito		
515	Quota Novo Sócio		12.000

Caso Prático 3.2.32 – Amortização de ações com redução de capital

Uma sociedade anónima foi constituída com um capital social de 100.000 euros, formado por 100.000 ações com valor nominal, inteiramente liberadas.

No seu pacto social existe uma cláusula relativa à obrigatoriedade de realização de prestações acessórias, sob a forma de prestações suplementares, cujo incumprimento leva à exclusão do acionista e à amortização das respetivas ações, com a respetiva redução do capital. O pacto social estipula que o valor da contrapartida a pagar ao acionista seja o valor contabilístico das suas ações, determinado com base no último balanço aprovado, ou em balanço especialmente elaborado para o efeito no caso de terem decorrido mais de três meses desde a data de referência daquele.

Um dos acionistas, detentor de uma participação de 10%, incumpriu com aquela obrigação, o que determinou a sua exclusão da sociedade.

No balanço que serviu de base à determinação da contrapartida da amortização, figuravam os seguintes capitais próprios:

Capital Próprio	(valores em euros)
Capital Subscrito (100.000 ações com VN)	100.000
Outros Instrumentos de Capital Próprio[1]	18.000
Reserva Legal (art.º 295.º CSC)	10.000
Resultados Transitados	15.000
Total	143.000

[1] Consistem nas Prestações Suplementares realizadas pelos restantes acionistas, na proporção das suas participações.

Pedidos:

1. Indique as condições a que deve obedecer o capital próprio da sociedade para que a amortização das ações com redução de capital possa ocorrer.
2. Apresente os lançamentos contabilísticos relativos à amortização das ações com redução de capital.

Proposta de resolução:

Pedido 1

Tendo por base a informação apresentada, a contrapartida da amortização das ações a ser paga ao acionista é de 12.500 euros (10% * [143.000 – 18.000]).

A redução de capital através da amortização de ações pode ser realizada de duas formas (n.º 7 do art.º 347.º do CSC):

- Em cumprimento com o art.º 95.º do CSC, que apenas exige que após a redução o capital próprio fique a exceder o novo capital em pelo menos 20%. Sendo a contrapartida a pagar de 12.500 euros, após a amortização das ações o capital social será de 90.000 euros e o total do capital próprio será de 130.500 euros (143.000 – 12.500), logo este excede aquele em mais de 20%; ou
- Obedecendo às seguintes condições:
  (i) A contrapartida da amortização deve ser paga a partir de fundos que, nos termos dos art.ºs 32.º e 33.º do CSC, podem ser distribuídos aos acionistas (alínea b) do n.º 7 do art.º 347.º do CSC). Este requisito está cumprido uma vez que o saldo de Resultados Transitados é de 15.000 euros, montante suficiente para fazer face à contrapartida a pagar, sem que o capital próprio fique inferior à soma do Capital Subscrito e da Reserva Legal.
  (ii) Deverá ser criada uma reserva, sujeita ao regime de Reserva Legal, de montante equivalente à soma do valor nominal das ações amortizadas (alínea b) do n.º 7 do art.º 347.º do CSC). Neste caso, o valor da reserva será de 10.000 euros.

Pedido 2

Os lançamentos relativos à amortização de ações com redução de capital são apresentados de seguida. Ignoram-se os lançamentos relativos ao pagamento da contrapartida da amortização.

Pela amortização das ações com redução de capital e correspondente contrapartida a pagar ao acionista

51	Capital subscrito		
511	Ações ordinárias	10.000	
56	Resultados Transitados	2.500	
26	Acionistas/sócios		
268	Outras operações		
2681	Outras operações – Corrente		12.500

Pela constituição da reserva especial do art.º 347.º do CSC (apenas se for seguida a segunda forma descrita)

56	Resultados transitados	10.000	
55	Reservas		
551	Reservas legais		
5514	Reserva especial por amortização de ações (art.º 347.º CSC)		10.000

Caso Prático 3.2.33 – Amortização de ações sem redução de capital, dando origem a ações de fruição

No ano N, uma sociedade anónima sorteou 10.000 ações para serem totalmente amortizadas, sem redução de capital. Os capitais próprios à data, eram os que a seguir se apresentam:

Capital Próprio	(valores em euros)
Capital Subscrito (100.000 ações com VN)	100.000
Reserva Legal (art.º 295.º CSC)	10.000
Reservas Livres	15.000
Resultados Transitados	(5.000)
Total	120.000

O contrato de sociedade prevê que as ações de fruição só compartilham dos lucros do exercício, juntamente com as ações ordinárias, depois de a estas ser atribuído um dividendo correspondente a 6% do seu valor nominal.

Pedidos:

1. Indique as condições a que deve obedecer o capital próprio da sociedade para que a amortização das ações sem redução de capital possa ocorrer.
2. Apresente os lançamentos contabilísticos relativos à amortização das ações sem redução de capital.
3. Determine os dividendos que caberiam a cada uma das categorias de ações, admitindo que durante o ano N não ocorreram outras operações com os capitais próprios, para além do apuramento do Resultado Líquido do Período de 20.000 euros, e que os acionistas deliberaram a distribuição da totalidade do lucro distribuível do ano N.

Proposta de resolução:

Pedido 1

A contrapartida da amortização a ser paga aos acionistas cujas ações foram sorteadas, corresponderá, segundo o n.º 1 do art.º 346.º do CSC, ao valor nominal das mesmas. Sendo o valor nominal das ações de 1 euro (100.000 euros/100.000 ações), a contrapartida da amortização será 10.000 euros.

Para o reembolso apenas podem ser utilizados fundos que, nos termos dos art.os 32.º e 33.º do CSC, possam ser distribuídos aos acionistas (n.º 1 do art.º 346.º do CSC). Neste caso, a sociedade dispõe de bens distribuíveis de 10.000 euros (15.000 – 5.000), valor que é suficiente para fazer face à contrapartida da amortização, sem que o capital próprio fique inferior à soma do Capital Subscrito e da Reserva Legal.

Pedido 2

Tal como já se explicou, o SNC não prevê nenhuma conta específica para as ações amortizadas, pelo que se utiliza aqui também a conta "52 Ações (Quotas) Próprias". Os lançamentos contabilísticos relativos à amortização de ações sem redução de capital são apresentados de seguida, ignorando-se os lançamentos relativos ao pagamento da contrapartida da amortização.

Pela amortização das ações sem redução de capital e correspondente contrapartida a pagar aos acionistas

52	Ações (Quotas) próprias (Remidas/Amortizadas)		
524	Ações (Quotas) amortizadas – Valor nominal	10.000	
26	Acionistas/sócios		
268	Outras operações		
2681	Outras operações - Corrente		10.000

Pela reclassificação das subcontas de capital

51	Capital subscrito		
511	Ações ordinárias	10.000	
51	Capital subscrito		
515	Ações de fruição		10.000

Pedido 3

No pressuposto de que, durante o ano N, não ocorreram outras operações com os capitais próprios, para além do apuramento do Resultado Líquido do Período de 20.000 euros, os capitais próprios a 31/12/N seriam os seguintes:

Capital Próprio	(valores em euros)
Capital Subscrito (100.000 ações[1] com VN)	100.000
Ações Amortizadas	(10.000)
Reserva Legal (art.º 295.º CSC)	10.000
Reservas Livres	15.000
Resultados Transitados	(5.000)
Resultado Líquido do Período	20.000
Total	130.000

[1] Das quais, 90.000 são ações ordinárias e 10.000 são ações de fruição.

Dada a situação dos capitais próprios apresentada, o Resultado Líquido do Período terá que ser destinado:

- à cobertura dos prejuízos acumulados: 5.000.
- ao reforço da Reserva Legal, que ainda não atingiu o mínimo de 20% do capital social: 5% * (20.000 – 5.000) = 750.

Após estas operações, o lucro distribuível é de 14.250 euros. Tendo sido deliberada a distribuição da totalidade deste valor, há que considerar que as ações de fruição só compartilham do mesmo, juntamente com as ações ordinárias, depois de a estas ser atribuído um dividendo correspondente a 6% do valor nominal.

No quadro seguinte apresenta-se o cálculo dos dividendos a atribuir a cada categoria de ações.

	90.000 ações ordinárias	**10.000 ações de fruição**	
% no capital social	90%	10%	
VN	90.000	10.000	**Totais**
Lucro distribuível			14.250
Dividendo 6% do VN	5.400	—	5.400
Restante dividendo			8.850
	90% * 8.850 = 7.965	10% * 8.850 = 885	
Dividendo total	13.365	885	

Caso Prático 3.2.34 – Amortização de ações sem redução de capital, dando origem a ações parcialmente reembolsadas

No ano N, uma sociedade anónima procedeu à amortização, sem redução do capital, de 20% do valor nominal de todas as suas ações. À data, os capitais próprios eram os que a seguir se apresentam:

Capital Próprio	(valores em euros)
Capital Subscrito (80.000 ações de VN=1 euro)	80.000
Reserva Legal (art.º 295.º CSC)	20.000
Reservas Livres	25.000
Total	125.000

Ainda durante o ano N foi aumentado o capital social, por entrada de um novo acionista, que subscreveu e liberou integralmente 20.000 ações, a 1,4 euros/ação.

O contrato de sociedade prevê que seja atribuído às ações não reembolsadas ou parcialmente reembolsadas, um dividendo correspondente a 5% do valor nominal (não reembolsado) antes de todas as ações compartilharem dos lucros do exercício.

Pedidos:

1. Apresente os lançamentos contabilísticos relativos à amortização parcial do valor nominal das ações, sem redução do capital.
2. Determine os dividendos que caberiam às ações não reembolsadas e às ações parcialmente reembolsadas, admitindo que:
   - Durante o ano N, não ocorreram outras operações com os capitais próprios, para além das descritas e do apuramento do Resultado Líquido do Período de 10.000 euros.
   - Os acionistas deliberaram a distribuição da totalidade do lucro distribuível do ano N.

Proposta de resolução:

Pedido 1

A contrapartida da amortização a ser paga aos acionistas corresponde, segundo o n.º 1 do art.º 346.º do CSC, à parte reembolsada do valor nominal das ações, que é de 16.000 euros (20% * 80.000 euros).

Segundo o n.º 1 do art.º 346.º do CSC, para o reembolso apenas podem ser utilizados fundos que, nos termos dos art.os 32.º e 33.º do CSC, possam ser distribuídos aos acionistas. Neste caso, a sociedade dispõe de Reservas Livres de 25.000 euros, valor suficiente para fazer face à contrapartida da amortização sem que o capital próprio fique inferior à soma do Capital Subscrito e da Reserva Legal.

Tal como já se explicou, o SNC não prevê nenhuma conta específica para as ações amortizadas, pelo que se utiliza aqui também a conta "52 Ações (Quotas) Próprias". Os lançamentos contabilísticos relativos à amortização parcial das ações, sem redução de capital, são apresentados de seguida, ignorando-se os lançamentos relativos ao pagamento da contrapartida da amortização.

Pela amortização parcial do valor nominal das ações sem redução de capital e correspondente contrapartida a pagar aos acionistas

52	Ações (Quotas) próprias (Remidas/Amortizadas)		
525	Ações (Quotas) amortizadas – VN parcialmente reembolsado	16.000	
26	Acionistas/sócios		
268	Outras operações		
2681	Outras operações – Corrente		16.000

Pela reclassificação das subcontas de capital

51	Capital subscrito		
511	Ações ordinárias	80.000	
51	Capital subscrito		
516	Ações parcialmente reembolsadas		80.000

Pedido 2

O aumento de capital por entrada de um novo sócio origina um aumento do Capital Subscrito de 20.000 euros (20.000 ações * 1 euro) e um Prémio de Emissão de 8.000 euros (20.000 ações * 0,4 euros).

No pressuposto de que, durante o ano N, não ocorreram outras operações com os capitais próprios, para além do aumento de capital e do apuramento do Resultado Líquido do Período, de 10.000 euros, os capitais próprios a 31/12/N seriam os seguintes:

Capital Próprio	(valores em euros)
Capital Subscrito (100.000 ações[1] de VN=1 euro)	100.000
Ações Amortizadas[2]	(16.000)
Prémios de Emissão	8.000
Reserva Legal (art.º 295.º CSC)	20.000
Reservas Livres	25.000
Resultado Líquido do Período	10.000
Total	147.000

[1] Das quais, 80.000 são ações parcialmente reembolsadas (em 20% do VN).
[2] Valor reembolsado na amortização parcial do VN de 80.000 ações.

Dada a situação dos capitais próprios apresentada, verifica-se que a Reserva Legal já perfaz o mínimo de 20% do capital social, pelo que não será necessário o seu reforço.

Assim, o lucro distribuível é de 10.000 euros. Tendo sido deliberada a distribuição da totalidade deste valor, há que considerar que terá que ser atribuído às ações não reembolsadas ou parcialmente reembolsadas, um dividendo correspondente a 5% do valor nominal (não reembolsado) antes de todas as ações compartilharem dos lucros do exercício.

No quadro seguinte apresenta-se o cálculo dos dividendos a atribuir a cada tipo de ações:

	80.000 ações parcialmente reembolsadas	**20.000 ações não reembolsadas**	
% no capital social	80%	20%	
VN não reembolsado	64.000	20.000	
VN reembolsado	16.000	—	**Totais**
Lucro distribuível			10.000
Dividendo 5% do VN não reembolsado	3.200	1.000	4.200
Restante dividendo			5.800
	80% * 5.800 = 4.640	20% * 5.800 = 1.160	
Dividendo total	7.840	2.160	

Caso Prático 3.2.35 – Remição de ações

A sociedade REMIX, S.A. é detentora de ações preferenciais remíveis, estando previsto no seu contrato de sociedade que a respetiva remição ocorre quando a Assembleia Geral o deliberar, com um prémio de remição máximo de 20% do valor nominal das ações.

No ano N foi deliberada, em Assembleia Geral, a remição da totalidade das ações preferenciais remíveis, com um prémio de remição de 2 euros/ação, extinguindo-se todos os seus direitos, mas sem redução do capital.

Os capitais próprios à data da remição eram os que a seguir se apresentam:

Capital Próprio	(valores em euros)
Capital Subscrito[1] (100.000 ações de VN=10 euros)	1.000.000
Reserva Legal (art.º 295.º CSC)	220.000
Reservas Livres	350.000
Resultados Transitados	150.000
Excedentes de Revalorização[2]	100.000
Total	1.820.000

[1] Inteiramente liberado, formado por 20.000 ações preferenciais remíveis e 80.000 ações ordinárias.

[2] Correspondem à parte não realizada dos excedentes gerados na aplicação do modelo de revalorização aos terrenos e edifícios.

Pedidos:

1. Indique as condições a que deve obedecer o capital próprio da sociedade para que a remição possa ocorrer.
2. Apresente os lançamentos contabilísticos relativos à remição das ações, sem redução de capital.

Proposta de resolução:

Pedido 1

A contrapartida da remição das ações, a ser paga aos acionistas que as detêm, corresponde ao valor nominal de 10 euros acrescido de um prémio de 2 euros, o que perfaz um valor de remição de 12 euros/ação, num total de 240.000 euros (20.000 ações * 12 euros).

As condições a que deve obedecer o capital próprio da sociedade para que a remição possa ocorrer, são as seguintes:

- As ações têm que estar integralmente liberadas (n.º 3 do art.º 345.º do CSC), o que acontece no caso em apreço.
- A contrapartida da remição de ações, incluindo o prémio, só pode ser retirada de fundos que, nos termos dos art.os 32.º e 33.º do CSC, possam ser distribuídos aos acionistas (n.º 5 do art.º 345.º do CSC). Como se pode constatar a sociedade dispõe em Reservas Livres e em Resultados Transitados de um montante total de 500.000 euros. Este valor é suficiente para fazer face à contrapartida a pagar pela remição, que é de 240.000 euros, sem que o capital próprio fique inferior à soma do Capital Subscrito e da Reserva Legal.
- A partir da remição, uma importância igual ao valor nominal das ações remidas deve ser levada a uma reserva especial que só pode ser utilizada para incorporação no capital social, sem prejuízo da sua eliminação no caso do capital ser reduzido (n.º 6 do art.º 345.º do CSC). Considerando que o valor nominal das ações é de 10 euros, o valor da reserva a constituir será de 200.000 euros (20.000 ações * 10 euros).

Pedido 2

Tal como já se explicou, o SNC não prevê nenhuma conta específica para as ações remidas, pelo que se utiliza aqui também a conta "52 Ações (Quotas) Próprias". Os lançamentos contabilísticos relativos à remição, sem redução do capital, são apresentados de seguida, ignorando-se o lançamento relativo ao pagamento da contrapartida da remição.

Pela remição das ações sem redução de capital e correspondente contrapartida a pagar aos acionistas

52	Ações (Quotas) próprias (Remidas/Amortizadas)		
523	Ações (Quotas) remidas – Valor nominal	200.000	
55	Reservas		
552	Outras reservas		
5521	Reservas livres	40.000	
26	Acionistas/sócios		
268	Outras operações		
2681	Outras operações – Corrente		240.000

Pela reclassificação das subcontas de capital

51	Capital subscrito		
514	Ações preferenciais remíveis	200.000	
51	Capital subscrito		
517	Ações remidas		200.000

Pela constituição da reserva especial do art.º 345.º do CSC

55	Reservas		
552	Outras reservas		
5521	Reservas livres	200.000	
55	Reservas		
551	Reservas legais		
5515	Reserva especial por remição de ações (art.º 345.º CSC)		200.000

Os capitais próprios após a remição de ações são os que a seguir se apresentam:

Capital Próprio	(valores em euros)
Capital Subscrito[1] (100.000 ações de VN=10 euros)	1.000.000
Ações remidas	(200.000)
Reserva Legal (art.º 295.º CSC)	220.000
Reserva especial por remição de ações (art.º 345.º CSC)	200.000
Reservas Livres	110.000
Resultados Transitados	150.000
Excedentes de Revalorização[2]	100.000
Total	1.580.000

[1] Inteiramente liberado, formado por 80.000 ações ordinárias e 20.000 ações remidas.

[2] Correspondem à parte não realizada dos excedentes gerados na aplicação do modelo de revalorização aos terrenos e edifícios.

PARTE II

—

INVESTIMENTOS FINANCEIROS EM PARTES DE CAPITAL EM SUBSIDIÁRIAS E ASSOCIADAS E CONSOLIDAÇÃO DE CONTAS

CAPÍTULO 4

—

INVESTIMENTOS FINANCEIROS EM PARTES DE CAPITAL EM SUBSIDIÁRIAS E ASSOCIADAS

4.1. Conceitos

Um investimento financeiro é um ativo financeiro que se enquadra na atividade de investimento de uma entidade, sendo detido com a finalidade de aumentar a sua riqueza através: da distribuição de juros ou dividendos; da valorização de capital; e/ou por outros benefícios, tais como, os obtidos pela influência significativa ou controlo que possa exercer sobre outra entidade.

Este entendimento baseia-se no conceito de "investimento" preconizado na "*IAS 25 – Accounting for Investments*", já revogada, onde o mesmo era definido da seguinte forma: "Um investimento é um ativo detido por uma empresa para aumento de riqueza pela distribuição (tal como, juros, royalties, dividendos e rendas), para valorização de capital ou para obtenção de outros benefícios para a empresa investidora, tais como os obtidos através de relações comerciais" (IASC, 1994, §3, tradução nossa)[10]. Em linha com o âmbito da IAS 25, este conceito contemplava quer investimentos "financeiros", quer investimentos "não financeiros", tais como, as propriedades de investimento.

Os investimentos financeiros são detidos no âmbito da atividade de investimento, o que os distingue, em termos de finalidade, dos ativos detidos no âmbito da atividade operacional, tais como, os ativos fixos tangíveis ou os inventários. De acordo com a NCRF 27 – Instrumentos Financeiros, em termos de natureza, os investimentos financeiros são instrumentos financeiros, uma vez que são contratos que dão origem a um ativo financeiro na entidade que os adquire, e a um passivo financeiro ou um instrumento de capital próprio na outra entidade. Deste modo, distinguem-se de outros ativos detidos no âmbito da atividade de investimento, mas cuja natureza não seja financeira, tais como, as propriedades de investimento.

---

[10] *International Accounting Standards Committee (IASC); 1994; International Accounting Standard 25 (IAS 25) – Accounting for Investments; London; United Kingdom.*

Os investimentos financeiros que consistam em partes de capital constituem um ativo financeiro na empresa que os adquire (a investidora) e um instrumento de capital próprio (ações ou quotas) na investida.

De acordo com o SNC, as ligações entre empresas podem dar origem a participações de capital em:

- Subsidiárias;
- Entidades conjuntamente controladas;
- Associadas; e
- Outras entidades.

As **subsidiárias** são entidades que fazem parte de um conjunto compreendido pela **empresa-mãe** e pelas empresas filhas (subsidiárias), sobre as quais a empresa-mãe detém o poder de controlo. O **controlo** é o poder de gerir as políticas operacionais e financeiras de uma entidade ou de uma atividade económica com a finalidade de obter benefícios da mesma.

Deve presumir-se que existe controlo sobre outra entidade quando uma empresa-mãe:

- adquire mais de 50% dos direitos de voto da outra entidade, a menos que seja possível demonstrar que essa propriedade não constitui controlo;
- mesmo que não adquira mais de 50% dos direitos de voto de outra entidade pode obter o seu controlo se obtiver:
  (a) poder sobre mais de metade dos direitos de voto da outra entidade em virtude de um acordo com outros investidores; ou
  (b) poder para gerir as políticas financeiras e operacionais da outra entidade segundo uma cláusula estatutária ou um acordo; ou
  (c) poder para nomear ou demitir a maioria dos membros do órgão de gestão da outra entidade; ou
  (d) poder de agrupar a maioria de votos nas reuniões do órgão de gestão da outra entidade.

As **entidades conjuntamente controladas** envolvem o estabelecimento de uma sociedade ou de outra entidade em que cada empreendedor tenha um interesse. A entidade opera da mesma forma que outras, mas um acordo contratual entre os empreendedores estabelece o controlo conjunto da sua atividade económica.

O **controlo conjunto** é a partilha de controlo, acordada contratualmente, de uma atividade económica, e existe apenas quando as decisões estratégicas, financeiras e operacionais, relacionadas com a atividade, exigem o consentimento unânime das partes que partilham o controlo (os empreendedores).

As **associadas** são entidades onde a investidora não detém o poder de controlo, mas sobre as quais exerce influência significativa. A **influência significativa** é o poder de participar nas decisões das políticas operacionais e financeiras da investida ou de uma atividade económica, mas que não é controlo nem controlo conjunto. A influência significativa pode ser obtida por posse de ações, estatuto ou acordo. Presume-se que existe influência significativa quando a investidora detém entre 20% e 50% dos direitos de voto na investida, a menos que o contrário possa ser claramente demonstrado. Se o investidor detiver, direta ou indiretamente, menos de 20% do poder de voto na investida, presume-se que não tem influência significativa, a menos que o contrário possa ser demonstrado. A existência de outro investidor, que detenha uma participação maioritária ou substancial, não impede necessariamente que se exerça influência significativa.

A existência de influência significativa por parte de um investidor é geralmente evidenciada por uma ou mais das seguintes formas:

(a) representação no órgão de direção ou órgão de gestão equivalente da investida;
(b) participação em processos de decisão de políticas, incluindo a participação em decisões sobre dividendos e outras distribuições;
(c) transações materiais entre o investidor e a investida;
(d) intercâmbio de pessoal de gestão; ou
(e) fornecimento de informação técnica essencial.

As **outras entidades** são aquelas que não se inserem nas classificações anteriores correspondendo, por regra, a participações que conferem direitos de voto inferiores a 20%.

No âmbito do SNC, o tratamento contabilístico dos investimentos financeiros que consistam em partes de capital, encontra-se previsto nas seguintes Normas Contabilísticas e de Relato Financeiro:

- NCRF 13 – Interesses em Empreendimentos Conjuntos e Investimentos em Associadas;

- NCRF 15 – Investimentos em Subsidiárias e Consolidação;
- NCRF 27 – Instrumentos Financeiros.

A nota de enquadramento à conta "41 Investimentos financeiros" dispõe que, nas contas individuais, as partes de capital devam ser mensuradas de acordo com os seguintes métodos:

- Partes de capital em **subsidiárias e associadas**: Método da Equivalência Patrimonial.
- Partes de capital em **entidades conjuntamente controladas**: Método da Equivalência Patrimonial ou Método de Consolidação Proporcional (a aplicação deste método em detrimento daquele só é possível desde que o empreendedor não elabore contas consolidadas).
- Partes de capital **noutras entidades**: Método do Justo Valor (se este puder ser fiavelmente determinado) ou Método do Custo.

De salientar que uma entidade também pode adquirir partes de capital (ações) com a finalidade de venda num prazo muito próximo, ou como fazendo parte, aquando do reconhecimento inicial, de uma carteira de instrumentos financeiros identificados, que são geridos em conjunto e para os quais exista evidência de terem recentemente proporcionado lucros reais (NCRF 27, parágrafo 15). Neste caso, estamos na presença de **ativos financeiros detidos para negociação**, a serem reconhecidos na conta "14 Outros instrumentos financeiros" e mensurados pelo método do justo valor.

4.2. Método da equivalência patrimonial

4.2.1. Conceito

De acordo com o parágrafo 4 da NCRF 13, o Método da Equivalência Patrimonial (MEP): "é um método de contabilização pelo qual o investimento ou interesse é inicialmente reconhecido pelo custo (sendo o *goodwill* respetivo apresentado separadamente) e posteriormente ajustado em função das alterações verificadas, após a aquisição, na quota-parte do investidor ou do empreendedor nos ativos líquidos da investida ou da entidade conjuntamente controlada. Os resultados do investidor ou empreendedor incluem a parte que lhe corresponda nos resultados da investida ou da entidade conjuntamente controlada". De acrescentar que um investimento financeiro mensurado pelo MEP está sujeito a perdas por imparidade.

4.2.2. Âmbito de aplicação

De acordo com a NCRF 13 e a NCRF 15 o MEP é o método a seguir na mensuração de investimentos financeiros que consistam em partes de capital em associadas ou subsidiárias, ou seja, quando tal investimento proporciona influência significativa ou controlo. **São exceções** a esta regra, as seguintes situações, nas quais não deve ser seguido o MEP (NCRF 13, parágrafo 44 e NCRF 15, parágrafo 8):

- Quando existirem restrições severas e duradouras que prejudiquem substancialmente o exercício pela investidora dos seus direitos sobre o património ou a gestão dessa entidade.
- Se as participações no capital da empresa associada ou da subsidiária não forem materialmente relevantes para a realização do objetivo de as demonstrações financeiras darem uma imagem verdadeira e apropriada. Quando duas ou mais entidades estejam nestas circunstâncias, mas sejam, no seu conjunto, materialmente relevantes para o mesmo objetivo, o investimento nessas entidades deve ser contabilizado usando o método de equivalência patrimonial; ou
- Se se tratar de um caso, extremamente raro, em que as informações necessárias não podem ser obtidas sem custos desproporcionados ou sem demora injustificada.

O MEP pode ainda ser aplicado a investimentos financeiros em partes de capital em entidades conjuntamente controladas, nas seguintes condições (NCRF 13, parágrafos 29 a 32):

- Se o empreendedor estiver sujeito à elaboração de demonstrações financeiras consolidadas, terá que aplicar obrigatoriamente o MEP nas demonstrações financeiras individuais (nas demonstrações financeiras consolidadas segue o método de consolidação proporcional).
- Se o empreendedor não estiver sujeito à elaboração de demonstrações financeiras consolidadas, o método recomendado para mensurar o investimento

nas demonstrações financeiras individuais é o método de consolidação proporcional, sendo, contudo, permitida a sua mensuração pelo MEP.

A aplicação do MEP deve ser descontinuada (NCRF 13, parágrafos 44, 47 e 54):

1. Quando se observarem as exceções já descritas.
2. Se o investidor deixar de exercer influência significativa sobre uma associada (e a mesma não se tornar uma subsidiária ou uma entidade conjuntamente controlada à qual o MEP seja aplicável).
3. Se o empreendedor deixar de exercer controlo conjunto sobre uma entidade conjuntamente controlada (e a mesma não se tornar uma associada ou uma subsidiária).
4. Se o investidor deixar de controlar uma subsidiária (e a mesma não se tornar uma associada ou uma entidade conjuntamente controlada à qual o MEP seja aplicável).
5. Em certas situações de acumulação de perdas pela investida.

Nas situações 1. a 4., a descontinuação da aplicação do MEP implica a mensuração do investimento, a partir dessa data, de acordo com a NCRF 27, ou seja, pelo modelo do justo valor ou, caso este não possa ser aplicado, pelo modelo do custo (NCRF 13, parágrafos 47 a 49).

4.2.3. Reconhecimento e mensuração inicial

Quando, numa única aquisição, a participação proporciona influência significativa ou controlo, o MEP começa a ser aplicado de imediato. Neste caso, o reconhecimento inicial ocorre na data da aquisição, sendo o investimento mensurado pelo seu custo de aquisição. Nesta data, deve-se determinar a diferença entre custo de aquisição e o interesse no justo valor líquido dos ativos, passivos e passivos contingentes identificáveis adquiridos. Esta diferença, quando positiva, traduz o custo de aquisição do *goodwill* e, quando negativa, corresponde ao *goodwill* negativo (NCRF 13, parágrafo 52).

O ***goodwill*** (positivo) deve ser apresentado separadamente da restante parte da quantia escriturada do investimento. Esse *goodwill* deve ser amortizado durante a sua vida útil ou em 10 anos caso a vida útil não possa ser estimada (NCRF 14, parágrafo 46). O *goodwill* está também sujeito a perdas por imparidade, determinadas de acordo com a NCRF 12 - Imparidade de ativos, sendo a reversão destas perdas proibida. Desta forma, a quantia escriturada do *goodwill* é o seu custo de aquisição menos amortizações acumuladas e menos perdas por imparidade acumuladas.

O ***goodwill* negativo** deve ser excluído da quantia escriturada do investimento e reconhecido nos resultados, como um ganho, à data da sua realização (NCRF 13, parágrafo 52).

Para além da situação de uma única aquisição, pode acontecer que a influência significativa decorra de aquisições por fases ou da ocorrência de factos que, associados à percentagem detida, passem a conferir influência significativa. Neste caso, haverá que proceder a uma alteração do método de mensuração que vinha sendo aplicado (Método do Custo ou Justo Valor) para o MEP, sendo o *goodwill* determinado à data do início da aplicação do MEP, ou seja, tendo por base o justo valor líquido dos ativos, passivos e passivos contingentes identificáveis nessa data (NCRF 13, parágrafo 52; NCRF 14 parágrafos 51 e 52). Para tal, torna-se necessário, previamente, remensurar a participação detida para o justo valor, sendo este o "custo" para efeitos de reconhecimento inicial no MEP.

De salientar que, desde 2016, a conta "5711 Ajustamentos em Ativos Financeiros – Relacionados com o Método da Equivalência Patrimonial – Ajustamentos de transição" deixou de servir de contrapartida ao "ajustamento de transição" para o MEP, destinando-se apenas a registar "os saldos dos ajustamentos de transição aquando da primeira aplicação do SNC". Este novo âmbito da rubrica 5711 parece referir-se às situações em que a transição para o MEP ocorre a par da alteração de referencial contabilístico, ou seja da passagem da NCRF-PE ou NC-ME para as NCRF.

4.2.4. Ajustamentos posteriores

Os procedimentos inerentes à aplicação do MEP encontram-se definidos na NCRF 13 e nas Notas de Enquadramento às subcontas: "5712 Ajustamentos em Ativos Financeiros – Relacionados com o Método da Equivalência Patrimonial – Lucros não atribuídos"; "5713 Ajustamentos em Ativos Financeiros – Relacionados com o Método da Equivalência Patrimonial – Decorrentes de outras variações nos capitais próprios"; "6852 Outros Gastos – Gastos em subsidiárias, associadas e empreendimentos conjuntos – Aplicação do método da equivalência patrimonial" e "7851 Outros Rendimentos – Rendimentos em subsidiárias, associadas e empreendimentos conjuntos – Aplicação do método da equivalência patrimonial".

Sucintamente, depois do reconhecimento inicial, o investimento financeiro é **ajustado em função**:

1. Da realização do *goodwill* negativo.
2. Da quota-parte nos lucros ou prejuízos da investida, após a aquisição.
3. Da quota-parte em outras alterações verificadas, após a aquisição, nos capitais próprios da investida.
4. Das distribuições de lucros à investidora ou das entradas efetuadas pela investidora para cobertura de prejuízos.
5. Do tratamento dado às diferenças entre o justo valor dos ativos e dos passivos adquiridos e as suas quantias escrituradas (diferenças de avaliação), como por exemplo, a depreciação dos ativos depreciáveis baseada nos seus justos valores à data da aquisição.
6. Dos resultados não realizados resultantes de operações ascendentes e descendentes.

O ajustamento referido em 2. é efetuado nas subcontas 6852 e 7851, respetivamente quando se trate de prejuízos ou lucros. Se a parte de um investidor nas perdas de uma investida igualar ou exceder o seu interesse, o investidor descontinua o reconhecimento da sua parte nas perdas adicionais. O interesse numa investida é a quantia escriturada do investimento determinado de acordo com o MEP juntamente com quaisquer interesses de longo prazo que, em substância, façam parte do investimento líquido do investidor na investida. Depois de o interesse do investidor ser reduzido a zero, as perdas adicionais são tidas em conta mediante o reconhecimento de um passivo, só na medida em que o investidor tenha incorrido em obrigações legais ou construtivas ou tenha feito pagamentos a favor da investida. Se, posteriormente, a investida relatar lucros, o investidor retoma o reconhecimento da sua parte nesses lucros somente após a sua parte nos lucros igualar a parte das perdas não reconhecidas.

O ajustamento referido em 3. é efetuado na subconta 5713.

Quando os ajustamentos referidos em 4. consistam em distribuições recebidas de uma investida, as mesmas reduzem a quantia escriturada do investimento. Dever-se-ão ainda reconhecer os lucros não atribuídos, de acordo com a nota de enquadramento à subconta 5712, a qual estabelece que "esta conta será creditada pela diferença entre os lucros imputáveis às participações e os lucros que lhes forem atribuídos (dividendos), movimentando-se em contrapartida a conta 56 - Resultados transitados".

Relativamente ao ajustamento referido em 6., de acordo com o parágrafo 51 da NCRF 13, "os resultados provenientes de transações «ascendentes» e «descendentes» entre um investidor (incluindo as suas subsidiárias consolidadas) e uma associada são reconhecidos nas demonstrações financeiras do investidor somente na medida em que correspondam aos interesses de outros investidores na associada, não relacionados com o investidor. Transações «ascendentes» são, por exemplo, vendas de ativos de uma associada ao investidor. Transações «descendentes» são, por exemplo, vendas de ativos do investidor a uma associada. Assim, a parte do investidor nos resultados da associada resultantes destas transações é eliminada".

4.2.5. Perdas por imparidade

À data de balanço, a entidade deve determinar se é necessário reconhecer qualquer perda por imparidade para o investimento financeiro. Para o efeito, deve comparar a sua quantia recuperável com a sua quantia escriturada (a qual deve incluir o *goodwill*). A quantia recuperável deve ser determinada de acordo com a NCRF 12 – Imparidade de Ativos, consistindo no maior entre o valor de uso e o justo valor menos os custos de vender.

Caso exista uma perda por imparidade, a mesma deve ser imputada, primeiramente, ao *goodwill*. Se a quantia recuperável do investimento aumentar subsequentemente, deve ser efetuada a reversão da correspondente perda por imparidade. Uma perda por imparidade reconhecida para o *goodwill* não deve ser revertida num período posterior.

Ao determinar o valor de uso do investimento, uma entidade deve estimar a (NCRF 13, parágrafo 57):

a) sua parte no valor presente dos futuros fluxos de caixa estimados que se espera que venham a ser gerados pela investida, incluindo os fluxos de caixa das operações da investida e os proventos da alienação final do investimento; ou
b) o valor presente dos futuros fluxos de caixa estimados que se espera que surjam de dividendos a serem recebidos do investimento e da sua alienação final.

4.2.6. Impostos diferidos

O n.º 8 do art.º 18.º do Código do Imposto sobre o Rendimento das Pessoas Coletivas (CIRC) estabelece que "os rendimentos e gastos, assim como quaisquer outras variações patrimoniais, relevados em consequência da utilização do método da equivalência patrimonial ou, no caso de empreendimentos conjuntos que sejam sujeitos passivos de Imposto sobre o Rendimento de Pessoas Coletivas (IRC), do método de consolidação proporcional, não concorrem para a determinação do lucro tributável, devendo os rendimentos provenientes dos lucros distribuídos ser imputados ao período de tributação em que se adquire o direito aos mesmos".

Os art.ºs 21.º e 24.º do CIRC, relativos às variações patrimoniais positivas e negativas, respetivamente, também instituem que não concorrem para a formação do lucro tributável as variações patrimoniais não refletidas no resultado líquido do período decorrentes de mais e menos-valias potenciais ou latentes, ainda que expressas na contabilidade. Como consequência da aplicação do MEP, podemos incluir nestas as variações patrimoniais relevadas na rubrica "57 Ajustamentos em ativos financeiros".

Como se referiu anteriormente, a aplicação do MEP implica que os resultados atribuídos sejam reconhecidos como uma redução do investimento financeiro. No entanto, para efeitos fiscais, devem de acordo com o n.º 8 do art.º 18.º do CIRC, ser imputados ao período de tributação em que se adquire o direito aos mesmos. Assim, os dividendos atribuídos (contabilisticamente, creditados na rubrica de "investimentos financeiros"), devem ser sujeitos a tributação (através de uma correção fiscal positiva). Todavia, esta tributação poderá ser anulada pela aplicação da eliminação da dupla tributação económica de lucros e reservas distribuídos, prevista no art.º 51.º do CIRC.

O n.º 1 do art.º 51.º do CIRC preconiza que os lucros e reservas distribuídos a sujeitos passivos de IRC, com sede ou direção efetiva em território português, não concorrem para a determinação do lucro tributável, desde que se verifiquem cumulativamente determinados requisitos.

A NCRF 25 – Impostos sobre o Rendimento, estabelece no seu parágrafo 36 que uma entidade deve reconhecer um passivo por impostos diferidos para todas as diferenças temporárias tributáveis associadas aos investimentos em subsidiárias, sucursais e associadas e interesses em empreendimentos conjuntos, exceto até ao ponto em que as seguintes condições sejam ambas satisfeitas:

a) Que a empresa-mãe, o investidor ou o empreendedor seja capaz de controlar a tempestividade da reversão da diferença temporária; e
b) Que seja provável que a diferença temporária não reverterá no futuro previsível.

Por sua vez uma entidade deve reconhecer um ativo por impostos diferidos para todas as diferenças temporárias dedutíveis provenientes de investimentos em subsidiárias, sucursais, associadas e interesses em empreendimentos conjuntos, até ao ponto em que, e somente até ao ponto em que, seja provável que:

a) A diferença temporária reverterá no futuro previsível; e
b) Estará disponível lucro tributável contra o qual a diferença temporária possa ser utilizada.

4.3. Método do Justo Valor (através dos resultados)

Este modelo encontra-se definido na NCRF 27 – Instrumentos Financeiros, onde o justo valor é definido como "a quantia pela qual um ativo pode ser trocado ou um passivo liquidado, entre partes conhecedoras e dispostas a isso, numa transação em que não exista relacionamento entre elas". No contexto desta norma, o justo valor é determinado tendo por referência:

- um valor de mercado, relativamente aos instrumentos financeiros para os quais possa ser facilmente identificado um mercado fiável; ou
- quando o valor de mercado não puder ser fiavelmente determinado:
  (i) o valor de mercado dos componentes dos instrumentos financeiros ou de um instrumento semelhante; ou
  (ii) um valor resultante de modelos e técnicas de avaliação, geralmente aceites para os instrumentos financeiros para os quais não possa ser facilmente identificado um mercado fiável, devendo esses modelos ou técnicas de avaliação assegurar uma aproximação razoável ao valor de mercado.

Uma entidade deve mensurar ao justo valor, por contrapartida de resultados, as partes de capital **noutras entidades** e as adquiridas como **ativo detido para negociação**, para as quais o justo valor possa ser determinado com fiabilidade.

Segundo este método, uma parte de capital deve ser mensurada no reconhecimento inicial pelo seu justo valor, sem incluir os custos de transação diretamente atribuíveis à aquisição (que deverão ser reconhecidos como gastos). Subsequentemente, a cada data de relato, a parte de capital deve ser apresentada em balanço pelo seu justo valor, sendo as alterações no mesmo reconhecidas na demonstração dos resultados. Neste método não há reconhecimento de perdas por imparidade.

4.4. Método do Custo

O método do custo é um modelo de mensuração com caráter "residual", de aplicação às partes de capital às quais não sejam aplicáveis os métodos anteriores, como é o caso daquelas que não são negociadas publicamente e cujo justo valor não possa ser obtido de forma fiável (NCRF 27, parágrafo 11).

Este método encontra-se definido na NCRF 27 – Instrumentos Financeiros, segundo a qual as partes de capital que sejam designadas para serem mensuradas pelo método do custo devem ser reconhecidas inicialmente pelo justo valor, acrescido dos custos de transação que sejam diretamente atribuíveis à sua aquisição, o que corresponderá ao seu custo de aquisição. Posteriormente, o saldo do ativo financeiro será ajustado pelas perdas por imparidade que venham a verificar-se. A reversão de perdas por imparidade em partes de capital mensuradas pelo método do custo é proibida.

4.5. Pequenas entidades, Entidades do Setor Não lucrativo e Microentidades

A Norma Contabilística e de Relato Financeiro para Pequenas Entidades (NCRF-PE) (parágrafo 17.6) prevê a mensuração dos investimentos em subsidiárias, associadas e entidades conjuntamente controladas pelo método do custo. Porém, permite a aplicação do MEP para estes investimentos, de acordo com o previsto na NCRF 13, desde que essa opção seja aplicada a todos os investimentos da mesma natureza (parágrafo 17.7). A ser efetuada esta opção, a imparidade destes investimentos deve seguir o previsto na NCRF 12 – Imparidade de Ativos e na NCRF 13 – Interesses em Empreendimentos Conjuntos e Investimentos em Associadas.

A NCRF-PE (parágrafos 17.8 e 17.9) apenas permite a adoção do modelo justo valor através dos resultados na mensuração de partes de capital (ações) quando estas sejam negociadas em mercado líquido e regulamentado. Se uma parte de capital que vinha sendo mensurada ao justo valor, deixar de estar negociada em mercado líquido e regulamentado, a sua quantia escriturada à data da ocorrência desse facto torna-se a quantia de custo, para posterior mensuração pelo método do custo.

A Norma Contabilística e de Relato Financeiro para as Entidades do Setor Não Lucrativo (NCRF-ESNL) não prevê o método da equivalência patrimonial. Todavia, atendendo às regras de integração de lacunas que constam do parágrafo 2.3 da NCRF-ESNL, dever-se-á aplicar o MEP sempre que tal se revele fundamental na obtenção de informação que, de forma verdadeira e apropriada, traduza a posição financeira, o desempenho da entidade e as alterações na posição financeira de uma entidade que seja útil a um vasto leque de utentes na tomada de decisões económicas. Segundo a NCRF-ESNL (parágrafo 17.4) as partes de capital (ações) negociadas em mercado líquido e regulamentado, devem ser mensuradas pelo método do justo valor através dos resultados. Quando não for aplicável nenhum dos métodos anteriores, aplicar-se-á o método do custo.

De acordo com a Norma Contabilística para Microentidades (NC-ME) as partes de capital serão sempre mensuradas pelo método do custo, já que este é o único método permitido na mensuração de ativos financeiros (parágrafo 17.3).

4.6. Casos Práticos

Nota Prévia

Na proposta de resolução dos casos práticos segue-se o quadro de contas do SNC, com a desagregação prevista na tabela das taxonomias constante do Anexo II à Portaria n.º 302/2016, de 2 de dezembro. Adicionalmente, as autoras adotam uma desagregação nomeadamente nas contas 278 – Outros devedores e credores e 4111 – Investimentos financeiros – Investimentos em subsidiárias – Participações de capital – MEP, que constitui uma sugestão para o leitor e que pode ser ajustada em função das necessidades de cada entidade. Uma desagregação idêntica à proposta para a conta 4111 pode ser seguida nas contas 4121 e 4131, respetivamente, para os investimentos em associadas e entidades conjuntamente controladas mensurados pelo MEP. Para uma melhor compreensão, apresenta-se de seguida a desagregação proposta (as subcontas sugeridas pelas autoras encontram-se a negrito).

27	Outras Contas a Receber e a Pagar
278	Outros devedores e credores
2781	Outros devedores e credores – corrente
27811	**Resultados atribuídos**
27812	**Lucros disponíveis**

41	Investimentos Financeiros
411	Investimentos em subsidiárias
4111	Participações de capital – MEP
41111	Participações de capital
411111	**Quota-parte nos capitais próprios**
411112	**Diferenças de avaliação**
411113	***Goodwill* negativo**
411114	**Quota-parte no resultado do período**
411115	**Lucros atribuídos**
411116	**Quota-parte de outras variações nos capitais próprios**
411117	**Quota-parte nos resultados não realizados**
411118	**Cobertura de prejuízos**
411119	**Ajustamento de transição**
41112	Goodwill

Caso Prático 4.6.1 – Método do custo

Em 30/06/N, a empresa MNO, Lda. adquiriu 15% do capital e igual percentagem dos direitos de voto da empresa DEF, Lda., tendo o respetivo custo de aquisição sido de 1.000 euros.

Em março do ano N+1, em Assembleia Geral, os sócios da empresa DEF, Lda. deliberaram não distribuir quaisquer lucros. O resultado líquido da empresa DEF, Lda., no ano N+1, ascendeu a 1.200 euros.

Em março do ano N+2, em Assembleia Geral, os sócios da empresa DEF, Lda. deliberaram distribuir 60% dos lucros do ano N+1. Os lucros foram colocados à disposição e pagos aos acionistas em abril do ano N+2, sujeitos a retenção na fonte de IRC à taxa de 25%.

Sabe-se ainda que a quantia recuperável do investimento, a 31/12 de cada um dos anos, foi a seguinte (valores em euros):

	31/12/N	31/12/N+1	31/12/N+2
Quantia recuperável	930	950	900

Pedido:

Admitindo que a percentagem adquirida não permite exercer influência significativa, nem é possível determinar o justo valor da participação, proceda aos lançamentos contabilísticos dos anos N, N+1 e N+2 na empresa MNO, Lda..

Proposta de resolução:

Não existindo controlo nem influência significativa e não sendo possível determinar o justo valor da participação, deve neste caso aplicar-se o método do custo.

Pela aquisição

	30/06/N		
41	Investimentos Financeiros		
414	Investimentos noutras empresas		
4141	Investimentos noutras empresas – participações de capital	1.000	
12	Depósitos à Ordem		1.000

Final de N

Quantia escriturada = 1.000

Quantia recuperável = 930

Logo, perda por imparidade = 70

Pelo reconhecimento da perda por imparidade

	31/12/N		
65	Perdas por Imparidade		
653	Em investimentos financeiros	70	
41	Investimentos Financeiros		
419	Perdas por imparidade acumuladas		70

Final de N+1

Quantia escriturada = 930

Quantia recuperável = 950

Reversão = 20, no entanto a normalização proíbe a reversão neste caso.

N+2

*Pelos lucros atribuídos (1.200 * 60% * 15%)*

	março/N+2		
27	Outras Contas a Receber e a Pagar		
278	Outros devedores e credores		
2781	Outros devedores e credores – corrente		
27811	Resultados atribuídos	108	
79	Juros, dividendos e outros rendimentos similares		
792	Dividendos obtidos		108

Pela disponibilização dos lucros

	abril/N+2		
27	Outras Contas a Receber e a Pagar		
278	Outros devedores e credores		
2781	Outros devedores e credores – corrente		
27812	Lucros disponíveis	81	
24	Estado e outros entes públicos		
241	Imposto sobre o rendimento	27	
27	Outras Contas a Receber e a Pagar		
278	Outros devedores e credores		
2781	Outros devedores e credores – corrente		
27811	Resultados atribuídos		108

Pelo recebimento

	abril/N+2		
12	Depósitos à Ordem	81	
27	Outras Contas a Receber e a Pagar		
278	Outros devedores e credores		
2781	Outros devedores e credores - corrente		
27812	Lucros disponíveis		81

Final de N+2

Quantia escriturada = 930

Quantia recuperável = 900

Logo, perda por imparidade = 30

Pelo reconhecimento da perda por imparidade

	31/12/N+2		
65	Perdas por Imparidade		
653	Em investimentos financeiros	30	
41	Investimentos Financeiros		
419	Perdas por imparidade acumuladas		30

Caso Prático 4.6.2 – Método do justo valor através dos resultados

A sociedade WATERSON, S.A. adquiriu, em 15/12/N, 15.000 ações da sociedade ARTILIO, S.A. com o intuito de as vender até ao final do mês seguinte. Nesta data a cotação das ações era de 2,45 euros. As despesas relacionadas com a aquisição das 15.000 ações ascenderam a 500 euros.

A cotação de fecho das ações da sociedade ARTILIO, S.A., a 31/12/N, era de 2,25 euros.

A venda das ações realizou-se a 31/01/N+1 ao preço unitário de 2,55 euros, tendo envolvido despesas de venda no montante de 550 euros.

Pedido:

Efetue todos os lançamentos associados às operações descritas.

Proposta de resolução:

De acordo com NCRF 27 – Instrumentos Financeiros, a aquisição das 15.000 ações deve ser reconhecida à data de aquisição, pelo justo valor sem incluir no valor do investimento os custos de transação, e à data de balanço pelo justo valor com contrapartida em resultados.

Pela aquisição das 15.000 ações

	15/12/N		
14	Outros Instrumentos Financeiros		
142	Instrumentos financeiros detidos para negociação	36.750	
62	Fornecimentos e Serviços Externos		
6227	Serviços Bancários	500	
12	Depósitos à Ordem		37.250

Pela remensuração para o justo valor a 31/12/N

Quantia escriturada = 36.750

Justo valor = 15.000 ações * 2,25 = 33.750

Assim, temos uma perda por redução do justo valor de 3.000 (36.750-33.750).

	31/12/N		
66	Perdas por reduções de justo valor		
661	Em instrumentos financeiros	3.000	
14	Outros Instrumentos Financeiros		
142	Instrumentos financeiros detidos para negociação		3.000

Pela venda das 15.000 ações

Quantia escriturada = 33.750

Preço de venda líquido = (15.000 ações * 2,55) - 550 = 37.700

Ganho na alienação = 37.700 - 33.750 = 3.950

	31/01/N+1		
12	Depósitos à Ordem	37.700	
78	Outros rendimentos		
7884	Ganhos em outros instrumentos financeiros		37.700

Pelo desreconhecimento das 15.000 ações

	31/01/N+1		
78	Outros rendimentos		
7884	Ganhos em outros instrumentos financeiros	33.750	
14	Outros Instrumentos Financeiros		
142	Instrumentos financeiros detidos para negociação		33.750

Caso Prático 4.6.3 – Aquisição de Investimento Financeiro sem *Goodwill*

A sociedade JACOBS, S.A. subscreveu, em junho de N, aquando da constituição da sociedade BENZ, S.A., uma participação de 60% no seu capital com direito a voto, por 1.800.000 euros. O capital social da sociedade BENZ, S.A. é constituído por 600.000 ações com um valor nominal unitário de 5 euros.

Pretende-se que:

Determine o valor do *Goodwill* e proceda aos lançamentos contabilísticos relativos à aquisição do investimento descrito.

Proposta de resolução:

% de participação = 60%

60% dos direitos de voto conferem o controlo, logo estamos perante uma subsidiária.

Goodwill implícito = Custo de aquisição – % no justo valor líquido dos ativos, passivos e passivos contingentes identificáveis à data de aquisição

= 1.800.000 – 60% * (600.000 ações * 5)

= 0

Pela subscrição das 360.000 ações

	junho/N		
41	Investimentos Financeiros		
411	Investimentos em subsidiárias		
4111	Participações de capital – MEP		
41111	Participações de capital		
411111	Quota-parte nos capitais próprios	1.800.000	
27	Outras contas a receber e a pagar		
275	Credores por subscrições não liberadas		
2751	Credores por subscrições não liberadas – corrente		1.800.000

Pela realização

	junho/N		
27	Outras contas a receber e a pagar		
275	Credores por subscrições não liberadas		
2751	Credores por subscrições não liberadas – corrente	1.800.000	
12	Depósitos à Ordem		1.800.000

Caso Prático 4.6.4 – Aquisição de Investimento Financeiro com *Goodwill*

A sociedade CARDINAL, S.A. adquiriu, em março de N, a pronto pagamento, 300.000 ações da sociedade FELDMEN, S.A..

À data da aquisição, o capital social da sociedade FELDMEN, S.A. estava dividido em 750.000 ações e o total do seu capital próprio correspondia a 1.125.000 euros que igualava o justo valor líquido dos seus ativos, passivos e passivos contingentes identificáveis.

Pretende-se que:

Determine o valor do *Goodwill* e proceda aos lançamentos contabilísticos relativos à aquisição do investimento descrito relativos ao período de N, admitindo que o custo de aquisição do mesmo foi:

a) 525.000 euros
b) 420.000 euros

Proposta de resolução:

% de participação = 300.000/750.000 = 0,4

40% dos direitos de voto conferem influência significativa, logo estamos perante uma associada.

Alínea a)

Goodwill implícito = Custo de aquisição – % no justo valor líquido dos ativos, passivos e passivos contingentes identificáveis à data de aquisição

= 525.000 – 40% * 1.125.000

= 75.000

O registo contabilístico inicial será efetuado pelo valor de 525.000, dos quais 75.000, referentes ao *goodwill*, ficam evidenciados numa conta separada do restante investimento, devendo ser obrigatoriamente apresentado no balanço numa rubrica especifica (e separada do restante investimento) do ativo não corrente.

Pela aquisição das 300.000 ações

	março/N		
41	Investimentos Financeiros		
412	Investimentos em associadas		
4121	Participações de capital - MEP		
41211	Participações de capital		
412111	Quota-parte nos capitais próprios	450.000	
41212	Goodwill	75.000	
12	Depósitos à Ordem		525.000

Pela amortização do goodwill no final de N
Vida útil estimada = 10 anos
Amortização anual = 75.000/10 = 7.500
Amortização do período N = 7.500 * 10/12 = 6.250

	31/12/N		
64	Gastos de depreciação e de amortização		
645	Investimentos Financeiros		
6451	Goodwill	6.250	
41	Investimentos Financeiros		
418	Amortizações acumuladas		
4181	Participações de Capital - MEP		
41812	Investimentos em associadas - Goodwill		6.250

Alínea b)

Goodwill implícito = Custo de aquisição – % no justo valor líquido dos ativos, passivos e passivos contingentes identificáveis à data de aquisição

= 420.000 – 40% * 1.125.000

= (30.000)

Como a diferença é negativa, estamos perante *goodwill* negativo, o qual deve ser reconhecido como rendimento, à data da sua realização, após se garantir que os ativos e passivos foram corretamente avaliados.

No pressuposto de que a data de realização do *goodwill* negativo ocorre durante o período N, para além do registo contabilístico inicial do custo de aquisição, é reconhecido adicionalmente o rendimento.

Pela aquisição das 300.000 ações

	março/N		
41	Investimentos Financeiros		
412	Investimentos em associadas		
4121	Participações de capital - MEP		
41211	Participações de capital		
412111	Quota-parte nos capitais próprios	450.000	
412113	Goodwill negativo		30.000
12	Depósitos à Ordem		420.000

Pela realização do goodwill negativo

	N		
41	Investimentos Financeiros		
412	Investimentos em associadas		
4121	Participações de capital - MEP		
41211	Participações de capital		
412113	Goodwill negativo	30.000	
78	Outros Rendimentos		
7858	Outros Rendimentos		30.000

Caso Prático 4.6.5 – Imputação do resultado positivo da participada

A entidade INVEST apresenta um saldo de 300.000 euros na conta "41211 – Participações de capital", relativo a uma participação financeira de 35% na entidade BETA, detida desde o período N-5 e reconhecida pelo método da equivalência patrimonial.

No período N, a entidade BETA obteve um resultado líquido positivo de 120.000 euros.

Pedido:

Apresente o registo contabilístico referente à imputação do resultado da participada.

Proposta de resolução:

Sendo a percentagem de participação detida de 35%, a imputação, na entidade INVEST do lucro obtido pela entidade BETA, determina-se do seguinte modo:

= 120.000 * 35% = 42.000

	31/12/N		
41	Investimentos Financeiros		
412	Investimentos em associadas		
4121	Participações de capital – MEP		
41211	Participações de capital		
412114	Quota-parte no resultado do período	42.000	
78	Outros Rendimentos		
785	Rendimentos em subsidiárias, associadas e empreendimentos conjuntos		
7851	Aplicação do MEP		42.000

Caso Prático 4.6.6 – Imputação do resultado negativo da participada

A entidade INVESTIR apresenta um saldo de 460.000 euros na conta "41211 – Participações de capital", relativo a uma participação financeira de 30% na entidade ALFA, detida desde o período N-5 e reconhecida pelo método da equivalência patrimonial.

No período N, a entidade ALFA obteve um resultado líquido negativo de 90.000 euros.

Pedido:

Apresente o registo contabilístico referente à imputação do resultado da participada.

Proposta de resolução:

Sendo a percentagem de participação detida de 30%, a imputação, na entidade INVESTIR do prejuízo obtido pela entidade ALFA, determina-se do seguinte modo:

= 90.000 * 30% = 27.000

	31/12/N		
68	Outros Gastos		
685	Gastos em subsidiárias, associadas e empreendimentos conjuntos		
6852	Aplicação do MEP	27.000	
41	Investimentos Financeiros		
412	Investimentos em associadas		
4121	Participações de capital – MEP		
41211	Participações de capital		
412114	Quota-parte no resultado do período		27.000

Caso Prático 4.6.7 – Imputação do resultado positivo da participada, com resultados positivos à data de aquisição

No início de julho de N, a entidade XPTO adquiriu 40% do capital na entidade GAMA, por 280.000 euros. Nessa data os capitais próprios da entidade GAMA eram de 600.000 euros, neles se incluindo um capital social de 250.000 euros, reservas e resultados transitados de 200.000 euros e um resultado líquido positivo relativo ao 1.º semestre de N de 150.000 euros.

No período N, a entidade GAMA obteve um resultado líquido positivo de 320.000 euros.

Pedido:

Apresente o registo contabilístico referente à imputação do resultado da participada.

Proposta de resolução:

Sendo a percentagem de participação detida de 40%, a imputação, na entidade XPTO do lucro gerado pela entidade GAMA, após a aquisição, determina-se do seguinte modo:

= (320.000 – 150.000) * 40% = 68.000

	31/12/N		
41	Investimentos Financeiros		
412	Investimentos em associadas		
4121	Participações de capital – MEP		
41211	Participações de capital		
412114	Quota-parte no resultado do período	68.000	
78	Outros Rendimentos		
785	Rendimentos em subsidiárias, associadas e empreendimentos conjuntos		
7851	Aplicação do MEP		68.000

Caso Prático 4.6.8 – Imputação do resultado negativo da participada, com resultados positivos à data de aquisição

No início de julho de N, a entidade VECER adquiriu 35% do capital na entidade OMEGA, por 150.000 euros. Nessa data os capitais próprios da entidade OMEGA eram de 400.000 euros, neles se incluindo um capital social de 200.000 euros, reservas e resultados transitados de 150.000 euros e um resultado líquido positivo relativo ao 1.º semestre de N de 50.000 euros.

No período N, a entidade OMEGA obteve um resultado líquido negativo de 150.000 euros.

Pedido:

Apresente o registo contabilístico referente à imputação do resultado da participada.

Proposta de resolução:

Sendo a percentagem de participação detida de 35%, a imputação, na entidade VECER do resultado obtido pela entidade OMEGA, após a aquisição, determina-se do seguinte modo:

RLP = Resultado no momento da aquisição + Resultado gerado após a aquisição
– 150.000 = 50.000 + Resultado gerado após a aquisição
Resultado gerado após a aquisição = – 150.000 – 50.000 = – 200.000, logo
% no resultado gerado após a aquisição = (200.000) * 35% = (70.000)

	31/12/N		
68	Outros Gastos		
685	Gastos em subsidiárias, associadas e empreendimentos conjuntos		
6852	Aplicação do MEP	70.000	
41	Investimentos Financeiros		
412	Investimentos em associadas		
4121	Participações de capital – MEP		
41211	Participações de capital		
412114	Quota-parte no resultado do período		70.000

Caso Prático 4.6.9 – Imputação do resultado positivo da participada, com resultados negativos à data de aquisição

No início de julho de N, a entidade ABC adquiriu 40% do capital na entidade XYZ, por 180.000 euros. Nessa data os capitais próprios da entidade XYZ eram de 400.000 euros, neles se incluindo um capital social de 250.000 euros, reservas e resultados transitados de 210.000 euros e um resultado líquido negativo relativo ao 1.º semestre de N de 60.000 euros.

No período N, a entidade XYZ obteve um resultado líquido positivo de 180.000 euros.

Pedido:

Apresente o registo contabilístico referente à imputação do resultado da participada.

Proposta de resolução:

Sendo a percentagem de participação detida de 40%, a imputação, na entidade ABC do lucro obtido pela entidade XYZ, após a aquisição, determina-se do seguinte modo:

RLP = Resultado no momento da aquisição + Resultado gerado após a aquisição
180.000 = – 60.000 + Resultado gerado após a aquisição
Resultado gerado após a aquisição = 180.000 + 60.000 = 240.000, logo
% no resultado gerado após a aquisição = 240.000 * 40% = 96.000

	31/12/N		
41	Investimentos Financeiros		
412	Investimentos em associadas		
4121	Participações de capital – MEP		
41211	Participações de capital		
412114	Quota-parte no resultado do período	96.000	
78	Outros Rendimentos		
785	Rendimentos em subsidiárias, associadas e empreendimentos conjuntos		
7851	Aplicação do MEP		96.000

Caso Prático 4.6.10 – Imputação do resultado negativo da participada, com resultados negativos à data de aquisição

No início de julho de N, a entidade VOUGA adquiriu 38% do capital na entidade DTC, por 170.000 euros. Nessa data os capitais próprios da entidade DTC eram de 400.000 euros, neles se incluindo um capital social de 250.000 euros, reservas e resultados transitados de 250.000 euros e um resultado líquido negativo relativo ao 1.º semestre de N de 100.000 euros.

No período N, a entidade DTC obteve um resultado líquido negativo de 350.000 euros.

Pedido:

Apresente o registo contabilístico referente à imputação do resultado da participada.

Proposta de resolução:

Sendo a percentagem de participação detida de 38%, a imputação, na entidade VOUGA do prejuízo obtido pela entidade DTC, após a aquisição, determina-se do seguinte modo:

RLP = Resultado no momento da aquisição + Resultado gerado após a aquisição
– 350.000 = – 100.000 + Resultado gerado após a aquisição
Resultado gerado após a aquisição = – 350.000 + 100.000 = – 250.000, logo
% no resultado gerado após a aquisição = (250.000) * 38% = (95.000)

	31/12/N		
68	Outros Gastos		
685	Gastos em subsidiárias, associadas e empreendimentos conjuntos		
6852	Aplicação do MEP	95.000	
41	Investimentos Financeiros		
412	Investimentos em associadas		
4121	Participações de capital – MEP		
41211	Participações de capital		
412114	Quota-parte no resultado do período		95.000

Caso Prático 4.6.11 – Imputação do resultado da participada, quando esta possui ações preferenciais sem voto

A entidade ECO apresenta um saldo de 280.000 euros na conta "41211 – Participações de capital", relativo a uma participação financeira de 40% na entidade JOTA, reconhecida pelo método da equivalência patrimonial.

O capital social da entidade JOTA integra 200.000 ações preferenciais sem voto que conferem um dividendo preferencial (prioritário e adicional) de 5% do valor nominal, que corresponde a 1 euro. A participação financeira da entidade ECO na entidade JOTA integra apenas ações ordinárias.

No período de N, a entidade JOTA obteve um resultado líquido positivo de 110.000 euros.

Pedido:

Apresente o registo contabilístico referente à imputação do resultado da participada.

Proposta de resolução:

As ações preferenciais sem voto conferem aos seus detentores o direito a um dividendo prioritário (5% do valor nominal) relativamente ao resultado distribuível. Assim, como a empresa ECO não possui ações preferenciais sem voto da entidade JOTA, no cálculo da sua parte nos resultados da JOTA deve ser ajustada dos dividendos preferenciais de tais ações.

Sendo a percentagem de participação detida de 40%, a imputação, na entidade ECO do lucro obtido pela entidade JOTA, determina-se neste caso do seguinte modo:

$$= [(110.000 - (200.000 * 1 * 5\%))] * 40\% = 40.000$$

	31/12/N		
41	Investimentos Financeiros		
412	Investimentos em associadas		
4121	Participações de capital - MEP		
41211	Participações de capital		
412114	Quota-parte no resultado do período	40.000	
78	Outros Rendimentos		
785	Rendimentos em subsidiárias, associadas e empreendimentos conjuntos		
7851	Aplicação do MEP		40.000

Caso Prático 4.6.12 – Aquisição de Investimento Financeiro com *Goodwill* e Diferenças de Avaliação em Ativos não Depreciáveis (1)

Em 01/07/N, a sociedade LAKE, S.A. adquiriu 75% do capital e igual percentagem dos direitos de voto da sociedade GREEN, S.A., tendo o respetivo custo de aquisição sido 750.000 euros, pago por transferência bancária.

Com referência à data de aquisição obtiveram-se as seguintes informações (valores em euros):

	Quantias auditadas	Justos valores
Ativos	1.625.000	1.812.500
Passivos	937.500	937.500
Capitais próprios	687.500	875.000

Sabe-se ainda que a diferença entre os justos valores e as quantias auditadas dos ativos respeita a um terreno.

Pedido:

Efetue os lançamentos contabilísticos que traduzam a aplicação do método da equivalência patrimonial relativos ao período N.

Proposta de resolução:

% de participação = 75%

75% dos direitos de voto conferem controlo, logo estamos perante uma subsidiária.

Goodwill implícito = Custo de aquisição – % no justo valor líquido dos ativos, passivos e passivos contingentes identificáveis à data de aquisição

= 750.000 – 75% * 875.000

= 93.750

Decompondo:

Custo Aquisição = 750.000:

- % de participação no CP da participada (75% * 687.500): 515.625
- % de participação na diferença de avaliação (75% * 187.500): 140.625
- *Goodwill*: 93.750

A % na diferença de avaliação é "depreciada" durante a vida útil remanescente dos respetivos ativos. Como o terreno não é depreciável, não se efetua qualquer ajustamento. O ajustamento ocorrerá quando a GREEN, S.A. desreconhecer o terreno.

Pela aquisição das partes de capital

	01/07/N		
41	Investimentos Financeiros		
411	Investimentos em subsidiárias		
4111	Participações de capital - MEP		
41111	Participações de capital		
411111	Quota-parte nos capitais próprios	515.625	
411112	Diferenças de avaliação	140.625	
41112	Goodwill	93.750	
12	Depósitos à Ordem		750.000

Pela amortização do goodwill no final de N

Vida útil estimada = 10 anos

Amortização anual = 93.750/10 = 9.375

Amortização do período N = 9.375 * 6/12 = 4.687,5

	31/12/N		
64	Gastos de depreciação e de amortização		
645	Investimentos Financeiros		
6451	Goodwill	4.687,5	
41	Investimentos Financeiros		
418	Amortizações acumuladas		
4181	Participações de Capital – MEP		
41811	Investimentos em subsidiárias – Goodwill		4.687,5

Caso Prático 4.6.13 – Aquisição de Investimento Financeiro com *Goodwill* e Diferenças de Avaliação em Ativos não Depreciáveis (2)

A empresa XXX, S.A. adquiriu no início de N uma participação de 40% na sociedade YYY, S.A. por 200.000 euros. O capital próprio da YYY, S.A., à data da aquisição, correspondia a 400.000 euros. O justo valor dos inventários de YYY, S.A. excede a sua quantia escriturada em 50.000 euros. A empresa YYY, S.A. vendeu a totalidade dos inventários durante N. Nesse ano a YYY, S.A. obteve um resultado líquido do período de 60.000 euros.

Pedido:
Efetue os lançamentos contabilísticos que traduzam a aplicação do método da equivalência patrimonial relativos ao período N.

Proposta de resolução:
% de participação = 40%
40% dos direitos de voto conferem influência significativa, logo estamos perante uma associada.
Goodwill implícito = Custo de aquisição – % no justo valor líquido dos ativos, passivos e passivos contingentes identificáveis à data de aquisição
= 200.000 – 40% * (400.000 + 50.000)
= 20.000

Decompondo:
Custo Aquisição = 200.000:

- % de participação no CP da participada (40% * 400.000): 160.000
- % de participação na diferença de avaliação (40% * 50.000): 20.000
- *Goodwill*: 20.000

A % na diferença de avaliação dos inventários deve ser ajustada ao investimento financeiro aquando da sua realização, o que ocorre no período N dado que os inventários foram vendidos pela YYY, S.A. durante N.

Pela aquisição da participação financeira

	início de N		
41	Investimentos Financeiros		
412	Investimentos em associadas		
4121	Participações de capital – MEP		
41211	Participações de capital		
412111	Quota-parte nos capitais próprios	160.000	
412112	Diferenças de avaliação	20.000	
41212	Goodwill	20.000	
12	Depósitos à Ordem		200.000

Pela amortização do goodwill no final de N

Vida útil estimada = 10 anos

Amortização anual = 20.000/10 = 2.000

	31/12/N		
64	Gastos de depreciação e de amortização		
645	Investimentos Financeiros		
6451	Goodwill	2.000	
41	Investimentos Financeiros		
418	Amortizações acumuladas		
4181	Participações de Capital – MEP		
41812	Investimentos em associadas – Goodwill		2.000

*Pela % no RLP da YYY, S.A. (60.000 * 40%)*

	31/12/N		
41	Investimentos Financeiros		
412	Investimentos em associadas		
4121	Participações de capital – MEP		
41211	Participações de capital		
412114	Quota-parte no resultado do período	24.000	
78	Outros Rendimentos		
785	Rendimentos em subsidiárias, associadas e empreendimentos conjuntos		
7851	Aplicação do MEP		24.000

*Pela % na diferença de avaliação realizada no período N (50.000 * 40%)*

	31/12/N		
78	Outros Rendimentos		
785	Rendimentos em subsidiárias, associadas e empreendimentos conjuntos		
7851	Aplicação do MEP	20.000	
41	Investimentos Financeiros		
412	Investimentos em associadas		
4121	Participações de capital – MEP		
41211	Participações de capital		
412112	Diferenças de avaliação		20.000

Caso Prático 4.6.14 – Aquisição de Investimento Financeiro com *Goodwill* e Diferenças de Avaliação em Ativos Depreciáveis

A entidade BAY, S.A. adquiriu, em 2 de janeiro de N, uma participação financeira de 80% na entidade GRANT, S.A., pelo valor de 1.600.000 euros.

Àquela data, foi identificada uma diferença de avaliação positiva, em ativos fixos tangíveis depreciáveis, no valor de 480.000 euros, considerando uma depreciação, calculada por recurso ao método da linha reta, para uma vida útil remanescente igual a 10 anos.

O resultado líquido do período de N, na entidade GRANT, S.A., foi negativo de 292.000 euros.

Pretende-se que:

Efetue os lançamentos contabilísticos relativos à imputação do resultado da participada.

Proposta de resolução:

A % na diferença de avaliação deve ser ajustada ao Investimento Financeiro durante a vida útil remanescente dos respetivos ativos depreciáveis. Assim, a % na diferença de avaliação deve ser ajustada ao Investimento Financeiro durante 10 anos.

% na diferença de avaliação = 480.000 * 80% = 384.000

Realização anual = 384.000/10 = 38.400

*Pela % no RLP da GRANT, S.A. (292.000 * 80%)*

	31/12/N		
68	Outros Gastos		
685	Gastos em subsidiárias, associadas e empreendimentos conjuntos		
6852	Aplicação do MEP	233.600	
41	Investimentos Financeiros		
411	Investimentos em subsidiárias		
4111	Participações de capital - MEP		
41111	Participações de capital		
411114	Quota-parte no resultado do período		233.600

Pela % na diferença de avaliação realizada no período N

	31/12/N		
68	Outros Gastos		
685	Gastos em subsidiárias, associadas e empreendimentos conjuntos		
6852	Aplicação do MEP	38.400	
41	Investimentos Financeiros		
411	Investimentos em subsidiárias		
4111	Participações de capital - MEP		
41111	Participações de capital		
411112	Diferenças de avaliação		38.400

Caso Prático 4.6.15 – Atribuição de resultados

A entidade ABC, S.A. apresenta um saldo de 550.000 euros na conta "41211 – Participações de capital", relativo a uma participação financeira de 25% na entidade XYZ, S.A., detida desde o período de N-3 e mensurada pelo método da equivalência patrimonial.

No período de N, a entidade XYZ, S.A., obteve um resultado líquido positivo de 210.000 euros.

Em 31 de março de N+1, foi deliberado, em Assembleia Geral, a distribuição da totalidade dos resultados aos sócios/acionistas.

Os dividendos foram colocados à disposição e pagos em 30 de abril de N+1.

Pedido:

Efetue os lançamentos contabilísticos relativos à atribuição dos resultados.

Proposta de resolução:

Pelos lucros atribuídos

	31/03/N+1		
27	Outras Contas a Receber e a Pagar		
278	Outros devedores e credores		
2781	Outros devedores e credores - corrente		
27811	Resultados atribuídos	52.500	
41	Investimentos Financeiros		
412	Investimentos em associadas		
4121	Participações de capital - MEP		
41211	Participações de capital		
412115	Lucros atribuídos		52.500

Pelos lucros não atribuídos

Lucros imputados a 31/12/N = 210.000 * 25% = 52.500
Lucros atribuídos = 52.500

Assim, neste caso não há lucros não atribuídos.

Pela disponibilização dos lucros

	30/04/N+1		
27	Outras Contas a Receber e a Pagar		
278	Outros devedores e credores		
2781	Outros devedores e credores - corrente		
27812	Lucros disponíveis	52.500	
27	Outras Contas a Receber e a Pagar		
278	Outros devedores e credores		
2781	Outros devedores e credores - corrente		
27811	Resultados atribuídos		52.500

Pelo recebimento

	30/04/N+1		
12	Depósitos à Ordem	52.500	
27	Outras Contas a Receber e a Pagar		
278	Outros devedores e credores		
2781	Outros devedores e credores - corrente		
27812	Lucros disponíveis		52.500

Caso Prático 4.6.16 – Lucros não atribuídos

A entidade PAWN, S.A. apresenta um saldo de 600.000 euros na conta "41111 – Participações de capital", relativo a uma participação financeira de 65% na entidade KING, S.A. detida desde o período de N-1 e mensurada pelo método da equivalência patrimonial.

No período de N, a entidade KING, S.A. obteve um resultado líquido positivo de 75.000 euros. Em 31 de março de N+1, foi deliberado, em Assembleia Geral, a aplicação integral dos resultados em reservas livres, por forma a fazer face a eventuais prejuízos futuros.

Pedido:

Apresente o tratamento contabilístico correspondente à não atribuição de resultados.

Proposta de resolução:

Pelos lucros não atribuídos

Lucros imputados em N = 75.000 * 65% = 48.750

Lucros atribuídos = 0

Lucros não atribuídos = 48.750

	31/03/N+1		
56	Resultados Transitados	48.750	
57	Ajustamentos em ativos financeiros		
571	Relacionados com o método da equivalência patrimonial		
5712	Lucros não atribuídos		48.750

Caso Prático 4.6.17 – Resultados atribuídos e Lucros não atribuídos (1)

A entidade PLANO, S.A. apresenta um saldo de 750.000 euros na conta "41211 – Participações de capital", relativo a uma participação financeira de 35% na entidade SUMTER, S.A. detida desde o período de N-3 e reconhecida pelo método da equivalência patrimonial.

No período N-1, a entidade SUMTER, S.A. obteve um resultado líquido positivo de 320.000 euros.

Em 31 de março de N, foi deliberado, em Assembleia Geral, a distribuição de 60% dos resultados aos acionistas, reforçando-se as reservas pelo valor remanescente.

Pedido:

Apresente o tratamento contabilístico correspondente à atribuição de resultados.

Proposta de resolução:

*Pelos lucros atribuídos (320.000 * 60% * 35%)*

	31/03/N		
27	Outras Contas a Receber e a Pagar		
278	Outros devedores e credores		
2781	Outros devedores e credores – corrente		
27811	Resultados atribuídos	67.200	
41	Investimentos Financeiros		
412	Investimentos em associadas		
4121	Participações de capital – MEP		
41211	Participações de capital		
412115	Lucros atribuídos		67.200

Pelos lucros não atribuídos

Lucros imputados em N = 320.000 * 35% = 112.000
Lucros atribuídos = 67.200
Lucros não atribuídos = 44.800

	31/03/N		
56	Resultados Transitados	44.800	
57	Ajustamentos em ativos financeiros		
571	Relacionados com o método da equivalência patrimonial		
5712	Lucros não atribuídos		44.800

Caso Prático 4.6.18 – Resultados atribuídos e Lucros não atribuídos (2)

A entidade ABC, S.A. apresenta um saldo de 100.000 euros na conta "41211 – Participações de capital", relativo a uma participação financeira de 40% na entidade DEF, S.A. detida desde o período de N-1 e reconhecida pelo método da equivalência patrimonial.

No período N, a entidade DEF, S.A. obteve um resultado líquido positivo de 175.000 euros.

Em 31 de março de N+1, foi deliberado, em Assembleia Geral, distribuir 130.000 euros dos resultados aos acionistas, reforçando-se as reservas pelo valor remanescente.

No período N+1, a entidade DEF, S.A. obteve um resultado líquido negativo de 15.000 euros.

Em 31 de março de N+2, foi deliberado, em Assembleia Geral, a utilização de 50.000 euros das reservas distribuíveis para:

- Cobrir os prejuízos de N+1: 15.000 euros;
- Distribuir aos acionistas: 35.000 euros.

Pedido:

Apresente o tratamento contabilístico correspondente às operações descritas.

Proposta de resolução:

N

*Pela % no RLP da DEF (175.000 * 40%)*

	31/12/N		
41	Investimentos Financeiros		
412	Investimentos em associadas		
4121	Participações de capital – MEP		
41211	Participações de capital		
412114	Quota-parte no resultado do período	70.000	
78	Outros Rendimentos		
785	Rendimentos em subsidiárias, associadas e empreendimentos conjuntos		
7851	Aplicação do MEP		70.000

N+1

*Pelos lucros atribuídos (130.000 * 40%)*

	31/03/N+1		
27	Outras Contas a Receber e a Pagar		
278	Outros devedores e credores		
2781	Outros devedores e credores – corrente		
27811	Resultados atribuídos	52.000	
41	Investimentos Financeiros		
412	Investimentos em associadas		
4121	Participações de capital – MEP		
41211	Participações de capital		
412115	Lucros atribuídos		52.000

Pelos lucros não atribuídos

Lucros imputados a 31/12/N = 175.000 * 40% = 70.000
Lucros atribuídos = 52.000
Lucros não atribuídos = 18.000

	31/03/N+1		
56	Resultados Transitados	18.000	
57	Ajustamentos em ativos financeiros		
571	Relacionados com o método da equivalência patrimonial		
5712	Lucros não atribuídos		18.000

*Pela % no RLP da DEF (15.000 * 40%)*

	31/12/N+1		
68	Outros Gastos		
685	Gastos em subsidiárias, associadas e empreendimentos conjuntos		
6852	Aplicação do MEP	6.000	
41	Investimentos Financeiros		
412	Investimentos em associadas		
4121	Participações de capital – MEP		
41211	Participações de capital		
412114	Quota-parte no resultado do período		6.000

N+2

*Pelos lucros atribuídos (35.000 * 40%)*

	31/03/N+2		
27	Outras Contas a Receber e a Pagar		
278	Outros devedores e credores		
2781	Outros devedores e credores – corrente		
27811	Resultados atribuídos	14.000	
41	Investimentos Financeiros		
412	Investimentos em associadas		
4121	Participações de capital – MEP		
41211	Participações de capital		
412115	Lucros atribuídos		14.000

Pelo recebimento de lucros não atribuídos de períodos anteriores
Lucros imputados a 31/12/N+1 = 0
Lucros atribuídos = 14.000

	31/03/N+2		
57	Ajustamentos em ativos financeiros		
571	Relacionados com o método da equivalência patrimonial		
5712	Lucros não atribuídos	14.000	
56	Resultados Transitados		14.000

Caso Prático 4.6.19 – Diferenças de avaliação e Atribuição de resultados

A empresa MALLOW, S.A. adquiriu em 02/03/N uma participação de 35% na sociedade SENTRY, S.A. por 800.000 euros.

Os capitais próprios da SENTRY, S.A. à data da aquisição, eram os que se apresentam (valores em euros):

Capital subscrito	1.000.000
Reservas e resultados transitados	620.000
Resultado líquido do período	280.000

Naquela data, a sociedade SENTRY, S.A. possuía 30.000 obrigações reconhecidas por 360.000 euros, cujo o justo valor era de 500.000 euros.

Em 31 de março de N, os acionistas da empresa SENTRY, S.A. deliberaram, em Assembleia Geral, a aprovação da seguinte proposta de aplicação do resultado líquido do período N-1, no valor de 550.000 euros:

Reserva legal	5%
Atribuição de resultados	60%
Reservas livres	35%

Os resultados atribuídos pela SENTRY, S.A. foram colocados à disposição e pagos durante o mês de abril de N, sujeitos a retenção na fonte de IRC à taxa de 25%.

No ano N a SENTRY, S.A. obteve um lucro de 650.000 euros. Sabe-se ainda que a SENTRY, S.A. mantém em carteira, a 31/12/N, as 30.000 obrigações.

Pedidos:

1. Efetue os lançamentos contabilísticos que traduzam a aplicação do método da equivalência patrimonial relativos ao período N.
2. Admitindo que a empresa SENTRY, S.A. vendeu as 30.000 obrigações no final de novembro de N, por 500.000 euros apresente o ajustamento ao valor do investimento financeiro em 31/12/N.

Proposta de resolução:

Pedido 1

% de participação = 35%

35% dos direitos de voto conferem influência significativa, logo estamos perante uma associada.

Diferença de avaliação = 500.000 – 360.000 = 140.000

Goodwill implícito = Custo de aquisição – % no justo valor líquido dos ativos, passivos e passivos contingentes identificáveis à data de aquisição

= 800.000 – 35% * (1.000.000 + 620.000 + 280.000 + 140.000)

= 86.000

Decompondo:

Custo Aquisição = 800.000:

- % de participação no CP da participada (35% * 1.900.000): 665.000
- % de participação na diferença de avaliação (35% * 140.000): 49.000
- *Goodwill*: 86.000

A % na diferença de avaliação das obrigações deve ser ajustada ao investimento financeiro aquando da sua realização. Como a SENTRY, S.A. mantém em carteira, a 31/12/N, as 30.000 obrigações, no período N não se efetua qualquer ajustamento.

Pela aquisição da participação financeira

	02/03/N		
41	Investimentos Financeiros		
412	Investimentos em associadas		
4121	Participações de capital - MEP		
41211	Participações de capital		
412111	Quota-parte nos capitais próprios	665.000	
412112	Diferenças de avaliação	49.000	
41212	Goodwill	86.000	
12	Depósitos à Ordem		800.000

*Pelos lucros atribuídos (550.000 * 0,6 * 0,35)*

	31/03/N		
27	Outras Contas a Receber e a Pagar		
278	Outros devedores e credores		
2781	Outros devedores e credores - corrente		
27811	Resultados atribuídos	115.500	
41	Investimentos Financeiros		
412	Investimentos em associadas		
4121	Participações de capital - MEP		
41211	Participações de capital		
412115	Lucros atribuídos		115.500

Neste caso não se avalia a eventual existência de lucros não atribuídos uma vez que não há lucros imputados no período N-1.

Pela disponibilização dos lucros

	abril/N		
27	Outras Contas a Receber e a Pagar		
278	Outros devedores e credores		
2781	Outros devedores e credores - corrente		
27812	Lucros disponíveis	86.625	
24	Estado e Outros Entes Públicos		
241	Imposto sobre o rendimento	28.875	
27	Outras Contas a Receber e a Pagar		
278	Outros devedores e credores		
2781	Outros devedores e credores - corrente		
27811	Resultados atribuídos		115.500

Pelo recebimento

	abril/N		
12	Depósitos à Ordem	86.625	
27	Outras Contas a Receber e a Pagar		
278	Outros devedores e credores		
2781	Outros devedores e credores - corrente		
27812	Lucros disponíveis		86.625

Pela amortização do goodwill no final de N

Vida útil estimada = 10 anos

Amortização anual = 86.000/10 = 8.600

Amortização do período N = 8.600 * 10/12 = 7.166,67

	31/12/N		
64	Gastos de depreciação e de amortização		
645	Investimentos Financeiros		
6451	Goodwill	7.166,67	
41	Investimentos Financeiros		
418	Amortizações acumuladas		
4181	Participações de Capital – MEP		
41812	Investimentos em associadas – Goodwill		7.166,67

*Pela % no RLP da SENTRY, S.A. gerado após a aquisição (650.000 – 280.000) * 35%*

	31/12/N		
41	Investimentos Financeiros		
412	Investimentos em associadas		
4121	Participações de capital – MEP		
41211	Participações de capital		
412114	Quota-parte no resultado do período	129.500	
78	Outros Rendimentos		
785	Rendimentos em subsidiárias, associadas e empreendimentos conjuntos		
7851	Aplicação do MEP		129.500

Pedido 2

*Pela % no RLP da SENTRY, S.A. (650.000 – 280.000) * 35%*

	31/12/N		
41	Investimentos Financeiros		
412	Investimentos em associadas		
4121	Participações de capital - MEP		
41211	Participações de capital		
412114	Quota-parte no resultado do período	129.500	
78	Outros Rendimentos		
785	Rendimentos em subsidiárias, associadas e empreendimentos conjuntos		
7851	Aplicação do MEP		129.500

*Pela % na diferença de avaliação realizada durante N (140.000 * 35%)*

	31/12/N		
78	Outros Rendimentos		
785	Rendimentos em subsidiárias, associadas e empreendimentos conjuntos		
7851	Aplicação do MEP	49.000	
41	Investimentos Financeiros		
412	Investimentos em associadas		
4121	Participações de capital – MEP		
41211	Participações de capital		
412112	Diferenças de avaliação		49.000

Caso Prático 4.6.20 – Aquisição de investimento financeiro, Imputação de resultados e Atribuição de resultados

A empresa OBRAFINDA, S.A., adquiriu no início de janeiro de N, por 40.000 euros, uma participação de 30% na empresa ROKTEL, S.A..

Conhecem-se ainda os seguintes valores para os capitais próprios da ROKTEL, S.A., que coincidem com os respetivos justos valores:

Capitais Próprios	31/12/N-1	31/12/N
Capitais Próprios	100.000	100.000
Reserva legal	500	650
Resultados transitados	(5.000)	0
Resultado líquido do período	8.000	9.850
Total	103.500	110.500

Pedido:

Efetue os lançamentos contabilísticos que traduzam a aplicação do método da equivalência patrimonial relativos ao período N.

Proposta de resolução:

% de participação = 30%

30% dos direitos de voto conferem influência significativa, logo estamos perante uma associada.

Goodwill implícito = Custo de aquisição – % no justo valor líquido dos ativos, passivos e passivos contingentes identificáveis à data de aquisição

= 40.000 – 30% * 103.500

= 8.950

Pela aquisição da participação financeira

	janeiro/N		
41	Investimentos Financeiros		
412	Investimentos em associadas		
4121	Participações de capital - MEP		
41211	Participações de capital		
412111	Quota-parte nos capitais próprios	31.050	
41212	Goodwill	8.950	
12	Depósitos à Ordem		40.000

Pelos lucros atribuídos

De acordo com os valores apresentados para os capitais próprios da ROKTEL, S.A., conclui-se que o resultado líquido do período N-1 foi destinado à cobertura de prejuízos (5.000), ao reforço da reserva legal (150) e à distribuição de dividendos (2.850).

Lucros atribuídos à OBRAFINDA, S.A. = 2.850 * 30%= 855

	março/N		
27	Outras Contas a Receber e a Pagar		
278	Outros devedores e credores		
2781	Outros devedores e credores – corrente		
27811	Resultados atribuídos	855	
41	Investimentos Financeiros		
412	Investimentos em associadas		
4121	Participações de capital – MEP		
41211	Participações de capital		
412115	Lucros atribuídos		855

Neste caso não se avalia a eventual existência de lucros não atribuídos uma vez que não há lucros imputados a 31/12/N-1.

Ignoram-se os lançamentos de colocação à disposição e do pagamento dos dividendos.

*Pela % no RLP da ROKTEL, S.A. (9.850 * 30%)*

	31/12/N		
41	Investimentos Financeiros		
412	Investimentos em associadas		
4121	Participações de capital – MEP		
41211	Participações de capital		
412114	Quota-parte no resultado do período	2.955	
78	Outros Rendimentos		
785	Rendimentos em subsidiárias, associadas e empreendimentos conjuntos		
7851	Aplicação do MEP		2.955

Pela amortização do goodwill no final de N

Vida útil estimada = 10 anos

Amortização anual = 8.950/10 = 895

	31/12/N		
64	Gastos de depreciação e de amortização		
645	Investimentos Financeiros		
6451	Goodwill	895	
41	Investimentos Financeiros		
418	Amortizações acumuladas		
4181	Participações de Capital – MEP		
41812	Investimentos em associadas – Goodwill		895

Caso Prático 4.6.21 – Cobertura de prejuízos com novas entradas

A entidade MILLER apresenta um saldo de 250.000 euros na conta "41211 – Participações de capital", relativo a uma participação financeira de 25% na entidade MORRIS, detida desde o período de N-3 e mensurada pelo método da equivalência patrimonial.

No período de N-1, a entidade MORRIS obteve, pela primeira vez, um resultado líquido negativo de 80.000 euros.

Em 31 de março de N, foi deliberado na MORRIS, em Assembleia Geral, a cobertura de 40% dos prejuízos, por novas entradas em dinheiro, por parte de todos os sócios/acionistas.

Pedido:

Face aos dados enunciados, apresente os lançamentos relativos aos períodos N-1 e N.

Proposta de resolução:

*Pela % no RLP da MORRIS (80.000 * 25%)*

	31/12/N-1		
68	Outros Gastos		
685	Gastos em subsidiárias, associadas e empreendimentos conjuntos		
6852	Aplicação do MEP	20.000	
41	Investimentos Financeiros		
412	Investimentos em associadas		
4121	Participações de capital – MEP		
41211	Participações de capital		
412114	Quota-parte no resultado do período		20.000

*Pela % na cobertura de prejuízos deliberada pela MORRIS (80.000 * 40% * 25%)*

	31/03/N		
41	Investimentos Financeiros		
412	Investimentos em associadas		
4121	Participações de capital – MEP		
41211	Participações de capital		
412118	Cobertura de prejuízos	8.000	
27	Outras contas a receber e a pagar		
278	Outros devedores e credores		
2871	Outros devedores e credores – corrente		8.000

Caso Prático 4.6.22 – Cobertura de prejuízos através da utilização de reservas

A entidade NCBN apresenta um saldo de 150.000 euros na conta "41211 – Participações de capital", relativo a uma participação financeira de 35% na entidade CUPS, detida desde o período de N-3 e mensurada pelo método da equivalência patrimonial.

No período de N-1, a entidade CUPS obteve um resultado líquido negativo de 50.000 euros.

Em 31 de março de N, foi deliberado na CUPS, em Assembleia Geral, a cobertura do prejuízo obtido em N-1, através da utilização de reservas disponíveis para o efeito.

Pedido:

Face aos dados enunciados, apresente os lançamentos relativos aos períodos N-1 e N.

Proposta de resolução:

*Pela % no RLP da CUPS (50.000 * 35%)*

	31/12/N-1		
68	Outros Gastos		
685	Gastos em subsidiárias, associadas e empreendimentos conjuntos		
6852	Aplicação do MEP	17.500	
41	Investimentos Financeiros		
412	Investimentos em associadas		
4121	Participações de capital – MEP		
41211	Participações de capital		
412114	Quota-parte no resultado do período		17.500

Pela cobertura de prejuízos deliberada pela CUPS

A cobertura de prejuízos através da utilização de reservas disponíveis para o efeito não implica qualquer ajustamento ao investimento financeiro dado que se trata de uma alteração qualitativa no valor dos capitais próprios da CUPS.

Caso Prático 4.6.23 - Outras variações nos capitais próprios (1)

A entidade MARSTON apresenta um saldo de 620.000 euros na conta "41211 - Participações de capital", relativo a uma participação financeira de 35% na entidade RICHMOND, detida desde o período de N-1 e mensurada pelo método da equivalência patrimonial.

No período de N, a entidade RICHMOND revalorizou o seu ativo fixo tangível, do qual resultou um excedente de revalorização, líquido de passivos por impostos diferidos, no valor de 150.000 euros. Ainda no período de N, a entidade RICHMOND adquiriu, a título gratuito, um terreno, cujo justo valor atribuído foi de 160.000 euros.

Pedido:

Lançamentos contabilísticos relativos às operações descritas na sociedade MARSTON.

Proposta de resolução:

*Pela % no excedente de revalorização reconhecido pela RICHMOND (150.000 * 35%)*

	31/12/N		
41	Investimentos Financeiros		
412	Investimentos em associadas		
4121	Participações de capital - MEP		
41211	Participações de capital		
412116	Quota-parte de outras variações nos cap. próprios	52.500	
57	Ajustamentos em ativos financeiros		
571	Relacionados com o método da equivalência patrimonial		
5713	Decorrentes de outras variações nos capitais próprios das participadas		52.500

*Pela % no justo valor do terreno reconhecido pela RICHMOND (160.000 * 35%)*

	31/12/N		
41	Investimentos Financeiros		
412	Investimentos em associadas		
4121	Participações de capital - MEP		
41211	Participações de capital		
412116	Quota-parte de outras variações nos cap. próprios	56.000	
57	Ajustamentos em ativos financeiros		
571	Relacionados com o método da equivalência patrimonial		
5713	Decorrentes de outras variações nos capitais próprios das participadas		56.000

Caso Prático 4.6.24 – Outras variações nos capitais próprios (2)

A sociedade X, S.A. apresenta no balanço um saldo de 880.000 euros na conta "41211 – Participações de capital", relativo a uma participação de 40% na sociedade Y, S.A..

No final de junho de N, foi atribuído à sociedade Y, S.A., um subsídio não reembolsável para aquisição de um ativo fixo tangível no valor de 300.000 euros. O ativo fixo tangível foi adquirido em julho de N, por 450.000 euros, tendo-lhe sido atribuída uma vida útil de 8 anos.

Pedido:

Lançamentos contabilísticos relativos à operação descrita na sociedade X, S.A..

Proposta de resolução:

*Pela % do subsídio atribuído à Y, S.A. (300.000 * 40%)*

	31/12/N		
41	Investimentos Financeiros		
412	Investimentos em associadas		
4121	Participações de capital – MEP		
41211	Participações de capital		
412116	Quota-parte de outras variações nos cap. próprios	120.000	
57	Ajustamentos em ativos financeiros		
571	Relacionados com o método da equivalência patrimonial		
5713	Decorrentes de outras variações nos capitais próprios das participadas		120.000

Pela % da imputação do rendimento relativo ao subsídio atribuído à Y

Imputação anual = 300.000/8 = 37.500
Imputação em N = 37.500 * 6/12 = 18.750
% da imputação = 18.750 * 40% = 7.500

	31/12/N		
57	Ajustamentos em ativos financeiros		
571	Relacionados com o método da equivalência patrimonial		
5713	Decorrentes de outras variações nos capitais próprios das participadas	7.500	
41	Investimentos Financeiros		
412	Investimentos em associadas		
4121	Participações de capital – MEP		
41211	Participações de capital		
412116	Quota-parte de outras variações nos cap. próprios		7.500

Caso Prático 4.6.25 – Aquisição de Investimento Financeiro com *Goodwill*, Resultados atribuídos e Outras variações nos capitais próprios

No início do ano N, a sociedade WUV, S.A. adquiriu, por 180.000 euros, 90.000 ações da sociedade ATKINS, S.A., que representam 40% do capital desta com direito a voto.

Os capitais próprios da sociedade ATKINS, S.A., à data de aquisição eram (valores em euros):

Capital subscrito	225.000
Reservas	56.250
Resultados Transitados	67.500

Não foram identificadas quaisquer diferenças de avaliação à data de aquisição.

A sociedade ATKINS, S.A. apurou um resultado líquido do período, no ano N, de 168.750 euros.

Em março de N+1, os acionistas da sociedade ATKINS, S.A. deliberaram, em Assembleia Geral, distribuir 67.500 euros do resultado líquido do período de N.

Os dividendos foram colocados à disposição dos acionistas durante o mês de maio de N+1.

A sociedade ATKINS, S.A. apurou um resultado líquido do período negativo, no ano N+1, de 11.250 euros.

Em março de N+2, os acionistas da sociedade ATKINS, S.A. deliberaram, em Assembleia Geral, não distribuir dividendos.

Durante ao ano N+2 a sociedade ATKINS, S.A. teve, em termos líquidos, uma variação negativa nos seus capitais próprios de 78.750 euros, resultante do resultado líquido do período positivo desse ano, no montante de 22.500 euros, e ainda de uma correção de erros materiais de períodos anteriores.

Pedido:

Efetue os lançamentos contabilísticos que traduzam a aplicação do método da equivalência patrimonial, pela empresa WUV, S.A. na mensuração do investimento financeiro.

Proposta de resolução:

% participação = 40% (empresa associada – influência significativa: MEP)

Goodwill implícito = Custo de aquisição – % no justo valor líquido dos ativos, passivos e passivos contingentes identificáveis à data de aquisição

= 180.000 – 40% * 348.750

= 40.500

Pela aquisição das 90.000 ações

	início de N		
41	Investimentos Financeiros		
412	Investimentos em associadas		
4121	Participações de capital – MEP		
41211	Participações de capital		
412111	Quota-parte nos capitais próprios	139.500	
41212	Goodwill	40.500	
12	Depósitos à Ordem		180.000

*Pela % no RLP da ATKINS, S.A. (168.750 * 40%)*

	31/12/N		
41	Investimentos Financeiros		
412	Investimentos em associadas		
4121	Participações de capital – MEP		
41211	Participações de capital		
412114	Quota-parte no resultado do período	67.500	
78	Outros Rendimentos		
785	Rendimentos em subsidiárias, associadas e empreendimentos conjuntos		
7851	Aplicação do MEP		67.500

Pela amortização do goodwill no final de N

Vida útil estimada = 10 anos

Amortização anual = 40.500/10 = 4.050

	31/12/N		
64	Gastos de depreciação e de amortização		
645	Investimentos Financeiros		
6451	Goodwill	4.050	
41	Investimentos Financeiros		
418	Amortizações acumuladas		
4181	Participações de Capital – MEP		
41812	Investimentos em associadas – Goodwill		4.050

N+1

*Pelos lucros atribuídos (67.500 * 0,4)*

	março/N+1		
27	Outras Contas a Receber e a Pagar		
278	Outros devedores e credores		
2781	Outros devedores e credores - corrente		
27811	Resultados atribuídos	27.000	
41	Investimentos Financeiros		
412	Investimentos em associadas		
4121	Participações de capital - MEP		
41211	Participações de capital		
412115	Lucros atribuídos		27.000

Pelos lucros não atribuídos

Lucros imputados em N = 67.500
Lucros atribuídos = 27.000
Lucros não atribuídos = 40.500

	março/N+1		
56	Resultados Transitados	40.500	
57	Ajustamentos em ativos financeiros		
571	Relacionados com o método da equivalência patrimonial		
5712	Lucros não atribuídos		40.500

Pela disponibilização dos lucros

	maio/N+1		
27	Outras Contas a Receber e a Pagar		
278	Outros devedores e credores		
2781	Outros devedores e credores - corrente		
27812	Lucros disponíveis	27.000	
27	Outras Contas a Receber e a Pagar		
278	Outros devedores e credores		
2781	Outros devedores e credores - corrente		
27811	Resultados atribuídos		27.000

Pelo recebimento

	maio/N+1		
12	Depósitos à Ordem	27.000	
27	Outras Contas a Receber e a Pagar		
278	Outros devedores e credores		
2781	Outros devedores e credores – corrente		
27812	Lucros disponíveis		27.000

*Pela % no RLP da ATKINS (11.250 * 40%)*

	31/12/N+1		
68	Outros Gastos		
685	Gastos em subsidiárias, associadas e empreendimentos conjuntos		
6852	Aplicação do MEP	4.500	
41	Investimentos Financeiros		
412	Investimentos em associadas		
4121	Participações de capital – MEP		
41211	Participações de capital		
412114	Quota-parte no resultado do período		4.500

Pela amortização do goodwill no final de N+1

	31/12/N+1		
64	Gastos de depreciação e de amortização		
645	Investimentos Financeiros		
6451	Goodwill	4.050	
41	Investimentos Financeiros		
418	Amortizações acumuladas		
4181	Participações de Capital - MEP		
41812	Investimentos em associadas - Goodwill		4.050

N+2

*Pela % no RLP da ATKINS, S.A. (22.500 * 40%)*

	31/12/N+2		
41	Investimentos Financeiros		
412	Investimentos em associadas		
4121	Participações de capital - MEP		
41211	Participações de capital		
412114	Quota-parte no resultado do período	9.000	
78	Outros Rendimentos		
785	Rendimentos em subsidiárias, associadas e empreendimentos conjuntos		
7851	Aplicação do MEP		9.000

*Pela % da correção de erros materiais de exercícios anteriores (101.250 * 40%)*

	31/12/N+2		
57	Ajustamentos em ativos financeiros		
571	Relacionados com o método da equivalência patrimonial		
5713	Decorrentes de outras variações nos capitais próprios das participadas	40.500	
41	Investimentos Financeiros		
412	Investimentos em associadas		
4121	Participações de capital – MEP		
41211	Participações de capital		
412116	Quota-parte de outras variações nos cap. próprios		40.500

Pela amortização do goodwill no final de N+2

	31/12/N+2		
64	Gastos de depreciação e de amortização		
645	Investimentos Financeiros		
6451	Goodwill	4.050	
41	Investimentos Financeiros		
418	Amortizações acumuladas		
4181	Participações de Capital – MEP		
41812	Investimentos em associadas – Goodwill		4.050

Caso Prático 4.6.26 – Aquisição de Investimento Financeiro, Imputação de resultados e Outras variações nos capitais próprios

Em 02/01/N a empresa RARIA, S.A. adquiriu uma participação de 30% na sociedade PREINVEST, S.A. por 28.000 euros. Não foram identificadas quaisquer diferenças de avaliação à data de aquisição. Os capitais próprios da sociedade PREINVEST, S.A. evoluíram da seguinte forma durante o ano N:

	31/12/N-1	31/12/N
Capital subscrito	100.000	100.000
Reserva Legal	500	500
Excedentes de revalorização	0	2.000
Resultados Transitados	(20.000)	(15.000)
Resultado líquido do período	5.000	8.000
	85.500	95.500

Pedido:

Efetue os lançamentos contabilísticos que traduzam a aplicação do método da equivalência patrimonial, pela empresa RARIA, S.A., na mensuração do investimento financeiro.

Proposta de resolução:

% participação = 30% (empresa associada – influência significativa: MEP)

Goodwill implícito = Custo de aquisição – % no justo valor líquido dos ativos, passivos e passivos contingentes identificáveis à data de aquisição

= 28.000 – 85.500 * 30%

= 2.350

A análise às variações ocorridas nos capitais próprios ocorridas no período N permitem concluir que as únicas alterações quantitativas foram o reconhecimento de um excedente de revalorização e do resultado líquido do período N.

Pela aquisição do investimento financeiro

	02/01/N		
41	Investimentos Financeiros		
412	Investimentos em associadas		
4121	Participações de capital – MEP		
41211	Participações de capital		
412111	Quota-parte nos capitais próprios	25.650	
41212	Goodwill	2.350	
12	Depósitos à Ordem		28.000

*Pela % no excedente de revalorização reconhecido pela PREINVEST, S.A. durante N (2.000 * 30%)*

	31/12/N		
41	Investimentos Financeiros		
412	Investimentos em associadas		
4121	Participações de capital – MEP		
41211	Participações de capital		
412116	Quota-parte de outras variações nos cap. próprios	600	
57	Ajustamentos em ativos financeiros		
571	Relacionados com o método da equivalência patrimonial		
5713	Decorrentes de outras variações nos capitais próprios das participadas		600

*Pela % no RLP da PREINVEST (8.000 * 30%)*

	31/12/N		
41	Investimentos Financeiros		
412	Investimentos em associadas		
4121	Participações de capital – MEP		
41211	Participações de capital		
412114	Quota-parte no resultado do período	2.400	
78	Outros Rendimentos		
785	Rendimentos em subsidiárias, associadas e empreendimentos conjuntos		
7851	Aplicação do MEP		2.400

Pela amortização do goodwill no final de N

Vida útil estimada = 10 anos

Amortização anual = 2.350/10 = 235

	31/12/N		
64	Gastos de depreciação e de amortização		
645	Investimentos Financeiros		
6451	Goodwill	235	
41	Investimentos Financeiros		
418	Amortizações acumuladas		
4181	Participações de Capital – MEP		
41812	Investimentos em associadas – Goodwill		235

Caso Prático 4.6.27 – Resultados atribuídos, Lucros não atribuídos e Outras variações nos capitais próprios

Em 02/01/N, a empresa NORTEN, S.A. detém, entre outros, o seguinte ativo:

- Participação de 60% no capital da empresa LINHAS, S.A., que lhe confere o controlo, adquirida em janeiro de N-1 por 150.000 euros, tendo-se determinado um *goodwill* de 24.000 euros, com uma vida útil atribuída de 10 anos. O resultado líquido da LINHAS, S.A. do ano N-1 foi de 12.000 euros.

Relativamente ao N e a este ativo, sabe-se a seguinte informação:

- Em março, em Assembleia Geral da sociedade LINHAS, S.A. foi deliberada a não distribuição de quaisquer lucros.
- Durante o ano N, a sociedade LINHAS, S.A. procedeu à revalorização de terrenos, o que originou um excedente de 22.000 euros.
- O resultado líquido do ano N da sociedade LINHAS, S.A. foi de 20.000 euros.

Durante o ano N+1:

- Em março, em Assembleia Geral da sociedade LINHAS, S.A. foi deliberado distribuir lucros no montante de 15.000 euros. Os lucros foram colocados à disposição e pagos em abril.
- O resultado líquido do ano N+1 da sociedade LINHAS, S.A. foi de 18.000 euros.

Pretende-se que:

1. Identifique e justifique o tipo de ligação entre a empresa NORTEN, S.A. e a empresa LINHAS, S.A..
2. Indique qual o critério de mensuração a aplicar na mensuração das ações detidas na empresa LINHAS, S.A..
3. Proceda à contabilização das operações descritas, para os anos N e N+1, na empresa NORTEN, S.A..

Proposta de resolução:

Pedido 1

A NORTEN, S.A., detém uma participação de 60% no capital da empresa LINHAS, S.A., que lhe confere o controlo. Assim como a empresa LINHAS, S.A. é controlada pela NORTEN, S.A., a LINHAS, S.A. é uma subsidiária.

Pedido 2

Como a LINHAS, S.A. é uma subsidiária, o critério de mensuração a aplicar na mensuração das ações detidas na empresa LINHAS, S.A. é o método da equivalência patrimonial.

Pedido 3

% de participação = 60%

Goodwill = 24.000

Amortização anual = 24.000 / 10 anos = 2.400

Ano N

Pelos lucros não atribuídos

Lucros imputados em 31/12/N-1 = 12.000 * 60% = 7.200

Lucros atribuídos = 0

Lucros não atribuídos = 7.200

	março/N		
56	Resultados Transitados	7.200	
57	Ajustamentos em ativos financeiros		
571	Relacionados com o método da equivalência patrimonial		
5712	Lucros não atribuídos		7.200

*Pela % nas outras variações nos capitais próprios em N (22.000 * 60%)*

	31/12/N		
41	Investimentos Financeiros		
411	Investimentos em subsidiárias		
4111	Participações de capital – MEP		
41111	Participações de capital		
411116	Quota-parte de outras variações nos cap. próprios	13.200	
57	Ajustamentos em ativos financeiros		
571	Relacionados com o método da equivalência patrimonial		
5713	Decorrentes de outras variações nos capitais próprios das participadas		13.200

*Pela % no RLP da LINHAS, S.A. de N (20.000 * 60%)*

	31/12/N		
41	Investimentos Financeiros		
411	Investimentos em subsidiárias		
4111	Participações de capital – MEP		
41111	Participações de capital		
411114	Quota-parte no resultado do período	12.000	
78	Outros Rendimentos		
785	Rendimentos em subsidiárias, associadas e empreendimentos conjuntos		
7851	Aplicação do MEP		12.000

Pela amortização do goodwill no final de N

	31/12/N		
64	Gastos de depreciação e de amortização		
645	Investimentos Financeiros		
6451	Goodwill	2.400	
41	Investimentos Financeiros		
418	Amortizações acumuladas		
4181	Participações de Capital – MEP		
41811	Investimentos em subsidiárias – Goodwill		2.400

Ano N+1

*Pelos lucros atribuídos (15.000 * 60%)*

	março/N+1		
27	Outras Contas a Receber e a Pagar		
278	Outros devedores e credores		
2781	Outros devedores e credores – corrente		
27811	Resultados atribuídos	9.000	
41	Investimentos Financeiros		
411	Investimentos em subsidiárias		
4111	Participações de capital – MEP		
41111	Participações de capital		
411115	Lucros atribuídos		9.000

Pelos lucros não atribuídos

Lucros imputados em N = 12.000
Lucros atribuídos = 9.000
Lucros não atribuídos = 3.000

	março/N+1		
56	Resultados Transitados	3.000	
57	Ajustamentos em ativos financeiros		
571	Relacionados com o método da equivalência patrimonial		
5712	Lucros não atribuídos		3.000

Pela disponibilização dos lucros

	abril/N+1		
27	Outras Contas a Receber e a Pagar		
278	Outros devedores e credores		
2781	Outros devedores e credores – corrente		
27812	Lucros disponíveis	9.000	
27	Outras Contas a Receber e a Pagar		
278	Outros devedores e credores		
2781	Outros devedores e credores – corrente		
27811	Resultados atribuídos		9.000

Pelo recebimento

	abril/N+1		
12	Depósitos à Ordem	9.000	
27	Outras Contas a Receber e a Pagar		
278	Outros devedores e credores		
2781	Outros devedores e credores – corrente		
27812	Lucros disponíveis		9.000

*Pela % no RLP da LINHAS, S.A. de N+1 (18.000 * 60%)*

	31/12/N+1		
41	Investimentos Financeiros		
411	Investimentos em subsidiárias		
4111	Participações de capital – MEP		
41111	Participações de capital		
411114	Quota-parte no resultado do período	10.800	
78	Outros Rendimentos		
785	Rendimentos em subsidiárias, associadas e empreendimentos conjuntos		
7851	Aplicação do MEP		10.800

Pela amortização do goodwill no final de N+1

	31/12/N+1		
64	Gastos de depreciação e de amortização		
645	Investimentos Financeiros		
6451	Goodwill	2.400	
41	Investimentos Financeiros		
418	Amortizações acumuladas		
4181	Participações de Capital - MEP		
41811	Investimentos em subsidiárias - Goodwill		2.400

Caso Prático 4.6.28 – Prejuízos sucessivos (1)

A sociedade TÊXTEIS, S.A. adquiriu por 700.000 euros, no dia 2 de janeiro do ano N, 40% do capital da sociedade FIBRAS, S.A., tornando-se esta uma associada daquela. À data da aquisição da participação, os justos valores dos ativos e passivos identificáveis da sociedade FIBRAS, S.A., eram os que se apresentam no Quadro 1. No Quadro 2 apresenta-se o resultado líquido da sociedade FIBRAS, S.A., dos anos N e seguintes.

Quadro 1	
Justo Valor	
Ativos Fixos Tangíveis	1.000.000
Inventários	600.000
Contas a Receber	300.000
Meios Financeiros Líquidos	200.000
Passivo	475.000

Quadro 2	
Ano	RLP
N	(1.000.000)
N+1	(666.000)
N+2	135.000
N+3	333.000

Durante os anos N até N+3 não houve distribuição de resultados pela empresa FIBRAS, S.A.. Em março de N+4, os acionistas da sociedade FIBRAS, S.A., reunidos em Assembleia Geral, deliberaram a distribuição, sob a forma de dividendos, de valor igual a 50% do resultado líquido do período N+3. Os dividendos foram colocados à disposição e pagos em abril de N+4.

A sociedade FIBRAS, S.A. recebeu um terreno em doação, em junho de N+4, cujo justo valor era de 250.000 euros.

Pretende-se que:

Apresente os lançamentos contabilísticos que traduzam a aplicação do método da equivalência patrimonial, e que a TÊXTEIS, S.A. terá realizado, ao longo dos vários anos, relativos às operações descritas.

Proposta de resolução:

Ano N

% participação = 40% (empresa associada – influência significativa: MEP)

Goodwill implícito = Custo de aquisição – % no justo valor líquido dos ativos, passivos e passivos contingentes identificáveis à data de aquisição
= 700.000 – 40% * (1.000.000 + 600.000 + 300.000 + 200.000 – 475.000)
= 700.000 – 650.000 = 50.000

Pela aquisição da participação financeira

	02/01/N		
41	Investimentos Financeiros		
412	Investimentos em associadas		
4121	Participações de capital - MEP		
41211	Participações de capital		
412111	Quota-parte nos capitais próprios	650.000	
41212	Goodwill	50.000	
12	Depósitos à Ordem		700.000

*Pela % no RLP da FIBRAS, S.A. (1.000.000 * 40%)*

	31/12/N		
68	Outros Gastos		
685	Gastos em subsidiárias, associadas e empreendimentos conjuntos		
6852	Aplicação do MEP	400.000	
41	Investimentos Financeiros		
412	Investimentos em associadas		
4121	Participações de capital - MEP		
41211	Participações de capital		
412114	Quota-parte no resultado do período		400.000

Pela amortização do goodwill no final de N

Vida útil estimada = 10 anos

Amortização anual = 50.000/10 = 5.000

	31/12/N		
64	Gastos de depreciação e de amortização		
645	Investimentos Financeiros		
6451	Goodwill	5.000	
41	Investimentos Financeiros		
418	Amortizações acumuladas		
4181	Participações de Capital – MEP		
41812	Investimentos em associadas – Goodwill		5.000

Ano N+1

Em N+1 não há atribuição de lucros, nem lucros não atribuídos.

*Pela % no RLP da FIBRAS, S.A. (666.000 * 40%)*

A % do prejuízo a imputar é de 266.400 (666.000 * 40%). No entanto, nesta data o saldo do IF é de 250.000. Portanto, apenas se pode imputar até 250.000 e os restantes 16.400 ficam registados extracontabilisticamente.

	31/12/N+1		
68	Outros Gastos		
685	Gastos em subsidiárias, associadas e empreendimentos conjuntos		
6852	Aplicação do MEP	250.000	
41	Investimentos Financeiros		
412	Investimentos em associadas		
4121	Participações de capital – MEP		
41211	Participações de capital		
412114	Quota-parte no resultado do período		250.000

Pela amortização do goodwill no final de N+1

	31/12/N+1		
64	Gastos de depreciação e de amortização		
645	Investimentos Financeiros		
6451	Goodwill	5.000	
41	Investimentos Financeiros		
418	Amortizações acumuladas		
4181	Participações de Capital – MEP		
41812	Investimentos em associadas – Goodwill		5.000

Ano N+2

Em N+2 não há atribuição de lucros, nem lucros não atribuídos.

*Pela % no RLP da FIBRAS, S.A. (135.000 * 40%)*
Como agora há que imputar um lucro de 54.000 (40% * 135.000), mas existe 16.400 de prejuízo por imputar, apenas se imputam 37.600 (54.000 – 16.400)

	31/12/N+2		
41	Investimentos Financeiros		
412	Investimentos em associadas		
4121	Participações de capital - MEP		
41211	Participações de capital		
412114	Quota-parte no resultado do período	37.600	
78	Outros Rendimentos		
785	Rendimentos em subsidiárias, associadas e empreendimentos conjuntos		
7851	Aplicação do MEP		37.600

Pela amortização do goodwill no final de N+2

	31/12/N+2		
64	Gastos de depreciação e de amortização		
645	Investimentos Financeiros		
6451	Goodwill	5.000	
41	Investimentos Financeiros		
418	Amortizações acumuladas		
4181	Participações de Capital - MEP		
41812	Investimentos em associadas - Goodwill		5.000

Ano N+3

Pelos lucros não atribuídos
Em N+3 não há atribuição de lucros, mas como em 31/12/N+2 houve imputação de lucros há lucros não atribuídos de 37.600.

Lucros imputados em N+2 = 37.600
Lucros atribuídos = 0
Lucros não atribuídos = 37.600

	março/N+3		
56	Resultados Transitados	37.600	
57	Ajustamentos em ativos financeiros		
571	Relacionados com o método da equivalência patrimonial		
5712	Lucros não atribuídos		37.600

*Pela % no RLP da FIBRAS, S.A. (333.000 * 40%)*

	31/12/N+3		
41	Investimentos Financeiros		
412	Investimentos em associadas		
4121	Participações de capital – MEP		
41211	Participações de capital		
412114	Quota-parte no resultado do período	133.200	
78	Outros Rendimentos		
785	Rendimentos em subsidiárias, associadas e empreendimentos conjuntos		
7851	Aplicação do MEP		133.200

Pela amortização do goodwill no final de N+3

	31/12/N+3		
64	Gastos de depreciação e de amortização		
645	Investimentos Financeiros		
6451	Goodwill	5.000	
41	Investimentos Financeiros		
418	Amortizações acumuladas		
4181	Participações de Capital – MEP		
41812	Investimentos em associadas – Goodwill		5.000

Ano N+4

*Pelos lucros atribuídos (333.000 * 0,5 * 0,4)*

	março/N+4		
27	Outras Contas a Receber e a Pagar		
278	Outros devedores e credores		
2781	Outros devedores e credores – corrente		
27811	Resultados atribuídos	66.600	
41	Investimentos Financeiros		
412	Investimentos em associadas		
4121	Participações de capital – MEP		
41211	Participações de capital		
412115	Lucros atribuídos		66.600

Pelos lucros não atribuídos

Lucros imputados em N = 133.200
Lucros atribuídos = 66.600
Lucros não atribuídos = 66.600

	março/N+4		
56	Resultados Transitados	66.600	
57	Ajustamentos em ativos financeiros		
571	Relacionados com o método da equivalência patrimonial		
5712	Lucros não atribuídos		66.600

Pela disponibilização dos lucros

	abril/N+4		
27	Outras Contas a Receber e a Pagar		
278	Outros devedores e credores		
2781	Outros devedores e credores – corrente		
27812	Lucros disponíveis	66.600	
27	Outras Contas a Receber e a Pagar		
278	Outros devedores e credores		
2781	Outros devedores e credores – corrente		
27811	Resultados atribuídos		66.600

Pelo recebimento

	abril/N+4		
12	Depósitos à Ordem	66.600	
27	Outras Contas a Receber e a Pagar		
278	Outros devedores e credores		
2781	Outros devedores e credores – corrente		
27812	Lucros disponíveis		66.600

*Pela % na doação do terreno reconhecido pela FIBRAS, S.A. (250.000 * 40%)*

	31/12/N+4		
41	Investimentos Financeiros		
412	Investimentos em associadas		
4121	Participações de capital – MEP		
41211	Participações de capital		
412116	Quota-parte de outras variações nos cap. próprios	100.000	
57	Ajustamentos em ativos financeiros		
571	Relacionados com o método da equivalência patrimonial		
5713	Decorrentes de outras variações nos capitais próprios das participadas		100.000

Pela amortização do goodwill no final de N+4

	31/12/N+4		
64	Gastos de depreciação e de amortização		
645	Investimentos Financeiros		
6451	Goodwill	5.000	
41	Investimentos Financeiros		
418	Amortizações acumuladas		
4181	Participações de Capital – MEP		
41812	Investimentos em associadas – Goodwill		5.000

Caso Prático 4.6.29 – Prejuízos sucessivos (2)

A empresa PINTAS, S.A. adquiriu, por 600.000 euros, no início de janeiro de N, 40% do capital da sociedade XPTO, S.A.. À data de aquisição da participação, os justos valores dos ativos e passivos da sociedade XPTO, S.A. ascendiam a 1.625.000 euros.

A sociedade XPTO, S.A. apresentou os seguintes resultados do período (valores em euros):

Ano	RLP
N	(1.000.000)
N+1	(800.000)
N+2	135.000
N+3	333.000

Em março de N+4, os acionistas da sociedade XPTO, S.A. reunidos em Assembleia Geral, deliberaram a distribuição, sob a forma de dividendos, de valor igual a 40% do resultado líquido do período de N+3.

Pretende-se que:

Efetue os lançamentos contabilísticos relativos aos anos N+3 e N+4, na empresa PINTAS, S.A. que resultam da aplicação do método da equivalência patrimonial à mensuração do investimento.

Proposta de resolução:

Ano N

% participação = 40% (empresa associada – influência significativa: MEP)

Goodwill implícito = Custo de aquisição – % no justo valor líquido dos ativos, passivos e passivos contingentes identificáveis à data de aquisição
= 600.000 – 40% * 1.625.000
= (50.000)

Considera-se a realização do *goodwill* negativo no período N.

Quantia escriturada do investimento financeiro a 31/12/N: 600.000 + 50.000 – 1.000.000 * 40% = 250.000

Ano N+1

% no RLP = (800.000) * 40% = (320.000)

Quantia escriturada do investimento financeiro a 31/12/N+1: 0

Prejuízos reconhecidos extracontabilísticamente = (320.000) + 250.000 = (70.000)

Ano N+2

% no RLP = 135.000 * 40% = 54.000

Quantia escriturada do investimento financeiro a 31/12/N+2: 0

Prejuízos reconhecidos extracontabilísticamente = (70.000) + 54.000 = (16.000)

Ano N+3

% no RLP = 333.000 * 40% = 133.200

Como a % nos lucros excede o montante dos prejuízos não reconhecidos, no ano N+3 o montante a reconhecer corresponde a 117.200 (133.200 – 16.000).

Pela % no RLP da XPTO, S.A.

	31/12/N+3		
41	Investimentos Financeiros		
412	Investimentos em associadas		
4121	Participações de capital – MEP		
41211	Participações de capital		
412114	Quota-parte no resultado do período	117.200	
78	Outros Rendimentos		
785	Rendimentos em subsidiárias, associadas e empreendimentos conjuntos		
7851	Aplicação do MEP		117.200

Ano N+4

*Pelos lucros atribuídos (333.000 * 40% * 40%)*

	março/N+4		
27	Outras Contas a Receber e a Pagar		
278	Outros devedores e credores		
2781	Outros devedores e credores – corrente		
27811	Resultados atribuídos	53.280	
41	Investimentos Financeiros		
412	Investimentos em associadas		
4121	Participações de capital - MEP		
41211	Participações de capital		
412115	Lucros atribuídos		53.280

Pelos lucros não atribuídos

Lucros imputados em N+3 = 117.200

Lucros atribuídos = 53.280

Lucros não atribuídos = 63.920

	março/N+4		
56	Resultados Transitados	63.920	
57	Ajustamentos em ativos financeiros		
571	Relacionados com o método da equivalência patrimonial		
5712	Lucros não atribuídos		63.920

Caso Prático 4.6.30 – Eliminação das transações internas (1)

A entidade DEF adquiriu, em 2 de janeiro de N, por 1.250.000 euros, uma participação financeira de 30% na entidade GHI, reconhecida pelo método da equivalência patrimonial.

Durante o período de N, ocorreram as seguintes transações entre as entidades:

- A entidade GHI vendeu mercadorias à entidade DEF no valor de 400.000 euros, com uma margem de lucro sobre as vendas de 25%. No final do período, a entidade DEF detinha, em armazém, mercadorias adquiridas à entidade GHI no valor de 150.000 euros;
- A entidade GHI alienou, no final de N, à entidade DEF uma máquina pelo montante de 200.000 euros. A máquina foi adquirida pela entidade GHI no início de N-3, pelo montante de 450.000, com uma vida útil estimada de 8 anos. A entidade DEF atribuiu uma vida útil à máquina de 5 anos. Ambas as entidades adotam o método da linha reta no cálculo das depreciações dos seus ativos fixos tangíveis.

O resultado líquido do período de N da entidade GHI foi de 380.000 euros, não se tendo verificado qualquer outra alteração no seu capital próprio durante esse período.

Pretende-se:
A contabilização das operações descritas por parte da DEF.

Proposta de resolução:
De acordo com a NCRF 13 – Interesses em Empreendimentos Conjuntos e Investimentos em Associadas, os resultados provenientes de transações internas entre um investidor e uma associada devem ser reconhecidos nas demonstrações financeiras do investidor somente na medida em que correspondam aos interesses de outros investidores na associada, não relacionados com o investidor. Assim, devem ser anulados parcialmente os resultados decorrentes da alineação de inventários e da venda da máquina da GHI à DEF.

Relativamente à venda de mercadorias da GHI à DEF, parte desses inventários, à data de relato, ainda se encontravam em stock.

Deste modo, é necessário anular, a quota-parte na margem de lucro incluída nos inventários da entidade DEF:

Margem de lucro = 150.000 * 25% = 37.500

Quanto à alienação da máquina da GHI à DEF, a mais ou menos-valia apurada na alienação foi a seguinte:

= 200.000 – (450.000 – 450.000/8 * 4) = (25.000)

Como a venda da máquina ocorreu no final de N, não haverá que corrigir a eventual diferença nas depreciações do período.

Assim, dever-se-á anular a quota-parte nos resultados não realizados nesta operação de alienação da máquina.

*Pela % no RLP da GHI (380.000 * 30%)*

	31/12/N		
41	Investimentos Financeiros		
412	Investimentos em associadas		
4121	Participações de capital – MEP		
41211	Participações de capital		
412114	Quota-parte no resultado do período	114.000	
78	Outros Rendimentos		
785	Rendimentos em subsidiárias, associadas e empreendimentos conjuntos		
7851	Aplicação do MEP		114.000

*Pela eliminação da % na margem de lucro incluída nos inventários (37.500 * 30%)*

	31/12/N		
78	Outros Rendimentos		
785	Rendimentos em subsidiárias, associadas e empreendimentos conjuntos		
7851	Aplicação do MEP	11.250	
41	Investimentos Financeiros		
412	Investimentos em associadas		
4121	Participações de capital – MEP		
41211	Participações de capital		
412117	Quota-parte nos resultados não realizados		11.250

*Pela eliminação da % na menos-valia obtida na alienação da máquina (25.000 * 30%)*

	31/12/N		
41	Investimentos Financeiros		
412	Investimentos em associadas		
4121	Participações de capital – MEP		
41211	Participações de capital		
412117	Quota-parte nos resultados não realizados	7.500	
78	Outros Rendimentos		
785	Rendimentos em subsidiárias, associadas e empreendimentos conjuntos		
7851	Aplicação do MEP		7.500

Caso Prático 4.6.31 – Eliminação das transações internas (2)

A entidade NOVIC adquiriu, em 2 de janeiro de N, por 1.500.000 euros, uma participação financeira de 35% na entidade WERL, reconhecida pelo método da equivalência patrimonial.

Durante o período de N, ocorreram as seguintes transações entre as entidades:

- A entidade NOVIC vendeu mercadorias à entidade WERL no valor de 550.000 euros, com uma margem de lucro sobre o custo de 20%. No final do período, a entidade WERL ainda detinha 75% daquelas mercadorias em inventários;
- A entidade WERL alienou, no início de N, à entidade NOVIC um equipamento básico pelo montante de 335.000 euros. O equipamento básico foi adquirido pela entidade WERL no início de N-4, pelo montante de 600.000, com uma vida útil estimada de 8 anos. A entidade NOVIC atribuiu uma vida útil à máquina de 4 anos. Ambas as entidades adotam o método da linha reta no cálculo das depreciações dos seus ativos fixos tangíveis.

O resultado líquido do período de N da entidade WERL foi de 500.000 euros, não se tendo verificado qualquer outra alteração no seu capital próprio durante esse período.

Pretende-se:
A contabilização das operações descritas por parte da NOVIC.

Proposta de resolução:
Relativamente à venda de mercadorias da NOVIC à WERL, parte desses inventários, à data de relato, ainda se encontravam em stock.

Deste modo, é necessário anular, a quota-parte da margem de lucro incluída nos inventários da entidade WERL:

$$\text{Margem de lucro} = (550.000 * 75\% - 550.000 * 75\%/1,2) = 68.750$$

Quanto à alienação da máquina da WERL à NOVIC, a mais ou menos-valia apurada na alienação foi a seguinte:

$$= 335.000 - (600.000 - 600.000/8 * 4) = 35.000$$

Diferença das depreciações, antes e após a transação interna:

Depreciação antes da transação interna = 600.000/8 = 75.000
Depreciação após da transação interna = 335.000/4 = 83.750
Diferença = 75.000 – 83.750 = (8.750)

Assim, dever-se-á anular a quota-parte nos resultados não realizados nesta operação de alienação da máquina.

*Pela % no RLP da WERL (500.000 * 35%)*

	31/12/N		
41	Investimentos Financeiros		
412	Investimentos em associadas		
4121	Participações de capital – MEP		
41211	Participações de capital		
412114	Quota-parte no resultado do período	175.000	
78	Outros Rendimentos		
785	Rendimentos em subsidiárias, associadas e empreendimentos conjuntos		
7851	Aplicação do MEP		175.000

*Pela eliminação da % na margem de lucro incluída nos inventários (68.750 * 35%)*

	31/12/N		
78	Outros Rendimentos		
785	Rendimentos em subsidiárias, associadas e empreendimentos conjuntos		
7851	Aplicação do MEP	24.062,5	
41	Investimentos Financeiros		
412	Investimentos em associadas		
4121	Participações de capital – MEP		
41211	Participações de capital		
412117	Quota-parte nos resultados não realizados		24.062,5

*Pela eliminação da % na mais-valia obtida na alienação da máquina (35.000 * 35%)*

	31/12/N		
78	Outros Rendimentos		
785	Rendimentos em subsidiárias, associadas e empreendimentos conjuntos		
7851	Aplicação do MEP	12.250	
41	Investimentos Financeiros		
412	Investimentos em associadas		
4121	Participações de capital – MEP		
41211	Participações de capital		
412117	Quota-parte nos resultados não realizados		12.250

*Pela eliminação da % na diferença do valor das depreciações (8.750 * 35%)*

	31/12/N		
41	Investimentos Financeiros		
412	Investimentos em associadas		
4121	Participações de capital – MEP		
41211	Participações de capital		
412117	Quota-parte nos resultados não realizados	3.062,5	
78	Outros Rendimentos		
785	Rendimentos em subsidiárias, associadas e empreendimentos conjuntos		
7851	Aplicação do MEP		3.062,5

Caso Prático 4.6.32 – Eliminação das transações internas (3)

A entidade STEEL adquiriu, em 2 de janeiro de N, por 1.300.000 euros, uma participação financeira de 40% na entidade KIPP, reconhecida pelo método da equivalência patrimonial.

Durante o período de N, ocorreram as seguintes transações entre as entidades:

1. A entidade KIPP vendeu mercadorias à entidade STEEL no valor de 350.000 euros, com uma margem de lucro sobre as vendas de 25%. No final do período, a entidade STEEL detinha, em armazém, mercadorias adquiridas à entidade KIPP no valor de 100.000 euros;
2. A entidade KIPP alienou, no início de N, à entidade STEEL uma máquina pelo montante de 190.000 euros. A máquina foi adquirida pela entidade KIPP no início de N-4, pelo montante de 400.000, com uma vida útil estimada de 8 anos. A entidade STEEL atribuiu uma vida útil à máquina de 4 anos. Ambas as entidades adotam o método da linha reta no cálculo das depreciações dos seus ativos fixos tangíveis.

O resultado líquido do período de N da entidade KIPP foi negativo de 400.000 euros, não se tendo verificado qualquer outra alteração no seu capital próprio durante esse período.

Pretende-se:
A contabilização das operações descritas por parte da STEEL.

Proposta de resolução:
Relativamente à venda de mercadorias da KIPP à STEEL, parte desses inventários, à data de relato, ainda se encontravam em stock.

Deste modo, é necessário anular, a quota-parte da margem de lucro incluída nos inventários da entidade STEEL:

Margem de lucro = 100.000 * 25% = 25.000

Quanto à alienação da máquina da KIPP à STEEL, a mais ou menos-valia apurada na alienação foi a seguinte:

= 190.000 – (400.000 – 400.000/8 * 4) = (10.000)

Diferença das depreciações, antes e após a transação interna:

Depreciação antes da transação interna = 400.000/8 = 50.000
Depreciação após da transação interna = 190.000/4 = 47.500
Diferença = 50.000 – 47.500= 2.500

Assim, dever-se-á anular os resultados não realizados nesta operação de alienação da máquina, na proporção da percentagem de participação.

*Pela % no RLP da KIPP (400.000 * 40%)*

	31/12/N		
68	Outros Gastos		
685	Gastos em subsidiárias, associadas e empreendimentos conjuntos		
6852	Aplicação do MEP	160.000	
41	Investimentos Financeiros		
412	Investimentos em associadas		
4121	Participações de capital – MEP		
41211	Participações de capital		
412114	Quota-parte no resultado do período		160.000

*Pela eliminação da % na margem de lucro incluída nos inventários (25.000 * 40%)*

	31/12/N		
68	Outros Gastos		
685	Gastos em subsidiárias, associadas e empreendimentos conjuntos		
6852	Aplicação do MEP	10.000	
41	Investimentos Financeiros		
412	Investimentos em associadas		
4121	Participações de capital – MEP		
41211	Participações de capital		
412117	Quota-parte nos resultados não realizados		10.000

*Pela eliminação da % na menos-valia obtida na alienação da máquina (10.000 * 40%)*

	31/12/N		
41	Investimentos Financeiros		
412	Investimentos em associadas		
4121	Participações de capital – MEP		
41211	Participações de capital		
412117	Quota-parte nos resultados não realizados	4.000	
68	Outros Gastos		
685	Gastos em subsidiárias, associadas e empreendimentos conjuntos		
6852	Aplicação do MEP		4.000

*Pela eliminação da % na diferença no valor das depreciações (2.500 * 40%)*

	31/12/N		
68	Outros Gastos		
685	Gastos em subsidiárias, associadas e empreendimentos conjuntos		
6852	Aplicação do MEP	1.000	
41	Investimentos Financeiros		
412	Investimentos em associadas		
4121	Participações de capital – MEP		
41211	Participações de capital		
412117	Quota-parte nos resultados não realizados		1.000

Caso Prático 4.6.33 – Perdas por imparidade em investimentos financeiros

A sociedade TETA, S.A. adquiriu em 1 de julho de N, através do Banco ALFA, na Bolsa de Valores, 30.000 ações da sociedade OMEGA, S.A. por 225.000 euros. O capital social da sociedade OMEGA, S.A. é constituído por 100.000 ações com um valor nominal unitário de 5 euros.

Os capitais próprios da participada à data da aquisição, eram os que se apresentam (valores em euros):

Capital subscrito	500.000
Reservas	100.000
Resultado líquido do período	25.000

Naquela data, a sociedade OMEGA, S.A. possuía um terreno adquirido por 100.000 euros que tinha um justo valor de 150.000 euros.

O resultado líquido obtido pela sociedade OMEGA, S.A., no exercício de N, ascendeu a 140.000 euros.

Sabe-se ainda que a quantia recuperável do investimento, a 31/12/N, era de 245.000 euros.

Pretende-se:

1. A contabilização das operações descritas por parte da TETA, S.A..
2. Como procederia se a quantia recuperável do investimento financeiro em 31/12/N fosse de 230.000 euros.

Proposta de resolução:

Pedido 1

% participação = 30% (empresa associada – influência significativa: MEP)

Diferença de avaliação = 150.000 – 100.000 = 50.000

Goodwill implícito = Custo de aquisição – % no justo valor líquido dos ativos, passivos e passivos contingentes identificáveis à data de aquisição

= 225.000 – 30% * (500.000 + 100.000 + 25.000 + 50.000)

= 225.000 – 202.500 = 22.500

A % na diferença de avaliação é "depreciada" durante a vida útil remanescente dos respetivos ativos. Como o terreno não é depreciável, não se efetua qualquer ajustamento. O ajustamento ocorrerá quando a OMEGA, S.A. desreconhecer o terreno.

Pela aquisição da participação financeira

	01/07/N		
41	Investimentos Financeiros		
412	Investimentos em associadas		
4121	Participações de capital – MEP		
41211	Participações de capital		
412111	Quota-parte nos capitais próprios	187.500	
412112	Diferenças de avaliação	15.000	
41212	Goodwill	22.500	
12	Depósitos à Ordem		225.000

*Pela % no RLP da OMEGA, S.A. (140.000 – 25.000) * 30%*

	31/12/N		
41	Investimentos Financeiros		
412	Investimentos em associadas		
4121	Participações de capital – MEP		
41211	Participações de capital		
412114	Quota-parte no resultado do período	34.500	
78	Outros Rendimentos		
785	Rendimentos em subsidiárias, associadas e empreendimentos conjuntos		
7851	Aplicação do MEP		34.500

Pela amortização do goodwill no final de N

Vida útil estimada = 10 anos
Amortização anual = 22.500/10 = 2.250
Amortização no ano N = 2.250/2 = 1.125

	31/12/N		
64	Gastos de depreciação e de amortização		
645	Investimentos Financeiros		
6451	Goodwill	1.125	
41	Investimentos Financeiros		
418	Amortizações acumuladas		
4181	Participações de Capital – MEP		
41812	Investimentos em associadas – Goodwill		1.125

Avaliação da existência de perdas por imparidade

Para o efeito deve-se comparar a sua quantia recuperável (o mais elevado entre valor de uso e justo valor menos os custos de vender) com a sua quantia escriturada (a qual deve incluir o *goodwill*). A eventual perda por imparidade deve ser imputada primeiramente ao *goodwill*.

Quantia recuperável = 245.000
Quantia escriturada do IF sem *goodwill* = 202.500 + 34.500 = 237.000
Quantia escriturada do *goodwill* = 22.500 – 1.125 = 21.375
Quantia escriturada do IF = 237.000 + 21.375 = 258.375

Como a quantia escriturada do IF excede a quantia recuperável, temos uma perda por imparidade de 13.375 (258.375 – 245.000).

Neste caso a perda por imparidade é imputada pela totalidade ao *goodwill*. Após o reconhecimento da perda por imparidade dever-se-á proceder ao recálculo das amortizações do *goodwill*.

Pelo reconhecimento da perda por imparidade

	31/12/N		
65	Perdas por imparidade		
653	Em Investimentos Financeiros		
6534	Goodwill	13.375	
41	Investimentos Financeiros		
419	Perdas por imparidade acumuladas		
4192	Investimentos em associadas		
41921	Participações de capital – MEP		
419212	Goodwill		13.375

Pedido 2

Quantia recuperável = 230.000
Quantia escriturada do IF sem *goodwill* = 202.500 + 34.500 = 237.000
Quantia escriturada do *goodwill* = 22.500 – 1.125 = 21.375
Quantia escriturada do IF = 237.000 + 21.375 = 258.375

Como a quantia escriturada do IF excede a quantia recuperável, temos uma perda por imparidade de 28.375 (258.375 – 230.000).

Neste caso a perda por imparidade é imputada:

1.º Ao *goodwill*: 21.375

2.º À participação financeira: 7.000

Pelo reconhecimento da perda por imparidade

	31/12/N		
65	Perdas por imparidade		
653	Em Investimentos Financeiros		
6531	Participações de capital	7.000	
6534	Goodwill	21.375	
41	Investimentos Financeiros		
419	Perdas por imparidade acumuladas		
4192	Investimentos em associadas		
41921	Participações de capital – MEP		
419211	Participações de capital		7.000
419212	Goodwill		21.375

Após o reconhecimento da perda por imparidade, a quantia escriturada do *goodwill* passa a zero. Dado que as perdas por imparidade do *goodwill* não são reversíveis, poder-se-á proceder ao desreconhecimento do mesmo.

Pelo desreconhecimento do goodwill

	31/12/N		
41	Investimentos Financeiros		
419	Perdas por imparidade acumuladas		
4192	Investimentos em associadas		
41921	Participações de capital – MEP		
419212	Goodwill	21.375	
41	Investimentos Financeiros		
418	Amortizações acumuladas		
4181	Participações de Capital – MEP		
41812	Investimentos em associadas – Goodwill	1.125	
41	Investimentos Financeiros		
412	Investimentos em associadas		
4121	Participações de capital – MEP		
41212	Goodwill		22.500

Caso Prático 4.6.34 – Alienação de investimentos financeiros (1)

A empresa INVEST, S.A. detém uma participação financeira de 35% na empresa CONTER, S.A., reconhecida pelo método da equivalência patrimonial.

Em março de N, a INVEST, S.A. alienou a participação detida na CONTER, S.A., pelo valor de 560.000 euros.

À data de alienação a INVEST, S.A. apresentava os seguintes saldos na contabilidade relativos à participação detida na CONTER, S.A.:

Rubricas	Saldos	
	Devedores	Credores
41211 – Investimentos financeiros – Investimentos em associadas – Participações de capital – método da equivalência patrimonial – Participações de capital	515.000	
419211 – Perdas por imparidade acumuladas – Investimentos em associadas – Participações de capital – método da equivalência patrimonial – Participação de capital		40.000
5712 – Ajustamentos em ativos financeiros – Relacionados com o método da equivalência patrimonial – Lucros não atribuídos		58.000
5713 – Ajustamentos em ativos financeiros – Relacionados com o método da equivalência patrimonial – Decorrentes de outras variações nos capitais próprios das participadas		122.000

Pretende-se:

A contabilização da operação descrita por parte da INVEST, S.A..

Proposta de resolução:

Determinação da mais ou menos-valia obtida na alienação da participação financeira detida na CONTER, S.A.:

Preço de venda = 560.000

Quantia escriturada = 515.000 – 40.000 = 475.000

Mais-valia = 560.000 – 475.000 = 85.000

Pelo desreconhecimento das perdas por imparidade acumuladas

	março/N		
41	Investimentos Financeiros		
419	Perdas por imparidade acumuladas		
4192	Investimentos em associadas		
41921	Participações de capital – MEP		
419211	Participações de capital	40.000	
41	Investimentos Financeiros		
412	Investimentos em associadas		
4121	Participações de capital – MEP		
41211	Participações de capital		40.000

Pelo desreconhecimento do investimento financeiro

	março/N		
78	Outros Rendimentos		
785	Rendimentos em subsidiárias, associadas e empreendimentos conjuntos		
7852	Alienações	475.000	
41	Investimentos Financeiros		
412	Investimentos em associadas		
4121	Participações de capital – MEP		
41211	Participações de capital		475.000

Pelo reconhecimento do valor da alienação

	março/N		
27	Outras contas a receber e a pagar		
278	Outros devedores e credores		
2781	Outros devedores e credores – corrente	560.000	
78	Outros Rendimentos		
785	Rendimentos em subsidiárias, associadas e empreendimentos conjuntos		
7852	Alienações		560.000

Pela regularização dos saldos da conta 57 relativos à participação alienada

	março/N		
57	Ajustamentos em ativos financeiros		
571	Relacionados com o MEP		
5712	Lucros não atribuídos	58.000	
57	Ajustamentos em ativos financeiros		
571	Relacionados com o MEP		
5713	Decorrentes de outras variações nos capitais próprios das participadas	122.000	
56	Resultados transitados		180.000

Caso Prático 4.6.35 – Alienação de investimentos financeiros (2)

A empresa AUTO, S.A. detém uma participação financeira de 65% na empresa RELIN, S.A., reconhecida pelo método da equivalência patrimonial.

Em setembro de N, a AUTO, S.A. alienou a participação detida na RELIN, S.A., pelo valor de 800.000 euros.

À data de alienação a AUTO, S.A. apresentava os seguintes saldos na contabilidade relativos à participação detida na RELIN, S.A..

Rubricas	Saldos	
	Devedores	Credores
41111 – Investimentos financeiros – Investimentos em subsidiárias – Participações de capital – método da equivalência patrimonial – Participações de capital	1.300.000	
419111 – Perdas por imparidade acumuladas – Investimentos em subsidiárias – Participações de capital – método da equivalência patrimonial – Participação de capital		400.000
5712 – Ajustamentos em ativos financeiros – Relacionados com o método da equivalência patrimonial – Lucros não atribuídos		120.000
5713 – Ajustamentos em ativos financeiros – Relacionados com o método da equivalência patrimonial – Decorrentes de outras variações nos capitais próprios das participadas	185.000	

Pretende-se:

A contabilização da operação descrita por parte da AUTO, S.A..

Proposta de resolução:

Determinação da mais ou menos-valia obtida na alienação da participação financeira detida na RELIN, S.A.:

Preço de venda = 800.000

Quantia escriturada = 1.300.000 – 400.000 = 900.000

Menos-valia = 800.000 – 900.000 = (100.000)

Pelo desreconhecimento das perdas por imparidade acumuladas

	setembro/N		
41	Investimentos Financeiros		
419	Perdas por imparidade acumuladas		
4191	Investimentos em subsidiárias		
41911	Participações de capital - MEP		
419111	Participações de capital	400.000	
41	Investimentos Financeiros		
411	Investimentos em subsidiárias		
4111	Participações de capital - MEP		
41111	Participações de capital		400.000

Pelo desreconhecimento do investimento financeiro

	setembro/N		
68	Outros gastos		
685	Gastos em subsidiárias, associadas e empreendimentos conjuntos		
6853	Alienações	900.000	
41	Investimentos Financeiros		
411	Investimentos em subsidiárias		
4111	Participações de capital - MEP		
41111	Participações de capital		900.000

Pelo reconhecimento do valor da alienação

	setembro/N		
27	Outras contas a receber e a pagar		
278	Outros devedores e credores		
2781	Outros devedores e credores - corrente	800.000	
68	Outros gastos		
685	Gastos em subsidiárias, associadas e empreendimentos conjuntos		
6853	Alienações		800.000

Pela regularização dos saldos da conta 57 relativos à participação alienada

	setembro/N		
56	Resultados transitados	65.000	
57	Ajustamentos em ativos financeiros		
571	Relacionados com o MEP		
5712	Lucros não atribuídos	120.000	
57	Ajustamentos em ativos financeiros		
571	Relacionados com o MEP		
5713	Decorrentes de outras variações nos capitais próprios das participadas		185.000

Caso Prático 4.6.36 – Alienação parcial de investimentos financeiros

A empresa MELSER, S.A. detém uma participação financeira de 55% na empresa POST, S.A., reconhecida pelo método da equivalência patrimonial.

Em outubro de N, a MELSER, S.A. alienou ações correspondentes a 20% do capital da POST, S.A., pelo valor de 450.000 euros.

À data de alienação a MELSER, S.A. apresentava os seguintes saldos na contabilidade relativos à participação detida na POST, S.A..

Rubricas	Saldos	
	Devedores	Credores
41111 – Investimentos financeiros – Investimentos em subsidiárias – Participações de capital – método da equivalência patrimonial – Participação de capital	1.100.000	
419111 – Perdas por imparidade acumuladas – Investimentos em subsidiárias – Participações de capital – método da equivalência patrimonial – Participação de capital		66.000
5712 – Ajustamentos em ativos financeiros – Relacionados com o método da equivalência patrimonial – Lucros não atribuídos		110.000
5713 – Ajustamentos em ativos financeiros – Relacionados com o método da equivalência patrimonial – Decorrentes de outras variações nos capitais próprios das participadas		154.000

Pretende-se:

A contabilização da operação descrita por parte da MELSER, S.A..

Proposta de resolução:

Determinação da mais ou menos-valia obtida na alienação de 20% da participação financeira detida na POST, S.A.:

Preço de venda = 450.000

Quantia escriturada = (1.100.000 – 66.000) * 20%/55% = 376.000

Mais-valia = 450.000 – 376.000 = 74.000

*Pelo desreconhecimento parcial das perdas por imparidade acumuladas (66.000 * 20%/55%)*

	outubro/N		
41	Investimentos Financeiros		
419	Perdas por imparidade acumuladas		
4191	Investimentos em subsidiárias		
41911	Participações de capital – MEP		
419111	Participações de capital	24.000	
41	Investimentos Financeiros		
411	Investimentos em subsidiárias		
4111	Participações de capital – MEP		
41111	Participações de capital		24.000

*Pelo desreconhecimento parcial do investimento financeiro (1.100.000 * 20%/55% – 24.000)*

	outubro/N		
78	Outros Rendimentos		
785	Rendimentos em subsidiárias, associadas e empreendimentos conjuntos		
7852	Alienações	376.000	
41	Investimentos Financeiros		
411	Investimentos em subsidiárias		
4111	Participações de capital – MEP		
41111	Participações de capital		376.000

Pelo reconhecimento do valor da alienação

	outubro/N		
27	Outras contas a receber e a pagar		
278	Outros devedores e credores		
2781	Outros devedores e credores – corrente	450.000	
78	Outros Rendimentos		
785	Rendimentos em subsidiárias, associadas e empreendimentos conjuntos		
7852	Alienações		450.000

Pela regularização parcial dos saldos da conta 57 relativos à participação alienada
Lucros não atribuídos = (110.000 * 20%/55%) = 40.000
Decorrentes de outras variações nos capitais próprios das participadas = (154.000 * 20%/55%) = 56.000

	outubro/N		
57	Ajustamentos em ativos financeiros		
571	Relacionados com o MEP		
5712	Lucros não atribuídos	40.000	
57	Ajustamentos em ativos financeiros		
571	Relacionados com o MEP		
5713	Decorrentes de outras variações nos capitais próprios das participadas	56.000	
56	Resultados transitados		96.000

Após a alienação de 20%, a empresa MELSER, S.A. passa a ter uma % de participação de 35%, pelo que a empresa POST, S.A. deixa de ser uma subsidiária para passar a ser uma associada. Assim, dever-se-á proceder à reclassificação das contas correspondentes.

Pela reclassificação das subcontas

	outubro/N		
41	Investimentos Financeiros		
412	Investimentos em associadas		
4121	Participações de capital - MEP		
41211	Participações de capital	700.000	
41	Investimentos Financeiros		
419	Perdas por imparidade acumuladas		
4191	Investimentos em subsidiárias		
41911	Participações de capital - MEP		
419111	Participação de capital	42.000	
41	Investimentos Financeiros		
411	Investimentos em subsidiárias		
4111	Participações de capital - MEP		
41111	Participações de capital		700.000
41	Investimentos Financeiros		
419	Perdas por imparidade acumuladas		
4192	Investimentos em associadas		
41921	Participações de capital - MEP		
419211	Participação de capital		42.000

Saldos na contabilidade, relativos à participação de 35% detida na POST, S.A.:

Rubricas	Saldos	
	Devedores	Credores
41211 – Investimentos financeiros – Investimentos em associadas – Participações de capital – método da equivalência patrimonial – Participações de capital	700.000	
419211 – Perdas por imparidade acumuladas – Investimentos em associadas – Participações de capital – método da equivalência patrimonial – Participação de capital		42.000
5712 – Ajustamentos em ativos financeiros – Relacionados com o método da equivalência patrimonial – Lucros não atribuídos		70.000
5713 – Ajustamentos em ativos financeiros – Relacionados com o método da equivalência patrimonial – Decorrentes de outras variações nos capitais próprios das participadas		98.000

Caso Prático 4.6.37 – Alienação parcial de investimentos financeiros com perda de influência significativa

A empresa TORIAL, S.A. detém 350.000 ações correspondentes a uma participação financeira de 35% na empresa ACEP, S.A., reconhecida pelo método da equivalência patrimonial.

Em março de N, a TORIAL, S.A. alienou 200.000 ações relativas à participação detida na ACEP, S.A., pelo valor de 460.000 euros.

À data de alienação a TORIAL, S.A. apresentava os seguintes saldos na contabilidade relativos à participação detida na ACEP, S.A.:

Rubricas	Saldos	
	Devedores	Credores
41211 – Investimentos financeiros – Investimentos em associadas –Participações de capital – método da equivalência patrimonial – Participações de capital	770.000	
419211 – Perdas por imparidade acumuladas – Investimentos em associadas – Participações de capital – método da equivalência patrimonial – Participação de capital		35.000
5712 – Ajustamentos em ativos financeiros – Relacionados com o método da equivalência patrimonial – Lucros não atribuídos		61.000
5713 – Ajustamentos em ativos financeiros – Relacionados com o método da equivalência patrimonial – Decorrentes de outras variações nos capitais próprios das participadas		92.000

Sabe-se ainda que:

- As 150.000 ações detidas relativas à participação detida na ACEP, S.A., não conferem à TORIAL, S.A. o exercício de uma influência significativa;
- A cotação das ações da ACEP, S.A., à data da alienação era de 2,3 euros.

Pretende-se:

A contabilização das operações descritas por parte da TORIAL, S.A..

Proposta de resolução:

A TORIAL, S.A., deve descontinuar o uso do método de equivalência patrimonial a partir da data em que deixar de ter influência significativa sobre a ACEP, S.A., o que se verifica com a alienação das 200.000 ações. O investimento retido deve ser contabilizado de acordo com a NCRF 27 – Instrumentos Financeiros a partir dessa data. Como é possível determinar com fiabilidade o justo valor das ações detidas, a TORIAL, S.A. deve mensurar pelo justo valor qualquer investimento retido na ex-associada ACEP, S.A.. O justo valor do investimento retido deve ser considerado como o justo valor no reconhecimento inicial de um ativo financeiro de acordo com a NCRF 27.

Como a TORIAL, S.A. deixa de utilizar o método de equivalência patrimonial na mensuração das 150.000 ações detidas no capital da ACEP, S.A., dever-se-á proceder à regularização dos saldos da conta 57 relativos à participação.

Determinação da mais ou menos-valia obtida na alienação parcial da participação financeira detida na ACEP, S.A.:

Preço de venda = 460.000
Quantia escriturada = (770.000 – 35.000) * 20%/35% = 420.000
Mais-valia = 460.000 – 420.000 = 40.000

*Pelo desreconhecimento parcial das perdas por imparidade acumuladas (35.000 * 20%/35%)*

	março/N		
41	Investimentos Financeiros		
419	Perdas por imparidade acumuladas		
4192	Investimentos em associadas		
41921	Participações de capital – MEP		
419211	Participação de capital	20.000	
41	Investimentos Financeiros		
412	Investimentos em associadas		
4121	Participações de capital – MEP		
41211	Participações de capital		20.000

*Pelo desreconhecimento do investimento financeiro (770.000 – 35.000) * 20%/35%*

	março/N		
78	Outros Rendimentos		
785	Rendimentos em subsidiárias, associadas e empreendimentos conjuntos		
7852	Alienações	420.000	
41	Investimentos Financeiros		
412	Investimentos em associadas		
4121	Participações de capital – MEP		
41211	Participações de capital		420.000

Pelo reconhecimento do valor da alienação

	março/N		
27	Outras contas a receber e a pagar		
278	Outros devedores e credores		
2781	Outros devedores e credores – corrente	460.000	
78	Outros Rendimentos		
785	Rendimentos em subsidiárias, associadas e empreendimentos conjuntos		
7852	Alienações		460.000

Pela regularização dos saldos da conta 57 relativos à participação alienada

Lucros não atribuídos = (61.000 * 20%/35%) = 34.857,14

Decorrentes de outras variações nos capitais próprios das participadas = (92.000 * 20%/35%) = 52.571,43

	março/N		
57	Ajustamentos em ativos financeiros		
571	Relacionados com o MEP		
5712	Lucros não atribuídos	34.857,14	
57	Ajustamentos em ativos financeiros		
571	Relacionados com o MEP		
5713	Decorrentes de outras variações nos capitais próprios das participadas	52.571,43	
56	Resultados transitados		87.428,57

Após a alienação das 200.000 ações relativos à participação detida na ACEP, S.A., passamos a ter os seguintes saldos:

Rubricas	Saldos	
	Devedores	Credores
41211 – Investimentos financeiros – Investimentos em associadas – Participações de capital – método da equivalência patrimonial – Participações de capital	330.000	
419211 – Perdas por imparidade acumuladas – Investimentos em associadas – Participações de capital – método da equivalência patrimonial – Participação de capital		15.000
5712 – Ajustamentos em ativos financeiros – Relacionados com o método da equivalência patrimonial – Lucros não atribuídos		26.142,86
5713 – Ajustamentos em ativos financeiros – Relacionados com o método da equivalência patrimonial – Decorrentes de outras variações nos capitais próprios das participadas		39.428,57

Como a TORIAL, S.A. deve mensurar pelo justo valor qualquer investimento retido na ex-associada ACEP, S.A., temos de proceder à reclassificação do investimento bem como à sua remensuração para o justo valor.

Pelo desreconhecimento das perdas por imparidade acumuladas

	março/N		
41	Investimentos Financeiros		
419	Perdas por imparidade acumuladas		
4192	Investimentos em associadas		
41921	Participações de capital – MEP		
419211	Participação de capital	15.000	
41	Investimentos Financeiros		
412	Investimentos em associadas		
4121	Participações de capital – MEP		
41211	Participações de capital		15.000

Pela reclassificação do investimento financeiro

	março/N		
41	Investimentos financeiros		
414	Investimentos noutras empresas		
4141	Participações de capital	315.000	
41	Investimentos Financeiros		
412	Investimentos em associadas		
4121	Participações de capital – MEP		
41211	Participações de capital		315.000

Remensuração para o justo valor

Justo valor = 150.000 ações * 2,3 = 345.000

Quantia escriturada = 315.000

Ganho por aumento de justo valor = 345.000 – 315.000 = 30.000

	março/N		
41	Investimentos financeiros		
414	Investimentos noutras empresas		
4141	Participações de capital	30.000	
77	Ganhos por aumentos de justo valor		
772	Em investimentos financeiros		
7721	Participações de capital		30.000

Pela regularização dos saldos da conta 57

	março/N		
57	Ajustamentos em ativos financeiros		
571	Relacionados com o MEP		
5712	Lucros não atribuídos	26.142,86	
57	Ajustamentos em ativos financeiros		
571	Relacionados com o MEP		
5713	Decorrentes de outras variações nos capitais próprios das participadas	39.428,57	
56	Resultados transitados		65.571,43

Caso Prático 4.6.38 – Aumento do valor do investimento sem alteração da % de participação

Por motivos de estratégia comercial, a empresa ALFA, S.A. adquiriu em 02/01/N-1 por 45.000 euros uma participação de 30% na empresa BETA, S.A..

À data da respetiva aquisição os capitais próprios de BETA, S.A. ascendiam a 119.900 euros, neles se incluindo um capital social de 90.000 euros (representado por 90.000 ações), reservas legais de 10.000 euros e resultados transitados de 19.900 euros. Nessa mesma data, a empresa BETA, S.A. possuía um equipamento básico adquirido por 28.800 euros ao qual foi atribuído um justo valor de 25.000 euros e cuja vida útil remanescente correspondia a 5 anos.

Em 02/04/N a empresa BETA, S.A. aprovou as contas do exercício anterior e deliberou a seguinte aplicação para o resultado líquido de N-1 de 50.000 euros:

- reserva legal: 5%;
- distribuição aos acionistas: 50%;
- reservas livres: o restante.

Em 01/06/N foi deliberado em BETA, S.A. aumentar o capital para 140.000 euros, da seguinte forma:

- 15.000 euros por incorporação de reservas (com emissão de ações pelo valor nominal), tendo sido utilizadas, em primeiro lugar, as reservas que se encontravam indisponíveis para distribuição;
- o restante, por novas entradas com um prémio de emissão de 0,7 euros por ação, subscrito pelos atuais acionistas na proporção do capital que já detêm.

Pedido:
Contabilize as operações acima descritas e relativas ao investimento detido pela empresa ALFA, S.A. na empresa BETA, S.A..

Proposta de resolução:
ALFA, S.A. adquiriu 30% do capital da BETA, S.A.
Custo de aquisição = 45.000
Diferença de avaliação = 25.000 – 28.800 = (3.800)

Justo valor líquido dos ativos, passivos e passivos contingentes identificáveis à data de aquisição = 119.900 – 3.800 = 116.100

Goodwill = 45.000 – 116.100 * 30% = 10.170

Pela aquisição da participação financeira

	02/01/N-1		
41	Investimentos Financeiros		
412	Investimentos em associadas		
4121	Participações de capital – MEP		
41211	Participações de capital		
412111	Quota-parte nos capitais próprios	35.970	
41212	Goodwill	10.170	
41	Investimentos Financeiros		
412	Investimentos em associadas		
4121	Participações de capital – MEP		
41211	Participações de capital		
412112	Diferenças de avaliação		1.140
12	Depósitos à Ordem		45.000

*Pela % no RLP da BETA, S.A. (50.000 * 30%)*

	31/12/N-1		
41	Investimentos Financeiros		
412	Investimentos em associadas		
4121	Participações de capital - MEP		
41211	Participações de capital		
412114	Quota-parte no resultado do período	15.000	
78	Outros Rendimentos		
785	Rendimentos em subsidiárias, associadas e empreendimentos conjuntos		
7851	Aplicação do MEP		15.000

Pela % na diferença de avaliação realizada durante N-1

% na diferença de avaliação = (25.000 – 28.800)/5 * 30% = 228

	31/12/N-1		
41	Investimentos Financeiros		
412	Investimentos em associadas		
4121	Participações de capital – MEP		
41211	Participações de capital		
412112	Diferenças de avaliação	228	
78	Outros Rendimentos		
785	Rendimentos em subsidiárias, associadas e empreendimentos conjuntos		
7851	Aplicação do MEP		228

Pela amortização do goodwill no final de N-1

Vida útil estimada = 10 anos

Amortização anual = 10.170/10 = 1.017

	31/12/N-1		
64	Gastos de depreciação e de amortização		
645	Investimentos Financeiros		
6451	Goodwill	1.017	
41	Investimentos Financeiros		
418	Amortizações acumuladas		
4181	Participações de Capital – MEP		
41812	Investimentos em associadas – Goodwill		1.017

*Pelos lucros atribuídos (50.000 * 0,5 * 0,3)*

	02/04/N		
27	Outras Contas a Receber e a Pagar		
278	Outros devedores e credores		
2781	Outros devedores e credores – corrente		
27811	Resultados atribuídos	7.500	
41	Investimentos Financeiros		
412	Investimentos em associadas		
4121	Participações de capital – MEP		
41211	Participações de capital		
412115	Lucros atribuídos		7.500

Pelos lucros não atribuídos

Lucros imputados em N-1 = 15.228
Lucros atribuídos = 7.500
Lucros não atribuídos = 7.728

	02/04/N		
56	Resultados Transitados	7.728	
57	Ajustamentos em ativos financeiros		
571	Relacionados com o método da equivalência patrimonial		
5712	Lucros não atribuídos		7.728

Pelo aumento de capital

A empresa BETA, S.A. aumentou o capital em 50.000 euros (140.000 – 90.000), da seguinte forma:

- 15.000 euros por incorporação de reservas;
- o restante, por novas entradas com um prémio de emissão de 0,7 euros por ação, subscrito pelos atuais acionistas na proporção do capital que já detêm.

Relativamente ao aumento de capital por incorporação de reservas, a empresa ALFA, S.A. tem direito a 4.500 ações. No entanto esta operação não afeta o valor do investimento financeiro dado tratar-se apenas de uma alteração qualitativa dos capitais próprios da BETA, S.A..

<u>Após o aumento de capital por incorporação de reservas</u>
N.º de ações detidas pela ALFA, S.A. = 27.000 + 4.500 = 31.500
N.º de ações que representam o capital da BETA, S.A. = 90.000 + 15.000 = 105.000
% de participação da ALFA, S.A. = 31.500/105.000 = 0,3

Como a ALFA, S.A. acompanha o aumento de capital por novas entradas, temos um aumento do valor do investimento financeiro que não implica alteração da % de participação.

Valor subscrito pela ALFA, S.A.: 35.000 ações * 1,7 * 30% = 17.850 euros

<u>Após o aumento de capital por novas entradas</u>
Valor do investimento (sem *goodwill*) antes do aumento de capital = 34.830 + 15.228 – 7.500 = 42.558

Valor do investimento (sem *goodwill*) após o aumento de capital = 34.830 + 15.228 – 7.500 + 17.850 = 60.408

N.º de ações detidas pela ALFA, S.A. = 27.000 + 4.500 + 10.500 = 42.000
N.º de ações que representam o capital da BETA, S.A. = 90.000 + 15.000 + 35.000 = 140.000
% de participação da ALFA, S.A. = 42.000/140.000 = 0,3

	01/06/N		
41	Investimentos Financeiros		
412	Investimentos em associadas		
4121	Participações de capital – MEP		
41211	Participações de capital		
412111	Quota-parte nos capitais próprios	17.850	
27	Outros Contas a Receber e a Pagar		
275	Credores por subscrições não liberadas		
2751	Credores por subscrição não liberadas – corrente		17.850

Pela realização do capital subscrito

	01/06/N		
27	Outros Contas a Receber e a Pagar		
275	Credores por subscrições não liberadas		
2751	Credores por subscrições não liberadas – corrente	17.850	
12	Depósitos à ordem		17.850

Pela amortização do goodwill no final de N

	31/12/N		
64	Gastos de depreciação e de amortização		
645	Investimentos Financeiros		
6451	Goodwill	1.017	
41	Investimentos Financeiros		
418	Amortizações acumuladas		
4181	Participações de Capital – MEP		
41812	Investimentos em associadas – Goodwill		1.017

Caso Prático 4.6.39 – Alteração da % de participação sem alteração do valor de investimento

A empresa CALJA, S.A. adquiriu em 02/07/N-1 por 90.000 euros uma participação de 35% na empresa TETA, S.A..

À data da respetiva aquisição os capitais próprios de TETA, S.A. ascendiam a 232.000 euros, neles se incluindo um capital social de 162.000 euros (representado por 162.000 ações), reservas legais de 20.000 euros, resultados transitados de 32.000 euros e o resultado líquido do 1.º semestre de 18.000 euros. Nessa mesma data, a empresa TETA, S.A. possuía um equipamento básico com uma quantia escriturada de 51.000 euros ao qual foi atribuído um justo valor de 60.000 euros e cuja vida útil remanescente correspondia a 5 anos.

O resultado líquido do período de N-1 da entidade TETA, S.A. foi de 38.000 euros.

Em 02/04/N a empresa TETA, S.A. aprovou as contas do exercício anterior, tendo deliberado distribuir 9.000 euros.

Em 01/06/N foi deliberado em TETA, S.A. aumentar o capital por novas entradas através da emissão de 50.000 ações com um valor de emissão de 1,5 euros. A empresa CALJA, S.A. não acompanhou o aumento de capital.

O resultado líquido do período de N da entidade TETA, S.A. foi de 55.000 euros.

Pedido:

Contabilize as operações acima descritas e relativas ao investimento detido pela empresa CALJA, S.A. na empresa TETA, S.A..

Proposta de resolução:

CALJA, S.A. adquiriu 35% do capital da TETA, S.A.

Custo de aquisição = 90.000

Justo valor líquido dos ativos, passivos e passivos contingentes identificáveis à data de aquisição = 232.000 + 60.000 – 51.000 = 241.000

Goodwill = 90.000 – 241.000 * 35% = 5.650

Pela aquisição da participação financeira

	02/07/N-1		
41	Investimentos Financeiros		
412	Investimentos em associadas		
4121	Participações de capital - MEP		
41211	Participações de capital		
412111	Quota-parte nos capitais próprios	81.200	
412112	Diferenças de avaliação	3.150	
41212	Goodwill	5.650	
12	Depósitos à Ordem		90.000

Pela % no RLP de N-1 da TETA, S.A.

% no resultado do período gerado após a aquisição = (38.000 – 18.000) * 35% = 7.000

	31/12/N-1		
41	Investimentos Financeiros		
412	Investimentos em associadas		
4121	Participações de capital - MEP		
41211	Participações de capital		
412114	Quota-parte no resultado do período	7.000	
78	Outros Rendimentos		
785	Rendimentos em subsidiárias, associadas e empreendimentos conjuntos		
7851	Aplicação do MEP		7.000

Pela % na diferença de avaliação realizada durante N-1

% na diferença de avaliação = [(60.000 – 51.000)/5 * 35%]/2 = 315

	31/12/N-1		
78	Outros Rendimentos		
785	Rendimentos em subsidiárias, associadas e empreendimentos conjuntos		
7851	Aplicação do MEP	315	
41	Investimentos Financeiros		
412	Investimentos em associadas		
4121	Participações de capital - MEP		
41211	Participações de capital		
412112	Diferenças de avaliação		315

Pela amortização do goodwill no final de N-1

Vida útil estimada = 10 anos
Amortização anual = 5.650/10 = 565
Amortização de N = 565/2 = 282,5

	31/12/N-1		
64	Gastos de depreciação e de amortização		
645	Investimentos Financeiros		
6451	Goodwill	282,5	
41	Investimentos Financeiros		
418	Amortizações acumuladas		
4181	Participações de Capital – MEP		
41812	Investimentos em associadas – Goodwill		282,5

*Pelos lucros atribuídos (9.000 * 0,35)*

	02/04/N		
27	Outras Contas a Receber e a Pagar		
278	Outros devedores e credores		
2781	Outros devedores e credores – corrente		
27811	Resultados atribuídos	3.150	
41	Investimentos Financeiros		
412	Investimentos em associadas		
4121	Participações de capital – MEP		
41211	Participações de capital		
412115	Lucros atribuídos		3.150

Pelos lucros não atribuídos

Lucros imputados em N-1 = 6.685
Lucros atribuídos = 3.150
Lucros não atribuídos = 3.535

	02/04/N		
56	Resultados Transitados	3.535	
57	Ajustamentos em ativos financeiros		
571	Relacionados com o método da equivalência patrimonial		
5712	Lucros não atribuídos		3.535

Pelo aumento de capital

A empresa TETA, S.A. aumentou o capital por novas entradas através da emissão de 50.000 ações emitidas a 1,5 euros.

Antes do aumento de capital o valor contabilístico por ação corresponde a:

Capitais próprios de TETA, S.A. antes do aumento = 232.000 + 20.000 – 9.000 = 243.000
N.º de ações que representam o capital social = 162.000
Valor contabilístico por ação = 243.000/162.000 = 1,5 euros
Assim, o valor de emissão corresponde ao valor contabilístico por ação.

Após o aumento de capital o valor contabilístico por ação corresponde a:

Capitais próprios de TETA, S.A. após o aumento = 232.000 + 20.000 – 9.000 + 75.000 = 318.000
N.º de ações que representam o capital social = 162.000 + 50.000 = 212.000
Valor contabilístico por ação = 318.000/212.000 = 1,5 euros
Assim, o valor contabilístico por ação mantém-se em 1,5 euros.

Como a empresa CALJA, S.A. não exerceu o seu direito de preferência na subscrição do aumento de capital, a % de participação altera-se neste caso para menos. No entanto o valor do investimento não se altera, uma vez que o valor de emissão das ações foi igual ao ser valor contabilístico.

Valor do investimento antes do aumento de capital e verificação da equivalência patrimonial:

Valor do Investimento Financeiro (sem *goodwill*) = 84.350 + 7.000 – 315 – 3.150 = 87.885
Capitais próprios de TETA, S.A. antes do aumento = 232.000 + 20.000 – 9.000 = 243.000

Verificação da equivalência patrimonial:

Investimento Financeiro (sem *goodwill*) = % nos Capitais próprios de TETA, S.A. + % nas diferenças de avaliação não ajustadas

87.885 = 243.000 * 35% + (9.000 * 35% – 315)
87.885 = 87.885

Nova % de participação, valor do investimento após o aumento de capital e verificação da equivalência patrimonial:

Nova % de participação = 56.700/212.000 = 0,2674528302
Valor do Investimento Financeiro (sem *goodwill*) = 84.350 + 7.000 – 315 – 3.150 = 87.885
Capitais próprios de TETA, S.A. após o aumento = 232.000 + 20.000 – 9.000 + 75.000 = 318.000

Verificação da equivalência patrimonial:

Investimento Financeiro (sem *goodwill*) = % nos Capitais próprios de TETA, S.A. + % nas diferenças de avaliação não ajustadas
87.885 = 318.000 * 26,74528302% + (9.000 * 35% – 315)
87.885 = 87.885

Assim, temos uma alteração da % de participação sem alteração do valor do investimento financeiro. A partir deste momento utiliza-se a nova % de participação para determinar os eventuais ajustamentos a efetuar ao investimento financeiro. Todavia, quanto às diferenças de avaliação o ajustamento continua a ser efetuado com base na % de participação (35%) que deu origem à determinação das mesmas.

Pela % no RLP de N da TETA, S.A.
% no resultado do período = 55.000 * 26,74528302% = 14.709,91

	31/12/N		
41	Investimentos Financeiros		
412	Investimentos em associadas		
4121	Participações de capital – MEP		
41211	Participações de capital		
412114	Quota-parte no resultado do período	14.709,91	
78	Outros Rendimentos		
785	Rendimentos em subsidiárias, associadas e empreendimentos conjuntos		
7851	Aplicação do MEP		14.709,91

Pela % na diferença de avaliação realizada durante N

% na diferença de avaliação = [(60.000 – 51.000)/5 * 35%] = 630

	31/12/N		
78	Outros Rendimentos		
785	Rendimentos em subsidiárias, associadas e empreendimentos conjuntos		
7851	Aplicação do MEP	630	
41	Investimentos Financeiros		
412	Investimentos em associadas		
4121	Participações de capital – MEP		
41211	Participações de capital		
412112	Diferenças de avaliação		630

Pela amortização do goodwill no final de N

Vida útil estimada = 10 anos

Amortização anual = 5.650/10 = 565

	31/12/N		
64	Gastos de depreciação e de amortização		
645	Investimentos Financeiros		
6451	Goodwill	565	
41	Investimentos Financeiros		
418	Amortizações acumuladas		
4181	Participações de Capital – MEP		
41812	Investimentos em associadas – Goodwill		565

Caso Prático 4.6.40 – Alteração da % de participação com alteração do valor do investimento (1)

A empresa JOTA, S.A. adquiriu em 02/01/N-1 por 600.000 euros uma participação de 30% na empresa GAME, S.A..

À data da respetiva aquisição os capitais próprios de GAME, S.A. ascendiam a 1.500.000 euros. O seu capital social era de 500.000 euros representado por 500.000 ações. Nessa mesma data, a empresa GAME, S.A. possuía um equipamento com uma quantia escriturada de 120.000 euros ao qual foi atribuído um justo valor de 170.000 euros e cuja vida útil remanescente correspondia a 5 anos.

O resultado líquido do período de N-1 da entidade GAME, S.A. foi de 130.000 euros.

Em 02/04/N a empresa GAME, S.A. aprovou as contas do exercício anterior, tendo deliberado não distribuir resultados.

Em 01/07/N foi deliberado em GAME, S.A. aumentar o capital por novas entradas através da emissão de 100.000 ações com um valor de emissão de 3,5 euros. A empresa JOTA, S.A. não acompanhou o aumento de capital.

O resultado líquido do período de N da entidade GAME, S.A. foi de 155.000 euros.

Pedidos:

1. Contabilize as operações acima descritas e relativas ao investimento detido pela empresa JOTA, S.A. na empresa GAME, S.A..
2. Contabilize o ajustamento correspondente ao aumento de capital admitindo que o mesmo foi emitido a 2,9 euros.

Proposta de resolução:

Pedido 1

JOTA, S.A. adquiriu 30% do capital da GAME, S.A.

Custo de aquisição = 600.000

Justo valor líquido dos ativos, passivos e passivos contingentes identificáveis à data de aquisição = 1.500.000 + 170.000 – 120.000 = 1.550.000

Goodwill = 600.000 – 1.550.000 * 30% = 135.000

Pela aquisição da participação financeira

	02/01/N-1		
41	Investimentos Financeiros		
412	Investimentos em associadas		
4121	Participações de capital - MEP		
41211	Participações de capital		
412111	Quota-parte nos capitais próprios	450.000	
412112	Diferenças de avaliação	15.000	
41212	Goodwill	135.000	
12	Depósitos à Ordem		600.000

*Pela % no RLP da GAME, S.A. de N-1 (130.000 * 30%)*

	31/12/N-1		
41	Investimentos Financeiros		
412	Investimentos em associadas		
4121	Participações de capital - MEP		
41211	Participações de capital		
412114	Quota-parte no resultado do período	39.000	
78	Outros Rendimentos		
785	Rendimentos em subsidiárias, associadas e empreendimentos conjuntos		
7851	Aplicação do MEP		39.000

Pela % na diferença de avaliação realizada durante N-1

% na diferença de avaliação = (170.000 - 120.000)/5 * 30% = 3.000

	31/12/N-1		
78	Outros Rendimentos		
785	Rendimentos em subsidiárias, associadas e empreendimentos conjuntos		
7851	Aplicação do MEP	3.000	
41	Investimentos Financeiros		
412	Investimentos em associadas		
4121	Participações de capital - MEP		
41211	Participações de capital		
412112	Diferenças de avaliação		3.000

Pela amortização do goodwill no final de N-1

Vida útil estimada = 10 anos

Amortização anual = 135.000/10 = 13.500

	31/12/N-1		
64	Gastos de depreciação e de amortização		
645	Investimentos Financeiros		
6451	Goodwill	13.500	
41	Investimentos Financeiros		
418	Amortizações acumuladas		
4181	Participações de Capital – MEP		
41812	Investimentos em associadas – Goodwill		13.500

Pelos lucros não atribuídos

Lucros imputados em N-1 = 36.000

Lucros atribuídos = 0

Lucros não atribuídos = 36.000

	02/04/N		
56	Resultados Transitados	36.000	
57	Ajustamentos em ativos financeiros		
571	Relacionados com o método da equivalência patrimonial		
5712	Lucros não atribuídos		36.000

Pelo aumento de capital

A empresa GAME, S.A. aumentou o capital por novas entradas através da emissão de 100.000 ações emitidas a 3,5 euros.

Antes do aumento de capital o valor contabilístico por ação corresponde a:

Capitais próprios de GAME, S.A. antes do aumento = 1.500.000 + 130.000 = 1.630.000

N.º de ações que representam o capital social = 500.000

Valor contabilístico por ação = 1.630.000/500.000 = 3,26 euros

Assim, o valor de emissão excede o valor contabilístico por ação.

Após o aumento de capital o valor contabilístico por ação corresponde a:

Capitais próprios de GAME, S.A. após o aumento = 1.500.000 + 130.000 + 350.000 = 1.980.000

N.º de ações que representam o capital social = 500.000 + 100.000 = 600.000
Valor contabilístico por ação = 1.980.000/600.000 = 3,3 euros
Assim, o valor contabilístico por ação aumentou de 3,26 euros para 3,3 euros.

Como a empresa JOTA, S.A. não exerceu o seu direito de preferência na subscrição do aumento de capital, a % de participação altera-se neste caso para menos. No entanto, o valor do investimento sofre um aumento, uma vez que o valor contabilístico por ação aumentou.

Valor do investimento antes do aumento de capital e verificação da equivalência patrimonial:

Valor do Investimento Financeiro (sem *goodwill*) = 465.000 + 39.000 – 3.000 = 501.000

ou

Valor do Investimento Financeiro (sem *goodwill*) = N.º ações * valor contabilístico por ação + % nas diferenças de avaliação não ajustadas
Valor do Investimento Financeiro (sem *goodwill*) = 150.000 * 3,26 + (50.000 * 30% – 3.000) = 501.000

Capitais próprios de GAME, S.A. antes do aumento = 1.500.000 + 130.000 = 1.630.000

Verificação da equivalência patrimonial:

Investimento Financeiro (sem *goodwill*) = % nos Capitais próprios de GAME, S.A. + % nas diferenças de avaliação não ajustadas
501.000 = 1.630.000 * 30% + (50.000 * 30% – 3.000)
501.000 = 501.000

Nova % de participação e valor do investimento após o aumento de capital:

Nova % de participação = 150.000/600.000 = 0,25
Valor do Investimento Financeiro (sem *goodwill*) = 150.000 * 3,3 + (50.000 * 30% – 3.000) = 507.000, temos assim um aumento de 6.000 (507.000 – 501.000). Este aumento corresponde também a 150.000 ações * (3,3 – 3,26).

Pelo ajustamento ao valor do investimento financeiro

	01/07/N		
41	Investimentos Financeiros		
412	Investimentos em associadas		
4121	Participações de capital – MEP		
41211	Participações de capital		
412116	Quota-parte de outras variações nos cap. próprios	6.000	
57	Ajustamentos em ativos financeiros		
571	Relacionados com o MEP		
5713	Decorrentes de outras variações nos capitais próprios das participadas		6.000

Verificação da equivalência patrimonial:

Capitais próprios de GAME, S.A. após o aumento = 1.500.000 + 130.000 + 350.000 = 1.980.000

Investimento Financeiro (sem *goodwill*) = % nos Capitais próprios de GAME, S.A. + % nas diferenças de avaliação não ajustadas

507.000 = 1.980.000 * 25% + (50.000 * 30% – 3.000)

507.000 = 507.000

Assim, temos uma alteração da % de participação com alteração do valor do investimento financeiro. A partir deste momento utiliza-se a nova % de participação para determinar os eventuais ajustamentos a efetuar ao investimento financeiro. Todavia, quanto às diferenças de avaliação o ajustamento continua a ser efetuado com base na % de participação (30%) que deu origem à determinação das mesmas.

*Pela % no RLP da GAME, S.A. de N (155.000 * 25%)*

	31/12/N		
41	Investimentos Financeiros		
412	Investimentos em associadas		
4121	Participações de capital – MEP		
41211	Participações de capital		
412114	Quota-parte no resultado do período	38.750	
78	Outros Rendimentos		
785	Rendimentos em subsidiárias, associadas e empreendimentos conjuntos		
7851	Aplicação do MEP		38.750

Pela % na diferença de avaliação realizada durante N

% na diferença de avaliação = [(170.000 – 120.000)/5 * 30%] = 3.000

	31/12/N		
78	Outros Rendimentos		
785	Rendimentos em subsidiárias, associadas e empreendimentos conjuntos		
7851	Aplicação do MEP	3.000	
41	Investimentos Financeiros		
412	Investimentos em associadas		
4121	Participações de capital – MEP		
41211	Participações de capital		
412112	Diferenças de avaliação		3.000

Pela amortização do goodwill no final de N

	31/12/N		
64	Gastos de depreciação e de amortização		
645	Investimentos Financeiros		
6451	Goodwill	13.500	
41	Investimentos Financeiros		
418	Amortizações acumuladas		
4181	Participações de Capital – MEP		
41812	Investimentos em associadas – Goodwill		13.500

Pedido 2

Pelo aumento de capital

A empresa GAME, S.A. aumentou o capital por novas entradas através da emissão de 100.000 ações emitidas a 2,9 euros.

Antes do aumento de capital o valor contabilístico por ação corresponde a:

Capitais próprios de GAME, S.A. antes do aumento = 1.500.000 + 130.000 = 1.630.000

N.º de ações que representam o capital social = 500.000

Valor contabilístico por ação = 1.630.000/500.000 = 3,26 euros

Neste caso, o valor de emissão é inferior ao valor contabilístico por ação.

Após o aumento de capital o valor contabilístico por ação corresponde a:

Capitais próprios de GAME, S.A. após o aumento = 1.500.000 + 130.000 + 290.000 = 1.920.000

N.º de ações que representam o capital social = 500.000 + 100.000 = 600.000

Valor contabilístico por ação = 1.920.000/600.000 = 3,2 euros

Assim, o valor contabilístico por ação diminui de 3,26 euros para 3,2 euros.

Como a empresa JOTA, S.A. não exerceu o seu direito de preferência na subscrição do aumento de capital, a % de participação altera-se neste caso para menos. O valor do investimento neste caso sofre uma diminuição, uma vez que o valor contabilístico por ação diminui.

Valor do investimento antes do aumento de capital e verificação da equivalência patrimonial:

Valor do Investimento Financeiro (sem *goodwill*) = 465.000 + 39.000 – 3.000 = 501.000

ou

Valor do Investimento Financeiro (sem *goodwill*) = N.º ações * valor contabilístico por ação + % nas diferenças de avaliação não ajustadas

Valor do Investimento Financeiro (sem *goodwill*) = 150.000 * 3,26 + (50.000 * 30% – 3.000) = 501.000

Capitais próprios de GAME, S.A. antes do aumento = 1.500.000 + 130.000 = 1.630.000

Verificação da equivalência patrimonial:

Investimento Financeiro (sem *goodwill*) = % nos Capitais próprios de GAME, S.A. + % nas diferenças de avaliação não ajustadas

501.000 = 1.630.000 * 30% + (50.000 * 30% – 3.000)

501.000 = 501.000

Nova % de participação e valor do investimento após o aumento de capital:

Nova % de participação = 150.000/600.000 = 0,25

Valor do Investimento Financeiro (sem *goodwill*) = 150.000 * 3,2 + (50.000 * 30% – 3.000) = 492.000, temos assim uma diminuição de 9.000 (492.000 – 501.000). Esta diminuição corresponde também a 150.000 ações * (3,2 – 3,26).

Pelo ajustamento ao valor do investimento financeiro

	01/07/N		
57	Ajustamentos em ativos financeiros		
571	Relacionados com o MEP		
5713	Decorrentes de outras variações nos capitais próprios das participadas	9.000	
41	Investimentos Financeiros		
412	Investimentos em associadas		
4121	Participações de capital – MEP		
41211	Participações de capital		
412116	Quota-parte de outras variações nos cap. próprios		9.000

Verificação da equivalência patrimonial:

Capitais próprios de GAME, S.A. após o aumento = 1.500.000 + 130.000 + 290.000 = 1.920.000

Investimento Financeiro (sem *goodwill*) = % nos Capitais próprios de GAME, S.A. + % nas diferenças de avaliação não ajustadas

492.000 = 1.920.000 * 25% + (50.000 * 30% – 3.000)

492.000 = 492.000

Assim, temos uma alteração da % de participação com alteração do valor do investimento financeiro. A partir deste momento utiliza-se a nova % de participação para determinar os eventuais ajustamentos a efetuar ao investimento financeiro. Todavia, quanto às diferenças de avaliação o ajustamento continua a ser efetuado com base na % de participação (30%) que deu origem à determinação das mesmas.

Caso Prático 4.6.41 – Alteração da % de participação com alteração do valor do investimento (2)

A empresa BLUE, Lda. subscreveu em 30/06/N uma participação de 40% no momento da constituição da empresa OCEAN, Lda., que tem um capital social de 100.000 euros, e no qual participam ainda os sócios ALL, TOO e CONT com quotas iguais.

A empresa OCEAN, Lda. apresentou a seguinte composição dos seus capitais próprios em 31/12 de cada um dos anos (valor em euros):

	Ano N	Ano N+1	Ano N+2
Capital subscrito	100.000	100.000	120.000
Prémios de emissão			6.300
Reservas		10.500	15.750
Excedentes de Revalorização		5.000	3.000
Outras Variações no Capitais Próprios	1.000	6.000	6.000
Resultados Transitados			2.000
Resultado Líquido do Período	20.000	10.000	(5.000)
Total do capital próprio	**121.000**	**131.500**	**148.050**

Informação complementar:

- A empresa OCEAN, Lda. deu sempre cumprimento ao n.º 1 do art.º 217.º do CSC, nas deliberações tomadas nas assembleias anuais realizadas no mês de março;
- O aumento de capital social em 2/01/N+2 foi efetuado através de novas entradas em dinheiro que, segundo deliberação dos sócios em Assembleia Geral foi feito da seguinte maneira:
  - O sócio ALL não acompanhou o aumento de capital;
  - O sócio TOO subscreveu apenas metade do valor proporcional à sua quota;
  - O sócio CONT subscreveu a parte proporcional à sua quota; e
  - O sócio BLUE, Lda. subscreveu a parte proporcional à sua quota mais o que os outros sócios não subscreveram.

Pedido:

Efetue os lançamentos contabilísticos que traduzam a aplicação do método da equivalência patrimonial na empresa BLUE, Lda..

Proposta de resolução:

Ano N

BLUE, Lda. subscreveu 40% do capital da OCEAN, Lda.

Custo de aquisição = 40.000

Justo valor líquido dos ativos, passivos e passivos contingentes identificáveis à data de aquisição = 100.000

Goodwill = 40.000 – 100.000 * 40% = 0

Pela subscrição da participação financeira

	30/06/N		
41	Investimentos Financeiros		
412	Investimentos em associadas		
4121	Participações de capital – MEP		
41211	Participações de capital		
412111	Quota-parte nos capitais próprios	40.000	
27	Outras contas a receber e a pagar		
275	Credores por subscrições não liberadas		
2751	Credores por subscrições não liberadas – corrente		40.000

Pela realização do capital subscrito

	30/06/N		
27	Outras contas a receber e a pagar		
275	Credores por subscrições não liberadas		
2751	Credores por subscrições não liberadas – corrente	40.000	
12	Depósitos à Ordem		40.000

*Pela % nas Outras Variações no Capitais Próprios (1.000 * 40%)*

	31/12/N		
41	Investimentos Financeiros		
412	Investimentos em associadas		
4121	Participações de capital – MEP		
41211	Participações de capital		
412116	Quota-parte de outras variações nos cap. próprios	400	
57	Ajustamentos em ativos financeiros		
571	Relacionados com o MEP		
5713	Decorrentes de outras variações nos capitais próprios das participadas		400

*Pela % no RLP da OCEAN, Lda (20.000 * 40%)*

	31/12/N		
41	Investimentos Financeiros		
412	Investimentos em associadas		
4121	Participações de capital - MEP		
41211	Participações de capital		
412114	Quota-parte no resultado do período	8.000	
78	Outros Rendimentos		
785	Rendimentos em subsidiárias, associadas e empreendimentos conjuntos		
7851	Aplicação do MEP		8.000

Ano N+1

A empresa OCEAN, Lda. deu sempre cumprimento ao n.º 1 do art.º 217.º do CSC, pelo que procede à distribuição de 50% do resultado distribuível.

Resultado distribuível na OCEAN, Lda. = Resultado do período – Reserva legal

Resultado distribuível na OCEAN, Lda. = 20.000 – 20.000 * 5% = 19.000

50% do resultado distribuível = 19.000 * 50% = 9.500

*Pelos lucros atribuídos (9.500 * 0,4)*

	março/N+1		
27	Outras Contas a Receber e a Pagar		
278	Outros devedores e credores		
2781	Outros devedores e credores – corrente		
27811	Resultados atribuídos	3.800	
41	Investimentos Financeiros		
412	Investimentos em associadas		
4121	Participações de capital – MEP		
41211	Participações de capital		
412115	Lucros atribuídos		3.800

Pelos lucros não atribuídos

Lucros imputados em N = 8.000
Lucros atribuídos = 3.800
Lucros não atribuídos = 4.200

	março/N+1		
56	Resultados Transitados	4.200	
57	Ajustamentos em ativos financeiros		
571	Relacionados com o método da equivalência patrimonial		
5712	Lucros não atribuídos		4.200

*Pela % nas Outras Variações no Capitais Próprios (5.000 * 40%)*

	31/12/N+1		
41	Investimentos Financeiros		
412	Investimentos em associadas		
4121	Participações de capital – MEP		
41211	Participações de capital		
412116	Quota-parte de outras variações nos cap. próprios	2.000	
57	Ajustamentos em ativos financeiros		
571	Relacionados com o MEP		
5713	Decorrentes de outras variações nos capitais próprios das participadas		2.000

*Pela % no Excedente de revalorização (5.000 * 40%)*

	31/12/N+1		
41	Investimentos Financeiros		
412	Investimentos em associadas		
4121	Participações de capital – MEP		
41211	Participações de capital		
412116	Quota-parte de outras variações nos cap. próprios	2.000	
57	Ajustamentos em ativos financeiros		
571	Relacionados com o MEP		
5713	Decorrentes de outras variações nos capitais próprios das participadas		2.000

*Pela % no RLP da OCEAN, Lda (10.000 * 40%)*

	31/12/N+1		
41	Investimentos Financeiros		
412	Investimentos em associadas		
4121	Participações de capital - MEP		
41211	Participações de capital		
412114	Quota-parte no resultado do período	4.000	
78	Outros Rendimentos		
785	Rendimentos em subsidiárias, associadas e empreendimentos conjuntos		
7851	Aplicação do MEP		4.000

Ano N+2

Pela subscrição do aumento de capital

A empresa BLUE, Lda. subscreve 40% mais: os 20% do sócio ALL; os 10% do sócio TOO. Assim subscreve no total 70% do aumento de capital.

Valor subscrito pela BLUE, Lda. = (20.000 + 6.300) * 70% = 18.410

	02/01/N+2		
41	Investimentos Financeiros		
412	Investimentos em associadas		
4121	Participações de capital - MEP		
41211	Participações de capital		
412111	Quota-parte nos capitais próprios	18.410	
27	Outras contas a receber e a pagar		
275	Credores por subscrições não liberadas		
2751	Credores por subscrições não liberadas - corrente		18.410

Pela realização do capital subscrito

	02/01/N+2		
27	Outras contas a receber e a pagar		
275	Credores por subscrições não liberadas		
2751	Credores por subscrições não liberadas - corrente	18.410	
12	Depósitos à Ordem		18.410

Nova % de participação da BLUE, Lda. = (100.000 * 40% + 20.000 * 70%)/120.000 = 45%

Pelos lucros atribuídos

A empresa OCEAN, Lda. deu sempre cumprimento ao n.º 1 do art.º 217.º do CSC, pelo que procede à distribuição de 50% do resultado distribuível.

Resultado distribuível na OCEAN, Lda. = Resultado do período – Reserva legal
Resultado distribuível na OCEAN, Lda. = 10.000 – 10.000 * 5% = 9.500
50% do resultado distribuível = 9.500 * 50% = 4.750
Lucros atribuídos = 4.750 * 0,45 = 2.137,5

	março/N+2		
27	Outras Contas a Receber e a Pagar		
278	Outros devedores e credores		
2781	Outros devedores e credores – corrente		
27811	Resultados atribuídos	2.137,5	
41	Investimentos Financeiros		
412	Investimentos em associadas		
4121	Participações de capital – MEP		
41211	Participações de capital		
412115	Lucros atribuídos		2.137,5

Pelos lucros não atribuídos
Lucros imputados em N = 4.000
Lucros atribuídos = 2.137,5
Lucros não atribuídos = 1.862,5

	março/N+2		
56	Resultados Transitados	1.862,5	
57	Ajustamentos em ativos financeiros		
571	Relacionados com o método da equivalência patrimonial		
5712	Lucros não atribuídos		1.862,5

*Pela % no RLP da OCEAN, Lda (5.000 * 45%)*

	31/12/N+2		
68	Outros Gastos		
685	Gastos em subsidiárias, associadas e empreendimentos conjuntos		
6852	Aplicação do MEP	2.250	
41	Investimentos Financeiros		
412	Investimentos em associadas		
4121	Participações de capital – MEP		
41211	Participações de capital		
412114	Quota-parte no resultado do período		2.250

Caso Prático 4.6.42 – Aquisição de investimento financeiro em empresa com ações próprias

A empresa TOTA, S.A. adquiriu em 02/01/N-1 por 600.000 euros uma participação de 35% na empresa MEGA, S.A., o que corresponde a 350.000 ações.

À data da respetiva aquisição a estrutura de capitais próprios de MEGA, S.A. era a seguinte (não foram identificadas diferenças de avaliação em ativos ou passivos):

Capitais Próprios	(valores em euros)
Capital subscrito (representado por 1.000.000 ações)	1.000.000
Ações próprias – valor nominal	(100.000)
Ações próprias – descontos e prémios	(50.000)
Reservas legais	100.000
Reserva indisponível (art.º 324.º do CSC)	150.000
Outras reservas	150.000
Resultados transitados	100.000
Total dos capitais próprios	**1.350.000**

O resultado líquido do período de N-1 da entidade MEGA, S.A. foi de 330.000 euros.

Em 02/04/N a empresa MEGA, S.A. aprovou as contas do exercício anterior, tendo deliberado distribuir 150.000 euros.

O resultado líquido do período de N da entidade MEGA, S.A. foi de 425.000 euros.

Pedido:

Contabilize as operações acima descritas e relativas ao investimento detido pela empresa TOTA, S.A. na empresa MEGA, S.A..

Proposta de resolução:

TOTA, S.A. adquiriu 35% do capital da MEGA, S.A.

A empresa MEGA, S.A. possui em carteira ações próprias que representam 10% do capital (100.000/1.000.000). De acordo com a alínea a) do n.º 1 do art.º 324.º do CSC, enquanto as ações pertencerem à sociedade, devem considerar-se suspensos todos os direitos inerentes às ações, exceto o de o seu titular receber novas ações no caso de aumento de capital por incorporação de reservas. Assim, na realidade, a empresa TOTA, S.A. possui, em termos económicos, uma percentagem de 38,8(8)% (350.000/(1.000.000 – 100.000)).

Custo de aquisição = 600.000

Justo valor líquido dos ativos, passivos e passivos contingentes identificáveis à data de aquisição = 1.350.000

Goodwill = 600.000 – 1.350.000 * 38,8(8)% = 75.000

Pela aquisição da participação financeira

	02/01/N-1		
41	Investimentos Financeiros		
412	Investimentos em associadas		
4121	Participações de capital – MEP		
41211	Participações de capital		
412111	Quota-parte nos capitais próprios	525.000	
41212	Goodwill	75.000	
12	Depósitos à Ordem		600.000

*Pela % no RLP da MEGA, S.A. (330.000 * 38,8(8)%) = 128.333,33*

	31/12/N-1		
41	Investimentos Financeiros		
412	Investimentos em associadas		
4121	Participações de capital – MEP		
41211	Participações de capital		
412114	Quota-parte no resultado do período	128.333,33	
78	Outros Rendimentos		
785	Rendimentos em subsidiárias, associadas e empreendimentos conjuntos		
7851	Aplicação do MEP		128.333,33

Pela amortização do goodwill no final de N-1

Vida útil estimada = 10 anos
Amortização anual = 75.000/10 = 7.500

	31/12/N-1		
64	Gastos de depreciação e de amortização		
645	Investimentos Financeiros		
6451	Goodwill	7.500	
41	Investimentos Financeiros		
418	Amortizações acumuladas		
4181	Participações de Capital – MEP		
41812	Investimentos em associadas – Goodwill		7.500

*Pelos lucros atribuídos (150.000 * 38,8(8)%)*

	02/04/N		
27	Outras Contas a Receber e a Pagar		
278	Outros devedores e credores		
2781	Outros devedores e credores – corrente		
27811	Resultados atribuídos	58.333,33	
41	Investimentos Financeiros		
412	Investimentos em associadas		
4121	Participações de capital – MEP		
41211	Participações de capital		
412115	Lucros atribuídos		58.333,33

Pelos lucros não atribuídos

Lucros imputados em N-1 = 128.333,33
Lucros atribuídos = 58.333,33
Lucros não atribuídos = 70.000

	02/04/N		
56	Resultados Transitados	70.000	
57	Ajustamentos em ativos financeiros		
571	Relacionados com o método da equivalência patrimonial		
5712	Lucros não atribuídos		70.000

*Pela % no RLP da MEGA, S.A. (425.000 * 38,8(8)%= 165.277,78)*

	31/12/N		
41	Investimentos Financeiros		
412	Investimentos em associadas		
4121	Participações de capital – MEP		
41211	Participações de capital		
412114	Quota-parte no resultado do período	165.277,78	
78	Outros Rendimentos		
785	Rendimentos em subsidiárias, associadas e empreendimentos conjuntos		
7851	Aplicação do MEP		165.277,78

Pela amortização do goodwill no final de N

	31/12/N		
64	Gastos de depreciação e de amortização		
645	Investimentos Financeiros		
6451	Goodwill	7.500	
41	Investimentos Financeiros		
418	Amortizações acumuladas		
4181	Participações de Capital – MEP		
41812	Investimentos em associadas – Goodwill		7.500

Verificação da equivalência patrimonial:

Investimento Financeiro (sem *goodwill*) = % nos Capitais próprios de MEGA, S.A.

525.000 + 128.333,33 – 58.333,33 + 165.277,78 = (1.350.000 + 330.000 – 150.000 + 425.000) * 38,8(8)%

760.277,78 = 760.277,78

Caso Prático 4.6.43 – Aquisição de ações próprias pela subsidiária sem alteração do valor do investimento financeiro

Em 03/01/N, a empresa OMEGA, S.A. adquiriu por 550.000 euros uma participação na empresa BETA, S.A., representando uma percentagem de participação de 60% que lhe confere o controlo.

À data da respetiva aquisição a estrutura de capitais próprios de BETA, S.A. era as seguinte:

Capitais Próprios	(valores em euros)
Capital subscrito (representado por 600.000 ações)	600.000
Reservas legais	80.000
Outras reservas	65.000
Resultados transitados	100.000
Total dos capitais próprios	**845.000**

Nessa mesma data, a empresa BETA, S.A. possuía um terreno reconhecido por 128.800 euros ao qual foi atribuído um justo valor de 125.200 euros.

Em 02/04/N+1 a empresa BETA, S.A. aprovou as contas do exercício anterior e deliberou a seguinte aplicação para o resultado líquido de 160.000 euros:

- reserva legal: o mínimo exigido legalmente;
- distribuição aos acionistas: 75.000 euros;
- reservas livres: o restante.

Em 03/05/N+1 foi deliberado em BETA, S.A. adquirir 45.000 ações próprias pelo seu valor contabilístico, não tendo sido adquirida qualquer ação ao acionista OMEGA, S.A..

O resultado líquido do período de N+1 da entidade BETA, S.A. foi de 185.000 euros.

Pedido:

Contabilize as operações acima descritas e relativas ao investimento detido pela empresa OMEGA, S.A. na empresa BETA, S.A..

Proposta de resolução:

OMEGA, S.A. adquiriu 60% do capital da BETA, S.A.

Custo de aquisição = 550.000

Justo valor líquido dos ativos, passivos e passivos contingentes identificáveis à data de aquisição = 845.000 – 128.800 + 125.200 = 841.400

Goodwill = 550.000 – 841.400 * 60% = 45.160

Pela aquisição da participação financeira

	03/01/N		
41	Investimentos Financeiros		
411	Investimentos em subsidiárias		
4111	Participações de capital – MEP		
41111	Participações de capital		
411111	Quota-parte nos capitais próprios	507.000	
411112	Diferenças de avaliação		2.160
41112	Goodwill	45.160	
12	Depósitos à Ordem		550.000

*Pela % no RLP da BETA, S.A. de N (160.000 * 60% = 96.000)*

	31/12/N		
41	Investimentos Financeiros		
411	Investimentos em subsidiárias		
4111	Participações de capital – MEP		
41111	Participações de capital		
411114	Quota-parte no resultado do período	96.000	
78	Outros Rendimentos		
785	Rendimentos em subsidiárias, associadas e empreendimentos conjuntos		
7851	Aplicação do MEP		96.000

Pela amortização do goodwill no final de N

Vida útil estimada = 10 anos

Amortização anual = 45.160/10 = 4.516

	31/12/N		
64	Gastos de depreciação e de amortização		
645	Investimentos Financeiros		
6451	Goodwill	4.516	
41	Investimentos Financeiros		
418	Amortizações acumuladas		
4181	Participações de Capital – MEP		
41811	Investimentos em subsidiárias – Goodwill		4.516

*Pelos lucros atribuídos (75.000 * 60%)*

	02/04/N+1		
27	Outras Contas a Receber e a Pagar		
278	Outros devedores e credores		
2781	Outros devedores e credores – corrente		
27811	Resultados atribuídos	45.000	
41	Investimentos Financeiros		
411	Investimentos em subsidiárias		
4111	Participações de capital – MEP		
41111	Participações de capital		
411115	Lucros atribuídos		45.000

Pelos lucros não atribuídos
Lucros imputados em N = 96.000
Lucros atribuídos = 45.000
Lucros não atribuídos = 51.000

	02/04/N+1		
56	Resultados Transitados	51.000	
57	Ajustamentos em ativos financeiros		
571	Relacionados com o método da equivalência patrimonial		
5712	Lucros não atribuídos		51.000

Impacto da aquisição de ações próprias pela empresa BETA, S.A. no valor do investimento financeiro

A BETA, S.A. adquiriu 45.000 ações próprias pelo seu valor contabilístico, não tendo sido adquirida qualquer ação ao acionista OMEGA, S.A.. Como a empresa BETA, S.A. adquiriu as ações próprias pelo seu valor contabilístico, o valor do investimento financeiro não se altera. De facto, a empresa BETA, S.A. entrega aos detentores das ações próprias apenas o valor que lhes pertencia.

Apresentam-se a seguir os cálculos que permitem verificar que neste caso a aquisição de ações próprias pela subsidiária não tem impacto no valor do investimento financeiro.

<u>Cálculo do valor contabilístico por ação da empresa BETA, S.A. antes da aquisição de ações próprias</u>

Capitais próprios = 845.000 + 160.000 – 75.000 = 930.000

N.º de ações que representam o capital = 600.000

Valor contabilístico por ação = 930.000/600.000 = 1,55

Quantia escriturada do investimento financeiro antes da aquisição de ações próprias

QE do investimento financeiro (sem *goodwill*) = 504.840 + 96.000 – 45.000 = 555.840

ou

QE do investimento financeiro (sem *goodwill*) = n.º ações detidas * Valor contabilístico por ação + % nas diferenças de avaliação não ajustadas

QE do investimento financeiro (sem *goodwill*) = (360.000 ações * 1,55) + (125.200 – 128.800) * 60% = 555.840

Cálculo do valor contabilístico por ação da empresa BETA, S.A. após a aquisição de ações próprias

Capitais próprios = 845.000 + 160.000 – 75.000 – (45.000 * 1,55) = 860.250

N.º de ações em circulação = 600.000 – 45.000 = 555.000

Valor contabilístico por ação = 860.250/555.000 = 1,55

Quantia escriturada do investimento financeiro após a aquisição de ações próprias

QE do investimento financeiro (sem goodwill) = 504.840 + 96.000 – 45.000 = 555.840

ou

QE do investimento financeiro (sem goodwill) = n.º ações detidas * Valor contabilístico por ação + % nas diferenças de avaliação não ajustadas

QE do investimento financeiro (sem goodwill) = (360.000 ações * 1,55) + (125.200 – 128.800) * 60% = 555.840

Como se pode verificar o valor do investimento financeiro mantém-se inalterado.

De acordo com a alínea a) do n.º 1 do art.º 324.º do CSC, enquanto as ações pertencerem à sociedade, devem considerar-se suspensos todos os direitos inerentes às ações, exceto o de o seu titular receber novas ações no caso de aumento de capital por incorporação de reservas. Assim, na realidade, a empresa OMEGA,

S.A. possui, em termos económicos, uma percentagem de 64,864(864)% (360.000/ (600.000-45.000)).

*Pela % no RLP da BETA, S.A. de N+1 (185.000 * 64,864(864)% = 120.000)*

	31/12/N+1		
41	Investimentos Financeiros		
411	Investimentos em subsidiárias		
4111	Participações de capital - MEP		
41111	Participações de capital		
411114	Quota-parte no resultado do período	120.000	
78	Outros Rendimentos		
785	Rendimentos em subsidiárias, associadas e empreendimentos conjuntos		
7851	Aplicação do MEP		120.000

Pela amortização do goodwill no final de N+1

	31/12/N+1		
64	Gastos de depreciação e de amortização		
645	Investimentos Financeiros		
6451	Goodwill	4.516	
41	Investimentos Financeiros		
418	Amortizações acumuladas		
4181	Participações de Capital - MEP		
41811	Investimentos em subsidiárias - Goodwill		4.516

Verificação da equivalência patrimonial:

Investimento Financeiro (sem *goodwill*) = % nos Capitais próprios de BETA, S.A. + % nas diferenças de avaliação não ajustadas

507.000 – 2.160 + 96.000 – 45.000 + 120.000 = (845.000 + 160.000 – 75.000 – (45.000 * 1,55) + 185.000) * 64,864(864)% + (125.200 – 128.800) * 60%

675.840 = 675.840

Caso Prático 4.6.44 – Aquisição de ações próprias pela subsidiária com alteração do valor do investimento financeiro

Em 03/01/N, a empresa MIDDLE, S.A. adquiriu por 198.000 euros uma participação na empresa PACIFIC, S.A., representando uma percentagem de participação de 60% que lhe confere o controlo.

À data da respetiva aquisição, os capitais próprios de PACIFIC, S.A. ascendiam a 284.400 euros, neles se incluindo um capital social de 216.000 euros (representado por 144.000 ações), reservas legais de 30.000 euros e resultados transitados de 38.400 euros. Nessa mesma data, a empresa PACIFIC, S.A. possuía um equipamento básico adquirido por 28.800 euros ao qual foi atribuído um justo valor de 43.200 euros e cuja vida útil remanescente correspondia a 5 anos.

No final do ano N a empresa PACIFIC, S.A., reavaliou um terreno para construção, do qual resultou um excedente de revalorização de 51.000 euros. O resultado líquido do período apurado pela referida empresa foi de 75.000 euros, tendo distribuído em abril de N+1 o montante de 36.000 euros.

Em maio de N+1 a empresa PACIFIC, S.A. adquiriu ações próprias correspondentes a 8% do capital por 31.680 euros.

O resultado líquido do período apurado em N+1 pela empresa PACIFIC, S.A. foi de 100.000 euros.

Pedidos:

1. Contabilize as operações acima descritas e relativas ao investimento detido pela empresa MIDDLE, S.A. na empresa PACIFIC, S.A..
2. Contabilize o ajustamento correspondente à aquisição de ações próprias pela empresa PACIFIC, S.A. considerando que o custo de aquisição foi de 27.648 euros.

Proposta de resolução:

Pedido 1

MIDDLE, S.A. adquiriu 60% do capital da PACIFIC, S.A.

Custo de aquisição = 198.000

Justo valor líquido dos ativos, passivos e passivos contingentes identificáveis à data de aquisição = 284.400 + 43.200 – 28.800 = 298.800

Goodwill = 198.000 – 298.800 * 60% = 18.720

Pela aquisição da participação financeira

	03/01/N		
41	Investimentos Financeiros		
411	Investimentos em subsidiárias		
4111	Participações de capital - MEP		
41111	Participações de capital		
411111	Quota-parte nos capitais próprios	170.640	
411112	Diferenças de avaliação	8.640	
41112	Goodwill	18.720	
12	Depósitos à Ordem		198.000

*Pela % no excedente de revalorização reconhecido pela PACIFIC, S.A. (51.000 * 60%)*

	31/12/N		
41	Investimentos Financeiros		
411	Investimentos em subsidiárias		
4111	Participações de capital - MEP		
41111	Participações de capital		
411116	Quota-parte de outras variações nos cap. próprios	30.600	
57	Ajustamentos em ativos financeiros		
571	Relacionados com o MEP		
5713	Decorrentes de outras variações nos capitais próprios das participadas		30.600

*Pela % no RLP da PACIFIC, S.A. (75.000 * 60%)*

	31/12/N		
41	Investimentos Financeiros		
411	Investimentos em subsidiárias		
4111	Participações de capital - MEP		
41111	Participações de capital		
411114	Quota-parte no resultado do período	45.000	
78	Outros Rendimentos		
785	Rendimentos em subsidiárias, associadas e empreendimentos conjuntos		
7851	Aplicação do MEP		45.000

Pela % na diferença de avaliação realizada em N

% na diferença de avaliação = (43.200 – 28.800)/5 * 60% = 1.728

	31/12/N		
78	Outros Rendimentos		
785	Rendimentos em subsidiárias, associadas e empreendimentos conjuntos		
7851	Aplicação do MEP	1.728	
41	Investimentos Financeiros		
411	Investimentos em subsidiárias		
4111	Participações de capital – MEP		
41111	Participações de capital		
411112	Diferenças de avaliação		1.728

Pela amortização do goodwill no final de N

Vida útil estimada = 10 anos

Amortização anual = 18.720/10 = 1.872

	31/12/N		
64	Gastos de depreciação e de amortização		
645	Investimentos Financeiros		
6451	Goodwill	1.872	
41	Investimentos Financeiros		
418	Amortizações acumuladas		
4181	Participações de Capital – MEP		
41811	Investimentos em subsidiárias – Goodwill		1.872

*Pelos lucros atribuídos (36.000 * 60%)*

	abril/N+1		
27	Outras Contas a Receber e a Pagar		
278	Outros devedores e credores		
2781	Outros devedores e credores – corrente		
27811	Resultados atribuídos	21.600	
41	Investimentos Financeiros		
411	Investimentos em subsidiárias		
4111	Participações de capital – MEP		
41111	Participações de capital		
411115	Lucros atribuídos		21.600

Pelos lucros não atribuídos
Lucros imputados em N = 43.272
Lucros atribuídos = 21.600
Lucros não atribuídos = 21.672

	abril/N+1		
56	Resultados Transitados	21.672	
57	Ajustamentos em ativos financeiros		
571	Relacionados com o método da equivalência patrimonial		
5712	Lucros não atribuídos		21.672

Impacto da aquisição de ações próprias pela empresa PACIFIC, S.A. no valor do investimento financeiro

A PACIFIC, S.A., adquiriu 11.520 ações próprias (144.000 * 8%) por 31.680 euros, o que corresponde a um custo unitário de 2,75 euros.

Cálculo do valor contabilístico por ação da empresa PACIFIC, S.A. antes da aquisição de ações próprias
Capitais próprios = 284.400 + 51.000 + 75.000 – 36.000 = 374.400
N.º de ações que representam o capital = 144.000
Valor contabilístico por ação = 374.400/144.000 = 2,6

Como a empresa PACIFIC, S.A. adquiriu as ações próprias por um custo de aquisição unitário que excede o seu valor contabilístico por ação, o valor do investimento financeiro vai diminuir. De facto, a empresa PACIFIC, S.A. entrega aos detentores das ações próprias um valor que excede o que lhes pertencia, o que implica uma diminuição do valor contabilístico das participações dos outros acionistas.

Quantia escriturada do investimento financeiro antes da aquisição de ações próprias
QE do investimento financeiro (sem *goodwill*) = 179.280 + 30.600 + 43.272 – 21.600 = 231.552
ou
QE do investimento financeiro (sem *goodwill*) = n.º ações detidas * Valor contabilístico por ação + % nas diferenças de avaliação não ajustadas
QE do investimento financeiro (sem *goodwill*) = (86.400 ações * 2,6) + (43.200 – 28.800)/5 * 4 * 60% = 231.552

Cálculo do valor contabilístico por ação da empresa PACIFIC, S.A. após a aquisição de ações próprias

Capitais próprios = 284.400 + 51.000 + 75.000 – 36.000 – 31.680 = 342.720

N.º de ações em circulação = 144.000 – 11.520 = 132.480

Valor contabilístico por ação = 342.720/132.480 = 2,586956522

Valor do investimento financeiro após a aquisição de ações próprias

QE do investimento financeiro (sem *goodwill*) = n.º ações detidas * Valor contabilístico por ação + % nas diferenças de avaliação não ajustadas

QE do investimento financeiro (sem *goodwill*) = (86.400 ações * 2,586956522) + (43.200 – 28.800)/5 * 4 * 60% = 230.425,0435

Como se pode verificar o valor do investimento financeiro diminui de 231.552 para 230.425,0435. Assim, o mesmo deve ser ajustado para refletir a correspondente diminuição.

Pelo ajustamento ao investimento financeiro

	maio/N+1		
57	Ajustamentos em ativos financeiros		
571	Relacionados com o MEP		
5713	Decorrentes de outras variações nos capitais próprios das participadas	1.126,96	
41	Investimentos Financeiros		
411	Investimentos em subsidiárias		
4111	Participações de capital – MEP		
41111	Participações de capital		
411116	Quota-parte de outras variações nos cap. próprios		1.126,96

De acordo com a alínea a) do n.º 1 do art.º 324.º do CSC, enquanto as ações pertencerem à sociedade, devem considerar-se suspensos todos os direitos inerentes às ações, exceto o de o seu titular receber novas ações no caso de aumento de capital por incorporação de reservas. Assim, na realidade, a empresa MIDDLE, S.A. possui em termos económicos uma percentagem de 65,2173913% (86.400/(144.000 – 11.520)).

Pela % no RLP da PACIFIC, S.A. de N+1

% no resultado do período = 100.000 * 65,2173913% = 65.217,39

	31/12/N+1		
41	Investimentos Financeiros		
411	Investimentos em subsidiárias		
4111	Participações de capital - MEP		
41111	Participações de capital		
411114	Quota-parte no resultado do período	65.217,39	
78	Outros Rendimentos		
785	Rendimentos em subsidiárias, associadas e empreendimentos conjuntos		
7851	Aplicação do MEP		65.217,39

Pela % na diferença de avaliação realizada em N+1

% na diferença de avaliação = (43.200 - 28.800)/5 * 60% = 1.728

	31/12/N+1		
78	Outros Rendimentos		
785	Rendimentos em subsidiárias, associadas e empreendimentos conjuntos		
7851	Aplicação do MEP	1.728	
41	Investimentos Financeiros		
411	Investimentos em subsidiárias		
4111	Participações de capital - MEP		
41111	Participações de capital		
411112	Diferenças de avaliação		1.728

Pela amortização do goodwill no final de N+1

	31/12/N+1		
64	Gastos de depreciação e de amortização		
645	Investimentos Financeiros		
6451	Goodwill	1.872	
41	Investimentos Financeiros		
418	Amortizações acumuladas		
4181	Participações de Capital - MEP		
41811	Investimentos em subsidiárias - Goodwill		1.872

<u>Verificação da equivalência patrimonial:</u>

Investimento Financeiro (sem *goodwill*) = % nos Capitais próprios de PACIFIC, S.A. + % nas diferenças de avaliação não ajustadas

170.640 + 8.640 + 30.600 + 45.000 – 1.728 – 21.600 – 1.126,96 + 65.217,39 – 1.728 = (284.400 + 51.000 + 75.000 – 36.000 – 31.680 + 100.000) * 65,2173913% + (1.728 * 3)

293.914,43 = 293.914,43

Pedido 2

Impacto da aquisição de ações próprias pela empresa PACIFIC, S.A. no valor do investimento financeiro

A PACIFIC, S.A., adquiriu 11.520 ações próprias (144.000 * 8%) por 27.648 euros, o que corresponde a um custo unitário de 2,4 euros.

Cálculo do valor contabilístico por ação da empresa PACIFIC, S.A. antes da aquisição de ações próprias

Capitais próprios = 284.400 + 51.000 + 75.000 – 36.000 = 374.400

N.º de ações que representam o capital = 144.000

Valor contabilístico por ação = 374.400/144.000 = 2,6

A empresa PACIFIC, S.A. adquiriu as ações próprias por um custo de aquisição unitário inferior ao seu valor contabilístico por ação, implicando assim um aumento no valor do investimento financeiro. De facto, a empresa PACIFIC, S.A. entrega aos detentores das ações próprias um valor inferior ao que lhes pertencia, o que implica um aumento no valor contabilístico das participações dos outros acionistas.

Quantia escriturada do investimento financeiro antes da aquisição de ações próprias

QE do investimento financeiro (sem *goodwill*) = 179.280 + 30.600 + 43.272 – 21.600 = 231.552

ou

QE do investimento financeiro (sem *goodwill*) = n.º ações detidas * Valor contabilístico por ação + % nas diferenças de avaliação não ajustadas

QE do investimento financeiro (sem *goodwill*) = (86.400 ações * 2,6) + (43.200 – 28.800)/5 * 4 * 60% = 231.552

Cálculo do valor contabilístico por ação da empresa PACIFIC, S.A. após a aquisição de ações próprias

Capitais próprios = 284.400 + 51.000 + 75.000 – 36.000 – 27.648 = 346.752

N.º de ações em circulação = 144.000 – 11.520 = 132.480

Valor contabilístico por ação = 346.752/132.480 = 2,617391304

Valor do investimento financeiro após a aquisição de ações próprias

QE do investimento financeiro (sem *goodwill*) = n.º ações detidas * Valor contabilístico por ação + % nas diferenças de avaliação não ajustadas

QE do investimento financeiro (sem *goodwill*) = (86.400 ações * 2,617391304) + (43.200 – 28.800)/5 * 4 * 60% = 233.054,6087

Como se pode verificar o valor do investimento financeiro aumentou de 231.552 para 233.054,6087. Assim, o mesmo deve ser ajustado para refletir o correspondente aumento.

Pelo ajustamento ao investimento financeiro

	maio/N+1		
41	Investimentos Financeiros		
411	Investimentos em subsidiárias		
4111	Participações de capital – MEP		
41111	Participações de capital		
411116	Quota-parte de outras variações nos cap. próprios	1.502,61	
57	Ajustamentos em ativos financeiros		
571	Relacionados com o MEP		
5713	Decorrentes de outras variações nos capitais próprios das participadas		1.502,61

Verificação da equivalência patrimonial, após o correspondente ajustamento:

Investimento Financeiro (sem *goodwill*) = % nos Capitais próprios de PACIFIC, S.A. + % nas diferenças de avaliação não ajustadas

170.640 + 8.640 + 30.600 + 45.000 – 1.728 – 21.600 + 1.502,61 = (284.400 + 51.000 + 75.000 – 36.000 – 27.648) * 65,2173913% + (1.728 * 4)

233.054,61 = 233.054,61

Caso Prático 4.6.45 – Alienação de ações próprias pela subsidiária com alteração do valor do investimento financeiro

Com base nos dados do pedido 1 do caso prático 4.6.44, admita que em novembro de N+1 a empresa PACIFIC, S.A. vendeu:

a) A totalidade das ações próprias por 31.680 euros
b) A totalidade das ações próprias por 33.984 euros
c) A totalidade das ações próprias por 28.224 euros
d) 7.200 ações próprias por 18.720 euros

Pedido:
Contabilize o ajustamento correspondente à alienação de ações próprias pela empresa PACIFIC, S.A. bem como os ajustamentos relativos ao final de N+1.

Proposta de resolução:
Alínea a)
A empresa PACIFIC, S.A. vendeu a totalidade das ações próprias por 31.680 euros.

A PACIFIC, S.A. detém 11.520 ações próprias reconhecidas por 31.680 euros. O custo unitário é de 2,75 euros.
Vende as 11.520 ações próprias por 31.680 euros.

A alienação de ações próprias não gera nenhum resultado, uma vez que o preço de venda corresponde ao custo de aquisição. Assim, esta operação implicará apenas a anulação do ajustamento efetuado ao valor do investimento financeiro no momento da aquisição das ações próprias, como se demonstra a seguir.

Cálculo do valor contabilístico por ação da empresa PACIFIC, S.A. antes da alienação de ações próprias
Capitais próprios = 284.400 + 51.000 + 75.000 – 36.000 – 31.680 = 342.720
N.º de ações em circulação = 144.000 – 11.520 = 132.480
Valor contabilístico por ação = 342.720/132.480 = 2,586956522

Quantia escriturada do investimento financeiro antes da alienação de ações próprias

QE do investimento financeiro (sem *goodwill*) = n.º ações detidas * Valor contabilístico por ação + % nas diferenças de avaliação não ajustadas

QE do investimento financeiro (sem *goodwill*) = (86.400 ações * 2,586956522) + (43.200 – 28.800)/5 * 4 * 60% = 230.425,0435

Cálculo do valor contabilístico por ação da empresa PACIFIC, S.A. após a alienação de ações próprias

Capitais próprios = 284.400 + 51.000 + 75.000 – 36.000 – 31.680 + 31.680 = 374.400

N.º de ações em circulação = 144.000

Valor contabilístico por ação = 374.400/144.000 = 2,6

Valor do investimento financeiro após a alienação de ações próprias

QE do investimento financeiro (sem *goodwill*) = n.º ações detidas * Valor contabilístico por ação + % nas diferenças de avaliação não ajustadas

QE do investimento financeiro (sem *goodwill*) = (86.400 ações * 2,6) + (43.200 – 28.800)/5 * 4 * 60% = 231.552

Assim, o valor do investimento financeiro deve ser ajustado em 1.126,96 (231.552 – 230.425,04).

Pelo ajustamento ao investimento financeiro

	novembro/N+1		
41	Investimentos Financeiros		
411	Investimentos em subsidiárias		
4111	Participações de capital – MEP		
41111	Participações de capital		
411116	Quota-parte de outras variações nos cap. próprios	1.126,96	
57	Ajustamentos em ativos financeiros		
571	Relacionados com o MEP		
5713	Decorrentes de outras variações nos capitais próprios das participadas		1.126,96

Como a PACIFIC, S.A. deixou de ter ações próprias, a % de participação a considerar para o cálculo dos ajustamentos a efetuar ao investimento financeiro passa novamente para os 60%.

*Pela % no RLP da PACIFIC, S.A. de N+1 (100.000 * 60%)*

	31/12/N+1		
41	Investimentos Financeiros		
411	Investimentos em subsidiárias		
4111	Participações de capital – MEP		
41111	Participações de capital		
411114	Quota-parte no resultado do período	60.000	
78	Outros Rendimentos		
785	Rendimentos em subsidiárias, associadas e empreendimentos conjuntos		
7851	Aplicação do MEP		60.000

Pela % na diferença de avaliação realizada em N+1

% na diferença de avaliação = (43.200 – 28.800)/5 * 60% = 1.728

	31/12/N+1		
78	Outros Rendimentos		
785	Rendimentos em subsidiárias, associadas e empreendimentos conjuntos		
7851	Aplicação do MEP	1.728	
41	Investimentos Financeiros		
411	Investimentos em subsidiárias		
4111	Participações de capital – MEP		
41111	Participações de capital		
411112	Diferenças de avaliação		1.728

Pela amortização do goodwill no final de N+1

	31/12/N+1		
64	Gastos de depreciação e de amortização		
645	Investimentos Financeiros		
6451	Goodwill	1.872	
41	Investimentos Financeiros		
418	Amortizações acumuladas		
4181	Participações de Capital – MEP		
41811	Investimentos em subsidiárias – Goodwill		1.872

Verificação da equivalência patrimonial:

Investimento Financeiro (sem *goodwill*) = % nos Capitais próprios de PACIFIC, S.A. + % nas diferenças de avaliação não ajustadas

170.640 + 8.640 + 30.600 + 45.000 – 1.728 – 21.600 – 1.126,96 + 1.126,96 + 60.000 – 1.728 = (284.400 + 51.000 + 75.000 – 36.000 – 31.680 + 31.680 + 100.000) * 60% + (1.728 * 3)

289.824 = 289.824

Alínea b)

A empresa PACIFIC, S.A. vendeu a totalidade das ações próprias por 33.984 euros

A PACIFIC, S.A. detém 11.520 ações próprias reconhecidas por 31.680 euros. O custo unitário é de 2,75 euros.

Vende as 11.520 ações próprias por 33.984 euros.

Como o preço de venda das ações próprias excede o custo de aquisição, a alienação gera um resultado positivo de 2.304 euros. Assim, esta operação implicará um aumento no valor do investimento financeiro pelo ajustamento efetuado no momento da aquisição das ações próprias acrescido da % no resultado positivo obtido pela PACIFIC, S.A. na alienação das ações próprias, como se demonstra a seguir.

Cálculo do valor contabilístico por ação da empresa PACIFIC, S.A. antes da alienação de ações próprias

Capitais próprios = 284.400 + 51.000 + 75.000 – 36.000 – 31.680 = 342.720

N.º de ações em circulação = 144.000 – 11.520 = 132.480

Valor contabilístico por ação = 342.720/132.480 = 2,586956522

Quantia escriturada do investimento financeiro antes da alienação de ações próprias

QE do investimento financeiro (sem *goodwill*) = n.º ações detidas * Valor contabilístico por ação + % nas diferenças de avaliação não ajustadas

QE do investimento financeiro (sem *goodwill*) = (86.400 ações * 2,586956522) + (43.200 – 28.800)/5 * 4 * 60% = 230.425,0435

Cálculo do valor contabilístico por ação da empresa PACIFIC, S.A. após a alienação de ações próprias

Capitais próprios = 284.400 + 51.000 + 75.000 – 36.000 – 31.680 + 33.984 = 376.704

N.º de ações em circulação = 144.000

Valor contabilístico por ação = 376.704/144.000 = 2,616

Valor do investimento financeiro após a alienação de ações próprias

QE do investimento financeiro (sem *goodwill*) = n.º ações detidas * Valor contabilístico por ação + % nas diferenças de avaliação não ajustadas

QE do investimento financeiro (sem *goodwill*) = (86.400 ações * 2,616) + (43.200 – 28.800)/5 * 4 * 60% = 232.934,4

Assim, o valor do investimento financeiro deve ser ajustado em 2.509,36 (232.934,4 – 230.425,04), que corresponde à anulação do ajustamento efetuado no momento em que a PACIFIC, S.A. adquiriu as ações próprias acrescido da % no resultado positivo obtido pela PACIFIC, S.A. na alienação das ações próprias: 1.126,96 + (2.304 * 60%).

Pelo ajustamento ao investimento financeiro

	novembro/N+1		
41	Investimentos Financeiros		
411	Investimentos em subsidiárias		
4111	Participações de capital – MEP		
41111	Participações de capital		
411116	Quota-parte de outras variações nos cap. próprios	2.509,36	
57	Ajustamentos em ativos financeiros		
571	Relacionados com o MEP		
5713	Decorrentes de outras variações nos capitais próprios das participadas		2.509,36

Como a PACIFIC, S.A. deixou de ter ações próprias, a % de participação a considerar para o cálculo dos ajustamentos a efetuar ao investimento financeiro passa novamente para os 60%.

*Pela % no RLP da PACIFIC, S.A. de N+1 (100.000 * 60%)*

	31/12/N+1		
41	Investimentos Financeiros		
411	Investimentos em subsidiárias		
4111	Participações de capital – MEP		
41111	Participações de capital		
411114	Quota-parte no resultado do período	60.000	
78	Outros Rendimentos		
785	Rendimentos em subsidiárias, associadas e empreendimentos conjuntos		
7851	Aplicação do MEP		60.000

Pela % na diferença de avaliação realizada em N+1

% na diferença de avaliação = (43.200 – 28.800)/5 * 60% = 1.728

	31/12/N+1		
78	Outros Rendimentos		
785	Rendimentos em subsidiárias, associadas e empreendimentos conjuntos		
7851	Aplicação do MEP	1.728	
41	Investimentos Financeiros		
411	Investimentos em subsidiárias		
4111	Participações de capital – MEP		
41111	Participações de capital		
411112	Diferenças de avaliação		1.728

Pela amortização do goodwill no final de N+1

	31/12/N+1		
64	Gastos de depreciação e de amortização		
645	Investimentos Financeiros		
6451	Goodwill	1.872	
41	Investimentos Financeiros		
418	Amortizações acumuladas		
4181	Participações de Capital – MEP		
41811	Investimentos em subsidiárias – Goodwill		1.872

Verificação da equivalência patrimonial:

Investimento Financeiro (sem *goodwill*) = % nos Capitais próprios de PACIFIC, S.A. + % nas diferenças de avaliação não ajustadas

170.640 + 8.640 + 30.600 + 45.000 – 1.728 – 21.600 – 1.126,96 + 2.509,36 + 60.000 – 1.728 = (284.400 + 51.000 + 75.000 – 36.000 – 31.680 + 33.984 + 100.000) * 60% + (1.728 * 3)

291.206,4 = 291.206,4

Alínea c)

A empresa PACIFIC, S.A. vendeu a totalidade das ações próprias por 28.224 euros

A PACIFIC, S.A. detém 11.520 ações próprias reconhecidas por 31.680 euros. O custo unitário é de 2,75 euros.

Vende as 11.520 ações próprias por 28.224 euros.

Como o preço de venda das ações próprias é inferior ao custo de aquisição, a alienação gera um resultado negativo de 3.456 euros. Assim, esta operação implicará uma diminuição no valor do investimento financeiro pelo ajustamento efetuado no momento da aquisição das ações próprias deduzido da % no resultado negativo obtido pela PACIFIC, S.A. na alienação das ações próprias, como se demonstra a seguir.

Cálculo do valor contabilístico por ação da empresa PACIFIC, S.A. antes da alienação de ações próprias

Capitais próprios = 284.400 + 51.000 + 75.000 – 36.000 – 31.680 = 342.720

N.º de ações em circulação = 144.000 – 11.520 = 132.480

Valor contabilístico por ação = 342.720/132.480 = 2,586956522

Quantia escriturada do investimento financeiro antes da alienação de ações próprias

QE do investimento financeiro (sem *goodwill*) = n.º ações detidas * Valor contabilístico por ação + % nas diferenças de avaliação não ajustadas

QE do investimento financeiro (sem *goodwill*) = (86.400 ações * 2,586956522) + (43.200 – 28.800)/5 * 4 * 60% = 230.425,0435

Cálculo do valor contabilístico por ação da empresa PACIFIC, S.A. após a alienação de ações próprias

Capitais próprios = 284.400 + 51.000 + 75.000 – 36.000 – 31.680 + 28.224 = 370.944

N.º de ações em circulação = 144.000

Valor contabilístico por ação = 370.944/144.000 = 2,576

Valor do investimento financeiro após a alienação de ações próprias

QE do investimento financeiro (sem *goodwill*) = n.º ações detidas * Valor contabilístico por ação + % nas diferenças de avaliação não ajustadas

QE do investimento financeiro (sem *goodwill*) = (86.400 ações * 2,576) + (43.200 – 28.800)/5 * 4 * 60% = 229.478,4

Assim, o valor do investimento financeiro deve ser ajustado em – 946,64 (229.478,4 – 230.425,04), que corresponde à anulação do ajustamento efetuado no momento em que a PACIFIC, S.A. adquiriu as ações próprias deduzido da % no resultado negativo obtido pela PACIFIC, S.A. na alienação das ações próprias: 1.126,96 – (3.456 * 60%).

Pelo ajustamento ao investimento financeiro

	novembro/N+1		
57	Ajustamentos em ativos financeiros		
571	Relacionados com o MEP		
5713	Decorrentes de outras variações nos capitais próprios das participadas	946,64	
41	Investimentos Financeiros		
411	Investimentos em subsidiárias		
4111	Participações de capital – MEP		
41111	Participações de capital		
411116	Quota-parte de outras variações nos cap. próprios		946,64

Como a PACIFIC, S.A. deixou de ter ações próprias, a % de participação a considerar para o cálculo dos ajustamentos a efetuar ao investimento financeiro passa novamente para os 60%.

*Pela % no RLP da PACIFIC, S.A. de N+1 (100.000 * 60%)*

	31/12/N+1		
41	Investimentos Financeiros		
411	Investimentos em subsidiárias		
4111	Participações de capital – MEP		
41111	Participações de capital		
411114	Quota-parte no resultado do período	60.000	
78	Outros Rendimentos		
785	Rendimentos em subsidiárias, associadas e empreendimentos conjuntos		
7851	Aplicação do MEP		60.000

Pela % na diferença de avaliação realizada em N+1

% na diferença de avaliação = (43.200 – 28.800)/5 * 60% = 1.728

	31/12/N+1		
78	Outros Rendimentos		
785	Rendimentos em subsidiárias, associadas e empreendimentos conjuntos		
7851	Aplicação do MEP	1.728	
41	Investimentos Financeiros		
411	Investimentos em subsidiárias		
4111	Participações de capital – MEP		
41111	Participações de capital		
411112	Diferenças de avaliação		1.728

Pela amortização do goodwill no final de N+1

	31/12/N+1		
64	Gastos de depreciação e de amortização		
645	Investimentos Financeiros		
6451	Goodwill	1.872	
41	Investimentos Financeiros		
418	Amortizações acumuladas		
4181	Participações de Capital – MEP		
41811	Investimentos em subsidiárias – Goodwill		1.872

Verificação da equivalência patrimonial:

Investimento Financeiro (sem *goodwill*) = % nos Capitais próprios de PACIFIC, S.A. + % nas diferenças de avaliação não ajustadas

170.640 + 8.640 + 30.600 + 45.000 – 1.728 – 21.600 – 1.126,96 – 946,64 + 60.000 – 1.728 = (284.400 + 51.000 + 75.000 – 36.000 – 31.680 + 28.224 + 100.000) * 60% + (1.728 * 3)

287.750,4 = 287.750,4

Alínea d)

A empresa PACIFIC, S.A. vendeu 7.200 ações próprias por 18.720 euros

A PACIFIC, S.A. detém 11.520 ações próprias reconhecidas por 31.680 euros. O custo unitário é de 2,75 euros.

Vende 7.200 ações próprias por 18.720 euros

Custo de aquisição das 7.200 ações próprias = 7.200 * 2,75 = 19.800 euros

Como o preço de venda das ações próprias é inferior ao custo de aquisição, a alienação gera um resultado negativo de 1.080 euros. Assim, esta operação implicará um ajustamento ao valor do investimento financeiro, que engloba:

- a anulação do ajustamento efetuado no momento da aquisição das 7.200 ações próprias;
- o efeito da alteração na % de participação da MIDDLE, S.A. na parte correspondente às 4.320 ações próprias mantidas pela PACIFIC, S.A.;
- a % no resultado negativo obtido pela PACIFIC, S.A. na alienação das ações próprias.

Cálculo do valor contabilístico por ação da empresa PACIFIC, S.A. antes da alienação de ações próprias

Capitais próprios = 284.400 + 51.000 + 75.000 – 36.000 – 31.680 = 342.720

N.º de ações em circulação = 144.000 – 11.520 = 132.480

Valor contabilístico por ação = 342.720/132.480 = 2,586956522

Quantia escriturada do investimento financeiro antes da alienação de ações próprias

QE do investimento financeiro (sem *goodwill*) = n.º ações detidas * Valor contabilístico por ação + % nas diferenças de avaliação não ajustadas

QE do investimento financeiro (sem *goodwill*) = (86.400 ações * 2,586956522) + (43.200 – 28.800)/5 * 4 * 60% = 230.425,0435

Cálculo do valor contabilístico por ação da empresa PACIFIC, S.A. após a alienação de ações próprias

Capitais próprios = 284.400 + 51.000 + 75.000 – 36.000 – 31.680 + 18.720 = 361.440

N.º de ações em circulação = 144.000 – 4.320 = 139.680

Valor contabilístico por ação = 361.440/139.680 = 2,587628866

Valor do investimento financeiro após a alienação de ações próprias

QE do investimento financeiro (sem *goodwill*) = n.º ações detidas * Valor contabilístico por ação + % nas diferenças de avaliação não ajustadas

QE do investimento financeiro (sem *goodwill*) = (86.400 ações * 2,587628866) + (43.200 – 28.800)/5 * 4 * 60% = 230.483,134

Atendendo a que a empresa PACIFIC, S.A. ainda mantém em carteira 4.320 ações próprias, a % de participação da MIDDLE, S.A. passa, na realidade, a ser de 61,8556701% (86.400/(144.000 – 4.320)).

Assim, o valor do investimento financeiro deve ser ajustado em 58,09 (230.483,13 – 230.425,04). Alternativamente este montante pode ser obtido pelo somatório dos seguintes efeitos:

- + 704,35 (1.126,96 * 7.200/11.520); que corresponde à anulação do ajustamento efetuado no momento da aquisição das 7.200 ações próprias;
- + 21,78 (86.400/132.480 – 86.400/139.680) * 1.728[(1)] * 4.320/11.520; que corresponde ao efeito da alteração na % de participação da MIDDLE, S.A. na parte correspondente às 4.320 ações próprias mantidas pela PACIFIC, S.A.;
- – 668,04 (1.080 * 61,8556701%); que corresponde à % no resultado negativo obtido pela PACIFIC, S.A. na alienação das ações próprias.

(1) Os 1.728 correspondem à diferença entre o custo de aquisição das 11.520 ações próprios e o seu valor contabilístico.

Pelo ajustamento ao investimento financeiro

	novembro/N+1		
41	Investimentos Financeiros		
411	Investimentos em subsidiárias		
4111	Participações de capital – MEP		
41111	Participações de capital		
411116	Quota-parte de outras variações nos cap. próprios	58,09	
57	Ajustamentos em ativos financeiros		
571	Relacionados com o MEP		
5713	Decorrentes de outras variações nos capitais próprios das participadas		58,09

Pela % no RLP da PACIFIC, S.A. de N+1

% no resultado do período = 100.000 * 61,8556701% = 61.855,67

	31/12/N+1		
41	Investimentos Financeiros		
411	Investimentos em subsidiárias		
4111	Participações de capital – MEP		
41111	Participações de capital		
411114	Quota-parte no resultado do período	61.855,67	
78	Outros Rendimentos		
785	Rendimentos em subsidiárias, associadas e empreendimentos conjuntos		
7851	Aplicação do MEP		61.855,67

Pela % na diferença de avaliação realizada em N+1

% na diferença de avaliação = (43.200 – 28.800)/5 * 60% = 1.728

	31/12/N+1		
78	Outros Rendimentos		
785	Rendimentos em subsidiárias, associadas e empreendimentos conjuntos		
7851	Aplicação do MEP	1.728	
41	Investimentos Financeiros		
411	Investimentos em subsidiárias		
4111	Participações de capital – MEP		
41111	Participações de capital		
411112	Diferenças de avaliação		1.728

Pela amortização do goodwill no final de N+1

	31/12/N+1		
64	Gastos de depreciação e de amortização		
645	Investimentos Financeiros		
6451	Goodwill	1.872	
41	Investimentos Financeiros		
418	Amortizações acumuladas		
4181	Participações de Capital – MEP		
41811	Investimentos em subsidiárias – Goodwill		1.872

Verificação da equivalência patrimonial:

Investimento Financeiro (sem *goodwill*) = % nos Capitais próprios de PACIFIC, S.A. + % nas diferenças de avaliação não ajustadas

170.640 + 8.640 + 30.600 + 45.000 – 1.728 – 21.600 – 1.126,96 + 58,09 + 61.855,67 – 1.728 = (284.400 + 51.000 + 75.000 – 36.000 – 31.680 + 18.720 + 100.000) * 61,8556701% + (1.728 * 3)

290.610,8 = 290.610,8

Caso Prático 4.6.46 – Operações com ações próprias pela subsidiária e seu impacto no valor do investimento financeiro

Em 02/01/N, a empresa LICON, S.A. adquiriu por 155.000 euros uma participação na empresa REDSOL, S.A., representando uma percentagem de participação de 30% que lhe confere o exercício de influência significativa.

A empresa REDSOL, S.A., apresentava em 02/01/N, a seguinte estrutura de capitais próprios (não tendo sido identificada qualquer diferença de avaliação nos ativos ou passivos):

Capital subscrito (totalmente realizado, correspondente a 225 000 ações)	225.000
Reservas legais (art.º 295.º CSC)	60.000
Excedentes de revalorização	37.500
Reservas livres	83.000
Resultados transitados	67.000
Total	472.500

A empresa REDSOL, S.A., cumpridos os formalismos legais, em 15/05/N adquiriu 22.500 ações próprias por um preço de 2,5 euros/cada.

Em 2/09/N a Assembleia Geral da REDSOL, S.A., deliberou reduzir o capital através da extinção de metade das ações próprias existentes.

Em 1/12/N uma nova Assembleia Geral da REDSOL, S.A., autorizou a venda das ações próprias existentes, a um preço de 2,63 euros/cada.

O resultado líquido do período da empresa REDSOL, S.A. foi de 90.000 euros.

Pedido:

Contabilize as operações acima descritas relativas ao investimento detido pela empresa LICON, S.A. na empresa REDSOL, S.A..

Proposta de resolução:

LICON, S.A. adquiriu 30% do capital da REDSOL, S.A.

Custo de aquisição = 155.000

Justo valor líquido dos ativos, passivos e passivos contingentes identificáveis à data de aquisição = 472.500

Goodwill = 155.000 – 472.500 * 30% = 13.250

Pela aquisição da participação financeira

	02/01/N		
41	Investimentos Financeiros		
412	Investimentos em associadas		
4121	Participações de capital - MEP		
41211	Participações de capital		
412111	Quota-parte nos capitais próprios	141.750	
41212	Goodwill	13.250	
12	Depósitos à Ordem		155.000

Impacto da aquisição de ações próprias pela empresa REDSOL, S.A. no valor do investimento financeiro

A REDSOL, S.A., adquiriu 22.500 ações próprias por 56.250 euros (22.500 * 2,5).

Cálculo do valor contabilístico por ação da empresa REDSOL, S.A. antes da aquisição de ações próprias

Capitais próprios = 472.500
N.º de ações que representam o capital = 225.000
Valor contabilístico por ação = 472.500/225.000 = 2,1

Como a empresa REDSOL, S.A. adquiriu as ações próprias por um custo de aquisição unitário que excede o seu valor contabilístico por ação, o valor do investimento financeiro vai diminuir. De facto, a empresa REDSOL, S.A. entrega aos detentores das ações próprias um valor que excede o que lhes pertencia (0,4/ação; (2,5 – 2,1)), o que implica uma diminuição do valor contabilístico das participações dos outros acionistas.

Quantia escriturada do investimento financeiro antes da aquisição de ações próprias

QE do investimento financeiro (sem *goodwill*) = 141.750
ou
QE do investimento financeiro (sem *goodwill*) = n.º ações detidas * Valor contabilístico por ação
QE do investimento financeiro (sem *goodwill*) = 67.500 ações * 2,1 = 141.750

Cálculo do valor contabilístico por ação da empresa REDSOL, S.A. após a aquisição de ações próprias

Capitais próprios = 472.500 – 56.250 = 416.250

N.º de ações em circulação = 225.000 – 22.500 = 202.500

Valor contabilístico por ação = 416.250/232.500 = 2,055555556

Valor do investimento financeiro após a aquisição de ações próprias

QE do investimento financeiro (sem *goodwill*) = n.º ações detidas * Valor contabilístico por ação

QE do investimento financeiro (sem *goodwill*) = 67.500 ações * 2,055555556 = 138.750

Como se pode verificar o valor do investimento financeiro diminui de 141.750 para 138.750. Assim, o mesmo deve ser ajustado para refletir a correspondente diminuição.

Pelo ajustamento ao investimento financeiro

	15/05/N		
57	Ajustamentos em ativos financeiros		
571	Relacionados com o MEP		
5713	Decorrentes de outras variações nos capitais próprios das participadas	3.000	
41	Investimentos Financeiros		
412	Investimentos em associadas		
4121	Participações de capital – MEP		
41211	Participações de capital		
412116	Quota-parte de outras variações nos cap. próprios		3.000

De acordo com a alínea a) do n.º 1 do art.º 324.º do CSC, enquanto as ações pertencerem à sociedade, devem considerar-se suspensos todos os direitos inerentes às ações, exceto o de o seu titular receber novas ações no caso de aumento de capital por incorporação de reservas. Assim, na realidade, a empresa LICON, S.A. possui, em termos económicos, uma percentagem de 33,3(3)% (67.500 /(225.000 – 22.500)).

Os 3.000 do ajustamento efetuado ao investimento financeiro pode ser alternativamente calculados, como a diferença entre o custo de aquisição e o valor contabilísticos das ações próprias vezes a % de participação após a aquisição de ações próprias:

= (2,5 – 2,1) * 22.500 * 33,3(3)% = 3.000

Impacto da redução de capital através da extinção de 11.250 ações próprias realizado pela empresa REDSOL, S.A. no valor do investimento financeiro

A REDSOL, S.A. reduziu o capital através da extinção de 11.250 ações próprias com um custo unitário de 2,5 euros.

A redução do capital através da extinção de ações próprias implica apenas uma alteração qualitativa dos capitais próprios da REDSOL, S.A., pelo que esta operação não implica qualquer alteração no valor do investimento financeiro na LICON, S.A., como se pode verificar a seguir.

Cálculo do valor contabilístico por ação da empresa REDSOL, S.A. antes da redução do capital através da extinção de ações próprias

Valor contabilístico por ação = 416.250/232.500 = 2,055555556

Quantia escriturada do investimento financeiro antes da redução do capital através da extinção de ações próprias

QE do investimento financeiro (sem *goodwill*) = 67.500 ações * 2,055555556 = 138.750

Cálculo do valor contabilístico por ação da empresa REDSOL, S.A. após a redução do capital através da extinção de ações próprias

Capitais próprios = 472.500 – 56.250 = 416.250

N.º de ações em circulação = 213.750 – 22.500 + 11.250 = 202.500

Valor contabilístico por ação = 416.250/202.500 = 2,055555556

Valor do investimento financeiro após a redução do capital através da extinção de ações próprias

QE do investimento financeiro = 141.750 – 3.000 = 138.750

ou

QE do investimento financeiro (sem *goodwill*) = n.º ações detidas * Valor contabilístico por ação

QE do investimento financeiro (sem *goodwill*) = 67.500 ações * 2,055555556 = 138.750

Assim, o valor do investimento financeiro mantém-se inalterado, pelo que a operação da redução de capital por extinção de ações próprias realizada pela REDSOL, S.A. não implica qualquer ajustamento ao investimento financeiro na LICON, S.A..

Impacto da alienação de 11.250 ações próprias pela empresa REDSOL, S.A. no valor do investimento financeiro

A empresa REDSOL, S.A. vendeu as ações próprias em carteira por 29.587,5 euros.

Como o preço de venda das ações próprias excede o custo de aquisição, a alienação gera um resultado positivo de 1.462,5 euros. Assim, esta operação implicará um aumento no valor do investimento financeiro pelo ajustamento efetuado no momento da aquisição das 11.250 ações próprias acrescido da % no resultado positivo obtido pela REDSOL, S.A. na alienação das ações próprias, como se demonstra a seguir.

Cálculo do valor contabilístico por ação da empresa REDSOL, S.A. antes da alienação de ações próprias

Valor contabilístico por ação = 416.250/202.500 = 2,055555556

Quantia escriturada do investimento financeiro antes da alienação de ações próprias

QE do investimento financeiro (sem *goodwill*) = 67.500 ações * 2,055555556 = 138.750

Cálculo do valor contabilístico por ação da empresa REDSOL, S.A. após a alienação de ações próprias

Capitais próprios = 472.500 – 56.250 + 29.587,5 = 445.837,5

N.º de ações em circulação = 213.750

Valor contabilístico por ação = 445.837,5/213.750 = 2,085789474

Valor do investimento financeiro após a alienação de ações próprias

QE do investimento financeiro (sem *goodwill*) = n.º ações detidas * Valor contabilístico por ação

QE do investimento financeiro (sem *goodwill*) = 67.500 ações * 2,085789474 = 140.790,79

Assim, o valor do investimento financeiro deve ser ajustado em 2.040,79 (140.790,79 – 138.750). Que corresponde à anulação do ajustamento efetuado no momento em que a REDSOL, S.A. adquiriu as ações próprias acrescido da % no resultado positivo obtido pela REDSOL, S.A. e do efeito da alteração da % de participação na alienação das ações próprias: 3.000 * 11.250/22.500 + (1.462,5 * 67.500/213.750) + (2,5 – 2,1) * 11.250 * (67.500/202.500 – 67.500/213.750).

% de participação, em termos económicos, de LICON, S.A. após a alienação das 11.250 ações próprias, passa a ser de 31,57894737% (67.500/213.750).

Pelo ajustamento ao investimento financeiro

	01/12/N		
41	Investimentos Financeiros		
412	Investimentos em associadas		
4121	Participações de capital – MEP		
41211	Participações de capital		
412116	Quota-parte de outras variações nos cap. próprios	2.040,79	
57	Ajustamentos em ativos financeiros		
571	Relacionados com o MEP		
5713	Decorrentes de outras variações nos capitais próprios das participadas		2.040,79

Pela % no RLP da REDSOL, S.A. de N

% no resultado do período = 90.000 * 31,57894737% = 28.421,05

	31/12/N		
41	Investimentos Financeiros		
412	Investimentos em associadas		
4121	Participações de capital – MEP		
41211	Participações de capital		
412114	Quota-parte no resultado do período	28.421,05	
78	Outros Rendimentos		
785	Rendimentos em subsidiárias, associadas e empreendimentos conjuntos		
7851	Aplicação do MEP		28.421,05

Pela amortização do goodwill no final de N

Goodwill = 13.250

Vida útil estimada 10 anos

Amortização anual = 13.250/10 = 1.325

	31/12/N		
64	Gastos de depreciação e de amortização		
645	Investimentos Financeiros		
6451	Goodwill	1.325	
41	Investimentos Financeiros		
418	Amortizações acumuladas		
4181	Participações de Capital – MEP		
41812	Investimentos em associadas – Goodwill		1.325

Caso Prático 4.6.47 – Impostos diferidos

A empresa SOLRED, S.A. detém uma participação financeira de 65% na entidade POWER, S.A. desde o período de N-4, reconhecida pelo método da equivalência patrimonial.

No período de N, a empresa POWER, S.A. obteve um resultado líquido positivo de 220.000 euros, dos quais foram distribuídos, no período de N+1, 110.000 euros.

Taxa de tributação em IRC: 22,5%.

Pedido:

Tendo por base a informação disponível, contabilize as operações descritas e indique as correções fiscais a efetuar pela entidade SOLRED, S.A. nas declarações periódicas de rendimentos dos períodos de N e de N+1:

1. Considerando que se aplica o regime da eliminação da dupla tributação económica de lucros e reservas distribuídos;
2. Considerando que não se aplica o regime da eliminação da dupla tributação económica de lucros e reservas distribuídos.

Proposta de resolução:

Pedido 1

*Pela % no RLP da POWER, S.A. de N (220.000 * 65% = 143.000)*

	31/12/N		
41	Investimentos Financeiros		
411	Investimentos em subsidiárias		
4111	Participações de capital MEP		
41111	Participações de capital		
411114	Quota-parte no resultado do período	143.000	
78	Outros Rendimentos		
785	Rendimentos em subsidiárias, associadas e empreendimentos conjuntos		
7851	Aplicação do MEP		143.000

Como estamos a considerar que a participação se enquadra no regime da eliminação da dupla tributação económica de lucros e reservas distribuídos, não haverá lugar ao reconhecimento de impostos diferidos, pelo reconhecimento da quota parte no resultado líquido do período.

Considerando os atuais campos existentes no quadro 07 da declaração periódica de rendimentos (modelo 22), as correções fiscais a efetuar relativamente ao período de N seriam:

Período	Campo do quadro 07	A acrescer	A deduzir
N	758 – Anulação dos efeitos do método da equivalência patrimonial e do método de consolidação proporcional no caso de empreendimentos conjuntos que sejam sujeitos passivos de IRC (art.º 18.º, n.º 8)		143.000

N+1

*Pelos lucros atribuídos (110.000 * 0,65)*

	N+1		
27	Outras Contas a Receber e a Pagar		
278	Outros devedores e credores		
2781	Outros devedores e credores – corrente		
27811	Resultados atribuídos	71.500	
41	Investimentos Financeiros		
411	Investimentos em subsidiárias		
4111	Participações de capital – MEP		
41111	Participações de capital		
411115	Lucros atribuídos		71.500

Pelos lucros não atribuídos

Lucros imputados em N = 143.000
Lucros atribuídos = 71.500
Lucros não atribuídos = 71.500

	N+1		
56	Resultados Transitados	71.500	
57	Ajustamentos em ativos financeiros		
571	Relacionados com o método da equivalência patrimonial		
5712	Lucros não atribuídos		71.500

Considerando os atuais campos existentes no quadro 07 da declaração periódica de rendimentos (modelo 22), as correções fiscais a efetuar relativamente ao período de N+1 seriam:

Período	Campo do quadro 07	A acrescer	A deduzir
N+1	712 - Anulação dos efeitos do método da equivalência patrimonial e do método de consolidação proporcional no caso de empreendimentos conjuntos que sejam sujeitos passivos de IRC (art.º 18.º, n.º 8)	71.500	
	771 - Eliminação da dupla tributação económica de lucros e reservas distribuídos (art.ᵒˢ 51.º e 51.º -D)		71.500

Pedido 2

Pela % no RLP da POWER, S.A. de N

% no resultado do período = 220.000 * 65% = 143.000

	31/12/N		
41	Investimentos Financeiros		
411	Investimentos em subsidiárias		
4111	Participações de capital – MEP		
41111	Participações de capital		
411114	Quota-parte no resultado do período	143.000	
78	Outros Rendimentos		
785	Rendimentos em subsidiárias, associadas e empreendimentos conjuntos		
7851	Aplicação do MEP		143.000

Como estamos a considerar que a participação não se enquadra no regime da eliminação da dupla tributação económica de lucros e reservas distribuídos, haverá lugar ao reconhecimento de impostos diferidos, pelo reconhecimento da quota parte no resultado líquido do período.

*Pelo reconhecimento do imposto diferido (143.000 * 22,5%)*

	31/12/N		
81	Resultado líquido do período		
812	Imposto sobre o rendimento do período		
8122	Imposto diferido	32.175	
27	Outras contas a receber e a pagar		
274	Impostos diferidos		
2742	Passivos por impostos diferidos		32.175

Considerando os atuais campos existentes no quadro 07 da declaração periódica de rendimentos (modelo 22), as correções fiscais a efetuar relativamente ao período de N seriam:

Período	Campo do quadro 07	A acrescer	A deduzir
N	758 - Anulação dos efeitos do método da equivalência patrimonial e do método de consolidação proporcional no caso de empreendimentos conjuntos que sejam sujeitos passivos de IRC (art.º 18.º, n.º 8)		143.000

N+1

*Pelos lucros atribuídos (110.000 * 65%)*

	N+1		
27	Outras Contas a Receber e a Pagar		
278	Outros devedores e credores		
2781	Outros devedores e credores - corrente		
27811	Resultados atribuídos	71.500	
41	Investimentos Financeiros		
411	Investimentos em subsidiárias		
4111	Participações de capital – MEP		
41111	Participações de capital		
411115	Lucros atribuídos		71.500

Pelos lucros não atribuídos

Lucros imputados em N = 143.000
Lucros atribuídos = 71.500
Lucros não atribuídos = 71.500

	N+1		
56	Resultados Transitados	71.500	
57	Ajustamentos em ativos financeiros		
571	Relacionados com o método da equivalência patrimonial		
5712	Lucros não atribuídos		71.500

*Pela reversão parcial do passivo por impostos diferidos (71.500 * 22,5%)*

	N+1		
27	Outras contas a receber e a pagar		
274	Impostos diferidos		
2742	Passivos por impostos diferidos	16.087,5	
81	Resultado líquido do período		
812	Imposto sobre o rendimento do período		
8122	Imposto diferido		16.087,5

Considerando os atuais campos existentes no quadro 07 da declaração periódica de rendimentos (modelo 22), as correções fiscais a efetuar relativamente ao período de N+1 seriam:

Período	Campo do quadro 07	A acrescer	A deduzir
N+1	712 - Anulação dos efeitos do método da equivalência patrimonial e do método de consolidação proporcional no caso de empreendimentos conjuntos que sejam sujeitos passivos de IRC (art.º 18.º, n.º 8)	71.500	

Caso Prático 4.6.48 – Aquisição por fases (transição do método do justo valor para o MEP)

A empresa BRARY, S.A. detém uma participação de 10% no capital da empresa ENTIFIC, S.A., adquirida em 2/01/N por 20.000 euros.

A participação financeira encontra-se mensurada pelo método do justo valor.

Em 31/12/N+4 a participação detida pela empresa BRARY, S.A. tinha um justo valor de 21.500 euros.

Em 1/7/N+5, a empresa BRARY, S.A. adquiriu mais 20% do capital da empresa ENTIFIC, S.A., por 50.000 euros, o que lhe passou a permitir exercer uma influência significativa sobre a empresa ENTIFIC, S.A.. Nesta data, o justo valor líquido dos ativos, passivos e passivos contingentes identificáveis da empresa ENTIFIC, S.A. correspondem a 225.000 euros.

Sabe-se ainda que o justo valor dos 10% anteriormente detidos no capital da empresa ENTIFIC, S.A. tinham, em 1/7/N+5, um justo valor de 23.000 euros.

Pedido:

Contabilização das operações descritas em 1/7/N+5.

Proposta de resolução:

De 2/01/N a 1/7/N+5, a empresa BRARY, S.A. detém uma participação de 10% que não lhe permite ter influência significativa sobre a ENTIFIC, S.A..

Em 1/7/N+5, a empresa BRARY, S.A. adquire mais 20%, passando a ter 30%, e que lhe passa a permitir ter influência significativa sobre a ENTIFIC, S.A..

Estamos perante uma aquisição por fases, em que apenas na segunda aquisição se passa a ter influência significativa, data a partir da qual se passa a aplicar o método da equivalência patrimonial na mensuração do investimento na ENTIFIC, S.A..

De acordo com os parágrafos 52 da NCRF 13 – Interesses em Empreendimentos Conjuntos e Investimentos em Associadas e da NCRF 14 – Concentrações de Atividades Empresariais, a adquirente deve mensurar o seu interesse de capital próprio previamente detido na adquirida pelo seu justo valor à data de aquisição e deve reconhecer o ganho ou perda, se houver, nos resultados.

Assim, relativamente aos 10% anteriormente detidos:

Justo valor em 1/7/N+5 = 23.000
Justo valor em 31/12/N+4 = 21.500
Ganho a reconhecer de 1.500

Pelo reconhecimento do ganho

	01/07/N+5		
41	Investimentos Financeiros		
414	Investimentos outras empresas		
4141	Participações de capital	1.500	
77	Ganhos por aumentos de justo valor		
772	Em investimentos financeiros		
7721	Participações de capital		1.500

Pela reclassificação do investimento financeiro

	01/07/N+5		
41	Investimentos Financeiros		
412	Investimentos em associadas		
4121	Participações de capital – MEP		
41211	Participações de capital		
412111	Quota-parte nos capitais próprios	23.000	
41	Investimentos Financeiros		
414	Investimentos outras empresas		
4141	Participações de capital		23.000

Determinação do *goodwill*:

Custo de aquisição dos 20%	50.000
Justo valor dos 10% detidos anteriormente	23.000
Total	73.000
% do justo valor líquido dos ativos e passivos (225.000 * 30%)	(67.500)
Goodwill	5.500

Pela aquisição do investimento financeiro

	01/07/N+5		
41	Investimentos Financeiros		
412	Investimentos em associadas		
4121	Participações de capital – MEP		
41211	Participações de capital		
412111	Quota-parte nos capitais próprios	44.500	
41212	Goodwill	5.500	
12	Depósitos à ordem		50.000

Caso Prático 4.6.49 – Transição do método do custo para o método da equivalência patrimonial

A sociedade ABC, Lda., que utilizava na elaboração das suas demonstrações financeiras a NCRF-PE, deixou de cumprir os requisitos exigidos para a qualificação como pequena entidade pelo que a partir do exercício de N passa a enquadrar-se nas NCRF.

A sociedade ABC, Lda., tem uma participação de 60%, com os correspondentes direitos de voto na sociedade DEF, S.A., reconhecida pelo método do custo. A participação foi adquirida há 8 anos por 500.000 euros, não sendo presentemente possível determinar o eventual *goodwill* contido naquela quantia. Sabe-se que o capital próprio da sociedade DEF, S.A., em 31/12/N-1, era de 2.000.000 euros. Por outro lado, sabe-se que a sociedade DEF, S.A. reavaliou, em 31/12/N, para 450.000 euros, um terreno que tinha adquirido, anteriormente, por 250.000 euros.

Em N, a sociedade DEF, S.A. teve um lucro de 300.000 euros.

Pretende-se que:

Efetue os lançamentos que entenda como pertinentes.

Proposta de resolução:

A empresa ABC, Lda., deixa de poder aplicar a NCRF-PE a partir do exercício de N. Assim, a participação de 60% detida na sociedade DEF, S.A., passa a ter que ser mensurada pelo método da equivalência patrimonial como consequência da alteração do normativo aplicável na elaboração das demostrações financeiras, isto é, da NCRF-PE para as NCRF.

Cálculo do ajustamento de transição:

% nos capitais próprios (1/1/N) = 60% * 2.000.000 = 1.200.000
Valor a constar na conta de Investimentos Financeiros (MEP): 1.200.000
Saldo do investimento financeiro antes da alteração de método = 500.000
Ajustamento de transição = 1.200.000 – 500.000 = 700.000

Pela reclassificação do investimento financeiro

	01/01/N		
41	Investimentos Financeiros		
411	Investimentos em subsidiárias		
4111	Participações de capital - MEP		
41111	Participações de capital		
411111	Quota-parte nos capitais próprios	500.000	
41	Investimentos Financeiros		
414	Investimentos outras empresas		
4141	Participações de capital		500.000

Pelo ajustamento de transição

	01/01/N		
41	Investimentos Financeiros		
411	Investimentos em subsidiárias		
4111	Participações de capital - MEP		
41111	Participações de capital		
411119	Ajustamento de transição	700.000	
57	Ajustamentos em ativos financeiros		
571	Relacionados com o MEP		
5711	Ajustamentos de transição		700.000

*Pela % no excedente de revalorização (450.000 – 250.000) * 60%*

	31/12/N		
41	Investimentos Financeiros		
411	Investimentos em subsidiárias		
4111	Participações de capital - MEP		
41111	Participações de capital		
411116	Quota-parte de outras variações nos cap. próprios	120.000	
57	Ajustamentos em ativos financeiros		
571	Relacionados com o MEP		
5713	Decorrentes de outras variações nos capitais próprios das participadas		120.000

*Pela % no RLP da DEF, S.A. (300.000 * 60%)*

	31/12/N		
41	Investimentos Financeiros		
411	Investimentos em subsidiárias		
4111	Participações de capital – MEP		
41111	Participações de capital		
411114	Quota-parte no resultado do período	180.000	
78	Outros Rendimentos		
785	Rendimentos em subsidiárias, associadas e empreendimentos conjuntos		
7851	Aplicação do MEP		180.000

Caso Prático 4.6.50 – Caso prático global

Em 02/01/N, a empresa CAPÃO, S.A. adquiriu por 410.000 euros uma participação na empresa PROXY, S.A., representando uma percentagem de participação de 35% que lhe confere o exercício de influência significativa.

À data da respetiva aquisição a estrutura de capitais próprios de PROXY, S.A. era a seguinte:

Capitais Próprios	(valores em euros)
Capital subscrito (representado por 800.000 ações)	800.000
Reservas legais	85.000
Outras reservas	70.000
Excedentes de revalorização	155.000
Resultados transitados	100.000
Total dos capitais próprios	**1.210.000**

Nessa mesma data, a empresa PROXY, S.A. possuía um ativo tangível reconhecido por 150.800 euros ao qual foi atribuído um justo valor de 180.200 euros, com uma vida útil remanescente de 4 anos.

Em 02/05/N a empresa PROXY, S.A. adquiriu 50.000 ações próprias por 92.500 euros.

O resultado líquido do período de N da entidade PROXY, S.A. foi de 285.000 euros.

Em 31 de março de N+1, foi deliberado, em Assembleia Geral na PROXY, S.A., a distribuição de 60% dos resultados aos sócios/acionistas.

Em 03/05/N+1 foi deliberado na PROXY, S.A. reduzir o capital através da extinção de 30.000 ações próprias.

Em 01/06/N+1, a empresa PROXY, S.A., vendeu mercadorias à entidade CAPÃO, S.A. no valor de 300.000 euros, com uma margem de lucro sobre as vendas de 20%.

Em 15/07/N+1, foi atribuído, à PROXY, S.A., um subsídio não reembolsável para a aquisição de equipamentos básicos, no valor de 300.000 euros. Os ativos subsidiados foram adquiridos no início de junho de N+1 e são depreciados tendo por base uma vida útil estimada de 8 anos.

O resultado líquido do período de N+1 da entidade PROXY, S.A. foi de 390.000 euros.

No final de N+1, a empresa CAPÃO, S.A. detinha, em armazém, mercadorias adquiridas à PROXY, S.A. no valor de 100.000 euros.

Pedido:

Contabilize as operações acima descritas relativas ao investimento detido pela empresa CAPÃO, S.A. na empresa PROXY, S.A..

Proposta de resolução:

CAPÃO, S.A. adquiriu 35% do capital da PROXY, S.A.

Custo de aquisição = 410.000

Justo valor líquido dos ativos, passivos e passivos contingentes identificáveis à data de aquisição = 1.210.000 + 180.200 – 150.800 = 1.239.400

Goodwill negativo = 410.000 – 1.239.400 * 35% = 23.790

Assume-se que a CAPÃO, S.A. estimou uma realização linear do *goodwill* negativo durante um período de 3 anos.

Pela aquisição da participação financeira

	02/01/N		
41	Investimentos Financeiros		
412	Investimentos em associadas		
4121	Participações de capital – MEP		
41211	Participações de capital		
412111	Quota-parte nos capitais próprios	423.500	
412112	Diferenças de avaliação	10.290	
412113	Goodwill negativo		23.790
12	Depósitos à Ordem		410.000

Impacto da aquisição de ações próprias pela empresa PROXY, S.A. no valor do investimento financeiro

A PROXY, S.A., adquiriu 50.000 ações próprias por 92.500 euros, o que corresponde a um custo unitário de 1,85 euros.

<u>Cálculo do valor contabilístico por ação da empresa CAPÃO, S.A. antes da aquisição de ações próprias</u>

Capitais próprios = 1.210.000

N.º de ações que representam o capital = 800.000
Valor contabilístico por ação = 1.210.000/800.000 = 1,5125

Como a empresa PROXY, S.A. adquiriu as ações próprias por um custo de aquisição unitário que excede o seu valor contabilístico por ação, o valor do investimento financeiro vai diminuir. De facto, a empresa PROXY, S.A. entrega aos detentores das ações próprias um valor que excede o que lhes pertencia, o que implica uma diminuição do valor contabilístico das participações dos outros acionistas.

Quantia escriturada do investimento financeiro antes da aquisição de ações próprias

QE do investimento financeiro (sem *goodwill*) = 423.500 + 10.290 = 433.790

ou

QE do investimento financeiro = n.º ações detidas * Valor contabilístico por ação + % nas diferenças de avaliação não ajustadas

QE do investimento financeiro = (280.000 ações * 1,5125) + (180.200 – 150.800) * 35% = 433.790

Cálculo do valor contabilístico por ação da empresa PROXY, S.A. após a aquisição de ações próprias

Capitais próprios = 1.210.000 – 92.500 = 1.117.500
N.º de ações em circulação = 800.000 – 50.000 = 750.000
Valor contabilístico por ação = 1.117.500/750.000 = 1,49

Quantia escriturada do investimento financeiro após a aquisição de ações próprias

QE do investimento financeiro = n.º ações detidas * Valor contabilístico por ação + % nas diferenças de avaliação não ajustadas

QE do investimento financeiro = (280.000 ações * 1,49) + (180.200 – 150.800) * 35% = 427.490

Como se pode verificar o valor do investimento financeiro diminui de 433.790 para 427.490. Assim, o mesmo deve ser ajustado para refletir a correspondente diminuição.

Pelo ajustamento ao investimento financeiro

	02/05/N		
57	Ajustamentos em ativos financeiros		
571	Relacionados com o MEP		
5713	Decorrentes de outras variações nos capitais próprios das participadas	6.300	
41	Investimentos Financeiros		
412	Investimentos em associadas		
4121	Participações de capital – MEP		
41211	Participações de capital		
412116	Quota-parte de outras variações nos cap. próprios		6.300

De acordo com a alínea a) do n.º 1 do art.º 324.º do CSC, enquanto as ações pertencerem à sociedade, devem considerar-se suspensos todos os direitos inerentes às ações, exceto o de o seu titular receber novas ações no caso de aumento de capital por incorporação de reservas. Assim, em termos económicos, a empresa CAPÃO, S.A. possui uma percentagem de 37,3(3)% (280.000/750.000).

Pela % no RLP da PROXY, S.A. de N

% no resultado do período = 285.000 * 37,3(3)% = 106.400

	31/12/N		
41	Investimentos Financeiros		
412	Investimentos em associadas		
4121	Participações de capital – MEP		
41211	Participações de capital		
412114	Quota-parte no resultado do período	106.400	
78	Outros Rendimentos		
785	Rendimentos em subsidiárias, associadas e empreendimentos conjuntos		
7851	Aplicação do MEP		106.400

Pela % na diferença de avaliação realizada durante N

% na diferença de avaliação = [(180.200 – 150.800)/4 * 35%] = 2.572,5

	31/12/N		
78	Outros Rendimentos		
785	Rendimentos em subsidiárias, associadas e empreendimentos conjuntos		
7851	Aplicação do MEP	2.572,5	
41	Investimentos Financeiros		
412	Investimentos em associadas		
4121	Participações de capital – MEP		
41211	Participações de capital		
412112	Diferenças de avaliação		2.572,5

Pelo reconhecimento do goodwill negativo realizado em N

Realização em N = 23.790/3 = 7.930

	31/12/N		
41	Investimentos Financeiros		
412	Investimentos em associadas		
4121	Participações de capital - MEP		
41211	Participações de capital		
412113	Goodwill negativo	7.930	
78	Outros Rendimentos		
7858	Outros Rendimentos		7.930

*Pelos lucros atribuídos (285.000 * 60% * 37,3(3)%)*

	31/03/N+1		
27	Outras Contas a Receber e a Pagar		
278	Outros devedores e credores		
2781	Outros devedores e credores - corrente		
27811	Resultados atribuídos	63.840	
41	Investimentos Financeiros		
412	Investimentos em associadas		
4121	Participações de capital - MEP		
41211	Participações de capital		
412115	Lucros atribuídos		63.840

Pelos lucros não atribuídos

Lucros imputados em N = 103.827,5
Lucros atribuídos = 63.840
Lucros não atribuídos = 39.987,5

	31/03/N+1		
56	Resultados Transitados	39.987,5	
57	Ajustamentos em ativos financeiros		
571	Relacionados com o método da equivalência patrimonial		
5712	Lucros não atribuídos		39.987,5

Impacto da redução de capital através da extinção de 30.000 ações próprias realizado pela empresa PROXY, S.A. no valor do investimento financeiro

A PROXY, S.A. reduziu o capital através da extinção de 30.000 ações próprias com um custo unitário de 1,85 euros.

A redução do capital através da extinção de ações próprias implica apenas uma alteração qualitativa dos capitais próprios da PROXY, S.A., pelo que esta operação não implica qualquer alteração no valor do investimento financeiro na CAPÃO, S.A., como se pode verificar a seguir.

Cálculo do valor contabilístico por ação da empresa PROXY, S.A. antes da redução do capital através da extinção de ações próprias

Capitais próprios = 1.210.000 – 92.500 + 285.000 – (285.000 * 60%) = 1.231.500

N.º de ações em circulação = 800.000 – 50.000 = 750.000

Valor contabilístico por ação = 1.231.500/750.000 = 1,642

Quantia escriturada do investimento financeiro antes da redução do capital através da extinção de ações próprias

QE do investimento financeiro (sem *goodwill*) = 423.500 + 10.290 – 6.300 + 106.400 – 2.572,5 – 63.840 = 467.477,5

ou

QE do investimento financeiro = n.º ações detidas * Valor contabilístico por ação + % nas diferenças de avaliação não ajustadas

QE do investimento financeiro (sem *goodwill*) = (280.000 ações * 1,642) + (180.200 – 150.800)/4 * 3 * 35% = 467.477,5

Cálculo do valor contabilístico por ação da empresa PROXY, S.A. após a redução do capital através da extinção de ações próprias

Capitais próprios = 1.210.000 – 92.500 + 285.000 – (285.000 * 60%) = 1.231.500

N.º de ações em circulação = 770.000 – 20.000 = 750.000

Valor contabilístico por ação = 1.231.500/750.000 = 1,642

Quantia escriturada do investimento financeiro após a redução do capital através da extinção de ações próprias

QE do investimento financeiro = 410.000 + 23.790 – 6.300 + 103.827,5,5 – 63.840 = 467.477,5 ou

QE do investimento financeiro = n.º ações detidas * Valor contabilístico por ação + % nas diferenças de avaliação não ajustadas

QE do investimento financeiro (sem *goodwill*) = (280.000 ações * 1,642) + (180.200 – 150.800)/4 * 3 * 35% = 467.477,5

Assim, o valor do investimento financeiro mantém-se inalterado, pelo que a operação da redução de capital por extinção de ações próprias realizada pela PROXY, S.A. não implica qualquer ajustamento ao investimento financeiro na CAPÃO, S.A..

*Pela % no subsídio não reembolsável atribuído à PROXY, S.A. (300.000 * 37,3(3)%)*

	31/12/N+1		
41	Investimentos Financeiros		
412	Investimentos em associadas		
4121	Participações de capital – MEP		
41211	Participações de capital		
412116	Quota-parte de outras variações nos cap. próprios	112.000	
57	Ajustamentos em ativos financeiros		
571	Relacionados com o MEP		
5713	Decorrentes de outras variações nos capitais próprios das participadas		112.000

Pela % no RLP da PROXY, S.A. de N+1

% no resultado do período = 390.000 * 37,3(3)% = 145.600

	31/12/N+1		
41	Investimentos Financeiros		
412	Investimentos em associadas		
4121	Participações de capital – MEP		
41211	Participações de capital		
412114	Quota-parte no resultado do período	145.600	
78	Outros Rendimentos		
785	Rendimentos em subsidiárias, associadas e empreendimentos conjuntos		
7851	Aplicação do MEP		145.600

Pela % na diferença de avaliação realizada durante N+1

% na diferença de avaliação = [(180.200 - 150.800)/4 * 35%] = 2.572,5

	31/12/N+1		
78	Outros Rendimentos		
785	Rendimentos em subsidiárias, associadas e empreendimentos conjuntos		
7851	Aplicação do MEP	2.572,5	
41	Investimentos Financeiros		
412	Investimentos em associadas		
4121	Participações de capital - MEP		
41211	Participações de capital		
412112	Diferenças de avaliação		2.572,5

Pela % no lucro não realizado incluído nos inventários

% no lucro não realizado = 100.000 * 20% * 37,3(3)% = 7.466,67

	31/12/N+1		
78	Outros Rendimentos		
785	Rendimentos em subsidiárias, associadas e empreendimentos conjuntos		
7851	Aplicação do MEP	7.466,67	
41	Investimentos Financeiros		
412	Investimentos em associadas		
4121	Participações de capital - MEP		
41211	Participações de capital		
412117	Quota-parte nos resultados não realizados		7.466,67

Pelo reconhecimento do goodwill negativo realizado em N+1

Realização em N+1 = 23.790/3 = 7.930

	31/12/N+1		
41	Investimentos Financeiros		
412	Investimentos em associadas		
4121	Participações de capital - MEP		
41211	Participações de capital		
412113	Goodwill negativo	7.930	
78	Outros Rendimentos		
7858	Outros Rendimentos		7.930

Pela % na imputação do rendimento do subsídio não reembolsável em N+1

Valor do subsídio não reembolsável = 300.000
Vida útil = 8 anos
Imputação anual à demonstração dos resultados = 300.000/8 = 37.500
Imputação em N+1 = 37.500 * 7/12 = 21.875
% na imputação do rendimento do subsídio não reembolsável = 21.875 * 37,3(3)% = 8.166,67

	31/12/N+1		
57	Ajustamentos em ativos financeiros		
571	Relacionados com o MEP		
5713	Decorrentes de outras variações nos capitais próprios das participadas	8.166,67	
41	Investimentos Financeiros		
412	Investimentos em associadas		
4121	Participações de capital – MEP		
41211	Participações de capital		
412116	Quota-parte de outras variações nos cap. próprios		8.166,67

CAPÍTULO 5

—

CONSOLIDAÇÃO DAS DEMONSTRAÇÕES FINANCEIRAS

5.1. Conceitos

A consolidação das demonstrações financeiras, comummente designada de consolidação de contas, emerge da necessidade do conhecimento da realidade económica e financeira de um grupo de empresas, consistindo numa técnica de natureza contabilística que tem como principal objetivo elaborar demonstrações financeiras de um grupo de entidades, como se de uma única entidade se tratasse. Na consolidação, as empresas do grupo abdicam da sua individualidade, a favor de uma lógica de grupo.

As demonstrações financeiras consolidadas têm por base as demonstrações financeiras individuais das diversas entidades pertencentes ao grupo que, após o processo de consolidação e agregação, visam dar a conhecer a imagem verdadeira e apropriada da situação económico-financeira do grupo como um todo. Deste modo, as contas do grupo apenas deverão refletir os resultados das suas transações com o exterior, o que conduz à eliminação das operações intragrupo.

As demonstrações financeiras consolidadas devem ser encaradas não como um substituto, mas sim como um complemento das demonstrações financeiras individuais das empresas integradas no grupo.

Definições mais relevantes

Para além dos conceitos de empresa-mãe, subsidiária, controlo, associada, influência significativa, entidade conjuntamente controlada e controlo conjunto, já apresentados no Capítulo 4, importa ter aqui presentes as seguintes definições:

Demonstrações financeiras consolidadas: são as demonstrações financeiras de um grupo de entidades apresentadas como as de uma única entidade económica.

Interesses que não controlam: é a parte dos resultados e dos ativos líquidos de uma subsidiária atribuível a interesses de capital próprio que não sejam detidos, direta ou indiretamente através de subsidiárias, pela empresa-mãe.

Percentagem de participação (ou de interesse): corresponde à fração de capital ou quota-parte do capital detido, direta ou indiretamente, na dependente, isto é, o valor de partilha que caberia ao participante em caso de liquidação ou extinção da participada. A percentagem de participação não serve para determinar o perímetro de consolidação, mas é utilizada na determinação da quota-parte da empresa-mãe e dos interesses que não controlam nos capitais próprios e nos resultados da participada.

Percentagem de controlo: é o grau de dependência da participada relativamente à participante, quanto à tomada de decisão, isto é, percentagem de direitos de voto da participada que a participante consegue controlar, quer direta ou indiretamente, quer através de contratos ou acordos parassociais. É esta a percentagem utilizada na determinação do perímetro de consolidação e do método de consolidação a adotar.

5.2. Âmbito de aplicação

Os requisitos que determinam a obrigatoriedade e dispensa da elaboração de contas consolidadas, assim como as exclusões da consolidação, estão previstos nos art.os 6.º ao 8.º do Decreto-Lei n.º 158/2009, de 13 de julho, alterado pelo Decreto-Lei n.º 98/2015, de 2 de junho.

De acordo com o art.º 6.º, **qualquer empresa-mãe sujeita ao direito nacional é obrigada** a elaborar demonstrações financeiras consolidadas do grupo constituído por ela própria e por todas as subsidiárias, sobre as quais:

i) Independentemente da titularidade do capital, se verifique que, em alternativa:
   a. Possa exercer, ou exerça efetivamente, influência dominante ou controlo;
   b. Exerça a gestão como se as duas constituíssem uma única entidade.
ii) Sendo titular de capital, quando ocorra uma das seguintes situações:
   a. Tenha a maioria dos direitos de voto, exceto se for demonstrado que esses direitos não conferem o controlo;
   b. Tenha o direito de designar ou de destituir a maioria dos titulares do órgão de gestão de uma entidade com poderes para gerir as políticas financeira e operacional dessa entidade;
   c. Exerça uma influência dominante sobre uma entidade, por força de um contrato celebrado com esta ou de uma outra cláusula do contrato social desta;
   d. Detenha, pelo menos, 20% dos direitos de voto e a maioria dos titulares do órgão de gestão de uma entidade com poderes para gerir as políticas

financeira e operacional dessa entidade, que tenham estado em funções durante o período a que se reportam as demonstrações financeiras consolidadas, bem como, no período precedente e até ao momento em que estas sejam elaboradas, tenham sido exclusivamente designados como consequência do exercício dos seus direitos de voto;

e. Disponha, por si só ou por força de um acordo com outros titulares do capital desta entidade, da maioria dos direitos de voto dos titulares do capital da mesma.

Segundo o art.º 7.º, **uma empresa-mãe de um pequeno grupo fica dispensada** de elaborar as demonstrações financeiras consolidadas. Pequenos grupos são definidos como grupos constituídos pela empresa-mãe e pelas empresas subsidiárias a incluir na consolidação e que, em base consolidada e à data do balanço da empresa-mãe, não ultrapassem dois dos três limites seguintes:

- Total do balanço: 6.000.000 euros;
- Volume de negócios líquido: 12.000.000 euros;
- Número médio de empregados durante o período: 50.

Os limites do total do balanço e do volume de negócios líquido são majorados em 20% se:

i) Os valores contabilísticos das ações ou quotas das entidades incluídas na consolidação não forem compensados pela fração que representam do capital e reservas dessas entidades; e

ii) Se não forem eliminados das demonstrações financeiras consolidadas as dívidas e os créditos entre as entidades, os gastos e rendimentos relativos às operações efetuadas entre entidades e os resultados de operações efetuadas entre entidades, quando incluídos na quantia escriturada do ativo.

Uma **entidade pode ser excluída** da consolidação quando (art.º 8.º):

- Não seja materialmente relevante;
- Existam restrições severas e duradouras que prejudiquem substancialmente o exercício pela empresa-mãe dos seus direitos sobre o património ou a gestão dessa entidade;

- Se trate de partes de capital adquiridas exclusivamente tendo em vista a sua cessão posterior, e enquanto se mantenham classificadas como detidas para venda;
- Se trate de um caso em que as informações necessárias para elaborar as demonstrações financeiras consolidadas não podem ser obtidas sem custos desproporcionados ou sem demora injustificada.

5.3. Etapas da consolidação de contas

As etapas do processo de consolidação de contas são as seguintes:

1. Determinação do perímetro de consolidação
2. Escolha do método de consolidação a aplicar
3. Procedimentos de pré-consolidação
4. Operações de consolidação

5.3.1. Perímetro de consolidação

Entende-se por perímetro de consolidação o conjunto de entidades cujas contas vão ser objeto de consolidação, devendo definir-se os métodos que serão utilizados na integração de cada uma dessas entidades.

5.3.2. Métodos de consolidação

Existem dois métodos de consolidação:

— o **método de consolidação integral**: aplica-se para as situações em que existe controlo, ou seja nas partes de capital em subsidiárias; e

— o **método de consolidação proporcional**: aplica-se nos casos em que existe controlo conjunto, ou seja, em partes de capital em entidades conjuntamente controladas.

O método de consolidação integral, consiste na integração das demostrações financeiras da empresa consolidante com os respetivos elementos das demostrações financeiras das entidades englobadas na consolidação, evidenciando os interesses que não controlam (direitos de terceiros).

Interesses que não controlam, são a parte de resultados e dos ativos líquidos de uma subsidiária atribuível a interesses de capital próprio que não sejam detidos, direta ou indiretamente através de subsidiárias, pela empresa-mãe. Os interesses que não controlam devem ser reconhecidos no balanço consolidado, no capital próprio, separado dos interesses da empresa-mãe e pela proporção da percentagem de participação. Os resultados das participadas são repartidos pelos detentores de capital da empresa-mãe e pelos interesses que não controlam e apresentados separadamente.

O método de consolidação proporcional consiste na integração nas demostrações financeiras da empresa consolidante, da fração que proporcionalmente lhe corresponda nos elementos das demostrações financeiras das entidades consolidadas. Neste método não são evidenciados os interesses que não controlam.

5.3.3. Procedimentos de pré-consolidação

As operações geralmente designadas de pré-consolidação abrangem, normalmente, um conjunto de verificações e correções que visam garantir que todas as demonstrações financeiras individuais das empresas a consolidar, respeitam os mesmos pressupostos e critérios de mensuração adotados na elaboração das demonstrações financeiras consolidadas. Os principais procedimentos de pré-consolidação são relativos a:

- **Data de elaboração** – a data de referência das demonstrações financeiras consolidadas é a data de referência das demonstrações financeiras anuais da empresa-mãe. Quando uma subsidiária tiver uma data de relato diferente da data de relato da empresa-mãe, a subsidiária deverá preparar demonstrações financeiras intercalares com referência à data da consolidação, a menos que isso se torne impraticável, situação em que deverá efetuar nas demonstrações financeiras existentes ajustamentos para refletir os efeitos de transações e acontecimentos significativos que tenham ocorrido entre a data das demonstrações financeiras da subsidiária e a data das demonstrações financeiras da empresa-mãe. Esta solução só é aplicável se a diferença entre datas não for superior a 3 meses.

- **Moeda de relato** – a empresa-mãe pode apresentar as demonstrações financeiras consolidadas em qualquer moeda. Quando a moeda de apresentação das demonstrações financeiras consolidadas for diferente da moeda funcional das entidades a incluir na consolidação, haverá que proceder à transposição dos elementos das respetivas demonstrações financeiras para a moeda de apresentação.
- **Políticas contabilísticas** – as demonstrações financeiras consolidadas devem ser preparadas utilizando políticas contabilísticas uniformes para transações e outros acontecimentos idênticos em circunstâncias semelhantes. Se um membro do grupo usar políticas contabilísticas que não sejam as adotadas nas demonstrações financeiras consolidadas para transações e acontecimentos idênticos em circunstâncias semelhantes, serão feitos ajustamentos apropriados às suas demonstrações financeiras ao preparar as demonstrações financeiras consolidadas.

5.4.4. Operações de consolidação

Após os procedimentos de pré-consolidação, que têm em vista a homogeneização das demonstrações financeiras individuais, segue-se a fase da consolidação propriamente dita. Esta fase consiste nomeadamente na:

1. Soma (integração) dos saldos das demonstrações financeiras individuais;
2. Anulação dos efeitos decorrentes da aplicação do método da equivalência patrimonial;
3. Eliminação das participações financeiras - quer se utilize o método da consolidação integral ou o método da consolidação proporcional, há sempre que proceder à eliminação das participações financeiras que constam do balanço da empresa-mãe relativas a empresas a englobar nas contas consolidadas:
   a) Eliminação do custo de aquisição e da fração dos capitais próprios da participada à data de aquisição; e
   b) Imputação das diferenças de avaliação.
4. Reconhecimento dos interesses que não controlam:
   a) Interesses que não controlam nos capitais próprios à data de relato;
   b) Imputação da diferença de avaliação a interesses que não controlam;
   c) Imputação do resultado das participadas a interesses que não controlam.

5. Eliminação dos saldos, transações, rendimentos e gastos que resultam de operações intragrupo;
6. Eliminação dos resultados provenientes de transações intragrupo que estejam reconhecidos nos ativos, tais como inventários e ativos fixos tangíveis.

5.4. Técnicas de consolidação de contas

Na presença de grupos com um número alargado de empresas, em que haja empresas que sendo subsidiárias possuem também participações financeiras noutras empresas e estas, por sua vez, podem possuir igualmente participações noutras empresas, o trabalho de consolidação de contas pode tornar-se bastante complexo. Nestes casos, poder-se-ão adotar duas técnicas de consolidação distintas, cujas principais caraterísticas são as seguintes:

- **Técnica de consolidação direta:** nesta técnica todas as entidades incluídas no perímetro de consolidação são integradas diretamente na empresa-mãe, o que permite reduzir a estrutura do grupo a um só nível. Para o efeito torna-se necessário calcular as participações efetivas da empresa-mãe nas empresas dependentes bem como as percentagens que correspondem aos interesses que não controlam.
- **Técnica de consolidação em cascata:** nesta técnica cada entidade é consolidada na entidade que a domina. Assim, primeiramente, consolidam-se as entidades de cada subgrupo de nível inferior na estrutura global do grupo. Depois, consolida-se cada um destes subgrupos com as entidades do respetivo subgrupo de nível imediatamente superior e assim sucessivamente. Finalmente, consolidam-se os subgrupos de nível superior na empresa-mãe.

5.5. Casos Práticos

Caso Prático 5.5.1 – Percentagens de participação e controlo direto

A empresa ABC, S.A. adquiriu 80% das ações, com direito a voto, representativas do capital social da empresa DEF, S.A..

Pedidos:

1. Indique qual a percentagem de participação da empresa ABC, S.A. na empresa DEF, S.A..
2. Indique qual a percentagem de controlo da empresa ABC, S.A. na empresa DEF, S.A..

Proposta de resolução:

Pedido 1

A empresa ABC, S.A. adquiriu 80% das ações representativas do capital social da empresa DEF, S.A.. Assim, estamos perante uma participação direta no capital da empresa DEF, S.A..

A percentagem de participação, representa a fração do capital, ou da quota-parte do património, detida na empresa participada. Logo, a percentagem de participação da empresa ABC, S.A. na empresa DEF, S.A. corresponde a 80%.

Pedido 2

A percentagem de controlo, representa o grau de dependência das empresas participadas relativamente à participante. Ou seja, representa a percentagem de direitos de voto da sociedade participada que a participante consegue controlar, em consequência das suas participações.

Assim, a percentagem de controlo da empresa ABC, S.A. na empresa DEF, S.A. é de 80%.

Caso Prático 5.5.2 – Percentagens de participação e controlo direto e indireto

A empresa GHI, S.A. adquiriu 70% das ações, com direito a voto, representativas do capital social da empresa JLM, S.A.. Por sua vez, a empresa JLM, S.A. possui 60% das ações, com direito a voto, da empresa NOP, S.A..

Pedidos:

1. Indique qual a percentagem de participação da empresa GHI, S.A. na empresa JLM, S.A. e na empresa NOP, S.A..
2. Indique qual a percentagem de controlo da empresa GHI, S.A. na empresa JLM, S.A. e na empresa NOP, S.A..

Proposta de resolução:

Pedido 1

A GHI, S.A. possui uma participação direta na JLM, S.A. e uma participação indireta na NOP, S.A. por intermédio da JLM, S.A..

A percentagem de participação, representa a fração do capital, ou da quota-parte do património, detida, direta ou indiretamente, na empresa participada. No caso de participações indiretas o cálculo da percentagem de participação determina-se pelo produto das percentagens do capital detido pelas empresas que constituem a cadeia de controlo até à empresa considerada.

Assim,

	% de participação
GHI, S.A. na JLM, S.A.	70%
GHI, S.A. na NOP, S.A.	42% (70% * 60%)

Pedido 2

A percentagem de controlo, representa a percentagem de direitos de voto da sociedade participada que a participante consegue controlar, em consequência das suas participações, quer diretas, quer indiretas. Nas participações indiretas o cálculo da percentagem de controlo determina-se pela soma das percentagens do capital detido pela participante e pelas participadas, quebrando-se a cadeia de controlo quando se está perante uma posição minoritária.

Assim,

	% de controlo
GHI, S.A. na JLM, S.A.	70%
GHI, S.A. na NOP, S.A.	60%

Caso Prático 5.5.3 – Percentagens de participação triangular e controlo direto e indireto

Considere os seguintes 3 conjuntos de empresas:

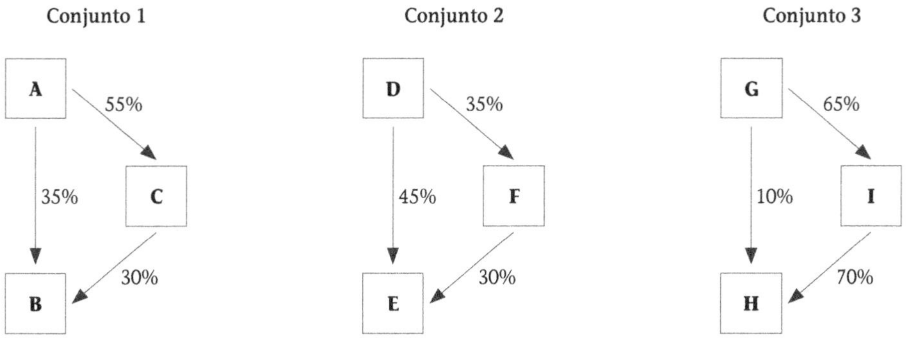

Pedidos:

1. Indique qual a percentagem de participação das empresas A, D e G nas empresas participadas correspondentes.
2. Indique qual a percentagem de controlo das empresas A, D e G nas empresas participadas correspondentes, bem como o tipo de ligação entre as empresas.

Proposta de resolução:

Pedido 1

	% de participação
A na C	55%
A na B	51,5% (35% + 55% * 30%)
D na F	35%
D na E	55,5% (45% + 35% * 30%)
G na I	65%
G na H	55,5% (10% + 65% * 70%)

Pedido 2

	% de controlo	Tipo de ligação
A na C	55%	C é uma subsidiária
A na B	65% (35% + 30%)	B é uma subsidiária
D na F	35%	F é uma associada
D na E	45%	E é uma associada
G na I	65%	I é uma subsidiária
G na H	80% (10% + 70%)	H é uma subsidiária

Caso Prático 5.5.4 – Percentagens de participação e controlo e métodos de Consolidação

Considere o seguinte conjunto de empresas e as suas participações:

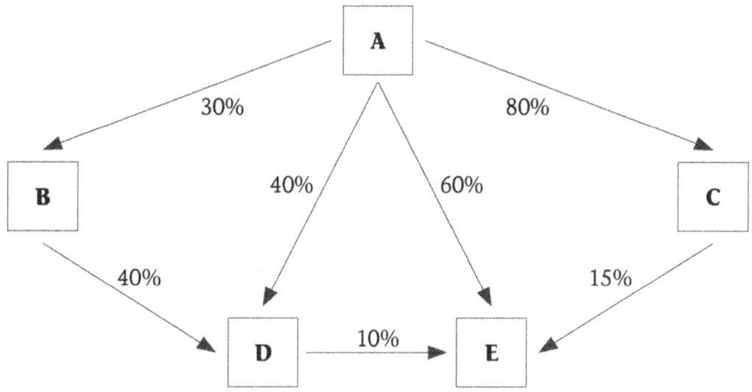

Sabendo que a empresa A é a empresa-mãe.

Pretende-se que:

1. Determine a percentagem de controlo e a percentagem de participação da empresa A nas participadas e indique as empresas dominadas pela empresa A.
2. Considerando a seguinte informação adicional: "A participação na empresa B destina-se a ser vendida dentro de dois meses". Indique, justificando, quais as empresas a incluir ou a excluir da consolidação e qual o método a utilizar em cada caso.

Proposta de resolução:

Pedido 1

	% de participação	% de controlo
A na B	30%	30%
A na C	80%	80%
A na D	52% [40% + (30% * 40%)]	40%
A na E	77,2 % [60% + (52% * 10%) + (80% * 15%)]	75% (60% + 15%)

Pedido 2

Como "a participação na empresa B destina-se a ser vendida dentro de dois meses"; a mesma pode ser excluída da consolidação.

Sendo a B excluída da consolidação, a percentagem de controlo e a percentagem de participação da empresa A nas participadas passaria a ser de:

	% de participação	% de controlo
A na B	30%	30%
A na C	80%	80%
A na D	40%	40%
A na E	76 % [60% + (40% * 10%) + (80% * 15%)]	75% (60% + 15%)

Assim,

Empresas a excluir da consolidação:

Empresa B. O investimento financeiro será apresentado nas contas consolidadas pelo montante refletido nas contas individuais da empresa A (método do custo ou método do justo valor).

Empresas a incluir na consolidação:

Empresas C e E pelo método da consolidação integral, e

Empresa D, sendo uma associada aparece no balanço consolidado pelo montante já refletido nas contas individuais da empresa-mãe, ou seja o que decorre da aplicação do método da equivalência patrimonial.

Caso Prático 5.5.5 – Participações recíprocas

Considere as empresas A e B com as seguintes relações de participação:

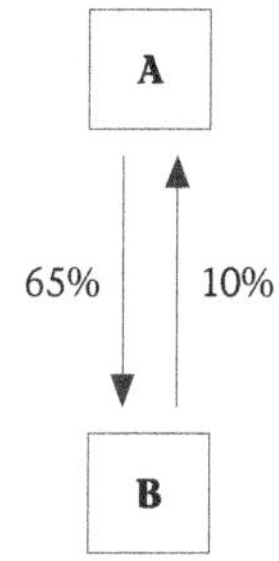

Pedido:

Indique qual a percentagem de participação efetiva da empresa A na B.

Proposta de resolução:

As sociedades em participações recíprocas são aquelas em que se verifica reciprocidade nas relações de participação, por oposição às relações simples. Isto é, quando ambas as sociedades detenham, a título direto ou indireto, participações no capital social da outra.

No cálculo da % de participação efetiva da A na B, torna-se necessário recorrer ao conceito de progressão geométrica. Assim, considere que:

∂ = percentagem de A na B

β = percentagem de B na A

$$\% \text{ de participação efetiva da A na B} = \frac{(1-\beta)*\partial}{1-\partial*\beta}$$

$$\% \text{ de participação efetiva da A na B} = \frac{(1-0{,}10)*0{,}65}{1-0{,}65*0{,}10} = 62{,}57\%$$

Caso Prático 5.5.6 – Participações circulares

Considere as seguintes empresas:

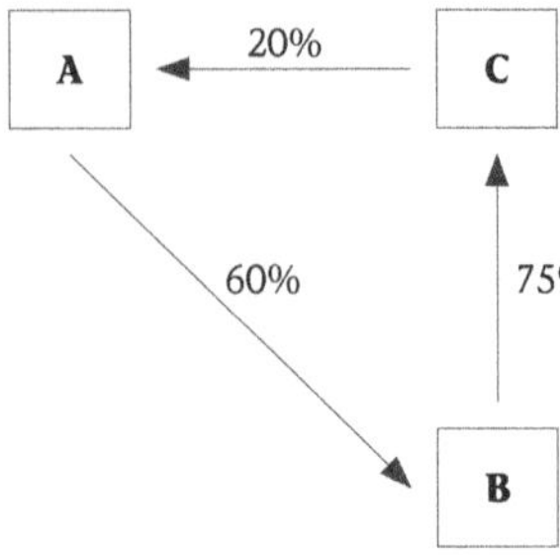

Pedido:

Indique qual a percentagem de participação efetiva da empresa A nas empresas B e C.

Proposta de resolução:

No cálculo da % de participação efetiva da A na B e da % de participação efetiva da A na C, torna-se necessário recorrer ao conceito de progressão geométrica. Assim, considere que:

∂ = percentagem de A na B
β = percentagem de B na C
δ = percentagem de C na A

% de participação da A na B = $\frac{(1-\delta)*\partial}{1-\partial*\beta*\delta}$

% de participação da A na C = $\frac{(1-\delta)*\partial*\beta}{1-\partial*\beta*\delta}$

% de participação da A na B = $\frac{(1-0,2)*0,6}{1-0,6*0,75*0,2}=52,75\%$

% de participação da A na C = $\frac{(1-0,2)*0,6*0,75}{1-0,6*0,75*0,2}=39,56\%$

Caso Prático 5.5.7 – Participações recíprocas entre empresas dependentes

Considere as seguintes empresas:

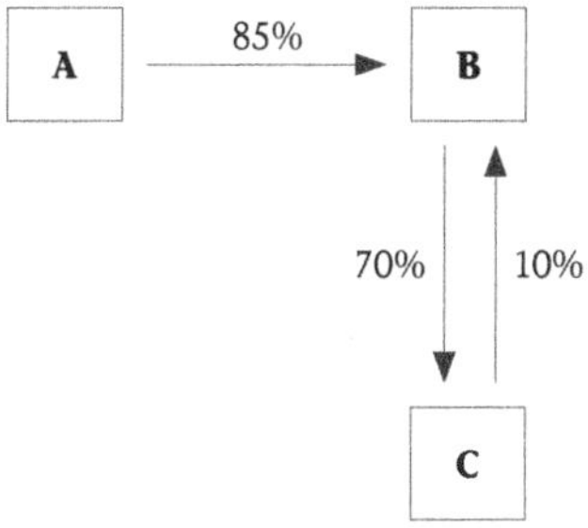

Pedidos:

1. Indique qual a percentagem de participação efetiva da empresa A nas empresas B e C.
2. Indique qual a percentagem de controlo da empresa A nas empresas B e C.

Proposta de resolução:

Pedido 1

O cálculo das percentagens de participação passa pela resolução de um sistema de equações com duas incógnitas. Considere-se que X e Y, representam a % de participação da A nas empresas B e C, respetivamente.

$$\begin{cases} X = 0{,}85 + 0{,}1Y \\ Y = 0{,}7X \end{cases} \qquad \begin{cases} X = 0{,}9140 \\ Y = 0{,}6398 \end{cases}$$

Assim:

% de participação da A na B = 91,4%

% de participação da A na C = 63,98%

Pedido 2

A % de controlo da empresa A na empresa B é de 95%, que corresponde ao controlo direto de 85% mais o controlo indireto através da empresa C de 10%.

A % de controlo da empresa A na empresa C é de 70%.

Caso Prático 5.5.8 – Operações de pré-consolidação – Homogeneização contabilística (1)

A subsidiária MELSER, S.A., na mensuração das saídas de inventários (mercadorias), utiliza como método de custeio o custo médio ponderado, enquanto o método utilizado pela empresa-mãe SERVO, S.A. é o FIFO.

De acordo com cada um dos critérios enunciados, o valor dos inventários da entidade MELSER, S.A., em 31 de dezembro de N, seria de:

Método de custeio das saídas	Inventários
Custo médio ponderado	520.000
FIFO	495.000

Pedido:

Efetue o ajustamento para efeitos de consolidação que entenda como pertinente.

Proposta de resolução:

De acordo com o parágrafo 18 da NCRF 15 – Investimentos em Subsidiárias e Consolidação, as demonstrações financeiras consolidadas devem ser preparadas utilizando políticas contabilísticas uniformes para transações e outros acontecimentos idênticos em circunstâncias semelhantes. Assim, para se uniformizar as políticas contabilísticas, os inventários da MELSER, S.A. devem ser ajustados de forma a refletir o valor que existiria se ela tivesse utilizado o FIFO. Consequentemente, os inventários devem ser diminuídos e o custo das mercadorias vendidas aumentado.

Pela uniformização das políticas contabilísticas (520.000 – 495.000)

Rubrica	Débito	Crédito
CMVMC	25.000	
Inventários (Mercadorias)		25.000

Caso Prático 5.5.9 – Operações de pré-consolidação – Homogeneização contabilística (2)

A subsidiária JOTA, S.A., utiliza o método de Cole para depreciar um dado equipamento adquirido por 150.000 euros, com um valor residual de 15.000 euros, enquanto o método utilizado pela empresa-mãe GAMA, S.A. é o método da linha reta.

Sabe-se ainda que o plano de depreciação para o referido equipamento, na subsidiária JOTA, S.A., é o seguinte:

Anos	Depreciação do período	Depreciações acumuladas	Quantia escriturada
N-1	45.000	45.000	105.000
N	36.000	81.000	69.000
N+1	27.000	108.000	42.000
N+2	18.000	126.000	24.000
N+3	9.000	135.000	15.000

Pedido:

Efetue o(s) ajustamento(s) para efeitos de consolidação que entenda como pertinente(s) para o período de N.

Proposta de resolução:

Para se uniformizar as políticas contabilísticas, as depreciações do período e as depreciações acumuladas da JOTA, S.A. devem ser ajustadas de forma a refletir o valor que existiria se ela tivesse utilizado o método da linha reta.

Plano de depreciação para o referido equipamento segundo o método da linha reta:

Anos	Depreciação do período	Depreciações acumuladas	Quantia escriturada
N-1	27.000	27.000	123.000
N	27.000	54.000	96.000
N+1	27.000	81.000	69.000
N+2	27.000	108.000	42.000
N+3	27.000	135.000	15.000

Consequentemente, os ajustamentos a efetuar às depreciações do período e às depreciações acumuladas são o que a seguir se apresentam:

Anos	Método de Cole	Método da linha reta	Ajustamento
	Depreciação do Período	Depreciação do Período	
N-1	45.000	27.000	- 18.000
N	**36.000**	**27.000**	**- 9.000**

Anos	Método de Cole	Método da linha reta	Ajustamento
	Depreciações acumuladas	Depreciações acumuladas	
N-1	45.000	27.000	-18.000
N	**81.000**	**54.000**	**-27.000**

Assim,

Correção das depreciações acumuladas = 27.000
Correção das depreciações do período = 9.000
Correção do efeito do período anterior = 18.000

Pela uniformização das políticas contabilísticas

Rubrica	Débito	Crédito
Ativos fixos tangíveis – Depreciações acumuladas	27.000	
Gastos de depreciação e de amortização – AFT		9.000
Resultados transitados		18.000

Caso Prático 5.5.10 – Operações de pré-consolidação – Moeda de relato

A empresa-mãe DELTI, S.A. detém uma participação financeira de 80% na entidade UNITED, S.A., adquirida no início de janeiro de N.

A empresa-mãe DELTI, S.A. tem a sua sede em Aveiro, enquanto que a empresa UNITED, S.A., tem a sua sede nos Estados Unidos da América.

O balanço individual da empresa UNITED, S.A. em 31/12/N é o seguinte (valores em USD):

	UNITED, S.A.
ATIVO	
Ativo não corrente	
Ativos fixos tangíveis	103.680
Ativo corrente	
Inventários	83.520
Clientes	43.200
Caixa e depósitos bancários	57.600
Total do Ativo	**288.000**
CAPITAL PRÓPRIO E PASSIVO	
Capital próprio	
Capital subscrito	144.000
Reservas e resultados transitados	28.800
Resultado líquido do período	14.400
Total do capital próprio	**187.200**
Passivo não corrente	
Financiamentos obtidos	72.000
Passivo corrente	
Fornecedores	28.800
Total do passivo	**100.800**
Total do Capital próprio e do Passivo	**288.000**

Pedido:

Pretende-se a transposição do balanço para a moeda de apresentação das demonstrações financeiras consolidadas, tendo por base as seguintes taxas de câmbio conhecidas:

Taxa histórica	1 USD = 0,8721 EUR
Taxa de fecho	1 USD = 0,8979 EUR
Taxa média	1 USD = 0,8835 EUR

Proposta de resolução:

De acordo com a NCRF 23 – Os efeitos de alterações em taxas de câmbio, as demostrações financeiras expressas em moeda estrangeira devem ser transpostas para a moeda funcional, do seguinte modo:

- Ativos: à taxa de fecho;
- Passivos: à taxa de fecho;
- Capital próprio: às taxas de câmbio histórico aplicáveis;
- Dividendos: à taxa de câmbio à data em que são atribuídos;
- Rendimentos e gastos: às taxas de câmbio nas datas das transações.

Por razões práticas, para transpor os itens de rendimentos e de gastos é muitas vezes utilizada uma taxa que se aproxime das taxas de câmbio à data das transações, por exemplo, uma taxa média do período. Porém, se as taxas de câmbio variarem significativamente, o uso da taxa média de um período não é apropriado.

As diferenças de câmbio resultantes da transposição devem ser reconhecidas nos capitais próprios.

O balanço individual da empresa UNITED, S.A. em 31/12/N convertido para euros (valores arredondados) será o seguinte:

	UNITED, S.A. (em USD)	Taxa	UNITED, S.A. (em EUR)
ATIVO			
Ativo não corrente			
Ativos fixos tangíveis	103.680	0,8979	93.094
Ativo corrente			
Inventários	83.520	0,8979	74.993
Clientes	43.200	0,8979	38.789
Caixa e depósitos bancários	57.600	0,8979	51.719
Total do Ativo	**288.000**		**258.595**
CAPITAL PRÓPRIO E PASSIVO			
Capital próprio			
Capital subscrito	144.000	0,8721	125.582
Reservas e resultados transitados	28.800	0,8721	25.116
Diferenças de conversão de DF's			4.666
Resultado líquido do período	14.400	0,8835	12.722
Total do capital próprio	**187.200**		**168.086**
Passivo não corrente			
Financiamentos obtidos	72.000	0,8979	64.649
Passivo corrente			
Fornecedores	28.800	0,8979	25.860
Total do passivo	**100.800**		**90.509**
Total do Capital próprio e do Passivo	**288.000**		**258.595**

Caso Prático 5.5.11 – Eliminação do investimento financeiro e *Goodwill* (1)

A empresa-mãe VEIGA, S.A. detém uma participação financeira de 100% na entidade OLOMAR, S.A., adquirida em 5 de janeiro de N. O capital social da entidade OLOMAR, S.A. encontra-se integralmente realizado. Não foram identificadas quaisquer diferenças de avaliação em ativos e passivos.

Pedidos:

Apresente os balanços consolidados das empresas VEIGA, S.A. e OLOMAR, S.A. em 5/01/N, admitindo que o custo de aquisição foi de:

1. 1.210.000 euros
2. 1.300.000 euros
3. 1.100.000 euros

À data da respetiva aquisição, os balanços das referidas empresas eram os seguintes (valores em euros):

	VEIGA, S.A. (1)	VEIGA, S.A. (2)	VEIGA, S.A. (3)	OLOMAR, S.A.
ATIVOS				
Participações financeiras_MEP	1.210.000	1.210.000	1.210.000	—
Goodwill	—	90.000	—	—
Outros ativos	3.100.000	3.010.000	3.210.000	2.390.000
Total do Ativo	**4.310.000**	**4.310.000**	**4.420.000**	**2.390.000**
CAPITAIS PRÓPRIOS				
Capital subscrito	1.500.000	1.500.000	1.500.000	800.000
Reservas legais	300.000	300.000	300.000	95.000
Outras reservas	460.000	460.000	460.000	155.000
Resultados transitados	700.000	700.000	700.000	160.000
Resultado líquido do período			110.000	
Total dos capitais próprios	**2.960.000**	**2.960.000**	**3.070.000**	**1.210.000**
PASSIVO				
Passivos	1.350.000	1.350.000	1.350.000	1.180.000
Total do Passivo	**1.350.000**	**1.350.000**	**1.350.000**	**1.180.000**
Total dos capitais próprios e passivo	**4.310.000**	**4.310.000**	**4.420.000**	**2.390.000**

Proposta de resolução:

Pedido 1

% de participação = 100%; confere o controlo, pelo que o método a utilizar é o método da consolidação integral.

Custo de aquisição = 1.210.000

% no justo valor líquido dos ativos, passivos e passivos contingentes identificáveis = 100% * 1.210.000 = 1.210.000

Goodwill = 1.210.000 – 1.210.000 = 0

(1) Pela integração dos saldos iniciais

Rubrica	Débito	Crédito
IF – Participações financeiras_MEP	1.210.000	
Outros ativos	5.490.000	
Capital subscrito		2.300.000
Reservas legais		395.000
Outras reservas		615.000
Resultados transitados		860.000
Passivos		2.530.000

(2) Pela eliminação do investimento financeiro

Rubrica	Débito	Crédito
Capital subscrito	800.000	
Reservas legais	95.000	
Outras reservas	155.000	
Resultados transitados	160.000	
IF – Participações financeiras_MEP		1.210.000

Balanço consolidado (valores em euros):

	VEIGA, S.A. (1)	OLOMAR, S.A.	VEIGA, S.A. + OLOMAR, S.A.	Eliminações		Balanço Consolidado
				Débito	Crédito	
ATIVOS						
Participações financeiras_MEP	1.210.000	—	1.210.000		(2) 1.210.000	—
Outros ativos	3.100.000	2.390.000	5.490.000			5.490.000
Total do Ativo	**4.310.000**	**2.390.000**	**6.700.000**			**5.490.000**
CAPITAIS PRÓPRIOS						
Capital subscrito	1.500.000	800.000	2.300.000	(2) 800.000		1.500.000
Reservas legais	300.000	95.000	395.000	(2) 95.000		300.000
Outras reservas	460.000	155.000	615.000	(2) 155.000		460.000
Resultados transitados	700.000	160.000	860.000	(2) 160.000		700.000
Total dos capitais próprios	**2.960.000**	**1.210.000**	**4.170.000**			**2.960.000**
PASSIVO						
Passivos	1.350.000	1.180.000	2.530.000			2.530.000
Total do Passivo	**1.350.000**	**1.180.000**	**2.530.000**			**2.530.000**
Total dos capitais próprios e passivo	**4.310.000**	**2.390.000**	**6.700.000**			**5.490.000**

Pedido 2

% de participação = 100%; confere o controlo, pelo que o método a utilizar é o método da consolidação integral.

Custo de aquisição = 1.300.000

% no justo valor líquido dos ativos, passivos e passivos contingentes identificáveis = 100% * 1.210.000 = 1.210.000

Goodwill = 1.300.000 – 1.210.000 = 90.000

(1) Pela integração dos saldos iniciais

Rubrica	Débito	Crédito
IF – Participações financeiras_MEP	1.210.000	
IF – Participações financeiras_Goodwill	90.000	
Outros ativos	5.400.000	
Capital subscrito		2.300.000
Reservas legais		395.000
Outras reservas		615.000
Resultados transitados		860.000
Passivos		2.530.000

(2) Pela eliminação do investimento financeiro

Rubrica	Débito	Crédito
Capital subscrito	800.000	
Reservas legais	95.000	
Outras reservas	155.000	
Resultados transitados	160.000	
IF – Participações financeiras_MEP		1.210.000

(3) Pela reclassificação do goodwill

Rubrica	Débito	Crédito
Ativos intangíveis – *Goodwill*	90.000	
IF – Participações financeiras_*Goodwill*		90.000

Balanço consolidado (valores em euros):

	VEIGA, S.A. (2)	OLOMAR, S.A.	VEIGA, S.A. + OLOMAR, S.A.	Eliminações		Balanço Consolidado
				Débito	Crédito	
ATIVOS						
Participações financeiras_MEP	1.210.000	—	1.210.000		(2) 1.210.000	—
Goodwill	90.000		90.000	(3) 90.000	(3) 90.000	90.000
Outros ativos	3.010.000	2.390.000	5.400.000			5.400.000
Total do Ativo	**4.310.000**	**2.390.000**	**6.700.000**			**5.490.000**
CAPITAIS PRÓPRIOS						
Capital subscrito	1.500.000	800.000	2.300.000	(2) 800.000		1.500.000
Reservas legais	300.000	95.000	395.000	(2) 95.000		300.000
Outras reservas	460.000	155.000	615.000	(2) 155.000		460.000
Resultados transitados	700.000	160.000	860.000	(2) 160.000		700.000
Total dos capitais próprios	**2.960.000**	**1.210.000**	**4.170.000**			**2.960.000**
PASSIVO						
Passivos	1.350.000	1.180.000	2.530.000			2.530.000
Total do Passivo	**1.350.000**	**1.180.000**	**2.530.000**			**2.530.000**
Total dos capitais próprios e passivo	**4.310.000**	**2.390.000**	**6.700.000**			**5.490.000**

Pedido 3

% de participação = 100%; confere o controlo, pelo que o método a utilizar é o método da consolidação integral.

Custo de aquisição = 1.100.000

% no justo valor líquido dos ativos, passivos e passivos contingentes identificáveis = 100% * 1.210.000 = 1.210.000

Goodwill negativo = 1.100.000 – 1.210.000 = (110.000)

O *goodwill* negativo deve ser reconhecido como um ganho nos resultados à data da sua realização. Assume-se a sua realização no momento da aquisição. Dado que o ganho já foi reconhecido nas contas individuais da empresa VEIGA, S.A. para efeitos consolidados não haverá qualquer ajustamento.

(1) Pela integração dos saldos iniciais

Rubrica	Débito	Crédito
IF – Participações financeiras_MEP	1.210.000	
Outros ativos	5.600.000	
Capital subscrito		2.300.000
Reservas legais		395.000
Outras reservas		615.000
Resultados transitados		860.000
Resultado líquido do período		110.000
Passivos		2.530.000

(2) Pela eliminação do investimento financeiro

Rubrica	Débito	Crédito
Capital subscrito	800.000	
Reservas legais	95.000	
Outras reservas	155.000	
Resultados transitados	160.000	
IF – Participações financeiras_MEP		1.210.000

Balanço consolidado (valores em euros):

	VEIGA, S.A. (3)	OLOMAR, S.A.	VEIGA, S.A. + OLOMAR, S.A.	Eliminações		Balanço Consolidado
				Débito	Crédito	
ATIVOS						
Participações financeiras_MEP	1.210.000	—	1.210.000		(2) 1.210.000	—
Outros ativos	3.210.000	2.390.000	5.600.000			5.600.000
Total do Ativo	**4.420.000**	**2.390.000**	**6.810.000**			**5.600.000**
CAPITAIS PRÓPRIOS						
Capital subscrito	1.500.000	800.000	2.300.000	(2) 800.000		1.500.000
Reservas legais	300.000	95.000	395.000	(2) 95.000		300.000
Outras reservas	460.000	155.000	615.000	(2) 155.000		460.000
Resultados transitados	700.000	160.000	860.000	(2) 160.000		700.000
Resultado do período	110.000		110.000			110.000
Total dos capitais próprios	**3.070.000**	**1.210.000**	**4.280.000**			**3.070.000**
PASSIVO						
Passivos	1.350.000	1.180.000	2.530.000			2.530.000
Total do Passivo	**1.350.000**	**1.180.000**	**2.530.000**			**2.530.000**
Total dos capitais próprios e passivo	**4.420.000**	**2.390.000**	**6.810.000**			**5.600.000**

Caso Prático 5.5.12 – Eliminação do investimento financeiro e Reconhecimento dos Interesses que não controlam

A empresa-mãe PRISA, S.A. detém uma participação financeira de 80% na entidade OMAR, S.A., adquirida em 5 de janeiro de N, por 1.500.000 euros. O capital social da entidade OMAR, S.A. encontra-se integralmente realizado. Não foram identificadas quaisquer diferenças de avaliação em ativos e passivos.

À data da respetiva aquisição, os balanços das referidas empresas eram os seguintes (valores em euros):

	PRISA, S.A.	OMAR, S.A.
ATIVOS		
Participações financeiras_MEP	1.320.000	-
Goodwill	180.000	-
Outros ativos	2.900.000	2.900.000
Total do Ativo	**4.400.000**	**2.900.000**
CAPITAIS PRÓPRIOS		
Capital subscrito	1.500.000	1.000.000
Reservas legais	150.000	100.000
Outras reservas	360.000	170.000
Excedentes de Revalorização	190.000	180.000
Resultados transitados	700.000	200.000
Total dos capitais próprios	**2.900.000**	**1.650.000**
PASSIVO		
Passivos	1.500.000	1.250.000
Total do Passivo	**1.500.000**	**1.250.000**
Total dos capitais próprios e passivo	**4.400.000**	**2.900.000**

Pedido:

Apresente o balanço consolidado das empresas PRISA, S.A. e OMAR, S.A..

Proposta de resolução:

% de participação = 80%; confere o controlo, pelo que o método a utilizar é o método da consolidação integral. Como a integração dos saldos é efetuada a 100% e a empresa tem apenas uma participação de 80%, ter-se-ão de reconhecer os interesses que não controlam de 20%.

Custo de aquisição = 1.500.000

% no justo valor líquido dos ativos, passivos e passivos contingentes identificáveis = 80% * 1.650.000 = 1.320.000

Goodwill = 1.500.000 – 1.320.000 = 180.000

(1) Pela integração dos saldos iniciais

Rubrica	Débito	Crédito
IF – Participações financeiras_MEP	1.320.000	
IF – Participações financeiras_Goodwill	180.000	
Outros ativos	5.800.000	
Capital subscrito		2.500.000
Reservas legais		250.000
Outras reservas		530.000
Excedentes de Revalorização		370.000
Resultados transitados		900.000
Passivos		2.750.000

(2) Pela eliminação do investimento financeiro

Rubrica	Débito	Crédito
Capital subscrito	800.000	
Reservas legais	80.000	
Outras reservas	136.000	
Excedentes de Revalorização	144.000	
Resultados transitados	160.000	
IF – Participações financeiras_MEP		1.320.000

(3) Pela reclassificação do goodwill

Rubrica	Débito	Crédito
Ativos intangíveis – Goodwill	180.000	
IF – Participações financeiras_Goodwill		180.000

(4) Pelo reconhecimento dos interesses que não controlam

% dos interesses que não controlam = 20%

Rubrica	Débito	Crédito
Capital subscrito	200.000	
Reservas legais	20.000	
Outras reservas	34.000	
Excedentes de revalorização	36.000	
Resultados transitados	40.000	
Interesses que não controlam		330.000

Balanço consolidado (valores em euros):

	PRISA, S.A.	OMAR, S.A.	PRISA, S.A. + OMAR, S.A.	Eliminações		Balanço Consolidado
				Débito	Crédito	
ATIVOS						
Participações financeiras_MEP	1.320.000	—	1.320.000		(2) 1.320.000	—
Goodwill	180.000		180.000	(3) 180.000	(3) 180.000	180.000
Outros ativos	2.900.000	2.900.000	5.800.000			5.800.000
Total do Ativo	**4.400.000**	**2.900.000**	**7.300.000**			**5.980.000**
CAPITAIS PRÓPRIOS						
Capital subscrito	1.500.000	1.000.000	2.500.000	(2) 800.000 (4) 200.000		1.500.000
Reservas legais	150.000	100.000	250.000	(2) 80.000 (4) 20.000		150.000
Outras reservas	360.000	170.000	530.000	(2) 136.000 (4) 34.000		360.000
Excedentes de Revalorização	190.000	180.000	370.000	(2) 144.000 (4) 36.000		190.000
Resultados transitados	700.000	200.000	900.000	(2) 160.000 (4) 40.000		700.000
			4.550.000			**2.900.000**
Interesses que não controlam					(4) 330.000	330.000
Total dos capitais próprios	**2.900.000**	**1.650.000**	**4.550.000**			**3.230.000**
PASSIVO						
Passivos	1.500.000	1.250.000	2.750.000			2.750.000
Total do Passivo	**1.500.000**	**1.250.000**	**2.750.000**			**2.750.000**
Total dos capitais próprios e passivo	**4.400.000**	**2.900.000**	**7.300.000**			**5.980.000**

Caso Prático 5.5.13 – Eliminação do investimento financeiro e *Goodwill* (2)

A empresa JOINT, S.A., adquiriu em 5 de janeiro de N, uma participação financeira de 50% na entidade conjuntamente controlada VRTN, S.A., por 800.000 euros. Não foram identificadas quaisquer diferenças de avaliação em ativos e passivos.

À data da respetiva aquisição, os balanços das referidas empresas eram os seguintes (valores em euros):

	JOINT, S.A.	VRTN, S.A.
ATIVOS		
Participações financeiras_MEP	735.000	—
Goodwill	65.000	—
Outros ativos	2.300.000	2.100.000
Total do Ativo	**3.100.000**	**2.100.000**
CAPITAIS PRÓPRIOS		
Capital subscrito	1.400.000	1.000.000
Reservas legais	150.000	100.000
Outras reservas	260.000	170.000
Resultados transitados	300.000	200.000
Total dos capitais próprios	**2.110.000**	**1.470.000**
PASSIVO		
Passivos	990.000	630.000
Total do Passivo	**990.000**	**630.000**
Total dos capitais próprios e passivo	**3.100.000**	**2.100.000**

Pedido:

Apresente o balanço consolidado das empresas JOINT, S.A. e VRTN, S.A., em 5/01/N.

Proposta de resolução:

A JOINT, S.A. adquiriu 50% da VRTN, S.A., sendo esta uma entidade conjuntamente controlada. Como existe o controlo conjunto, o método de consolidação a utilizar é o proporcional. Assim, a integração dos saldos é efetuada a 50%, não havendo que reconhecer os interesses que não controlam.

Custo de aquisição = 800.000

% no justo valor líquido dos ativos, passivos e passivos contingentes identificáveis = 50% * 1.470.000 = 735.000

Goodwill = 800.000 – 735.000 = 65.000

(1) Pela integração dos saldos iniciais

Rubrica	Débito	Crédito
IF – Participações financeiras_MEP	735.000	
IF – Participações financeiras_Goodwill	65.000	
Outros ativos	3.350.000	
Capital subscrito		1.900.000
Reservas legais		200.000
Outras reservas		345.000
Resultados transitados		400.000
Passivos		1.305.000

(2) Pela eliminação do investimento financeiro

Rubrica	Débito	Crédito
Capital subscrito	500.000	
Reservas legais	50.000	
Outras reservas	85.000	
Resultados transitados	100.000	
IF – Participações financeiras_MEP		735.000

(3) Pela reclassificação do goodwill

Rubrica	Débito	Crédito
Ativos intangíveis – Goodwill	65.000	
IF – Participações financeiras_Goodwill		65.000

Balanço consolidado (valores em euros):

	JOINT, S.A.	VRTN, S.A.	JOINT, S.A. + 50% VRTN, S.A.	Eliminações		Balanço Consolidado
				Débito	Crédito	
ATIVOS						
Participações financeiras_MEP	735.000	-	735.000		(2) 735.000	-
Goodwill	65.000	-	65.000	(3) 65.000	(3) 65.000	65.000
Outros ativos	2.300.000	2.100.000	3.350.000			3.350.000
Total do Ativo	**3.100.000**	**2.100.000**	**4.150.000**			**3.415.000**
CAPITAIS PRÓPRIOS						
Capital subscrito	1.400.000	1.000.000	1.900.000	(2) 500.000		1.400.000
Reservas legais	150.000	100.000	200.000	(2) 50.000		150.000
Outras reservas	260.000	170.000	345.000	(2) 85.000		260.000
Resultados transitados	300.000	200.000	400.000	(2) 100.000		300.000
Total dos capitais próprios	**2.110.000**	**1.470.000**	**2.845.000**			**2.110.000**
PASSIVO						
Passivos	990.000	630.000	1.305.000			1.305.000
Total do Passivo	**990.000**	**630.000**	**1.305.000**			**1.305.000**
Total dos capitais próprios e passivo	3.100.000	2.100.000	4.150.000			3.415.000

Caso Prático 5.5.14 – Eliminação do Investimento Financeiro com *Goodwill* e Reconhecimento dos Interesses que não controlam

Em 02/01/N, a empresa GLOBAL, S.A. adquiriu 90% do capital com direito a voto da empresa ICEP, S.A. por 16.800 euros quando o capital próprio desta empresa ascendia a 14.400 euros. Não foram identificadas quaisquer diferenças de avaliação em ativos e passivos.

A participação no capital social de ICEP, S.A. está reconhecida pelo método da equivalência patrimonial.

Em 31/12/N, as referidas empresas apresentavam os seguintes balanços individuais (valores em euros):

	GLOBAL, S.A.	ICEP, S.A.
ATIVO		
Ativo não corrente		
Ativos fixos tangíveis	9.600	8.640
Part. financeiras – MEP	14.040	
Goodwill	3.456	
Ativo corrente		
Inventários	9.600	6.960
Clientes	7.200	3.600
Caixa e depósitos bancários	6.000	4.800
Total do Ativo	**49.896**	**24.000**
CAPITAL PRÓPRIO E PASSIVO		
Capital próprio		
Capital subscrito	18.000	12.000
Reservas e resultados transitados	8.400	2.400
Resultado líquido do período	4.296	1.200
Total do capital próprio	**30.696**	**15.600**
Passivo não corrente		
Financiamentos obtidos	6.000	6.000
Passivo corrente		
Fornecedores	13.200	2.400
Total do passivo	**19.200**	**8.400**
Total do Capital próprio e do Passivo	**49.896**	**24.000**

Pretende-se que:

Apresente o balanço consolidado das empresas GLOBAL, S.A. e ICEP, S.A. em 31/12/N pelo método da consolidação integral.

Proposta de resolução:

% de participação = 90%

90% dos direitos de voto conferem controlo, logo estamos perante uma subsidiária, pelo que o método a utilizar é o método da consolidação integral. Como a integração dos saldos é efetuada a 100% e a empresa tem apenas uma participação de 90%, ter-se-ão de reconhecer os interesses que não controlam de 10%.

Goodwill implícito = Custo de aquisição – % justo valor líquido dos ativos, passivos e passivos contingentes identificáveis à data de aquisição

= 16.800 – 90% * 14.400

= 3.840

Amortização anual (10 anos) = 3.840/10 = 384

Movimentos efetuados na conta "Investimentos Financeiros", nas contas individuais da sociedade GLOBAL, S.A.

IF – Participações Financeiras_MEP

Pela % nos CP:	12.960		
Pela % no RLP:	1.080	**Saldo devedor:**	**14.040**

IF – Participações Financeiras_*Goodwill*

Goodwill:	3.840	Amortização do *goodwill:*	384
		Saldo devedor:	**3.456**

(1) Pela integração dos saldos iniciais

Rubrica	Débito	Crédito
Ativos fixos tangíveis	18.240	
IF – Participações financeiras_MEP	14.040	
IF – Participações financeiras_Goodwill	3.456	
Inventários	16.560	
Clientes	10.800	
Caixa e depósitos bancários	10.800	
Capital subscrito		30.000
Reservas e resultados transitados		10.800
Resultado líquido do período		5.496
Financiamentos obtidos		12.000
Fornecedores		15.600

Eliminação dos efeitos da aplicação do MEP

*(2) Pela eliminação da % no RLP (1.200 * 90%)*

Rubrica	Débito	Crédito
Outros Rendimentos	1.080	
IF – Participações financeiras_MEP		1.080

Restantes eliminações para efeitos de consolidação

(3) Pela eliminação do investimento financeiro

Rubrica	Débito	Crédito
Capital subscrito	10.800	
Reservas e resultados transitados	2.160	
IF – Participações financeiras_MEP		12.960

(4) Pela reclassificação do goodwill

Rubrica	Débito	Crédito
Ativos intangíveis – Goodwill	3.840	
IF – Participações financeiras_Goodwill		3.840

(5) Pela reclassificação das contas relativas à amortização do goodwill de N

Rubrica	Débito	Crédito
Gastos de depreciação e de amortização		
Ativos intangíveis – *Goodwill*	384	
Investimentos financeiros		
Amortizações acumuladas – *Goodwill*	384	
Gastos de depreciação e de amortização		
Investimentos financeiros – *Goodwill*		384
Ativos intangíveis		
Amortizações acumuladas – *Goodwill*		384

(6) Pelo reconhecimento dos interesses que não controlam

% dos interesses que não controlam = 10%

Rubrica	Débito	Crédito
Capital subscrito	1.200	
Reservas e resultados transitados	240	
RLP atribuível a interesses que não controlam	120	
Interesses que não controlam		1.560

Balanço consolidado (valores em euros):

	GLOBA, S.A.	ICEP, S.A.	GLOBAL, S.A. + ICEP, S.A.	Eliminações		Balanço Consolidado
				Débito	Crédito	
ATIVOS						
Ativos fixos tangíveis	9.600	8.640	18.240			18.240
Participações financeiras_MEP	14.040		14.040		(2) 1.080 (3) 12.960	—
Goodwill	3.456		3.456	(4) 3.840 (5) 384	(4) 3.840 (5) 384	3.456
Inventários	9.600	6.960	16.560			16.560
Clientes	7.200	3.600	10.800			10.800
Caixa e depósitos bancários	6.000	4.800	10.800			10.800
Total do Ativo	**49.896**	**24.000**	**73.896**			**59.856**
CAPITAIS PRÓPRIOS						
Capital subscrito	18.000	12.000	30.000	(3) 10.800 (6) 1.200		18.000
Reservas e resultados transitados	8.400	2.400	10.800	(3) 2.160 (6) 240		8.400
Resultado líquido do período	4.296	1.200	5.496	(2) 1.080 (5) 384 (6) 120	(5) 384	4.296
	30.696	**15.600**	**46.296**			**30.696**
Interesses que não controlam					(6) 1.560	1.560
Total dos capitais próprios	**30.696**	**15.600**	**46.296**			**32.256**
PASSIVO						
Financiamentos Obtidos	6.000	6.000	12.000			12.000
Fornecedores	13.200	2.400	15.600			15.600
Total do Passivo	**19.200**	**8.400**	**27.600**			**27.600**
Total dos capitais próprios e passivo	**49.896**	**24.000**	**73.896**			**59.856**

Caso Prático 5.5.15 – Eliminação do Investimento Financeiro com *Goodwill*, Diferenças de Avaliação e Reconhecimento dos Interesses que não controlam

Em 01/07/N, a sociedade LAKE, S.A. adquiriu 75% do capital e igual percentagem dos direitos de voto da sociedade GREEN, S.A., tendo o respetivo custo de aquisição sido 750.000 euros, pago por transferência bancária.

Com referência à data de aquisição obtiveram-se as seguintes informações (valores em euros):

	Quantias auditadas	Justos valores
Ativos	1.625.000	1.812.500
Passivos	937.500	937.500
Capitais próprios	687.500	875.000

Sabe-se ainda que a diferença entre os justos valores e as quantias auditadas dos ativos respeita a um terreno.

Os capitais próprios integram o capital no valor de 450.000 euros, reservas legais de 55.000 euros, resultados transitados de 120.000 euros e o resultado líquido do 1.º semestre de 62.500 euros.

O resultado líquido do período N da GREEN, S.A. foi de 120.000 euros.

Pedido:

Apresente os ajustamentos para efeito de consolidação das demonstrações financeiras.

Proposta de resolução:

% de participação = 75%

75% dos direitos de voto conferem controlo, logo estamos perante uma subsidiária, pelo que o método a utilizar é o método da consolidação integral. Como a integração dos saldos é efetuada a 100% e a empresa tem apenas uma participação de 75%, ter-se-ão de reconhecer os interesses que não controlam de 25%.

Nas contas individuais, o investimento financeiro está reconhecido pelo método da equivalência patrimonial.

Goodwill implícito = Custo de aquisição – % no justo valor líquido dos ativos, passivos e passivos contingentes identificáveis à data de aquisição
= 750.000 – 75% * 875.000
= 93.750

Vida útil estimada = 10 anos
Amortização anual = 93.750/10 = 9.375
Amortização no período N = 9.375/2 = 4.687,5

A % na diferença de avaliação é "depreciada" durante a vida útil remanescente dos respetivos ativos. Como o terreno não é depreciável, não se efetua qualquer ajustamento.

Movimentos efetuados na conta "Investimentos financeiros", nas contas individuais da sociedade LAKE, S.A.

IF – Participações Financeiras_MEP

Débito		Crédito	
Pela % no JV:	656.250		
Pela % no RLP:	43.125	**Saldo devedor:**	**699.375**

IF – Participações Financeiras_*Goodwill*

Débito		Crédito	
Pelo *goodwill*:	93.750	Amortização do *goodwill*:	4.687,5
		Saldo devedor:	**89.062,5**

Eliminação dos efeitos da aplicação do MEP

*Pela eliminação da % no RLP (120.000 – 62.500) * 75%*

Rubrica	Débito	Crédito
Outros rendimentos	43.125	
IF – Participações financeiras_MEP		43.125

Restantes eliminações para efeitos de consolidação

Pela eliminação do investimento financeiro

Rubrica	Débito	Crédito
Capital subscrito	337.500	
Reservas legais	41.250	
Resultados transitados	90.000	
Resultado líquido do período	46.875	
Ativos fixos tangíveis – Terreno	140.625	
IF – Participações financeiras_MEP		656.250

Pela reclassificação do goodwill

Rubrica	Débito	Crédito
Ativos intangíveis – Goodwill	93.750	
IF – Participações financeiras_Goodwill		93.750

Pela reclassificação das contas relativas à amortização do goodwill de N

Rubrica	Débito	Crédito
Gastos de depreciação e de amortização		
Ativos intangíveis – *Goodwill*	4.687,5	
Investimentos financeiros		
Amortizações acumuladas – *Goodwill*	4.687,5	
Gastos de depreciação e de amortização		
Investimentos financeiros – *Goodwill*		4.687,5
Ativos intangíveis		
Amortizações acumuladas – *Goodwill*		4.687,5

Pelo reconhecimento dos interesses que não controlam

% dos interesses que não controlam = 25%

Rubrica	Débito	Crédito
Capital subscrito	112.500	
Reservas legais	13.750	
Resultados transitados	30.000	
RLP atribuível a interesses que não controlam	30.000	
Ativos fixos tangíveis – Terreno	46.875	
Interesses que não controlam		233.125

Caso Prático 5.5.16 – Eliminação do Investimento Financeiro com *Goodwill* negativo, Diferenças de Avaliação e Reconhecimento dos Interesses que não controlam

A empresa-mãe ANRM, S.A. adquiriu uma participação financeira de 80% na entidade SORCAU, S.A., adquirida em 2 de janeiro de N, por 900.000 euros.

Os capitais próprios da SORCAU, S.A., apresentam a seguinte composição (valores em euros):

	2/01/N	31/12/N
Capital subscrito	750.000	750.000
Reservas	200.000	210.000
Excedentes de revalorização	—	150.000
Resultados transitados	120.000	60.000
Resultado líquido do período	—	90.000
Total dos capitais próprios	1.070.000	1.260.000

À data de aquisição foi identificada a seguinte diferença de avaliação:

- Subvalorização da rubrica "ativos fixos tangíveis" do ativo não corrente, relativo a um equipamento, em 80.000 euros. A vida útil remanescente do equipamento é de 4 anos.

Sabe-se ainda que a empresa SORCAU, S.A., não distribuiu resultados, tendo reforçado a reserva legal em 10.000 e mantido o restante resultado do período de N-1 nos resultados transitados (110.000).

Pedido:

Apresente os ajustamentos para efeito de consolidação das demonstrações financeiras no período N.

Proposta de resolução:

% de participação = 80%

80% dos direitos de voto conferem controlo, logo estamos perante uma subsidiária, pelo que o método a utilizar é o método da consolidação integral. Como a integração dos saldos é efetuada a 100% e a empresa tem apenas uma participação de 80%, ter-se-ão de reconhecer os interesses que não controlam de 20%.

Nas contas individuais, o investimento financeiro está reconhecido pelo método da equivalência patrimonial.

Goodwill implícito = Custo de aquisição – % no justo valor líquido dos ativos, passivos e passivos contingentes identificáveis à data de aquisição

= 900.000 – 80% * (1.070.000 + 80.000)

= (20.000)

Considera-se que a realização do *goodwill* negativo ocorreu durante o período N.

A % na diferença de avaliação é "depreciada" durante a vida útil remanescente dos respetivos ativos.

Movimentos efetuados na conta "Investimentos financeiros", nas contas individuais da ANRM, S.A.

IF – Participações Financeiras_MEP

Pela % no JV:	920.000	*Goodwill* negativo:	20.000
Realização do *goodwill* negativo:	20.000	% na diferença de avaliação:	16.000
% Excedente de revalorização:	120.000	% nas outras variações nos CP:	40.000
Pela % no RLP:	72.000	**Saldo devedor:**	**1.056.000**

Eliminação dos efeitos da aplicação do MEP

Pela eliminação da % no RLP

Rubrica	Débito	Crédito
Outros rendimentos	72.000	
IF – Participações financeiras_MEP		72.000

Pela eliminação da % na diferença de avaliação

Rubrica	Débito	Crédito
IF – Participações financeiras_MEP	16.000	
Outros rendimentos		16.000

Pela eliminação da % no excedente de revalorização

Rubrica	Débito	Crédito
Ajustamentos em ativos financeiros	120.000	
IF – Participações financeiras_MEP		120.000

*Pela eliminação da % na variação nos resultados transitados (120.000 – 10.000 – 60.000) * 80%*

Rubrica	Débito	Crédito
IF – Participações financeiras_MEP	40.000	
Ajustamentos em ativos financeiros		40.000

Restantes eliminações para efeitos de consolidação

Pela eliminação do investimento financeiro

Rubrica	Débito	Crédito
Capital subscrito	600.000	
Reservas	160.000	
Resultados transitados	96.000	
Ativos fixos tangíveis – Equipamento	64.000	
IF – Participações financeiras_MEP		920.000

Pela correção nas depreciações decorrente da diferença de avaliação no equipamento

Rubrica	Débito	Crédito
Gastos de depreciação e de amortização	20.000	
Ativos fixos tangíveis – Depreciações acumuladas		20.000

Pelo reconhecimento dos interesses que não controlam

% dos interesses que não controlam = 20%

Rubrica	Débito	Crédito
Capital subscrito	150.000	
Reservas	42.000	
Excedentes de revalorização	30.000	
Resultados transitados	12.000	
RLP atribuível a interesses que não controlam	18.000	
Ativos fixos tangíveis – Equipamento	16.000	
Interesses que não controlam		268.000

*Pela imputação aos interesses que não controlam da correção nas depreciações decorrente da diferença de avaliação no equipamento (20.000 * 20%)*

Rubrica	Débito	Crédito
Interesses que não controlam	4.000	
RLP atribuível a interesses que não controlam		4.000

Caso Prático 5.5.17 – Eliminação de dividendos

A entidade FOUR, S.A. detém uma participação financeira de 75% na entidade TETA, S.A., reconhecida pelo método da equivalência patrimonial.

Em março de N, foi deliberado na empresa TETA, S.A. distribuir 50% do resultado do período N-1, o qual ascendeu a 850.000 euros.

Pretende-se que:

Apresente os ajustamentos para efeito de consolidação das demonstrações financeiras no período N.

Proposta de resolução:

% de participação = 75%

75% dos direitos de voto conferem controlo, logo estamos perante uma subsidiária, pelo que o método a utilizar é o método da consolidação integral.

De acordo com a NCRF 15 – Investimentos em Subsidiárias e Consolidação, os saldos, transações, rendimentos e gastos que resultam de operações intragrupo devem ser eliminados por inteiro.

Assim, para efeitos de consolidação, para além da eliminação do efeito do RLP de N-1, dever-se-á proceder à eliminação dos dividendos.

*Pela eliminação da % no RLP de N-1 (850.000 * 75%)*

Rubrica	Débito	Crédito
Resultados transitados	637.500	
IF - Participações financeiras_MEP		637.500

*Pela eliminação dos dividendos (850.000 * 50% * 75%)*

Rubrica	Débito	Crédito
IF - Participações financeiras_MEP	318.750	
Resultados transitados		318.750

Pela eliminação dos lucros não atribuídos (637.500 - 318.750)

Rubrica	Débito	Crédito
Ajustamentos em ativos financeiros	318.750	
Resultados transitados		318.750

Caso Prático 5.5.18 – Eliminação de dívidas recíprocas – Venda de inventários

A entidade JOTA, S.A. detém uma participação financeira de 70% na entidade OMEGA, S.A., reconhecida pelo método da equivalência patrimonial.

No final de N, na empresa JOTA, S.A. o saldo da conta de clientes relativo a OMEGA, S.A. é de 200.000 euros, valor comprovado, reciprocamente na conta de fornecedores de OMEGA, S.A..

Pretende-se que:

Apresente os ajustamentos para efeito de consolidação das demonstrações financeiras no período N.

Proposta de resolução:

% de participação = 70%

70% dos direitos de voto conferem controlo, logo estamos perante uma subsidiária, pelo que o método a utilizar é o método da consolidação integral.

De acordo com a NCRF 15 – Investimentos em Subsidiárias e Consolidação, os saldos, transações, rendimentos e gastos que resultam de operações intragrupo devem ser eliminados por inteiro. Assim, neste caso dever-se-á proceder à eliminação das dívidas recíprocas.

Pela eliminação das dívidas recíprocas

Rubrica	Débito	Crédito
Fornecedores	200.000	
Clientes		200.000

Caso Prático 5.5.19 – Eliminação de dívidas recíprocas – Financiamentos

A entidade ABC, S.A. detém uma participação financeira de 65% na entidade DEF, S.A., reconhecida pelo método da equivalência patrimonial.

Em 31/01/N a sociedade ABC, S.A., concedeu um empréstimo à DEF, S.A., no valor de 1.200.000 euros, com data de início reportada a 01/02/N, nas seguintes condições:

- Taxa de juro do empréstimo: 8% ao ano;
- Amortização do capital em 6 semestralidades com início a 01/02/N+1;
- Pagamento dos juros com periodicidade semestral e postecipada.

Pretende-se que:

Apresente os ajustamentos para efeito de consolidação das demonstrações financeiras no período N.

Proposta de resolução:

% de participação = 65%

65% dos direitos de voto conferem controlo, logo estamos perante uma subsidiária, pelo que o método a utilizar é o método da consolidação integral.

De acordo com a NCRF 15 - Investimentos em Subsidiárias e Consolidação, os saldos, transações, rendimentos e gastos que resultam de operações intragrupo devem ser eliminados por inteiro.

Relativamente ao empréstimo concedido pela ABC, S.A. à DEF, S.A., haverá assim que proceder à anulação do mesmo.

Pela eliminação do empréstimo concedido

Rubrica	Débito	Crédito
Financiamentos Obtidos	1.200.000	
IF – Investimentos em subsidiárias - Empréstimos concedidos		1.200.000

*Pela eliminação dos juros reconhecidos (1.200.000 * 8%/12 * 11)*

Rubrica	Débito	Crédito
Juros, dividendos e outros rendimentos similares	88.000	
Gastos de financiamento		88.000

*Pela eliminação dos acréscimos de gastos/rendimentos (1.200.000 * 8%/12 * 5)*

Rubrica	Débito	Crédito
OCRP – Credores por acréscimos de gastos	40.000	
OCRP – Devedores por acréscimos de rendimentos		40.000

Caso Prático 5.5.20 – Eliminação das transações internas – Prestações de Serviços (1)

A entidade BETTA, S.A. detém uma participação financeira de 75% na entidade GAMMA, S.A., reconhecida pelo método da equivalência patrimonial.

Durante o período de N, a entidade BETTA, S.A., prestou serviços de consultoria à GAMMA, S.A. no valor de 150.000 euros. GAMMA, S.A. liquidou apenas 60% da dívida.

Pretende-se que:

Apresente os ajustamentos para efeito de consolidação das demonstrações financeiras no período N.

Proposta de resolução:

% de participação = 75%

75% dos direitos de voto conferem controlo, logo estamos perante uma subsidiária, pelo que o método a utilizar é o método da consolidação integral.

De acordo com a NCRF 15 - Investimentos em Subsidiárias e Consolidação, os saldos, transações, rendimentos e gastos que resultam de operações intragrupo devem ser eliminados por inteiro.

Assim, relativamente aos serviços prestados pela BETTA, S.A. à GAMMA, S.A., haverá assim que proceder à anulação dos mesmos bem como do valor em dívida.

Pela eliminação da prestação de serviços

Rubrica	Débito	Crédito
Prestações de Serviços	150.000	
Fornecimentos e Serviços Externos		150.000

*Pela eliminação das dívidas recíprocas (150.000 * 40%)*

Rubrica	Débito	Crédito
Fornecedores	60.000	
Clientes		60.000

Caso Prático 5.5.21 – Eliminação das transações internas – Prestações de Serviços (2)

A entidade HILLS, S.A. detém uma participação financeira de 80% na entidade SPEAKER, S.A., reconhecida pelo método da equivalência patrimonial.

Durante o período de N, a entidade HILLS, S.A. prestou serviços na construção da sede social da SPEAKER, S.A. no valor de 160.000 euros., o qual incluí uma margem de 30.000 euros. A SPEAKER, S.A. reconheceu a prestação de serviços na conta de "Investimentos em curso" e liquidou, ainda no período de N, 75% da dívida.

O resultado líquido do período de N da entidade SPEAKER, S.A. foi de 300.000 euros.

Pretende-se que:

Apresente os ajustamentos para efeito de consolidação das demonstrações financeiras no período N.

Proposta de resolução:

% de participação = 80%

80% dos direitos de voto conferem controlo, logo estamos perante uma subsidiária, pelo que o método a utilizar é o método da consolidação integral.

Interesses que não controlam de 20%.

De acordo com a NCRF 15 - Investimentos em Subsidiárias e Consolidação, os saldos, transações, rendimentos e gastos que resultam de operações intragrupo devem ser eliminados por inteiro.

Assim, relativamente aos serviços prestados pela HILLS, S.A. à SPEAKER, S.A., haverá que proceder à anulação dos mesmos bem como do valor em dívida. Como o custo da prestação de serviços foi incorporado no custo de produção da sede social da SPEAKER, S.A., a margem de lucro deve ser diferida até que a mesma se realize mediante a depreciação ou venda do edifício.

Eliminação dos efeitos da aplicação do MEP

*Pela eliminação da % no RLP da SPEAKER, S.A. (300.000 * 80%)*

Rubrica	Débito	Crédito
Outros rendimentos	240.000	
IF - Participações financeiras_MEP		240.000

*Pela eliminação da % na margem de lucro incluída nos investimentos em curso (30.000 * 80%)*

Rubrica	Débito	Crédito
IF – Participações financeiras_MEP	24.000	
Outros rendimentos		24.000

Restantes eliminações para efeitos de consolidação

Pela eliminação da prestação de serviços

Rubrica	Débito	Crédito
Prestações de Serviços	160.000	
Investimentos em curso		160.000

Pelo reconhecimento dos investimentos em curso ao custo

Rubrica	Débito	Crédito
Investimentos em curso	130.000	
Trabalhos para a própria entidade		130.000

*Pela eliminação das dívidas recíprocas (160.000 * 25%)*

Rubrica	Débito	Crédito
Fornecedores	40.000	
Clientes		40.000

*Pela imputação da % do RLP aos interesses que não controlam (300.000 * 20%)*

Rubrica	Débito	Crédito
RLP atribuível a interesses que não controlam	60.000	
Interesses que não controlam		60.000

Caso Prático 5.5.22 – Eliminação das transações internas – Venda de inventários (1)

A entidade FGH, S.A. detém uma participação financeira de 70% na entidade DELTY, S.A., reconhecida pelo método da equivalência patrimonial.

Durante o período de N, a entidade FGH, S.A. vendeu, a crédito, mercadorias à entidade DELTY, S.A. no valor de 600.000 euros. A FGH, S.A. pratica uma margem de lucro sobre as vendas de 20%. A entidade DELTY, S.A., vendeu a totalidade das mercadorias adquiridas à FGH, S.A., durante o período.

Pretende-se que:

Apresente os ajustamentos para efeito de consolidação das demonstrações financeiras no período N.

Proposta de resolução:

% de participação = 70%

70% dos direitos de voto conferem controlo, logo estamos perante uma subsidiária, pelo que o método a utilizar é o método da consolidação integral.

Interesses que não controlam de 30%.

De acordo com a NCRF 15 - Investimentos em Subsidiárias e Consolidação, os saldos, transações, rendimentos e gastos que resultam de operações intragrupo devem ser eliminados por inteiro. Adicionalmente, os resultados provenientes de transações intragrupo que estejam reconhecidos nos ativos, tais como inventários e ativos fixos tangíveis, são também eliminados por inteiro.

Relativamente à venda de mercadorias da FGH, S.A. à DELTY, S.A., para além da eliminação das vendas e compras recíprocas, é necessário anular também as dívidas recíprocas.

Pela eliminação das vendas e compras recíprocas

Rubrica	Débito	Crédito
Vendas	600.000	
CMVMC		600.000

Pela eliminação das dívidas recíprocas

Rubrica	Débito	Crédito
Fornecedores	600.000	
Clientes		600.000

Caso Prático 5.5.23 – Eliminação das transações internas – Venda de Inventários (2)

A entidade SOPPER, S.A. detém uma participação financeira de 70% na entidade TERRY, S.A., reconhecida pelo método da equivalência patrimonial.

Durante o período de N, a entidade SOPPER, S.A. vendeu, a pronto pagamento, mercadorias à entidade TERRY, S.A. no valor de 500.000 euros, com uma margem de lucro sobre as vendas de 20%. No final do período, a entidade TERRY, S.A. detinha, em armazém, mercadorias adquiridas à entidade SOPPER, S.A. no valor de 150.000 euros.

Pretende-se que:

Apresente os ajustamentos para efeito de consolidação das demonstrações financeiras no período N.

Proposta de resolução:

% de participação = 70%

70% dos direitos de voto conferem controlo, logo estamos perante uma subsidiária, pelo que o método a utilizar é o método da consolidação integral.

Interesses que não controlam de 30%.

De acordo com a NCRF 15 - Investimentos em Subsidiárias e Consolidação, os resultados provenientes de transações intragrupo que estejam reconhecidos nos ativos, tais como inventários e ativos fixos tangíveis, são eliminados por inteiro.

Relativamente à venda de mercadorias da SOPPER, S.A. à TERRY, S.A., parte desses inventários, à data de relato, ainda se encontravam em stock. Deste modo, para além da eliminação das vendas e compras recíprocas, é necessário anular também a margem de lucro incluída nos inventários da entidade TERRY, S.A.:

Margem de lucro = 150.000 * 20% = 30.000

Como o lucro foi reconhecido pela SOPPER, S.A., não há imputação do lucro não realizado aos interesses que não controlam.

Eliminação dos efeitos da aplicação do MEP

*Pela eliminação da % da margem de lucro incluída nos inventários (30.000 * 70%)*

Rubrica	Débito	Crédito
IF - Participações financeiras_MEP	21.000	
Outros rendimentos/Outros gastos		21.000

Restantes eliminações para efeitos de consolidação

Pela eliminação das vendas e compras recíprocas

Rubrica	Débito	Crédito
Vendas	500.000	
CMVMC		500.000

Pela eliminação do lucro não realizado refletido nos inventários da TERRY

Rubrica	Débito	Crédito
CMVMC	30.000	
Inventários (mercadorias)		30.000

Caso Prático 5.5.24 – Eliminação das transações internas – Venda de Inventários (3)

A entidade BETTA, S.A. detém uma participação financeira de 75% na entidade GAMMA, S.A., reconhecida pelo método da equivalência patrimonial.

Durante o período de N, a entidade BETTA, S.A. vendeu, a pronto pagamento, mercadorias à entidade GAMMA, S.A. no valor de 550.000 euros, com um desconto financeiro de 11.000 euros. A BETTA, S.A. pratica uma margem de lucro sobre as vendas de 20%. A entidade GAMMA, S.A., vendeu apenas 70% das mercadorias adquiridas à BETTA, S.A., durante o período.

Pretende-se que:

Apresente os ajustamentos para efeito de consolidação das demonstrações financeiras no período N.

Proposta de resolução:

% de participação = 75%

75% dos direitos de voto conferem controlo, logo estamos perante uma subsidiária, pelo que o método a utilizar é o método da consolidação integral.

Interesses que não controlam de 25%.

De acordo com a NCRF 15 – Investimentos em Subsidiárias e Consolidação, os saldos, transações, rendimentos e gastos que resultam de operações intragrupo devem ser eliminados por inteiro. Adicionalmente, os resultados provenientes de transações intragrupo que estejam reconhecidos nos ativos, tais como inventários e ativos fixos tangíveis, são também eliminados por inteiro.

Relativamente à venda de mercadorias da BETTA, S.A. à GAMMA, S.A., parte desses inventários, à data de relato, ainda se encontravam em stock. Deste modo, para além da eliminação das vendas e compras recíprocas e do desconto financeiro, é necessário anular também a margem de lucro incluída nos inventários da entidade GAMMA, S.A.:

Margem de lucro = (550.000 * 30%) * 20% = 33.000

Como o lucro foi reconhecido pela BETTA, S.A., não há imputação do lucro não realizado aos interesses que não controlam.

Eliminação dos efeitos da aplicação do MEP

*Pela eliminação da % da margem de lucro incluída nos inventários (33.000 * 75%)*

Rubrica	Débito	Crédito
IF – Participações financeiras_MEP	24.750	
Outros rendimentos/Outros gastos		24.750

Restantes eliminações para efeitos de consolidação

Pela eliminação das vendas e compras recíprocas

Rubrica	Débito	Crédito
Vendas	550.000	
CMVMC		550.000

Pela eliminação do desconto financeiro

Rubrica	Débito	Crédito
Outros rendimentos – Descontos de p.p. obtidos	11.000	
Outros gastos – Descontos de p.p. concedidos		11.000

Pela eliminação do lucro não realizado refletido nos inventários da GAMMA

Rubrica	Débito	Crédito
CMVMC	33.000	
Inventários (mercadorias)		33.000

Caso Prático 5.5.25 – Eliminação das transações internas – Venda de Inventários (4)

A entidade NOVIC detém uma participação financeira de 85% na entidade WERL, reconhecida pelo método da equivalência patrimonial.

Durante o período de N, a entidade NOVIC vendeu mercadorias à entidade WERL no valor de 550.000 euros, com uma margem de lucro sobre o custo de 20%. No final do período, a entidade WERL ainda detinha 75% daquelas mercadorias em inventários.

O resultado líquido do período de N da entidade WERL foi de 500.000 euros, não se tendo verificado qualquer outra alteração no seu capital próprio durante esse período.

Pretende-se que:

Apresente os ajustamentos para efeito de consolidação das demonstrações financeiras no período N.

Proposta de resolução:

% de participação = 85%

85% dos direitos de voto conferem controlo, logo estamos perante uma subsidiária, pelo que o método a utilizar é o método da consolidação integral.

Interesses que não controlam de 15%.

De acordo com a NCRF 15 - Investimentos em Subsidiárias e Consolidação, os resultados provenientes de transações intragrupo que estejam reconhecidos nos ativos, tais como inventários e ativos fixos tangíveis, são eliminados por inteiro.

Relativamente à venda de mercadorias da NOVIC à WERL, parte desses inventários, à data de relato, ainda se encontravam em stock. Deste modo, é necessário anular, a margem de lucro incluída nos inventários da entidade WERL:

Margem de lucro = (550.000 * 75% – 550.000 * 75%/1,2) = 68.750

Eliminação dos efeitos da aplicação do MEP

*Pela eliminação da % no RLP (500.000 * 85%)*

Rubrica	Débito	Crédito
Outros rendimentos	425.000	
IF – Participações financeiras_MEP		425.000

*Pela eliminação da % da margem de lucro incluída nos inventários (68.750 * 85%)*

Rubrica	Débito	Crédito
IF – Participações financeiras_MEP	58.437,5	
Outros rendimentos		58.437,5

Restantes eliminações para efeitos de consolidação

Pela eliminação das vendas e compras recíprocas

Rubrica	Débito	Crédito
Vendas	550.000	
CMVMC		550.000

Pela eliminação do lucro não realizado refletido nos inventários da WERL

Rubrica	Débito	Crédito
CMVMC	68.750	
Inventários (mercadorias)		68.750

*Pela imputação da % do RLP aos interesses que não controlam (500.000 * 15%)*

Rubrica	Débito	Crédito
RLP atribuível a interesses que não controlam	75.000	
Interesses que não controlam		75.000

Caso Prático 5.5.26 – Eliminação das transações internas – Venda de Inventários (5)

A entidade POPPER, S.A. detém uma participação financeira de 80% na entidade LERRY, S.A., reconhecida pelo método da equivalência patrimonial.

Durante o período de N, a entidade LERRY, S.A. vendeu, a crédito, mercadorias à entidade POPPER, S.A. no valor de 800.000 euros, que lhe haviam custado 400.000 euros. No final do período, a entidade POPPER, S.A. detinha, em armazém, 45% daquelas mercadorias.

Pretende-se que:

Apresente os ajustamentos para efeito de consolidação das demonstrações financeiras no período N.

Proposta de resolução:

% de participação = 80%

80% dos direitos de voto conferem controlo, logo estamos perante uma subsidiária, pelo que o método a utilizar é o método da consolidação integral.

Interesses que não controlam de 20%.

De acordo com a NCRF 15 – Investimentos em Subsidiárias e Consolidação, os resultados provenientes de transações intragrupo que estejam reconhecidos nos ativos, tais como inventários e ativos fixos tangíveis, são eliminados por inteiro.

Relativamente à venda de mercadorias da LERRY, S.A. à POPPER, S.A., parte desses inventários, à data de relato, ainda se encontravam em stock. Deste modo, para além da eliminação das vendas e compras recíprocas, é necessário anular também a margem de lucro incluída nos inventários da entidade POPPER, S.A.:

Margem de lucro = (800.000 * 45%) * (400.000/800.000) = 180.000

Como o lucro foi reconhecido pela LERRY, S.A., há que imputar o lucro não realizado aos interesses que não controlam.

Eliminação dos efeitos da aplicação do MEP

*Pela eliminação da % da margem de lucro incluída nos inventários (180.000 * 80%)*

Rubrica	Débito	Crédito
IF – Participações financeiras_MEP	144.000	
Outros rendimentos/Outros gastos		144.000

Restantes eliminações para efeitos de consolidação

Pela eliminação das vendas e compras recíprocas

Rubrica	Débito	Crédito
Vendas	800.000	
CMVMC		800.000

Pela eliminação das dívidas recíprocas

Rubrica	Débito	Crédito
Fornecedores	800.000	
Clientes		800.000

Pela eliminação do lucro não realizado refletido nos inventários da POPPER

Rubrica	Débito	Crédito
CMVMC	180.000	
Inventários (mercadorias)		180.000

*Pela imputação do lucro não realizado refletido nos inventários aos interesses que não controlam (180.000 * 20%)*

Rubrica	Débito	Crédito
Interesses que não controlam	36.000	
RLP atribuível a interesses que não controlam		36.000

Caso Prático 5.5.27 – Eliminação das transações internas – Venda de Inventários (6)

A entidade ROCKI, S.A. detém uma participação financeira de 70% na entidade LAMMY, S.A., reconhecida pelo método da equivalência patrimonial.

Durante o período de N, a entidade ROCKI, S.A. vendeu, a pronto pagamento, mercadorias à entidade LAMMY, S.A. no valor de 600.000 euros, com uma margem de lucro sobre o preço de custo de 20%. No final do período, a entidade LAMMY, S.A. detinha, em armazém, mercadorias adquiridas à entidade ROCKI, S.A. no valor de 120.000 euros.

Pretende-se que:

Apresente os ajustamentos para efeito de consolidação das demonstrações financeiras nos períodos N e N+1.

Proposta de resolução:

Período N

% de participação = 70%

70% dos direitos de voto conferem controlo, logo estamos perante uma subsidiária, pelo que o método a utilizar é o método da consolidação integral.

Interesses que não controlam de 30%.

De acordo com a NCRF 15 - Investimentos em Subsidiárias e Consolidação, os resultados provenientes de transações intragrupo que estejam reconhecidos nos ativos, tais como inventários e ativos fixos tangíveis, são eliminados por inteiro.

Relativamente à venda de mercadorias da ROCKI, S.A. à LAMMY, S.A., parte desses inventários, à data de relato, ainda se encontravam em stock. Deste modo, para além da eliminação das vendas e compras recíprocas, é necessário anular também a margem de lucro incluída nos inventários da entidade LAMMY, S.A.:

Margem de lucro = 120.000 – (120.000/1,2) = 20.000

Como o lucro foi reconhecido pela ROCKI, S.A., não há imputação do lucro não realizado aos interesses que não controlam.

Eliminação dos efeitos da aplicação do MEP

*Pela eliminação da % da margem de lucro incluída nos inventários (20.000 * 70%)*

Rubrica	Débito	Crédito
IF – Participações financeiras_MEP	14.000	
Outros rendimentos/Outros gastos		14.000

Restantes eliminações para efeitos de consolidação

Pela eliminação das vendas e compras recíprocas

Rubrica	Débito	Crédito
Vendas	600.000	
CMVMC		600.000

Pela eliminação do lucro não realizado refletido nos inventários da LAMMY

Rubrica	Débito	Crédito
CMVMC	20.000	
Inventários (mercadorias)		20.000

Período N+1

A existência inicial dos inventários de N+1 corresponde à existência final de N. Como para obter as contas consolidadas se parte das contas individuais, o valor das existências inicias tem refletido o lucro, que foi eliminado em N para efeitos consolidados. Deste modo, o CMVMC está sobreavaliado, pelo que haverá que o corrigir através do reconhecimento do lucro contido nas existências iniciais.

Eliminação dos efeitos da aplicação do MEP

Pela eliminação da % do lucro não realizado incluído nos inventários da LAMMY em N-1

Rubrica	Débito	Crédito
IF - Participações financeiras_MEP	14.000	
Resultados transitados		14.000

Pela eliminação da % do lucro incluído nos inventários iniciais LAMMY em N

Rubrica	Débito	Crédito
Outros rendimentos	14.000	
IF – Participações financeiras_MEP		14.000

Restantes ajustamentos para efeitos de consolidação

Pelo reconhecimento do lucro refletido nos inventários iniciais da LAMMY

Rubrica	Débito	Crédito
Resultados transitados	20.000	
CMVMC		20.000

Caso Prático 5.5.28 – Eliminação das transações internas – Venda de Inventários (7)

As empresas AB, CD e EF formam um grupo desde N-2, ano em que a empresa AB adquiriu 90% do capital da CD e 85% do capital da EF. As participações financeiras estão reconhecidas pelo método da equivalência patrimonial.

No início de N-1, a empresa AB adquiriu mercadorias a uma empresa fora do grupo por 250.000 euros. Durante N-1, a empresa AB vendeu 75% daquelas mercadorias à CD por 250.000 euros e 25% à empresa EF por 50.000 euros

A empresa CD vendeu 50% das mercadorias adquiridas à AB por 270.000 euros em N-1 e as restantes foram vendidas em N, por 280.000 euros. Por sua vez, a empresa EF vendeu apenas 50% das mercadorias adquiridas à AB por 70.000 euros durante o ano N.

Pretende-se que:

Apresente os ajustamentos para efeito de consolidação das demonstrações financeiras no período N.

Proposta de resolução:

Período N-1

De acordo com a NCRF 15 - Investimentos em Subsidiárias e Consolidação, os resultados provenientes de transações intragrupo que estejam reconhecidos nos ativos, tais como inventários e ativos fixos tangíveis, são eliminados por inteiro.

AB vendeu mercadorias à CD por 250.000 euros, que lhe tinham custado 187.500 euros (250.000 * 75%), logo a margem de lucro foi de 62.500 euros.

Como a CD vendeu 50% daquelas mercadorias durante N-1, o lucro não realizado nesse ano foi de 31.250 euros.

Por outro lado, AB vendeu mercadorias à EF por 50.000 euros, que lhe tinham custado 62.500 euros (250.000 * 25%), logo a venda gerou um prejuízo de 12.500 euros.

Como a EF não vendeu daquelas mercadorias durante N-1, o prejuízo não realizado nesse ano foi de 12.500 euros.

A existência inicial dos inventários de N corresponde à existência final de N-1. Como para obter as contas consolidadas se parte das contas individuais, o valor das existências inicias tem refletido o lucro/prejuízo, que foi eliminado em N-1 para efeitos consolidados. Deste modo, o CMVMC está sobreavaliado/subavaliado, pelo que haverá que o corrigir através do reconhecimento do lucro/prejuízo contido nas existências iniciais.

A empresa EF vendeu 50% das mercadorias adquiridas à AB por 70.000 euros durante o ano N. Pelo que no período N dever-se-á eliminar o prejuízo não realizado nas mercadorias ainda detidas pela EF no final de N.

Período N:

Eliminação dos efeitos da aplicação do MEP

*Pela eliminação da % na margem de lucro incluída nos inventários CD de N-1 (31.250 * 90%)*

Rubrica	Débito	Crédito
IF – Participações financeiras_MEP	28.125	
Resultados transitados		28.125

*Pela eliminação da % no prejuízo não realizado incluída nos inventários EF de N-1 (12.500 * 85%)*

Rubrica	Débito	Crédito
Resultados transitados	10.625	
IF – Participações financeiras_MEP		10.625

*Pela eliminação da % na margem de lucro realizada pela venda dos inventários da CD durante N (31.250 * 90%)*

Rubrica	Débito	Crédito
Outros rendimentos/Outros gastos	28.125	
IF – Participações financeiras_MEP		28.125

*Pela eliminação da % do prejuízo não realizado incluído nos inventários iniciais da EF (12.500 * 85%)*

Rubrica	Débito	Crédito
IF – Participações financeiras_MEP	10.625	
Outros rendimentos/Outros gastos		10.625

*Pela eliminação da % do prejuízo não realizado incluído nos inventários finais da EF de N (12.500 * 50% * 85%)*

Rubrica	Débito	Crédito
Outros rendimentos/Outros gastos	5.312,5	
IF – Participações financeiras_MEP		5.312,5

Restantes eliminações para efeitos de consolidação

Pelo reconhecimento do lucro refletido nos inventários iniciais da CD

Rubrica	Débito	Crédito
Resultados transitados	31.250	
CMVMC		31.250

Pelo reconhecimento do prejuízo refletido nos inventários iniciais da EF

Rubrica	Débito	Crédito
CMVMC	12.500	
Resultados transitados		12.500

Pela eliminação do prejuízo não realizado refletido nos inventários da EF

Rubrica	Débito	Crédito
Inventários (mercadorias)	6.250	
CMVMC		6.250

Caso Prático 5.5.29 – Eliminação das transações internas – Venda de Inventários (8)

A empresa FINCOUNT detém uma participação financeira de 80% na empresa GAME, reconhecida pelo método da equivalência patrimonial.

A empresa FINCOUNT, que se dedica à compra e venda de máquinas industriais, vendeu, em 31/12/N uma máquina à empresa GAME por 500.000 euros. A referida máquina tinha custado à FINCOUNT 400.000 euros.

A empresa GAME reconheceu a máquina como um ativo fixo tangível, tendo sido estimada uma vida útil de 5 anos.

Pretende-se que:

Apresente os ajustamentos para efeito de consolidação das demonstrações financeiras no período N.

Proposta de resolução:

% de participação = 80%

80% dos direitos de voto conferem controlo, logo estamos perante uma subsidiária, pelo que o método a utilizar é o método da consolidação integral.

Interesses que não controlam de 20%.

O lucro reconhecido na alienação da máquina foi de:

= 500.000 – 400.000 = 100.000

Eliminação dos efeitos da aplicação do MEP

*Pela eliminação da % na mais-valia obtida na alienação da máquina (100.000 * 80%)*

Rubrica	Débito	Crédito
IF – Participações financeiras_MEP	80.000	
Outros rendimentos/Outros gastos		80.000

Restantes eliminações para efeitos de consolidação

No final de N:

	Na GAME	Na FINCOUNT	Consolidado	Correção
QE do Ativo	500.000	0	400.000	-100.000
Vendas	—	500.000	0	-500.000
CMVMC	—	400.000	0	-400.000

Pela eliminação do lucro não realizado

Rubrica	Débito	Crédito
Vendas	500.000	
CMVMC		400.000
Ativos fixos tangíveis		100.000

Caso Prático 5.5.30 – Eliminação das transações internas – Venda de Inventários (9)

A empresa ALFA detém duas participações financeiras, uma na empresa BETA que corresponde a 60% do capital daquela. Adicionalmente, possui uma participação de 80% na empresa HUMAL, ambas reconhecidas pelo método da equivalência patrimonial.

A empresa ALFA é uma empresa industrial que fabrica um único produto designado por ABC. Aquela empresa adquire as matérias-primas, necessárias à sua produção, às empresas BETA e HUMAL. Estas empresas têm como único cliente a empresa ALFA.

A empresa BETA comercializa um único produto designado por AB que é utilizado por ALFA, como componente na fabricação de ABC. Por sua vez, a empresa HUMAL comercializa, igualmente, um único produto designado por BC que é utilizado por ALFA como componente na fabricação de ABC.

As empresas BETA e HUMAL efetuam as suas vendas com uma margem bruta de 25% sobre o preço de venda.

Em relação à rubrica de Inventários no balanço de ALFA é facultada a seguinte informação (valores em euros):

Matéria-prima AB	
Existência inicial	5.400
Compras	200.000
Existência final	3.000
Matéria-prima BC	
Existência inicial	3.600
Compras	102.600
Existência final	5.000
Produtos em curso	
Existência inicial*	18.000
Existência final*	24.000
Produtos Acabados	
Existência inicial*	50.000
Existência final*	75.000

* AB representa 40% do custo de produção e BC representa 20% do custo de produção.

Pretende-se que:

Apresente os ajustamentos para efeito de consolidação das demonstrações financeiras no período N.

Proposta de resolução:

% de participação de ALFA na BETA= 60%

60% dos direitos de voto conferem controlo, logo estamos perante uma subsidiária, pelo que o método a utilizar é o método da consolidação integral.

Interesses que não controlam de 40%.

% de participação de ALFA na HUMAL= 80%

80% dos direitos de voto conferem controlo, logo estamos perante uma subsidiária, pelo que o método a utilizar é o método da consolidação integral.

Interesses que não controlam de 20%.

Relativamente às vendas de inventários da BETA e da HUMAL à ALFA, parte desses inventários, à data de relato, ainda se encontravam em stock. Deste modo, para além da eliminação das vendas e compras recíprocas, é necessário anular também a margem de lucro incluída nos inventários da entidade ALFA.

Neste caso temos também informação do valor das existências iniciais. A existência inicial dos inventários de N corresponde à existência final de N-1. Como para obter as contas consolidadas se parte das contas individuais, o valor das existências inicias tem refletido o lucro, que foi eliminado em N-1 para efeitos consolidados. Deste modo, o CMVMC e a variação nos inventários da produção estão sobreavaliados, pelo que haverá também que os corrigir através do reconhecimento do lucro contido nas existências iniciais.

Cálculo do lucro refletido nos inventários iniciais:

Lucro - Matérias primas = (5.400 * 25%) + (3.600 * 25%) = 2.250

Lucro - Produtos em Curso = (18.000 * 40% * 25%) + (18.000 * 20% * 25%) = 2.700

Lucro - Produtos Acabados = (50.000 * 40% * 25%) + (50.000 * 20% * 25%) = 7.500

Como o lucro tinha sido reconhecido pelas empresas BETA e HUMAL, há imputação do lucro aos interesses que não controlam.

Interesses que não controlam (BETA) = [(5.400 * 25%) + (18.000 * 40% * 25%) + (50.000 * 40% * 25%)] * 40% = 3.260

Interesses que não controlam (HUMAL) = [(3.600 * 25%) + (18.000 * 20% * 25%) + (50.000 * 20% * 25%)] * 20% = 860

Cálculo do lucro não realizado refletido nos inventários finais:

Lucro não realizado - Matérias primas = (3.000 * 25%) + (5.000 * 25%) = 2.000

Lucro não realizado - Produtos em Curso = (24.000 * 40% * 25%) + (24.000 * 20% * 25%) = 3.600

Lucro não realizado - Produtos Acabados = (75.000 * 40% * 25%) + (75.000 * 20% * 25%) = 11.250

Como o lucro foi reconhecido pelas empresas BETA e HUMAL, há imputação do lucro não realizado aos interesses que não controlam.

Interesses que não controlam (BETA) = [(3.000 * 25%) + (24.000 * 40% * 25%) + (75.000 * 40% * 25%)] * 40% = 4.260

Interesses que não controlam (HUMAL) = [(5.000 * 25%) + (24.000 * 20% * 25%) + (75.000 * 20% * 25%)] * 20% = 1.240

Eliminação dos efeitos da aplicação do MEP

Pela eliminação da % no reconhecimento do lucro não realizado refletido nos inventários finais de N-1

BETA = [(5.400 * 25%) + (18.000 * 40% * 25%) + (50.000 * 40% * 25%)] * 60% = 4.890

HUMAL = [(3.600 * 25%) + (18.000 * 20% * 25%) + (50.000 * 20% * 25%)] * 80% = 3.440

Rubrica	Débito	Crédito
IF – Participações financeiras_MEP	8.330	
Resultados transitados		8.330

Pela eliminação da % do lucro incluída nos inventários iniciais em N

Rubrica	Débito	Crédito
Outros rendimentos/Outros gastos	8.330	
IF – Participações financeiras_MEP		8.330

Pela eliminação da % no lucro não realizado refletido nos inventários finais

BETA = [(3.000 * 25%) + (24.000 * 40% * 25%) + (75.000 * 40% * 25%)] * 60% = 6.390

HUMAL = [(5.000 * 25%) + (24.000 * 20% * 25%) + (75.000 * 20% * 25%)] * 80% = 4.960

Rubrica	Débito	Crédito
IF – Participações financeiras_MEP	11.350	
Outros rendimentos/Outros gastos		11.350

Restantes eliminações para efeitos de consolidação

Pela eliminação das vendas e compras recíprocas

Rubrica	Débito	Crédito
Vendas	302.600	
CMVMC		302.600

Pelo reconhecimento do lucro refletido nos inventários iniciais da ALFA

Rubrica	Débito	Crédito
Resultados transitados	8.330	
Interesses que não controlam	4.120	
CMVMC		2.250
Variação nos inventários da produção		10.200

Pela imputação do lucro refletido nos inventários iniciais aos interesses que não controlam

Rubrica	Débito	Crédito
RLP atribuível a interesses que não controlam	4.120	
Interesses que não controlam		4.120

Pela eliminação do lucro não realizado refletido nos inventários finais da ALFA

Rubrica	Débito	Crédito
CMVMC	2.000	
Variação nos inventários da produção	14.850	
Inventários		16.850

Pela imputação do lucro não realizado refletido nos inventários finais aos interesses que não controlam

Rubrica	Débito	Crédito
Interesses que não controlam	5.500	
RLP atribuível a interesses que não controlam		5.500

Caso Prático 5.5.31 – Eliminação das transações internas – Venda de Ativos Fixos Tangíveis não Depreciáveis (1)

A entidade SOPPER, S.A. detém uma participação financeira de 70% na entidade TERRY, S.A., reconhecida pelo método da equivalência patrimonial.

A entidade SOPPER, S.A. alienou, no final de N, à entidade TERRY, S.A. um terreno pelo montante de 800.000 euros. O terreno foi adquirido pela entidade SOPPER, S.A. no início de N-3, pelo montante de 650.000 euros.

Pretende-se que:

Apresente os ajustamentos para efeito de consolidação das demonstrações financeiras no período N.

Proposta de resolução:

% de participação = 70%

70% dos direitos de voto conferem controlo, logo estamos perante uma subsidiária, pelo que o método a utilizar é o método da consolidação integral.

Interesses que não controlam de 30%.

De acordo com a NCRF 15 - Investimentos em Subsidiárias e Consolidação, os resultados provenientes de transações intragrupo que estejam reconhecidos nos ativos, tais como inventários e ativos fixos tangíveis, são eliminados por inteiro.

Quanto à alienação do terreno da SOPPER, S.A. à TERRY, S.A. a mais ou menos-valia apurada na alienação foi a seguinte:

= 800.000 – 650.000 = 150.000

Como a mais-valia foi reconhecida pela SOPPER, S.A., não há imputação da eliminação da mais-valia aos interesses que não controlam.

Eliminação dos efeitos da aplicação do MEP

*Pela eliminação da % na mais-valia obtida na alienação do terreno (150.000 * 70%)*

Rubrica	Débito	Crédito
IF – Participações financeiras_MEP	105.000	
Outros rendimentos/Outros gastos		105.000

Restantes eliminações para efeitos de consolidação

Pela eliminação da mais-valia

No final de N:

	Na TERRY	Na SOPPER	Consolidado	Correção
QE do Ativo	800.000	—	650.000	-150.000
Mais-Valia	—	150.000	—	-150.000

Rubrica	Débito	Crédito
Outros rendimentos	150.000	
Ativos fixos tangíveis		150.000

Caso Prático 5.5.32 – Eliminação das transações internas – Venda de Ativos Fixos Tangíveis não Depreciáveis (2)

A entidade POPPER, S.A. detém uma participação financeira de 80% na entidade LERRY, S.A., reconhecida pelo método da equivalência patrimonial.

A entidade LERRY, S.A. alienou, no final de N, à entidade POPPER, S.A. um terreno pelo montante de 700.000 euros, que lhe havia custado em N-2, 630.000 euros.

Pretende-se que:

Apresente os ajustamentos para efeito de consolidação das demonstrações financeiras no período N.

Proposta de resolução:

% de participação = 80%

80% dos direitos de voto conferem controlo, logo estamos perante uma subsidiária, pelo que o método a utilizar é o método da consolidação integral.

Interesses que não controlam de 20%.

De acordo com a NCRF 15 - Investimentos em Subsidiárias e Consolidação, os resultados provenientes de transações intragrupo que estejam reconhecidos nos ativos, tais como inventários e ativos fixos tangíveis, são eliminados por inteiro.

Quanto à alienação do terreno da LERRY, S.A. à POPPER, S.A., a mais ou menos-valia apurada na alienação foi a seguinte:

= 700.000 – 630.000 = 70.000

Como a mais-valia foi reconhecida pela LERRY, S.A., há que proceder à imputação da eliminação da mais-valia aos interesses que não controlam.

<u>Eliminação dos efeitos da aplicação do MEP</u>

*Pela eliminação da % na mais-valia obtida na alienação do terreno (70.000 * 80%)*

Rubrica	Débito	Crédito
IF – Participações financeiras_MEP	56.000	
Outros rendimentos/Outros gastos		56.000

Restantes eliminações para efeitos de consolidação

Pela eliminação da mais-valia

No final de N:

	Na POPPER	Na SOPPER	Consolidado	Correção
QE do Ativo	700.000	—	630.000	-70.000
Mais-Valia	—	70.000	—	-70.000

Rubrica	Débito	Crédito
Outros rendimentos	70.000	
Ativos fixos tangíveis		70.000

*Pela imputação da eliminação da mais-valia aos interesses que não controlam (70.000 * 20%)*

Rubrica	Débito	Crédito
Interesses que não controlam	14.000	
RLP atribuível a interesses que não controlam		14.000

Caso Prático 5.5.33 – Eliminação das transações internas – Venda de Ativos Fixos Tangíveis não Depreciáveis (3)

A entidade KRUPPS, S.A. detém uma participação financeira de 75% na entidade LURRY, S.A., reconhecida pelo método da equivalência patrimonial.

A entidade LURRY, S.A. alienou, no final de N, à entidade KRUPPS, S.A. um terreno pelo montante de 700.000 euros, que lhe havia custado em N-2, 800.000 euros.

Pretende-se que:

1. Apresente os ajustamentos para efeito de consolidação das demonstrações financeiras no período N.
2. Apresente os ajustamentos para efeito de consolidação das demonstrações financeiras no período N+1, admitindo que a empresa KRUPPS, S.A. mantém o terreno adquirido em N à LURRY, S.A..

Proposta de resolução:

Pedido 1

% de participação = 75%

75% dos direitos de voto conferem controlo, logo estamos perante uma subsidiária, pelo que o método a utilizar é o método da consolidação integral.

Interesses que não controlam de 25%.

De acordo com a NCRF 15 - Investimentos em Subsidiárias e Consolidação, os resultados provenientes de transações intragrupo que estejam reconhecidos nos ativos, tais como inventários e ativos fixos tangíveis, são eliminados por inteiro.

Quanto à alienação do terreno da LURRY, S.A. à KRUPPS, S.A., a mais ou menos-valia apurada na alienação foi a seguinte:

= 700.000 – 800.000 = (100.000)

Como a menos-valia foi reconhecida pela LURRY, S.A., há que proceder à imputação da eliminação da menos-valia aos interesses que não controlam.

Eliminação dos efeitos da aplicação do MEP

*Pela eliminação da % na menos-valia obtida na alienação do terreno (100.000 * 75%)*

Rubrica	Débito	Crédito
Outros rendimentos/Outros gastos	75.000	
IF - Participações financeiras_MEP		75.000

Restantes eliminações para efeitos de consolidação

Pela eliminação da menos-valia

No final de N:

	Na KRUPPS	Na LURRY	Consolidado	Correção
QE do Ativo	700.000	—	800.000	+100.000
Menos-Valia	—	100.000	—	+100.000

Rubrica	Débito	Crédito
Ativos fixos tangíveis	100.000	
Outros gastos		100.000

*Pela imputação da eliminação da menos-valia aos interesses que não controlam (100.000 * 25%)*

Rubrica	Débito	Crédito
RLP atribuível a interesses que não controlam	25.000	
Interesses que não controlam		25.000

Pedido 2

Dado que o terreno é um ativo não depreciável, a menos-valia só é reconhecida para efeitos consolidados quando a empresa KRUPPS, S.A. o desreconhecer. Pelo que em N+1, o terreno deve para efeitos de consolidação continuar refletido ao custo.

Eliminação dos efeitos da aplicação do MEP

*Pela eliminação da % na menos-valia obtida na alienação do terreno (100.000 * 75%)*

Rubrica	Débito	Crédito
Resultados transitados	75.000	
IF – Participações financeiras_MEP		75.000

Restantes ajustamentos para efeitos de consolidação

Pelo reconhecimento do terreno ao custo (eliminação da menos-valia de N)

Rubrica	Débito	Crédito
Ativos fixos tangíveis	100.000	
Resultados transitados		75.000
Interesses que não controlam		25.000

Caso Prático 5.5.34 – Eliminação das transações internas – Venda de Ativos Fixos Tangíveis não Depreciáveis (4)

A entidade LUPPOS, S.A. detém uma participação financeira de 80% na entidade MAXMIN, S.A., reconhecida pelo método da equivalência patrimonial.

Durante o período de N, a LUPPOS, S.A. vendeu um terreno à MAXMIN, S.A., por 800.000 euros, que lhe tinha custado 700.000 euros.

No período de N+3, a MAXMIN, S.A. vendeu o terreno por 850.000 euros a uma entidade fora do grupo.

Pretende-se que:

Apresente os ajustamentos para efeito de consolidação das demonstrações financeiras no período N, N+1, N+2 e N+3.

Proposta de resolução:

% de participação = 80%

80% dos direitos de voto conferem controlo, logo estamos perante uma subsidiária, pelo que o método a utilizar é o método da consolidação integral.

Interesses que não controlam de 20%.

Período N

De acordo com a NCRF 15 – Investimentos em Subsidiárias e Consolidação, os resultados provenientes de transações intragrupo que estejam reconhecidos nos ativos são eliminados por inteiro.

Quanto à alienação do terreno da LUPPOS, S.A. à MAXMIN, S.A., a mais ou menos-valia apurada na alienação foi a seguinte:

= 800.000 – 700.000 = 100.000

Eliminação dos efeitos da aplicação do MEP

*Pela eliminação da % na mais-valia obtida na alienação do terreno (100.000 * 80%)*

Rubrica	Débito	Crédito
IF – Participações financeiras_MEP	80.000	
Outros rendimentos/Outros gastos		80.000

Restantes eliminações para efeitos de consolidação

Pela eliminação da mais-valia

No final de N:

	Na MAXMIN	Na LURRY	Consolidado	Correção
QE do Ativo	800.000	—	700.000	-100.000
Mais-Valia	—	100.000	—	-100.000

Rubrica	Débito	Crédito
Outros rendimentos	100.000	
Ativos fixos tangíveis		100.000

Período N+1

Para efeitos consolidados a mais-valia obtida pela empresa LUPPOS, S.A. na alienação do terreno, é apenas reconhecida quando este for alienado pela empresa MAXMIN, S.A., para entidades fora do grupo. Pelo que em N+1, o terreno deve para efeitos de consolidação continuar refletido ao custo.

Eliminação dos efeitos da aplicação do MEP

*Pela eliminação da % na mais-valia obtida na alienação do terreno (100.000 * 80%)*

Rubrica	Débito	Crédito
IF – Participações financeiras_MEP	80.000	
Resultados transitados		80.000

Restantes eliminações para efeitos de consolidação

Pelo reconhecimento do terreno ao custo (eliminação da mais-valia de N)

Rubrica	Débito	Crédito
Resultados transitados	100.000	
Ativos fixos tangíveis		100.000

Período N+2

Dado que o terreno é um ativo não depreciável, a mais-valia só é reconhecida para efeitos consolidados quando a empresa MAXMIN, S.A. o alienar. Pelo que em N+2, o terreno deve para efeitos de consolidação continuar refletido ao custo.

Eliminação dos efeitos da aplicação do MEP

*Pela eliminação da % na mais-valia obtida na alienação do terreno (100.000 * 80%)*

Rubrica	Débito	Crédito
IF – Participações financeiras_MEP	80.000	
Resultados transitados		80.000

Restantes eliminações para efeitos de consolidação

Pelo reconhecimento do terreno ao custo (eliminação da mais-valia de N)

Rubrica	Débito	Crédito
Resultados transitados	100.000	
Ativos fixos tangíveis		100.000

Período N+3

A empresa MAXMIN, S.A. vendeu o terreno a uma entidade fora do grupo, assim para efeitos consolidados a mais-valia obtida pela empresa LUPPOS, S.A. na alienação do terreno é reconhecida em N+3.

Eliminação dos efeitos da aplicação do MEP

*Pela eliminação da % na mais-valia não realizada de N (100.000 * 80%)*

Rubrica	Débito	Crédito
IF – Participações financeiras_MEP	80.000	
Resultados transitados		80.000

*Pela eliminação da % na mais-valia realizada em N+3 (100.000 * 80%)*

Rubrica	Débito	Crédito
Outros rendimentos/Outros gastos	80.000	
IF – Participações financeiras_MEP		80.000

Restantes ajustamentos para efeitos de consolidação

Pelo reconhecimento da mais-valia

Rubrica	Débito	Crédito
Resultados transitados	100.000	
Outros rendimentos		100.000

Caso Prático 5.5.35 – Eliminação das transações internas – Venda de Ativos Fixos Tangíveis Depreciáveis (1)

A entidade BELLY, S.A. detém uma participação financeira de 80% na entidade PEERL, S.A., reconhecida pelo método da equivalência patrimonial.

A entidade BELLY, S.A. alienou, no final de N, à entidade PEERL, S.A. um equipamento básico pelo montante de 270.000 euros. O equipamento básico foi adquirido pela entidade BELLY, S.A. no início de N-3, pelo montante de 500.000, com uma vida útil estimada de 8 anos. A entidade PEERL, S.A. atribuiu uma vida útil à máquina de 4 anos. Ambas as entidades adotam o método da linha reta no cálculo das depreciações dos seus ativos fixos tangíveis.

Pretende-se que:

Apresente os ajustamentos para efeito de consolidação das demonstrações financeiras no período N.

Proposta de resolução:

% de participação = 80%

80% dos direitos de voto conferem controlo, logo estamos perante uma subsidiária, pelo que o método a utilizar é o método da consolidação integral.

Interesses que não controlam de 20%.

De acordo com a NCRF 15 – Investimentos em Subsidiárias e Consolidação, os resultados provenientes de transações intragrupo que estejam reconhecidos nos ativos são eliminados por inteiro.

Para efeitos de consolidação, o equipamento básico deve ficar refletido ao custo. Assim, relativamente à alienação do equipamento haverá que proceder, se for o caso, à eliminação da mais ou menos valia. Como a alienação do equipamento básico ocorreu no final de N, não há lugar à correção da eventual diferença no montante das depreciações do período.

A mais ou menos-valia apurada na alienação foi a seguinte:

= 270.000 – (500.000 – 500.000/8 * 4) = 20.000

Como a mais-valia foi reconhecida pela BELLY, S.A., não há imputação da mesma aos interesses que não controlam.

Eliminação dos efeitos da aplicação do MEP

*Pela eliminação da % na mais-valia obtida na alienação da máquina (20.000 * 80%)*

Rubrica	Débito	Crédito
IF - Participações financeiras_MEP	16.000	
Outros rendimentos/Outros gastos		16.000

Restantes eliminações para efeitos de consolidação

Pela eliminação da mais-valia

No final de N:

	PEERL	BELLY	Consolidado	Correção
QE do AFT	270.000	—	250.000	–20.000
Mais-valia	—	20.000	—	–20.000

Rubrica	Débito	Crédito
Outros rendimentos	20.000	
Ativos fixos tangíveis		20.000

Caso Prático 5.5.36 – Eliminação das transações internas – Venda de Ativos Fixos Tangíveis Depreciáveis (2)

A entidade BILLY, S.A. detém uma participação financeira de 80% na entidade PIRL, S.A., reconhecida pelo método da equivalência patrimonial.

A entidade BILLY, S.A. alienou, no final de N, à entidade PIRL, S.A. um equipamento básico pelo montante de 250.000 euros. O equipamento básico foi adquirido pela entidade BILLY, S.A. no início de N-2, pelo montante de 600.000, com uma vida útil estimada de 6 anos. A entidade PIRL, S.A. atribuiu uma vida útil à máquina de 4 anos. Ambas as entidades adotam o método da linha reta no cálculo das depreciações dos seus ativos fixos tangíveis.

Pretende-se que:

Apresente os ajustamentos para efeito de consolidação das demonstrações financeiras no período N.

Proposta de resolução:

% de participação = 80%

80% dos direitos de voto conferem controlo, logo estamos perante uma subsidiária, pelo que o método a utilizar é o método da consolidação integral.

Interesses que não controlam = 20%.

De acordo com a NCRF 15 - Investimentos em Subsidiárias e Consolidação, os resultados provenientes de transações intragrupo que estejam reconhecidos nos ativos são eliminados por inteiro.

Para efeitos de consolidação, o equipamento básico deve ficar refletido ao custo. Assim, relativamente à alienação do equipamento haverá que proceder, se for o caso, à eliminação da mais ou menos valia. Como a alienação do equipamento básico ocorreu no final de N, não há lugar à correção da eventual diferença no montante das depreciações do período.

A mais ou menos-valia apurada na alienação foi a seguinte:

= 250.000 – (600.000 – 600.000/6 * 3) = (50.000)

Como a menos-valia foi reconhecida pela BILLY, S.A., não há imputação da mesma aos interesses que não controlam.

Eliminação dos efeitos da aplicação do MEP

*Pela eliminação da % na menos-valia obtida na alienação da máquina (50.000 * 80%)*

Rubrica	Débito	Crédito
Outros rendimentos/Outros gastos	40.000	
IF – Participações financeiras_MEP		40.000

Restantes eliminações para efeitos de consolidação

Pela eliminação da menos-valia

No final de N:

	PIRL	BILLY	Consolidado	Correção
QE do AFT	250.000	—	300.000	+50.000
Menos-valia	—	50.000	—	+50.000

Rubrica	Débito	Crédito
Ativos fixos tangíveis	50.000	
Outros gastos		50.000

Caso Prático 5.5.37 – Eliminação das transações internas – Venda de Ativos Fixos Tangíveis Depreciáveis (3)

A entidade TRETY, S.A. detém uma participação financeira de 85% na entidade TERELLE, S.A., reconhecida pelo método da equivalência patrimonial.

No início de N, a entidade TRETY, S.A. alienou um equipamento básico à entidade TERELLE, S.A.. O equipamento básico foi adquirido pela entidade TRETY, S.A. no início de N-4, pelo montante de 720.000, com uma vida útil estimada de 8 anos. A entidade TERELLE, S.A. atribuiu uma vida útil à máquina de 4 anos. Ambas as entidades adotam o método da linha reta no cálculo das depreciações dos seus ativos fixos tangíveis.

Pretende-se que:

Apresente os ajustamentos para efeito de consolidação das demonstrações financeiras no período N, admitindo que o preço de venda foi de:

1. 360.000 euros
2. 420.000 euros
3. 300.000 euros

Proposta de resolução:

% de participação = 85%

85% dos direitos de voto conferem controlo, logo estamos perante uma subsidiária, pelo que o método a utilizar é o método da consolidação integral.

Interesses que não controlam = 15%.

De acordo com a NCRF 15 - Investimentos em Subsidiárias e Consolidação, os resultados provenientes de transações intragrupo que estejam reconhecidos nos ativos são eliminados por inteiro.

Assim, relativamente à alienação do equipamento haverá que proceder, se for o caso, à eliminação da mais ou menos valia bem como a eventual diferença quanto ao montante das depreciações do período. Isto é, para efeitos de consolidação, o equipamento básico deve ficar refletido ao custo.

Pedido 1

Preço de venda = 360.000 euros

A mais ou menos-valia apurada na alienação foi a seguinte:
= 360.000 – (720.000 – 720.000/8 * 4) = 0

Como o equipamento foi vendido pela quantia escriturada, para efeitos de consolidação não haverá qualquer eliminação, como se pode constatar no quadro seguinte:

No final de N:

	Na TERELLE	Na TRETY	Consolidado	Correção
QE do AFT	270.000	—	270.000	—
Mais/menos-valia		—	—	—
Depreciação do período	90.000	—	90.000	—

Pedido 2

Preço de venda = 420.000 euros

A mais ou menos-valia apurada na alienação foi a seguinte:
= 420.000 – (720.000 – 720.000/8 * 4) = 60.000

Como a mais-valia foi reconhecida pela TRETY, S.A., não há imputação da mesma aos interesses que não controlam.

Diferença das depreciações, antes e após a transação interna:

Depreciação antes da transação interna = 720.000/8 = 90.000

Depreciação após da transação interna = 420.000/4 = 105.000

Diferença no valor da depreciação do período a corrigir = 90.000 – 105.000 = (15.000)

Eliminação dos efeitos da aplicação do MEP

*Pela eliminação da % na mais-valia obtida na alienação da máquina (60.000 * 85%)*

Rubrica	Débito	Crédito
IF – Participações financeiras_MEP	51.000	
Outros rendimentos/Outros gastos		51.000

*Pela eliminação da % na diferença de valor das depreciações (15.000 * 85%)*

Rubrica	Débito	Crédito
Outros rendimentos/Outros gastos	12.750	
IF – Participações financeiras_MEP		12.750

Restantes eliminações para efeitos de consolidação

Pela eliminação da mais-valia

No final de N:

	Na TERELLE	Na TRETY	Consolidado	Correção
QE do AFT	315.000	—	270.000	-45.000
Mais-valia		60.000	—	-60.000
Depreciação do período	105.000	—	90.000	-15.000

Rubrica	Débito	Crédito
Outros rendimentos	60.000	
Ativos fixos tangíveis		45.000
Gastos de depreciação e de amortização		15.000

Pedido 3

Preço de venda = 300.000 euros

A mais ou menos-valia apurada na alienação foi a seguinte:
= 300.000 – (720.000 – 720.000/8 * 4) = (60.000)

Como a menos-valia foi reconhecida pela TRETY, S.A., não há imputação da mesma aos interesses que não controlam.

Diferença das depreciações, antes e após a transação interna:

Depreciação antes da transação interna = 720.000/8 = 90.000

Depreciação após da transação interna = 300.000/4 = 75.000

Diferença no valor da depreciação do período a corrigir = 90.000 – 75.000 = 15.000

Eliminação dos efeitos da aplicação do MEP

*Pela eliminação da % na menos-valia obtida na alienação da máquina (60.000 * 85%)*

Rubrica	Débito	Crédito
Outros rendimentos/Outros gastos	51.000	
IF – Participações financeiras_MEP		51.000

*Pela eliminação da % na diferença no valor das depreciações (15.000 * 85%)*

Rubrica	Débito	Crédito
IF - Participações financeiras_MEP	12.750	
Outros rendimentos/Outros gastos		12.750

Restantes eliminações para efeitos de consolidação

Pela eliminação da menos-valia

No final de N:

	Na TERELLE	Na TRETY	Consolidado	Correção
QE do AFT	225.000	—	270.000	+45.000
Menos-valia		60.000	—	+60.000
Depreciação do período	75.000	—	90.000	+15.000

Rubrica	Débito	Crédito
Ativos fixos tangíveis	45.000	
Gastos de depreciação e de amortização	15.000	
Outros gastos		60.000

Caso Prático 5.5.38 – Eliminação das transações internas – Venda de Ativos Fixos Tangíveis Depreciáveis (4)

A entidade SIX, S.A. detém uma participação financeira de 80% na entidade FIVE, S.A., reconhecida pelo método da equivalência patrimonial.

No início de N, a entidade FIVE, S.A. alienou um equipamento básico à entidade SIX, S.A. pelo montante de 375.000 euros. O equipamento básico foi adquirido pela entidade FIVE, S.A. no início de N-3, pelo montante de 500.000, com uma vida útil estimada de 8 anos. A entidade SIX, S.A. atribuiu uma vida útil à máquina de 6 anos. Ambas as entidades adotam o método da linha reta no cálculo das depreciações dos seus ativos fixos tangíveis.

Pretende-se que:

Apresente os ajustamentos para efeito de consolidação das demonstrações financeiras no período N.

Proposta de resolução:

% de participação = 80%

80% dos direitos de voto conferem controlo, logo estamos perante uma subsidiária, pelo que o método a utilizar é o método da consolidação integral.

Interesses que não controlam = 20%.

De acordo com a NCRF 15 - Investimentos em Subsidiárias e Consolidação, os resultados provenientes de transações intragrupo que estejam reconhecidos nos ativos são eliminados por inteiro.

Assim, relativamente à alienação do equipamento haverá que proceder, se for o caso, à eliminação da mais ou menos valia bem como a eventual diferença quanto ao montante das depreciações do período. Isto é, para efeitos de consolidação, o equipamento básico deve ficar refletido ao custo.

A mais ou menos-valia apurada na alienação foi a seguinte:

= 375.000 – (500.000 – 500.000/8 * 3) = 62.500

Como a mais-valia foi reconhecida pela FIVE, S.A., há lugar a imputação da mesma aos interesses que não controlam.

Diferença das depreciações, antes e após a transação interna:
Depreciação antes da transação interna = 500.000/8 = 62.500
Depreciação após da transação interna = 375.000/6 = 62.500
Diferença no valor da depreciação do período a corrigir = 0

Eliminação dos efeitos da aplicação do MEP

*Pela eliminação da % na mais-valia obtida na alienação da máquina (62.500 * 80%)*

Rubrica	Débito	Crédito
IF – Participações financeiras_MEP	50.000	
Outros rendimentos/Outros gastos		50.000

Restantes eliminações para efeitos de consolidação

Pela eliminação da mais-valia

No final de N:

	Na SIX	Na FIVE	Consolidado	Correção
QE do AFT	312.500	—	250.000	–62.500
Mais-valia		62.500	—	–62.500
Depreciação do período	62.500	—	62.500	—

Rubrica	Débito	Crédito
Outros rendimentos	62.500	
Ativos fixos tangíveis		62.500

*Pela imputação da eliminação da mais-valia aos interesses que não controlam (62.500 * 20%)*

Rubrica	Débito	Crédito
Interesses que não controlam	12.500	
RLP atribuível a interesses que não controlam		12.500

Caso Prático 5.5.39 – Eliminação das transações internas – Venda de Ativos Fixos Tangíveis Depreciáveis (5)

A entidade NOVIC detém uma participação financeira de 85% na entidade WERL, reconhecida pelo método da equivalência patrimonial.

No início de N, a entidade WERL alienou à entidade NOVIC um equipamento básico pelo montante de 350.000 euros. O equipamento básico foi adquirido pela entidade WERL no início de N-4, pelo montante de 600.000, com uma vida útil estimada de 8 anos. A entidade NOVIC atribuiu uma vida útil à máquina de 4 anos. Ambas as entidades adotam o método da linha reta no cálculo das depreciações dos seus ativos fixos tangíveis.

O resultado líquido do período de N da entidade WERL foi de 500.000 euros, não se tendo verificado qualquer outra alteração no seu capital próprio durante esse período.

Pretende-se que:

Apresente os ajustamentos para efeito de consolidação das demonstrações financeiras no período N.

Proposta de resolução:

% de participação = 85%

85% dos direitos de voto conferem controlo, logo estamos perante uma subsidiária, pelo que o método a utilizar é o método da consolidação integral.

Interesses que não controlam = 15%.

De acordo com a NCRF 15 - Investimentos em Subsidiárias e Consolidação, os resultados provenientes de transações intragrupo que estejam reconhecidos nos ativos são eliminados por inteiro.

Assim, relativamente à alienação do equipamento haverá que proceder, se for o caso, à eliminação da mais ou menos valia bem como a eventual diferença quanto ao montante das depreciações do período. Isto é, para efeitos de consolidação, o equipamento básico deve ficar refletido ao custo.

A mais ou menos-valia apurada na alienação foi a seguinte:

= 350.000 – (600.000 – 600.000/8 * 4) = 50.000

Como a mais-valia foi reconhecida pela WERL, haverá lugar à imputação da mesma aos interesses que não controlam.

Diferença das depreciações, antes e após a transação interna:
Depreciação antes da transação interna = 600.000/8 = 75.000
Depreciação após da transação interna = 350.000/4 = 87.500
Diferença = 75.000 – 87.500 = (12.500)

Eliminação dos efeitos da aplicação do MEP

*Pela eliminação da % no RLP (500.000 * 85%)*

Rubrica	Débito	Crédito
Outros rendimentos	425.000	
IF – Participações financeiras_MEP		425.000

*Pela eliminação da % na mais-valia obtida na alienação da máquina (50.000 * 85%)*

Rubrica	Débito	Crédito
IF – Participações financeiras_MEP	42.500	
Outros rendimentos		42.500

*Pela eliminação da % na diferença no valor das depreciações (12.500 * 85%)*

Rubrica	Débito	Crédito
Outros rendimentos	10.625	
IF – Participações financeiras_MEP		10.625

Restantes eliminações para efeitos de consolidação

*Pela imputação da % do RLP aos interesses que não controlam (500.000 * 15%)*

Rubrica	Débito	Crédito
RLP atribuível a interesses que não controlam	75.000	
Interesses que não controlam		75.000

Pela eliminação da mais-valia

No final de N:

	Na NOVIC	Na WERL	Consolidado	Correção
QE do AFT	262.500	—	225.000	-37.500
Mais-valia		50.000	—	-50.000
Depreciação do período	87.500	—	75.000	-12.500

Rubrica	Débito	Crédito
Outros rendimentos	50.000	
Ativos fixos tangíveis		37.500
Gastos de depreciação e de amortização		12.500

*Pela imputação da eliminação da mais-valia aos interesses que não controlam (50.000 * 15%)*

Rubrica	Débito	Crédito
Interesses que não controlam	7.500	
RLP atribuível a interesses que não controlam		7.500

*Pela imputação da correção das depreciações do período aos interesses que não controlam (12.500 * 15%)*

Rubrica	Débito	Crédito
RLP atribuível a interesses que não controlam	1.875	
Interesses que não controlam		1.875

Caso Prático 5.5.40 – Eliminação das transações internas – Venda de Ativos Fixos Tangíveis Depreciáveis (6)

A entidade ELSER, S.A. detém uma participação financeira de 70% na entidade AMPLOI, S.A., reconhecida pelo método da equivalência patrimonial.

No início de N, a entidade AMPLOI, S.A. alienou, à entidade ELSER, S.A. um equipamento básico pelo montante de 400.000 euros. O equipamento básico foi adquirido pela entidade AMPLOI, S.A. no início de N-3, pelo montante de 800.000, com uma vida útil estimada de 8 anos. A entidade ELSER, S.A. atribuiu uma vida útil à máquina de 5 anos. Ambas as entidades adotam o método da linha reta no cálculo das depreciações dos seus ativos fixos tangíveis.

O resultado líquido do período de N da entidade AMPLOI, S.A. foi de 600.000 euros, não se tendo verificado qualquer outra alteração no seu capital próprio durante esse período.

Pretende-se que:

Apresente os ajustamentos para efeito de consolidação das demonstrações financeiras no período N.

Proposta de resolução:

% de participação = 70%

70% dos direitos de voto conferem controlo, logo estamos perante uma subsidiária, pelo que o método a utilizar é o método da consolidação integral.

Interesses que não controlam = 30%.

De acordo com a NCRF 15 - Investimentos em Subsidiárias e Consolidação, os resultados provenientes de transações intragrupo que estejam reconhecidos nos ativos são eliminados por inteiro.

Assim, relativamente à alienação do equipamento haverá que proceder, se for o caso, à eliminação da mais ou menos valia bem como a eventual diferença quanto ao montante das depreciações do período. Isto é, para efeitos de consolidação, o equipamento básico deve ficar refletido ao custo.

A mais ou menos-valia apurada na alienação foi a seguinte:

= 400.000 – (800.000 – 800.000/8 * 3) = (100.000)

Como a menos-valia foi reconhecida pela AMPLOI, S.A., haverá lugar à imputação da mesma aos interesses que não controlam.

Diferença das depreciações, antes e após a transação interna:
Depreciação antes da transação interna = 800.000/8 = 100.000
Depreciação após da transação interna = 400.000/5 = 80.000
Diferença = 100.000 – 80.000 = 20.000

Eliminação dos efeitos da aplicação do MEP

*Pela eliminação da % no RLP (600.000 * 70%)*

Rubrica	Débito	Crédito
Outros rendimentos	420.000	
IF – Participações financeiras_MEP		420.000

*Pela eliminação da % na menos-valia obtida na alienação da máquina (100.000 * 70%)*

Rubrica	Débito	Crédito
Outros rendimentos	70.000	
IF – Participações financeiras_MEP		70.000

*Pela eliminação da % na diferença do valor das depreciações (20.000 * 70%)*

Rubrica	Débito	Crédito
IF – Participações financeiras_MEP	14.000	
Outros rendimentos		14.000

Restantes eliminações para efeitos de consolidação

*Pela imputação da % do RLP aos interesses que não controlam (600.000 * 30%)*

Rubrica	Débito	Crédito
RLP atribuível a interesses que não controlam	180.000	
Interesses que não controlam		180.000

Pela eliminação da menos-valia

No final de N:

	Na ELSER	Na AMPLOI	Consolidado	Correção
QE do AFT	320.000	—	400.000	+80.000
Menos-valia	—	100.000	—	+100.000
Depreciação do período	80.000	—	100.000	+20.000

Rubrica	Débito	Crédito
Ativos fixos tangíveis	80.000	
Gastos de depreciação e de amortização	20.000	
Outros gastos		100.000

*Pela imputação da eliminação da menos-valia aos interesses que não controlam (100.000 * 30%)*

Rubrica	Débito	Crédito
RLP atribuível a interesses que não controlam	30.000	
Interesses que não controlam		30.000

*Pela imputação da correção das depreciações do período aos interesses que não controlam (20.000 * 30%)*

Rubrica	Débito	Crédito
Interesses que não controlam	6.000	
RLP atribuível a interesses que não controlam		6.000

Caso Prático 5.5.41 – Eliminação das transações internas – Venda de Ativos Fixos Tangíveis Depreciáveis (7)

A empresa ALFA detém uma participação financeira de 80% na empresa KAPA, reconhecida pelo método da equivalência patrimonial.

A empresa ALFA vendeu, a pronto pagamento, em 31/12/N à empresa KAPA uma máquina por 600.000 euros. No momento da venda a máquina tinha uma quantia escriturada de 500.000 euros (custo de aquisição = 1.000.000 euros; depreciações acumuladas = 500.000 euros).

A empresa KAPA, que se dedica à compra e venda de máquinas industriais, reconheceu a máquina adquirida a ALFA como mercadorias. Esta mercadoria mantém-se em stock a 31/12/N.

Pretende-se que:

Apresente os ajustamentos para efeito de consolidação das demonstrações financeiras no período N.

Proposta de resolução:

% de participação = 80%

80% dos direitos de voto conferem controlo, logo estamos perante uma subsidiária, pelo que o método a utilizar é o método da consolidação integral.

Interesses que não controlam = 20%.

De acordo com a NCRF 15 - Investimentos em Subsidiárias e Consolidação, os resultados provenientes de transações intragrupo que estejam reconhecidos nos ativos são eliminados por inteiro.

A mais-valia apurada na alienação foi a seguinte:

= 600.000 – 500.000 = 100.000

Eliminação dos efeitos da aplicação do MEP

*Pela eliminação da % na mais-valia obtida na alienação da máquina (100.000 * 80%)*

Rubrica	Débito	Crédito
IF – Participações financeiras_MEP	80.000	
Outros rendimentos/Outros gastos		80.000

Restantes eliminações para efeitos de consolidação

Pela eliminação da mais-valia

Rubrica	Débito	Crédito
Outros rendimentos	100.000	
Mercadorias		100.000

Caso Prático 5.5.42 – Eliminação das transações internas – Venda de Ativos Fixos Tangíveis Depreciáveis (8)

A empresa OMEGA detém uma participação financeira de 75% na empresa JOTA, reconhecida pelo método da equivalência patrimonial.

A empresa JOTA vendeu, a pronto pagamento, em 02/11/N à empresa OMEGA uma máquina por 250.000 euros. A máquina foi adquirida pela entidade JOTA no início de N-2, pelo montante de 600.000 euros, com uma vida útil estimada de 5 anos.

A empresa OMEGA, que se dedica à compra e venda de máquinas industriais, reconheceu a máquina adquirida a JOTA como mercadorias. Esta mercadoria mantém-se em stock a 31/12/N.

Pretende-se que:

Apresente os ajustamentos para efeito de consolidação das demonstrações financeiras no período N.

Proposta de resolução:

% de participação = 75%

75% dos direitos de voto conferem controlo, logo estamos perante uma subsidiária, pelo que o método a utilizar é o método da consolidação integral.

Interesses que não controlam = 25%.

De acordo com a NCRF 15 - Investimentos em Subsidiárias e Consolidação, os resultados provenientes de transações intragrupo que estejam reconhecidos nos ativos são eliminados por inteiro.

A mais/menos-valia apurada na alienação foi a seguinte:

QE = 600.000 – (600.000/5 * 2 + 600.000/5 * 10/12) = 260.000

Menos-valia = 250.000 – 260.000 = (10.000)

Como a menos-valia foi reconhecida pela JOTA, haverá lugar à imputação da mesma aos interesses que não controlam.

Eliminação dos efeitos da aplicação do MEP

*Pela eliminação da % na menos-valia obtida na alienação da máquina (10.000 * 75%)*

Rubrica	Débito	Crédito
Outros rendimentos/Outros gastos	7.500	
IF – Participações financeiras_MEP		7.500

Restantes eliminações para efeitos de consolidação

Pela eliminação da menos-valia

Rubrica	Débito	Crédito
Mercadorias	10.000	
Outros gastos		10.000

*Pela imputação da eliminação da menos-valia aos interesses que não controlam (10.000 * 25%)*

Rubrica	Débito	Crédito
Interesses que não controlam	2.500	
RLP atribuível a interesses que não controlam		2.500

Caso Prático 5.5.43 – Eliminação das transações internas – Venda de Ativos Fixos Tangíveis Depreciáveis (9)

A entidade LLETS, S.A. detém uma participação financeira de 70% na entidade ALAMA, S.A., reconhecida pelo método da equivalência patrimonial.

A entidade ALAMA, S.A. alienou, no final de N, à entidade LLETS, S.A. uma máquina pelo montante de 255.000 euros. A máquina foi adquirida pela entidade ALAMA, S.A. no início de N-4, pelo montante de 600.000, com uma vida útil estimada de 8 anos. A entidade LLETS, S.A. atribuiu uma vida útil à máquina de 3 anos. Ambas as entidades adotam o método da linha reta no cálculo das depreciações dos seus ativos fixos tangíveis.

O resultado líquido do período de N da entidade ALAMA, S.A. foi de 780.000 euros, não se tendo verificado qualquer outra alteração no seu capital próprio durante esse período.

Pretende-se que:

Apresente os ajustamentos para efeito de consolidação das demonstrações financeiras nos períodos N, N+1 e N+2.

Proposta de resolução:

% de participação = 70%

70% dos direitos de voto conferem controlo, logo estamos perante uma subsidiária, pelo que o método a utilizar é o método da consolidação integral.

Interesses que não controlam = 30%.

Período N

De acordo com a NCRF 15 - Investimentos em Subsidiárias e Consolidação, os resultados provenientes de transações intragrupo que estejam reconhecidos nos ativos, tais como inventários e ativos fixos tangíveis, são eliminados por inteiro.

A mais ou menos-valia apurada na alienação foi a seguinte:

= 255.000 – (600.000 – 600.000/8 * 5) = 30.000

Como a mais-valia foi reconhecida pela ALAMA, S.A., há lugar à imputação da mesma aos interesses que não controlam.

Dado que a venda da máquina ocorreu no final de N, não haverá que corrigir a eventual diferença nas depreciações.

Eliminação dos efeitos da aplicação do MEP

*Pela eliminação da % no RLP (780.000 * 70%)*

Rubrica	Débito	Crédito
Outros rendimentos	546.000	
IF – Participações financeiras_MEP		546.000

*Pela eliminação da % na mais-valia obtida na alienação da máquina (30.000 * 70%)*

Rubrica	Débito	Crédito
IF – Participações financeiras_MEP	21.000	
Outros rendimentos		21.000

Restantes eliminações para efeitos de consolidação

*Pela imputação da % do RLP aos interesses que não controlam (780.000 * 30%)*

Rubrica	Débito	Crédito
RLP atribuível a interesses que não controlam	234.000	
Interesses que não controlam		234.000

Pela eliminação da mais-valia relativa à máquina

No final de N:

	Na LETTS	Na ALAMA	Consolidado	Correção
QE do AFT	255.000	—	225.000	-30.000
Mais-valia	—	30.000	—	-30.000

Rubrica	Débito	Crédito
Outros rendimentos	30.000	
Ativos fixos tangíveis		30.000

*Pela imputação da eliminação da mais-valia aos interesses que não controlam (30.000 * 30%)*

Rubrica	Débito	Crédito
Interesses que não controlam	9.000	
RLP atribuível a interesses que não controlam		9.000

Período N+1

Eliminação dos efeitos da aplicação do MEP

*Pela eliminação da % no RLP de N (780.000 * 70%)*

Rubrica	Débito	Crédito
Resultados transitados	546.000	
IF – Participações financeiras_MEP		546.000

*Pela eliminação da % na mais-valia obtida na alienação da máquina reconhecida em N (30.000 * 70%)*

Rubrica	Débito	Crédito
IF – Participações financeiras_MEP	21.000	
Resultados transitados		21.000

*Pela eliminação da % na mais-valia realizada no período N+1 (30.000/3 * 70%)*

Rubrica	Débito	Crédito
Outros rendimentos	7.000	
IF – Participações financeiras_MEP		7.000

Restantes eliminações para efeitos de consolidação

No final de N+1:

	Na LETTS	Consolidado	Correção
QE do AFT	170.000	150.000	–20.000
Gastos de depreciação	85.000	75.000	–10.000

Assim, o ajustamento ao nível da conta Ativos fixos tangíveis é de 20.000 euros e a eliminação do gasto de depreciação é de 10.000 euros, como se pode constatar nos ajustamentos abaixo. Adicionalmente, haverá que imputar a parte correspondente aos interesses que não controlam.

Pelo reconhecimento do efeito da eliminação da mais-valia no período N

Rubrica	Débito	Crédito
Resultados transitados	21.000	
Interesses que não controlam	9.000	
Ativos fixos tangíveis		30.000

Pela correção das depreciações do período N+1

Rubrica	Débito	Crédito
Ativos fixos tangíveis - Depreciações acumuladas	10.000	
Gastos de depreciação e de amortização		10.000

*Pela imputação da correção das depreciações do período N+1 aos interesses que não controlam (10.000 * 30%)*

Rubrica	Débito	Crédito
RLP atribuível a interesses que não controlam	3.000	
Interesses que não controlam		3.000

Período N+2

Eliminação dos efeitos da aplicação do MEP

*Pela eliminação da % no RLP de N (780.000 * 70%)*

Rubrica	Débito	Crédito
Resultados transitados	546.000	
IF - Participações financeiras_MEP		546.000

*Pela eliminação da % na mais-valia obtida na alienação da máquina reconhecida em N (30.000 * 70%)*

Rubrica	Débito	Crédito
IF - Participações financeiras_MEP	21.000	
Resultados transitados		21.000

*Pela eliminação da % na mais-valia realizada no período N+1 (30.000/3 * 70%)*

Rubrica	Débito	Crédito
Resultados transitados	7.000	
IF - Participações financeiras_MEP		7.000

*Pela eliminação da % na mais-valia realizada no período N+2 (30.000/3 * 70%)*

Rubrica	Débito	Crédito
Outros rendimentos	7.000	
IF – Participações financeiras_MEP		7.000

Restantes eliminações para efeitos de consolidação

No final de N+2:

	Na LETTS	Consolidado	Correção
QE do AFT	85.000	75.000	-10.000
Gastos de depreciação	85.000	75.000	-10.000

Assim, o ajustamento ao nível da conta Ativos fixos tangíveis é de 10.000 euros e ainda a eliminação do gasto de depreciação em 10.000 euros, como se pode constatar nos ajustamentos abaixo. Adicionalmente, haverá que imputar a parte correspondente aos interesses que não controlam.

Pelo reconhecimento do efeito da eliminação da mais-valia e da correção das depreciações nos períodos N e N+1

Rubrica	Débito	Crédito
Resultados transitados	14.000	
Interesses que não controlam	6.000	
Ativos fixos tangíveis		20.000

Pela correção das depreciações do período N+2

Rubrica	Débito	Crédito
Ativos fixos tangíveis – Depreciações acumuladas	10.000	
Gastos de depreciação e de amortização		10.000

*Pela imputação da correção das depreciações do período N+2 aos interesses que não controlam (10.000 * 30%)*

Rubrica	Débito	Crédito
RLP atribuível a interesses que não controlam	3.000	
Interesses que não controlam		3.000

Caso Prático 5.5.44 – Eliminação das transações internas – Impostos Diferidos (1)

A entidade ROCKI, S.A. detém uma participação financeira de 70% na entidade LAMMY, S.A., reconhecida pelo método da equivalência patrimonial.

Durante o período de N, ocorreram as seguintes transações entre as entidades:

- A entidade ROCKI, S.A. arrendou, no início de N, à LAMMY, S.A. um dos seus armazéns, com uma renda mensal de 8.000 euros;
- A entidade ROCKI, S.A. vendeu, a pronto pagamento, mercadorias à entidade LAMMY, S.A. no valor de 600.000 euros, com uma margem de lucro sobre o preço de custo de 20%. No final do período, a entidade LAMMY, S.A. detinha, em armazém, mercadorias adquiridas à entidade ROCKI, S.A. no valor de 120.000 euros.
- A entidade ROCKI, S.A. alienou, no final de N, à entidade LAMMY, S.A. um equipamento básico pelo montante de 300.000 euros. O equipamento básico foi adquirido pela entidade ROCKI, S.A. no início de N-2, pelo montante de 720.000, com uma vida útil estimada de 6 anos. A entidade LAMMY, S.A. atribuiu uma vida útil à máquina de 4 anos. Ambas as entidades adotam o método da linha reta no cálculo das depreciações dos seus ativos fixos tangíveis.

Pretende-se que:

Apresente os ajustamentos para efeito de consolidação das demonstrações financeiras no período N, considerando uma taxa de tributação de 22%.

Proposta de resolução:

% de participação = 70%

70% dos direitos de voto conferem controlo, logo estamos perante uma subsidiária, pelo que o método a utilizar é o método da consolidação integral.

Interesses que não controlam = 30%.

De acordo com a NCRF 15 - Investimentos em Subsidiárias e Consolidação, os resultados provenientes de transações intragrupo que estejam reconhecidos nos ativos, são eliminados por inteiro. Adicionalmente devem ser reconhecidos os impostos diferidos, nos termos da NCRF 25 – Impostos sobre o Rendimento, resultantes das diferenças temporárias que surjam pela eliminação dos resultados não realizados intragrupo. Isto é, quando os ajustamentos para efeitos de consolidação têm impacto ao nível do resultado.

Relativamente à venda de mercadorias da ROCKI, S.A. à LAMMY, S.A., parte desses inventários, à data de relato, ainda se encontravam em stock. Deste modo, para além da eliminação das vendas e compras recíprocas, é necessário anular também a margem de lucro incluída nos inventários da entidade LAMMY, S.A.:

Margem de lucro = 120.000 – (120.000/1,2) = 20.000

Como o lucro foi reconhecido pela ROCKI, S.A., não há imputação do lucro não realizado aos interesses que não controlam.

Para efeitos de consolidação, o equipamento básico deve ficar refletido ao custo. Assim, relativamente à alienação do equipamento haverá que proceder, se for o caso, à eliminação da mais ou menos valia. Como a alienação do equipamento básico ocorreu no final de N, não há lugar à correção da eventual diferença no montante das depreciações do período.

A mais ou menos-valia apurada na alienação foi a seguinte:

= 300.000 – (720.000 – 720.000/6 * 3) = (60.000)

Como a menos-valia foi reconhecida pela ROCKI, S.A., não há imputação da mesma aos interesses que não controlam.

Eliminação dos efeitos da aplicação do MEP

*Pela eliminação da % da margem de lucro incluída nos inventários (20.000 * 70%)*

Rubrica	Débito	Crédito
IF – Participações financeiras_MEP	14.000	
Outros rendimentos/Outros gastos		14.000

*Pela eliminação da % na menos-valia obtida na alienação da máquina (60.000 * 70%)*

Rubrica	Débito	Crédito
Outros rendimentos/Outros gastos	42.000	
IF – Participações financeiras_MEP		42.000

Restantes eliminações para efeitos de consolidação

Pela eliminação dos efeitos do contrato de arrendamento

Rubrica	Débito	Crédito
Outros rendimentos	96.000	
Fornecimentos e serviços externos		96.000

Pela eliminação das vendas e compras recíprocas

Rubrica	Débito	Crédito
Vendas	600.000	
CMVMC		600.000

Pela eliminação do lucro não realizado refletido nos inventários da LAMMY

Rubrica	Débito	Crédito
CMVMC	20.000	
Inventários (mercadorias)		20.000

Pelo reconhecimento do imposto diferido relativo à eliminação do lucro não realizado

Rubrica	Débito	Crédito
Ativos por impostos diferidos	4.400	
RLP – Imposto diferido		4.400

Pela eliminação da menos-valia

Rubrica	Débito	Crédito
Ativos fixos tangíveis	60.000	
Outros gastos		60.000

Pelo reconhecimento do imposto diferido relativo à eliminação da menos-valia

Rubrica	Débito	Crédito
RLP – Imposto diferido	13.200	
Passivos por impostos diferidos		13.200

Caso Prático 5.5.45 – Eliminação das transações internas – Impostos Diferidos (2)

A entidade LCON, S.A. detém uma participação financeira de 80% na entidade SOLCO, S.A., reconhecida pelo método da equivalência patrimonial.

Durante o período de N, ocorreram as seguintes transações entre as entidades:

- A entidade SOLCO, S.A. vendeu, a crédito, mercadorias à entidade LCON, S.A. no valor de 350.000 euros, com uma margem de lucro sobre o preço de venda de 20%. No final do período, a entidade LCON, S.A. detinha, em armazém, 60% das mercadorias adquiridas à entidade SOLCO, S.A.;
- A entidade SOLCO, S.A. alienou, no final de N, à entidade LCON, S.A. um equipamento básico pelo montante de 260.000 euros. O equipamento básico foi adquirido pela entidade SOLCO, S.A. no início de N-3, pelo montante de 600.000, com uma vida útil estimada de 6 anos. A entidade LCON, S.A. atribuiu uma vida útil à máquina de 2 anos. Ambas as entidades adotam o método da linha reta no cálculo das depreciações dos seus ativos fixos tangíveis.

Pretende-se que:

Apresente os ajustamentos para efeito de consolidação das demonstrações financeiras no período N, considerando uma taxa de tributação de 22%.

Proposta de resolução:

% de participação = 80%

80% dos direitos de voto conferem controlo, logo estamos perante uma subsidiária, pelo que o método a utilizar é o método da consolidação integral.

Interesses que não controlam = 20%.

De acordo com a NCRF 15 - Investimentos em Subsidiárias e Consolidação, os resultados provenientes de transações intragrupo que estejam reconhecidos nos ativos, são eliminados por inteiro. Adicionalmente devem ser reconhecidos os impostos diferidos, nos termos da NCRF 25 – Impostos sobre o Rendimento, resultantes das diferenças temporárias que surjam pela eliminação dos resultados não realizados intragrupo. Isto é, quando os ajustamentos para efeitos de consolidação têm impacto ao nível do resultado.

Relativamente à venda de mercadorias da SOLCO, S.A. à LCON, S.A., parte desses inventários, à data de relato, ainda se encontravam em stock. Deste modo, para além da eliminação das vendas e compras recíprocas, é necessário anular também a margem de lucro incluída nos inventários da entidade LCON, S.A.:

Margem de lucro = 350.000 * 60% * 20% = 42.000

Como o lucro foi reconhecido pela SOLCO, S.A., há imputação do lucro não realizado aos interesses que não controlam.

Para efeitos de consolidação, o equipamento básico deve ficar refletido ao custo. Assim, relativamente à alienação do equipamento haverá que proceder, se for o caso, à eliminação da mais ou menos valia. Como a alienação do equipamento básico ocorreu no final de N, não há lugar à correção da eventual diferença no montante das depreciações do período.

A mais ou menos-valia apurada na alienação foi a seguinte:

= 260.000 – (600.000 – 600.000/6 * 4) = 60.000

Como a mais-valia foi reconhecida pela SOLCO, S.A., há imputação da mesma aos interesses que não controlam.

Eliminação dos efeitos da aplicação do MEP

*Pela eliminação da % da margem de lucro incluída nos inventários (42.000 * 80%)*

Rubrica	Débito	Crédito
IF – Participações financeiras_MEP	33.600	
Outros rendimentos/Outros gastos		33.600

*Pela eliminação da % na mais-valia obtida na alienação da máquina (60.000 * 80%)*

Rubrica	Débito	Crédito
IF – Participações financeiras_MEP	48.000	
Outros rendimentos/Outros gastos		48.000

Restantes eliminações para efeitos de consolidação

Pela eliminação das vendas e compras recíprocas

Rubrica	Débito	Crédito
Vendas	350.000	
CMVMC		350.000

Pela eliminação das dívidas recíprocas

Rubrica	Débito	Crédito
Fornecedores	350.000	
Clientes		350.000

Pela eliminação do lucro não realizado refletido nos inventários da LCON

Rubrica	Débito	Crédito
CMVMC	42.000	
Inventários (mercadorias)		42.000

*Pela imputação do lucro não realizado refletido nos inventários aos interesses que não controlam (42.000 * 20%)*

Rubrica	Débito	Crédito
Interesses que não controlam	8.400	
RLP atribuível a interesses que não controlam		8.400

*Pelo reconhecimento do imposto diferido relativo à eliminação do lucro não realizado (42.000 * 22%)*

Rubrica	Débito	Crédito
Ativos por impostos diferidos	9.240	
RLP – Imposto diferido		9.240

*Pela imputação do imposto diferido relativo à eliminação do lucro não realizado aos interesses que não controlam (8.400 * 22%)*

Rubrica	Débito	Crédito
RLP atribuível a interesses que não controlam	1.848	
Interesses que não controlam		1.848

Pela eliminação da mais-valia

Rubrica	Débito	Crédito
Outros rendimentos	60.000	
Ativos fixos tangíveis		60.000

*Pela imputação da eliminação da mais-valia aos interesses que não controlam (60.000 * 20%)*

Rubrica	Débito	Crédito
Interesses que não controlam	12.000	
RLP atribuível a interesses que não controlam		12.000

*Pelo reconhecimento do imposto diferido relativo à eliminação da mais-valia (60.000 * 22%)*

Rubrica	Débito	Crédito
Ativos por impostos diferidos	13.200	
RLP – Imposto diferido		13.200

*Pela imputação do imposto diferido relativo à eliminação da mais-valia aos interesses que não controlam (12.000 * 22%)*

Rubrica	Débito	Crédito
RLP atribuível a interesses que não controlam	2.640	
Interesses que não controlam		2.640

Caso Prático 5.5.46 – Aquisição de controlo por fases

No início de N-1, a empresa ALFA adquiriu por 52.000 euros uma participação na OMEGA, representando uma percentagem de participação de 40% que lhe confere o exercício de influência significativa. À data de aquisição o justo valor líquido dos ativos e passivos identificáveis, o qual correspondia ao valor dos capitais próprios, era de 130.000 euros (capital subscrito: 100.000 euros; reservas e resultados transitados: 30.000 euros).

No final de N-1, a empresa ALFA ajustou o valor do investimento financeiro para refletir:

- a % no RLP de OMEGA – 6.500 euros;
- a % noutras variações nos capitais próprios de OMEGA – 3.900 euros.

No início de N a empresa ALFA adquiriu mais 35% do capital de OMEGA por 71.500 euros. Nesta data o valor dos capitais próprios ascendia a 156.000 euros (capital subscrito: 100.000 euros; reservas e resultados transitados: 56.000 euros). Nessa mesma data, a empresa OMEGA possuía uma máquina reconhecida por 24.000 euros à qual foi atribuído um justo valor de 28.000 euros, com uma vida útil remanescente de 2 anos.

No início de N, a participação anteriormente detida de 40% tinha um justo valor de 64.000 euros.

O resultado líquido do período de N da OMEGA foi de 30.000 euros.

Pretende-se que:

1. Efetue os lançamentos contabilísticos das operações descritas nas contas individuais da ALFA relativas ao período N.
2. Apresente os ajustamentos para efeito de consolidação das demonstrações financeiras no período N.

Proposta de resolução:

Do início de N-1 ao início de N, a empresa ALFA detém uma participação de 40% que lhe permite ter influência significativa sobre a OMEGA. Assim, estamos perante uma associada, reconhecida pelo método da equivalência patrimonial.

No início de N, a empresa ALFA adquire mais 35%, passando a ter 75%. Assim a OMEGA passa a ser um subsidiária, uma vez que os 75% conferem a ALFA o controlo sobre a OMEGA. A ALFA passa assim a ter de apresentar adicionalmente demostrações financeiras consolidadas, devendo utilizar para o efeito o método de consolidação integral.

Pedido 1

Estamos perante uma aquisição por fases, em que na segunda aquisição se passa a ter o controlo sobre a OMEGA. O investimento continua a ser mensurado pelo método da equivalência patrimonial.

De acordo com o parágrafo 52 da NCRF 13 e o parágrafo 52 da NCRF 14 – Concentrações de atividades empresariais, a adquirente deve mensurar o seu interesse de capital próprio previamente detido na adquirida pelo seu justo valor à data de aquisição e deve reconhecer o ganho ou perda, se houver, nos resultados.

Relativamente aos 40% anteriormente detidos:

Custo de aquisição = 52.000

% no justo valor líquido dos ativos, passivos e passivos contingentes identificáveis = (100.000 + 30.000) * 40% = 52.000

Goodwill = 52.000 – 52.000 = 0

Movimentos efetuados na conta "Investimentos financeiros", nas contas individuais da empresa ALFA

Investimento Financeiro

Pela aquisição:	52.000		
Pela % no RLP:	6.500		
Pela % nos AAF:	3.900	**Saldo devedor:**	**62.400**

Justo valor no início de N = 64.000 euros

Ganho a reconhecer de 1.600 euros

Pelo reconhecimento do ganho

	Início/N		
41	Investimentos financeiros		
412	Investimentos em associadas		
4121	Participações de capital – MEP		
41211	Participações de capital		
412112	Diferenças de avaliação	1.600	
78	Outros rendimentos		
788	Outros		1.600

Pela reclassificação do investimento financeiro

	Início/N		
41	Investimentos financeiros		
411	Investimentos em subsidiárias		
4111	Participações de capital – MEP		
41111	Participações de capital		
411111	Quota-parte nos capitais próprios	62.400	
411112	Diferenças de avaliação	1.600	
41	Investimentos financeiros		
412	Investimentos em associadas		
4121	Participações de capital – MEP		
41211	Participações de capital		
412111	Quota-parte nos capitais próprios		53.600
412114	Quota-parte no resultado do período		6.500
412116	Quota-parte de outras variações nos cap. próprios		3.900

Determinação do goodwill*:*

Custo de aquisição dos 35%	71.500
Justo valor dos 40% detidos anteriormente	64.000
Total	135.500
% do justo valor líquido dos ativos líquidos (160.000 * 75%)	(120.000)
Goodwill	15.500

Vida útil estimada 10 anos

Amortização anual = 15.500/10 = 1.550

Pela aquisição do investimento financeiro

	Início/N		
41	Investimentos financeiros		
411	Investimentos em subsidiárias		
4111	Participações de capital – MEP		
41111	Participações de capital		
411111	Quota-parte nos capitais próprios	54.600	
411112	Diferenças de avaliação	1.400	
41112	*Goodwill*	15.500	
12	Depósitos à ordem		71.500

*Pela % no RLP da OMEGA (30.000 * 75%)*

	31/12/N		
41	Investimentos Financeiros		
411	Investimentos em subsidiárias		
4111	Participações de capital – MEP		
41111	Participações de capital		
411114	Quota-parte no resultado do período	22.500	
78	Outros rendimentos		
785	Rendimentos em subsidiárias, associadas e empreendimentos conjuntos		
7851	Aplicação do MEP		22.500

*Pela % na realização da diferença de avaliação (4.000 * 75%/2)*

	31/12/N		
78	Outros rendimentos		
785	Rendimentos em subsidiárias, associadas e empreendimentos conjuntos		
7851	Aplicação do MEP	1.500	
41	Investimentos Financeiros		
411	Investimentos em subsidiárias		
4111	Participações de capital – MEP		
41111	Participações de capital		
411112	Diferenças de avaliação		1.500

Pela amortização do goodwill

	31/12/N		
64	Gastos de depreciação e de amortização		
645	Investimentos Financeiros		
6451	Goodwill	1.550	
41	Investimentos Financeiros		
418	Amortizações acumuladas		
4181	Participações de capital – MEP		
41811	Investimentos em subsidiárias – Goodwill		1.550

Pedido 2

Eliminação dos efeitos da aplicação do MEP

Pela eliminação da % no RLP de N

Rubrica	Débito	Crédito
Outros rendimentos	22.500	
IF – Participações financeiras_MEP		22.500

Pela eliminação da % na diferença de avaliação realizada no período N

Rubrica	Débito	Crédito
IF – Participações financeiras_MEP	1.500	
Outros rendimentos		1.500

Restantes eliminações para efeitos de consolidação

Pela eliminação do investimento financeiro

Rubrica	Débito	Crédito
Capital subscrito	75.000	
Reservas e resultados transitados	42.000	
Ativos fixos tangíveis	3.000	
IF – Participações financeiras_MEP		120.000

Pela reclassificação do goodwill

Rubrica	Débito	Crédito
Ativos intangíveis - Goodwill	15.500	
IF – Participações financeiras_Goodwill		15.500

Pela reclassificação das contas relativas à amortização do goodwill

Rubrica	Débito	Crédito
Gastos de depreciação e de amortização		
Ativos intangíveis – *Goodwill*	1.550	
Investimentos financeiros		
Amortizações acumuladas – *Goodwill*	1.550	
Gastos de depreciação e de amortização		
Investimentos financeiros – *Goodwill*		1.550
Ativos intangíveis		
Amortizações acumuladas – *Goodwill*		1.550

Pelo reconhecimento dos interesses que não controlam

Rubrica	Débito	Crédito
Capital subscrito	25.000	
Reservas e resultados transitados	14.000	
RLP atribuível a interesses que não controlam	7.500	
Ativos fixos tangíveis	1.000	
Interesses que não controlam		47.500

Pela depreciação da diferença de avaliação relativa a N

Rubrica	Débito	Crédito
Gastos de depreciação e de amortização	2.000	
Ativos fixos tangíveis – Depreciações acumuladas		2.000

*Pela imputação da depreciação da diferença de avaliação relativa a N aos interesses que não controlam (2.000 * 25%)*

Rubrica	Débito	Crédito
Interesses que não controlam	500	
RLP atribuível a interesses que não controlam		500

Caso Prático 5.5.47 – Demonstração Consolidada de Fluxos de Caixa

Em 2/1/N-1, a empresa RUSH, S.A. adquiriu por 110.000 euros uma participação na empresa FISH, S.A., representando uma participação de 60%.

Em 31/12/N, os balanços das duas empresas apresentavam a seguinte composição:

Balanços Individuais em 31/12/N-1 e 31/12/N (em euros)

	RUSH (N-1)	RUSH (N)	FISH (N-1)	FISH (N)
ATIVO				
Ativo não corrente				
Ativos fixos tangíveis	97.528	103.480	150.000	137.000
Part. Financeiras – MEP	100.800	107.544		
Goodwill	13.680	12.160		
Outros investimentos financeiros			15.000	17.000
Ativo corrente				
Inventários	1.054.198	1.146.158	68.000	74.000
Clientes	848.752	920.308	57.000	58.700
Caixa e depósitos bancários	42.760	47.778	10.000	10.300
Total do Ativo	**2.157.718**	**2.337.428**	**300.000**	**297.000**
CAPITAL PRÓPRIO E PASSIVO				
Capital próprio				
Capital subscrito	500.000	1.400.000	120.000	120.000
Reservas e resultados transitados	1.240.220	435.288	38.000	45.000
Resultado líquido do período	55.068	67.078	10.000	14.240
Passivo				
Financiamentos Obtidos	114.522	164.706	47.000	45.000
Fornecedores	204.236	219.996	75.000	60.260
EOEP	7.250	10.080		
Outras dívidas a pagar	36.422	40.280	10.000	12.500
Total do Capital próprio e do Passivo	**2.157.718**	**2.337.428**	**300.000**	**297.000**

Por sua vez, a composição das demonstrações dos resultados das duas empresas era a seguinte:

Demonstrações Individuais dos resultados por naturezas relativas ao exercício findo em 31/12/N (em euros)

	RUSH	FISH
Rendimentos e gastos		
Vendas e serviços prestados	3.566.190	588.000
CMVMC	(2.875.272)	(420.000)
Fornecimentos e serviços externos	(112.900)	—
Gastos com o pessoal	(395.786)	(125.000)
Outros rendimentos	10.344	5.000
RADGFI	192.576	48.000
Gastos/reversões de depreciação e de amortização	(46.730)	(30.000)
RO	145.846	18.000
Juros e gastos similares suportados	(31.968)	(3.760)
RAI	113.878	14.240
Imposto sobre o rendimento	45.000	—
Resultado líquido do período	68.878	14.240

A empresa RUSH, S.A. contabiliza a participação na empresa FISH, S.A., pelo método da equivalência patrimonial.

— Informações adicionais relativas à empresa RUSH, S.A. e ao período N:

- Venda de mercadorias – 3.566.190 euros. Este montante inclui uma venda efetuada à empresa FISH, S.A. no valor de 100.000 euros com uma margem de lucro de 20% sobre o preço de venda. As existências finais de FISH, S.A. incluíam 10.000 euros destas mercadorias.
- Compra efetuada à empresa FISH, S.A. no valor de 40.000 euros. Nas existências finais de RUSH, S.A. encontram-se algumas destas mercadorias que incluem uma margem bruta de 3.000 euros.
- Os empréstimos amortizados ascenderam a 75.000 euros e os contraídos correspondem a 125.184 euros.
- Durante o período ocorreram aumentos de capital por incorporação de reservas e por novas entradas.
- Atribuição e pagamento de dividendos no montante de 20.000 euros.

- A saldo da conta "Outras dívidas a pagar" diz respeito apenas a acréscimos de gastos relativos a gastos com o pessoal.
- A quantia escriturada dos ativos fixos tangíveis decorre de:

	N-1	N
Ativos fixos tangíveis – custo de aquisição	166.714	217.876
Ativos fixos tangíveis – depreciações acumuladas	69.186	114.396

— Informações adicionais relativas à empresa FISH, S.A. e ao período N:

- Foram liquidados os dividendos atribuídos no montante de 3.000 euros.
- Aquisição de ativos fixos tangíveis por 40.000 euros.
- A empresa contraiu um empréstimo no montante de 25.000 euros.
- A saldo da conta "Outras dívidas a pagar" diz respeito apenas a acréscimos de gastos relativos a gastos com o pessoal.
- Alienação de ativos fixos tangíveis por 28.000 euros. Os outros rendimentos respeitam a ganhos obtidos na alienação de ativos fixos tangíveis.
- A quantia escriturada dos ativos fixos tangíveis decorre de:

	N-1	N
Ativos fixos tangíveis – custo de aquisição	190.000	200.000
Ativos fixos tangíveis – depreciações acumuladas	40.000	63.000

Os balanços de ambas as empresas incluem as contas a receber e a pagar respeitantes a compras e vendas recíprocas evidenciadas no quadro seguinte (em euros):

Empresa	Clientes	Fornecedores
RUSH	10.000	5.000
FISH	5.000	10.000

O *goodwill* é amortizado linearmente em 10 anos.

As aquisições e alienações dos ativos fixos tangíveis foram realizadas a pronto pagamento.

Pretende-se que:

Apresente a demonstração consolidada de fluxos de caixa do período N.

Proposta de resolução:

Cálculos auxiliares:

Recebimentos de Clientes = Saldo inicial Clientes + Vendas – Saldo final Clientes

Recebimentos de Clientes = (848.752 + 57.000) + (3.566.190 + 588.000 – 140.000) – (920.308 + 58.700 –15.000)

Recebimentos de Clientes = 3.955.934

Pagamentos a fornecedores = Saldo inicial Fornecedores + Compras + FSE – Saldo final Fornecedores

Cálculo das compras:

Compras = CMVMC + Existência final de inventários – Existência inicial de inventários

Compras = (2.875.272 + 420.000 – 140.000 + 5.000) + (1.146.158 + 74.000 – 5.000) – (1.054.198 + 68.000)

Compras = 3.253.232

Pagamentos a fornecedores = (204.236 + 75.000) + 3.253.232 + 112.900 – (219.996 + 60.260 – 15.000)

Pagamentos a fornecedores = 3.380.112

Pagamentos ao pessoal = Saldo inicial dos acréscimos de gastos com o pessoal + Gastos com o pessoal – Saldo final dos acréscimos de gastos com o pessoal

Pagamentos ao pessoal = (36.422 + 10.000) + (395.786 + 125.000) – (40.280 + 12.500)

Pagamentos ao pessoal = 514.428

Pagamento do Imposto sobre o Rendimento = Saldo inicial de EOEP + Imposto sobre o rendimento – Saldo final de EOEP

Pagamento do Imposto sobre o Rendimento = 7.250 + 45.000 – 10.080

Pagamento do Imposto sobre o Rendimento = 42.170

Pagamentos respeitantes a ativos fixos tangíveis = Variação nos ativos fixos tangíveis da RUSH, S.A. + Aquisições da FISH, S.A.

Como os gastos de depreciação e de amortização compreendem os relativos aos AFT e ao *goodwill*, é necessário calcular as depreciações do período respeitantes aos AFT da RUSH, S.A..

Como o *goodwill* é amortizado linearmente a amortização do período de N foi de 1.520 (13.680 – 12.160)

Depreciações do período respeitantes aos AFT da RUSH, S.A. = 46.730 – 1.520 = 45.210

Depreciações acumuladas final de N = 69.186 + 45.210 = 114.396

Assim, a variação ocorrida ao nível do custo dos ativos fixos tangíveis diz respeito apenas a aquisições.

Pagamentos respeitantes a ativos fixos tangíveis = (217.876 – 166.714) + 40.000 = 91.162

Recebimentos provenientes de ativos fixos tangíveis = Alienações da FISH, S.A.

Recebimentos provenientes de ativos fixos tangíveis = 28.000

Aumento de capital por novas entradas = Aumento de capital – Aumento de capital por incorporação de reservas

Aumento de capital por novas entradas = (1.400.000 – 500.000) – (1.240.220 + 55.068 – 435.288 – 20.000) = 60.000

Recebimentos provenientes de financiamentos obtidos = Financiamentos obtidos da RUSH, S.A. + Financiamentos obtidos da FISH, S.A.

Recebimentos provenientes de financiamentos obtidos = 125.184 + 25.000 = 150.184

Pagamentos respeitantes a financiamentos obtidos = Amortizações de capital da RUSH, S.A. + Amortizações de capital da FISH, S.A.

Pagamentos respeitantes a financiamentos obtidos = 75.000 + (47.000 + 25.000 – 45.000)

Pagamentos respeitantes a financiamentos obtidos = 102.000

Pagamento de dividendos = 20.000 + 3.000 * 40% = 21.200

Demonstração Consolidada de Fluxos de Caixa relativa ao exercício findo em 31/12/N (em euros)

Rubricas	31/12/N
Fluxo de caixa das atividades operacionais	
Recebimentos de clientes	+ 3.955.934
Pagamentos a fornecedores	- 3.380.112
Pagamentos ao pessoal	- 514.428
Caixa gerada pelas operações	+ 61.394
Pagamento do imposto sobre o rendimento	- 42.170
Fluxo de caixa das atividades operacionais (1)	+ 19.224
Fluxo de caixa das atividades de investimento	
Pagamentos respeitantes a:	
Ativos fixos tangíveis	- 91.162
Investimentos financeiros	- 2.000
Recebimentos provenientes de:	
Ativos fixos tangíveis	+ 28.000
Fluxo de caixa das atividades de investimento (2)	- 65.162
Fluxo de caixa das atividades de financiamento	
Recebimentos provenientes de:	
Financiamentos obtidos	+ 150.184
Realizações de capital	+ 60.000
Pagamentos respeitantes a:	
Financiamentos obtidos	- 102.000
Juros e gastos similares	- 35.728
Dividendos	- 21.200
Fluxo de caixa das atividades de financiamento (3)	+ 51.256
Variação de caixa e seus equivalentes (1+2+3)	5.318
Caixa e seus equivalentes no início do período	52.760
Caixa e seus equivalentes no fim do período	58.078

Caso Prático 5.5.48 – Participações indiretas: Técnicas de consolidação

Em 02/01/N, a empresa ALFA adquiriu por 240.000 euros uma participação na empresa BETA, representando uma percentagem de participação de 80%. À data da aquisição, o capital de BETA era igual a 200.000 euros e as reservas e resultados transitados de BETA eram iguais a 80.000 euros.

Por outro lado, a empresa BETA adquiriu por 255.000 euros uma participação na empresa GAMA, representando uma percentagem de participação de 90%. À data da aquisição, o capital de GAMA era igual a 200.000 euros e as reservas e resultados transitados de GAMA eram iguais a 40.000 euros. Nessa data, a empresa GAMA possuía um terreno contabilizado por 48.000 euros, em relação ao qual foi atribuído um justo valor de 88.000 euros.

Ambas as participações estão reconhecidas pelo método da equivalência patrimonial.

Em 31/12/N, os balanços individuais das três empresas apresentavam a seguinte composição:

Balanços individuais em 31/12/N (em euros)

	ALFA	BETA	GAMA
ATIVO			
Ativo não corrente			
Ativos fixos tangíveis	1.000.000	200.000	300.000
Part. Financeiras – MEP	466.560	355.500	—
Goodwill	14.400	2.700	—
Ativo corrente			
Inventários	350.000	150.000	131.000
Créditos a receber	250.000	40.000	40.000
Caixa e depósitos bancários	50.000	10.000	9.000
Total do Ativo	**2.130.960**	**758.200**	**480.000**
CAPITAL PRÓPRIO E PASSIVO			
Capital próprio			
Capital subscrito	500.000	200.000	200.000
Reservas e resultados transitados	300.000	200.000	80.000
Ajustamentos em ativos financeiros	124.800	36.000	—
Resultado líquido do período	366.160	157.200	75.000
Passivo corrente			
Dívidas a pagar	840.000	165.000	125.000
Total do Capital próprio e do Passivo	**2.130.960**	**758.200**	**480.000**

Durante o ano N, verificou-se apenas a seguinte operação intragrupo:

- A entidade BETA vendeu, a crédito, mercadorias à entidade ALFA no valor de 250.000 euros, com uma margem de lucro sobre as vendas de 20%. No final do período, a entidade ALFA detinha, em armazém, mercadorias adquiridas à entidade BETA no valor de 50.000 euros. O montante em dívida ascendia a 75.000 euros.

Pretende-se que apresente o balanço consolidado em 31/12/N:
a) pela técnica da consolidação direta;
b) pela técnica da consolidação em cascata.

Proposta de resolução:
Alínea a)
Diagrama de dependências:

Na técnica de consolidação direta, todas as entidades incluídas no perímetro de consolidação são integradas diretamente na empresa-mãe, o que permite reduzir a estrutura do grupo a um só nível. Para o efeito, torna-se necessário calcular as participações efetivas da empresa-mãe nas empresas dependentes bem como as percentagens que correspondem aos interesses que não controlam.

Assim,
% de participação de ALFA na BETA = 80%
% de participação de ALFA na GAMA = 80% * 90% = 72%

As percentagem dos interesses que não controlam nas sociedades dependentes correspondem:

— Na empresa BETA: 1 – 80% = 20%
— Na empresa GAMA: 1 – 72% = 28%

A empresa ALFA controla as empresas BETA e GAMA, logo deve utilizar o método de consolidação integral.

(1) Pela integração dos saldos iniciais (ALFA + BETA + GAMA)

Rubrica	Débito	Crédito
Ativos fixos tangíveis	1.500.000	
IF – Participações financeiras_MEP	822.060	
IF – Participações financeiras_*Goodwill*	17.100	
Inventários	631.000	
Créditos a receber	330.000	
Caixa e depósitos bancários	69.000	
Capital subscrito		900.000
Reservas e resultados transitados		580.000
Ajustamentos em ativos financeiros		160.800
Resultado líquido do período		598.360
Dívidas a pagar		1.130.000

Participação de ALFA em BETA

Custo de aquisição = 240.000

% no justo valor líquido dos ativos, passivos e passivos contingentes identificáveis = (200.000 + 80.000) * 80% = 224.000

Goodwill = 240.000 – 224.000 = 16.000

Amortização anual (10 anos) = 16.000/10 = 1.600

Movimentos efetuados na conta "Investimentos financeiros", nas contas individuais da empresa ALFA

IF – Participações Financeiras – MEP

Pela % nos CP:	224.000	% lucro não realizado:	8.000
Pela % nos AAF:	28.800		
Pela % nas OVCP:	96.000		
Pela % no RLP de N:	125.760	**Saldo devedor:**	**466.560**

IF – Participações Financeiras – *Goodwill*

Pelo *goodwill*:	16.000	Amortização do *goodwill*:	1.600
		Saldo devedor:	**14.400**

Eliminação dos efeitos da aplicação do MEP

(2) Pela eliminação da % nos ajustamentos em ativos financeiros

Rubrica	Débito	Crédito
Ajustamentos em ativos financeiros	28.800	
IF - Participações financeiras_MEP		28.800

*(3) Pela eliminação da % nas outras variações nos capitais próprios de BETA (200.000 – 80.000) * 80%*

Rubrica	Débito	Crédito
Ajustamentos em ativos financeiros	96.000	
IF – Participações financeiras_MEP		96.000

(4) Pela eliminação da % no RLP de N

Rubrica	Débito	Crédito
Outros rendimentos	125.760	
IF – Participações financeiras_MEP		125.760

(5) Pela eliminação da % no lucro não realizado

Rubrica	Débito	Crédito
IF – Participações financeiras_MEP	8.000	
Outros rendimentos		8.000

Restantes eliminações para efeitos de consolidação

(6) Pela eliminação do investimento financeiro

Rubrica	Débito	Crédito
Capital subscrito	160.000	
Reservas e resultados transitados	64.000	
IF – Participações financeiras_MEP		224.000

(7) Pela reclassificação do goodwill

Rubrica	Débito	Crédito
Ativos intangíveis – *Goodwill*	16.000	
IF – Participações financeiras_*Goodwill*		16.000

(8) Pela reclassificação das contas relativas à amortização do goodwill

Rubrica	Débito	Crédito
Gastos de depreciação e de amortização		
Ativos intangíveis – *Goodwill*	1.600	
Investimentos financeiros		
Amortizações acumuladas – *Goodwill*	1.600	
Gastos de depreciação e de amortização		
Investimentos financeiros – *Goodwill*		1.600
Ativos intangíveis		
Amortizações acumuladas – *Goodwill*		1.600

(9) Pelo reconhecimento dos interesses que não controlam

RLP atribuível a interesses que não controlam = (157.200 – (75.000 * 90%)) * 20%

Rubrica	Débito	Crédito
Capital subscrito	40.000	
Reservas e resultados transitados	40.000	
RLP atribuível a interesses que não controlam	17.940	
Interesses que não controlam		97.940

(10) Pela eliminação das vendas e compras recíprocas

Rubrica	Débito	Crédito
Vendas	250.000	
CMVMC		250.000

(11) Pela eliminação do lucro não realizado

Rubrica	Débito	Crédito
CMVMC	10.000	
Inventários		10.000

*(12) Pela imputação do lucro não realizado refletido nos inventários aos interesses que não controlam (10.000 * 20%)*

Rubrica	Débito	Crédito
Interesses que não controlam	2.000	
RLP atribuível a interesses que não controlam		2.000

(13) Pela eliminação das dívidas recíprocas

Rubrica	Débito	Crédito
Dívidas a pagar	75.000	
Créditos a receber		75.000

Participação de ALFA em GAMA

% de participação indireta = 72%

Custo de aquisição = 255.000

% no justo valor líquido dos ativos, passivos e passivos contingentes identificáveis = (200.000 + 40.000 + 88.000 – 48.000) * 90% = 252.000

Goodwill = 255.000 – 252.000 = 3.000

Amortização anual (10 anos) = 3.000/10 = 3.000

Movimentos efetuados na conta "Investimentos financeiros", nas contas individuais da empresa BETA

IF – Participações Financeiras – MEP

Pela % no JV:	252.000		
Pela % nas OVCP:	36.000		
Pela % no RLP de N:	67.500	**Saldo devedor:**	**355.500**

IF – Participações Financeiras – *Goodwill*

Pelo *goodwill*:	3.000	Amortização do *goodwill*:	300
		Saldo devedor:	**2.700**

Eliminação dos efeitos da aplicação do MEP

*(14) Pela eliminação da % nas outras variações nos capitais próprios de BETA (80.000 – 40.000) * 90%*

Rubrica	Débito	Crédito
Ajustamentos em ativos financeiros	36.000	
IF – Participações financeiras_MEP		36.000

(15) Pela eliminação da % no RLP de N

Rubrica	Débito	Crédito
Outros rendimentos	67.500	
IF – Participações financeiras_MEP		67.500

Restantes eliminações para efeitos de consolidação

(16) Pela eliminação do investimento financeiro

Rubrica	Débito	Crédito
Capital subscrito	144.000	
Reservas e resultados transitados	28.800	
Ativos fixos tangíveis	28.800	
Interesses que não controlam	50.400	
IF – Participações financeiras_MEP		252.000

(17) Pela reclassificação do goodwill

Rubrica	Débito	Crédito
Ativos intangíveis – *Goodwill*	3.000	
IF – Participações financeiras_*Goodwill*		3.000

(18) Pela reclassificação das contas relativas à amortização do goodwill

Rubrica	Débito	Crédito
Gastos de depreciação e de amortização		
Ativos intangíveis – *Goodwill*	300	
Investimentos financeiros		
Amortizações acumuladas – *Goodwill*	300	
Gastos de depreciação e de amortização		
Investimentos financeiros – *Goodwill*		300
Ativos intangíveis		
Amortizações acumuladas – *Goodwill*		300

(19) Pelo reconhecimento dos interesses que não controlam

Rubrica	Débito	Crédito
Capital subscrito	56.000	
Reservas e resultados transitados	22.400	
Ativos fixos tangíveis	11.200	
RLP atribuível a interesses que não controlam	21.000	
Interesses que não controlam		110.600

Balanço Consolidado em 31/12/N (em euros)

	ALFA + BETA + GAMA	Eliminações		Balanço Consolidado
		Débito	Crédito	
ATIVO				
Ativo não corrente				
Ativos fixos tangíveis	1.500.000	(16) 28.800 (19) 11.200		1.540.000
Part. Financeiras – MEP	822.060	(5) 8.000	(2) 28.800 (3) 96.000 (4) 125.760 (6) 224.000 (14) 36.000 (15) 67.500 (16) 252.000	-
Goodwill	17.100	(7) 16.000 (8) 1.600 (17) 3.000 (18) 300	(7) 16.000 (8) 1.600 (17) 3.000 (18) 300	17.100
Ativo corrente				
Inventários	631.000		(11) 10.000	621.000
Créditos a receber	330.000		(13) 75.000	255.000
Caixa e depósitos bancários	69.000			69.000
Total do Ativo	**3.369.160**			**2.502.100**
CAPITAL PRÓPRIO E PASSIVO				
Capital próprio				
Capital subscrito	900.000	(6) 160.000 (9) 40.000 (16) 144.000 (19) 56.000		500.000
Reservas e resultados transitados	580.000	(6) 64.000 (9) 40.000 (16) 28.800 (19) 22.400		424.800
Ajustamentos em ativos financeiros	160.800	(2) 28.800 (3) 96.000 (14) 36.000		-
Resultado líquido do período	598.360	(4) 125.760 (8) 1.600 (9) 17.940 (10) 250.000 (11) 10.000 (15) 67.500 (18) 300 (19) 21.000	(5) 8.000 (8) 1.600 (10) 250.000 (12) 2.000 (18) 300	366.160
Interesses que não controlam		(12) 2.000 (16) 50.400	(9) 97.940 (19) 110.600	156.140
Passivo corrente				
Dívidas a pagar	1.130.000	(13) 75.000		1.055.000
Total do Capital próprio e do Passivo	**3.369.160**			**2.502.100**

Alínea b)

Diagrama de dependências:

Na técnica de consolidação em cascata, cada entidade é consolidada na entidade que a domina. Assim, primeiramente, consolidam-se as entidades de cada subgrupo de nível inferior na estrutura global do grupo. Depois, consolida-se cada um destes subgrupos com as entidades do respetivo subgrupo de nível imediatamente superior e assim sucessivamente. Finalmente, consolidam-se os subgrupos de nível superior na empresa-mãe.

Assim,

1.ª etapa – consolidação de BETA com GAMA (subgrupo)

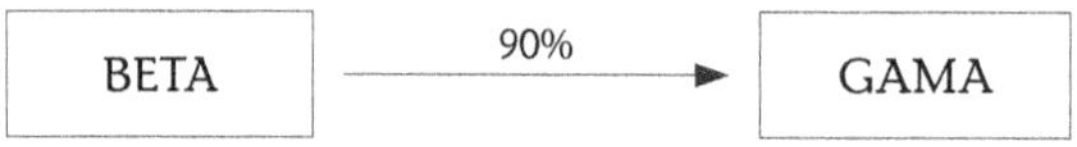

2.ª etapa – consolidação de ALFA com o subgrupo BETA/GAMA

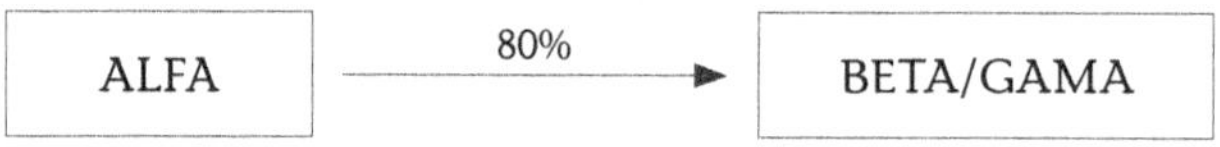

1.ª etapa – consolidação de BETA com GAMA (subgrupo)

Participação de BETA na GAMA

% de participação = 90%

Custo de aquisição = 255.000

% no justo valor líquido dos ativos, passivos e passivos contingentes identificáveis = (200.000 + 40.000 + 88.000 – 48.000) * 90% = 252.000

Goodwill = 255.000 – 252.000 = 3.000

Amortização anual (10 anos) = 3.000/10 = 300

Movimentos efetuados na conta "Investimentos financeiros", nas contas individuais da empresa BETA

IF – Participações Financeiras – MEP

Pela % no JV:	252.000		
Pela % nas OVCP:	36.000		
Pela % no RLP de N:	67.500	**Saldo devedor:**	**355.500**

IF – Participações Financeiras – *Goodwill*

Pelo *goodwill*:	3.000	Amortização do *goodwill*:	300
		Saldo devedor:	**2.700**

(1) Pela integração dos saldos iniciais (BETA + GAMA)

Rubrica	Débito	Crédito
Ativos fixos tangíveis	500.000	
IF – Participações financeiras_MEP	355.500	
IF – Participações financeiras_*Goodwill*	2.700	
Inventários	281.000	
Créditos a receber	80.000	
Caixa e depósitos bancários	19.000	
Capital subscrito		400.000
Reservas e resultados transitados		280.000
Ajustamentos em ativos financeiros		36.000
Resultado líquido do período		232.200
Dívidas a pagar		290.000

Eliminação dos efeitos da aplicação do MEP

*(2) Pela eliminação da % nas outras variações nos capitais próprios de BETA (80.000 – 40.000) * 90%*

Rubrica	Débito	Crédito
Ajustamentos em ativos financeiros	36.000	
IF – Participações financeiras_MEP		36.000

(3) Pela eliminação da % no RLP de N

Rubrica	Débito	Crédito
Outros rendimentos	67.500	
IF – Participações financeiras_MEP		67.500

Restantes eliminações para efeitos de consolidação

(4) Pela eliminação do investimento financeiro

Rubrica	Débito	Crédito
Capital subscrito	180.000	
Reservas e resultados transitados	36.000	
Ativos fixos tangíveis	36.000	
IF – Participações financeiras_MEP		252.000

(5) Pela reclassificação do goodwill

Rubrica	Débito	Crédito
Ativos intangíveis – *Goodwill*	3.000	
IF – Participações financeiras_*Goodwill*		3.000

(6) Pela reclassificação das contas relativas à amortização do goodwill

Rubrica	Débito	Crédito
Gastos de depreciação e de amortização		
Ativos intangíveis – *Goodwill*	300	
Investimentos financeiros		
Amortizações acumuladas – *Goodwill*	300	
Gastos de depreciação e de amortização		
Investimentos financeiros – *Goodwill*		300
Ativos intangíveis		
Amortizações acumuladas – *Goodwill*		300

(7) Pelo reconhecimento dos interesses que não controlam

Rubrica	Débito	Crédito
Capital subscrito	20.000	
Reservas e resultados transitados	8.000	
Ativos fixos tangíveis	4.000	
RLP atribuível a interesses que não controlam	7.500	
Interesses que não controlam		39.500

Balanço Consolidado do subgrupo BETA-GAMA em 31/12/N (em euros)

	BETA + GAMA	Eliminações		Balanço Consolidado
		Débito	Crédito	
ATIVO				
Ativo não corrente				
Ativos fixos tangíveis	500.000	(4) 36.000 (7) 4.000		540.000
Part. Financeiras – MEP	355.500		(2) 36.000 (3) 67.500 (4) 252.000	—
Goodwill	2.700	(5) 3.000 (6) 300	(5) 3.000 (6) 300	2.700
Ativo corrente				
Inventários	281.000			281.000
Créditos a receber	80.000			80.000
Caixa e depósitos bancários	19.000			19.000
Total do Ativo	**1.238.200**			**922.700**
CAPITAL PRÓPRIO E PASSIVO				
Capital próprio				
Capital subscrito	400.000	(4) 180.000 (7) 20.000		200.000
Reservas e resultados transitados	280.000	(4) 36.000 (7) 8.000		236.000
Ajustamentos em ativos financeiros	36.000	(2) 36.000		—
Resultado líquido do período	232.200	(3) 67.500 (6) 300 (7) 7.500	(6) 300	157.200
Interesses que não controlam			(7) 39.500	39.500
Passivo corrente				
Dívidas a pagar	290.000			290.000
Total do Capital próprio e do Passivo	**1.238.200**			**922.700**

2.ª etapa – consolidação de ALFA com o subgrupo BETA/GAMA

Participação de ALFA na BETA

% de participação = 80%

Custo de aquisição = 240.000

% no justo valor líquido dos ativos, passivos e passivos contingentes identificáveis = (200.000 + 80.000) * 80% = 224.000

Goodwill = 240.000 – 224.000 = 16.000
Amortização anual (10 anos) = 16.000/10 = 1.600

Movimentos efetuados na conta "Investimentos financeiros", nas contas individuais da empresa ALFA

IF – Participações Financeiras – MEP

Pela % nos CP:	224.000	% lucro não realizado:	8.000
Pela % nos AAF:	28.800		
Pela % nas OVCP:	96.000		
Pela % no RLP de N:	125.760	**Saldo devedor:**	**466.560**

IF – Participações Financeiras – *Goodwill*

Pelo *goodwill*:	16.000	Amortização do *goodwill*:	1.600
		Saldo devedor:	**14.400**

(1) Pela integração dos saldos iniciais (ALFA com subgrupo BETA/GAMA)

Rubrica	Débito	Crédito
Ativos fixos tangíveis	1.540.000	
IF – Participações financeiras_MEP	466.560	
IF – Participações financeiras_*Goodwill*	17.100	
Inventários	631.000	
Créditos a receber	330.000	
Caixa e depósitos bancários	69.000	
Capital subscrito		700.000
Reservas e resultados transitados		536.000
Ajustamentos em ativos financeiros		124.800
Resultado líquido do período		523.360
Interesses que não controlam		39.500
Dívidas a pagar		1.130.000

Eliminação dos efeitos da aplicação do MEP

(2) Pela eliminação da % nos ajustamentos em ativos financeiros

Rubrica	Débito	Crédito
Ajustamentos em ativos financeiros	28.800	
IF – Participações financeiras_MEP		28.800

*(3) Pela eliminação da % nas outras variações nos capitais próprios de BETA (200.000 – 80.000) * 80%*

Rubrica	Débito	Crédito
Ajustamentos em ativos financeiros	96.000	
IF – Participações financeiras_MEP		96.000

(4) Pela eliminação da % no RLP de N

Rubrica	Débito	Crédito
Outros rendimentos	125.760	
IF – Participações financeiras_MEP		125.760

(5) Pela eliminação da % no lucro não realizado

Rubrica	Débito	Crédito
IF – Participações financeiras_MEP	8.000	
Outros rendimentos		8.000

Restantes eliminações para efeitos de consolidação

(6) Pela eliminação do investimento financeiro

Rubrica	Débito	Crédito
Capital	160.000	
Reservas e resultados transitados	64.000	
IF – Participações financeiras_MEP		224.000

(7) Pela reclassificação do goodwill

Rubrica	Débito	Crédito
Ativos intangíveis – *Goodwill*	16.000	
IF – Participações financeiras_Goodwill		16.000

(8) Pela reclassificação das contas relativas à amortização do goodwill

Rubrica	Débito	Crédito
Gastos de depreciação e de amortização		
Ativos intangíveis - *Goodwill*	1.600	
Investimentos financeiros		
Amortizações acumuladas - *Goodwill*	1.600	
Gastos de depreciação e de amortização		
Investimentos financeiros - *Goodwill*		1.600
Ativos intangíveis		
Amortizações acumuladas - *Goodwill*		1.600

(9) Pelo reconhecimento dos interesses que não controlam

Rubrica	Débito	Crédito
Capital subscrito	40.000	
Reservas e resultados transitados	47.200	
RLP atribuível a interesses que não controlam	31.440	
Interesses que não controlam		118.640

(10) Pela eliminação do lucro não realizado

Rubrica	Débito	Crédito
CMVMC	10.000	
Inventários		10.000

*(11) Pela imputação do lucro não realizado refletido nos inventários aos interesses que não controlam (10.000 * 20%)*

Rubrica	Débito	Crédito
Interesses que não controlam	2.000	
RLP atribuível a interesses que não controlam		2.000

(12) Pela eliminação das dívidas recíprocas

Rubrica	Débito	Crédito
Dívidas a pagar	75.000	
Créditos a receber		75.000

(13) Pela eliminação das vendas e compras recíprocas

Rubrica	Débito	Crédito
Vendas	250.000	
CMVMC		250.000

Balanço Consolidado do grupo ALFA-BETA-GAMA a 31/12/N (em euros)

	ALFA + BETA/GAMA	Eliminações		Balanço Consolidado
		Débito	Crédito	
ATIVO				
Ativo não corrente				
Ativos fixos tangíveis	1.540.000			1.540.000
Part. Financeiras – MEP	466.560	(5) 8.000	(2) 28.800 (3) 96.000 (4) 125.760 (6) 224.000	—
Goodwill	17.100	(7) 16.000 (8) 1.600	(7) 16.000 (8) 1.600	17.100
Ativo corrente				
Inventários	631.000		(10) 10.000	621.000
Créditos a receber	330.000		(12) 75.000	255.000
Caixa e depósitos bancários	69.000			69.000
Total do Ativo	**3.053.660**			**2.502.100**
CAPITAL PRÓPRIO E PASSIVO				
Capital próprio				
Capital subscrito	700.000	(6) 160.000 (9) 40.000		500.000
Reservas e resultados transitados	536.000	(6) 64.000 (9) 47.200		424.800
Ajustamentos em ativos financeiros	124.800	(2) 28.800 (3) 96.000		—
Resultado líquido do período	523.360	(4) 125.760 (8) 1.600 (9) 31.440 (10) 10.000 (13) 250.000	(5) 8.000 (8) 1.600 (11) 2.000 (13) 250.000	366.160
Interesses que não controlam	39.500	(11) 2.000	(9) 118.640	156.140
Passivo corrente				
Dívidas a pagar	1.130.000	(12) 75.000		1.055.000
Total do Capital próprio e do Passivo	**3.053.660**			**2.502.100**

Caso Prático 5.5.49 – Participações triangulares: Técnicas de consolidação

A empresa MATRE possui, em 31/12/N, investimentos financeiros representados por partes de capital.

Relativamente a tais investimentos financeiros são conhecidas as seguintes informações (valores em euros):

Empresa participada	FADEY	YEAR
Data de aquisição	02/01/N	02/01/N
% de capital com direito a voto	90%	30%
Custo de aquisição	208.000	65.000
Capital próprio da participada na data de aquisição	Capital: 130.000 Res.+ R.T: 65.000	Capital: 195.000 Res.+ R.T: 65.000

A empresa FADEY possui, também, em 31/12/N, uma participação financeira na empresa YEAR representativa de 60% do capital com direito a voto, adquirida em 02/01/N por 162.500.

Durante o período de N não existiram quaisquer outras operações entre as empresas.

Os investimentos financeiros em FADEY e YEAR encontram-se contabilizados pelo método da equivalência patrimonial.

Os balanços das três empresas em 31/12/N são os seguintes:

Balanços individuais em 31/12/N (em euros)

	MATRE	FADEY	YEAR
ATIVO			
Participações financeiras_MEP_FADEY	249.795	—	—
*Goodwill*_FADEY	29.250	—	—
Participações financeiras_MEP_YEAR	93.600	187.200	—
*Goodwill*_YEAR	—	5.850	—
Outros ativos	507.000	357.500	650.000
Total do Ativo	**879.645**	**550.550**	**650.000**
CAPITAL PRÓPRIO E PASSIVO			
Capital subscrito	260.000	130.000	195.000
Reservas e resultados transitados	65.000	65.000	65.000
Resultado líquido do período	164.645	82.550	52.000
Passivo diverso	390.000	273.000	338.000
Total do Capital próprio e do Passivo	**879.645**	**550.550**	**650.000**

Pretende-se que apresente o balanço consolidado em 31/12/N:

a) pela técnica da consolidação direta;
b) pela técnica da consolidação em cascata.

Proposta de resolução:

Alínea a)

Diagrama de dependências:

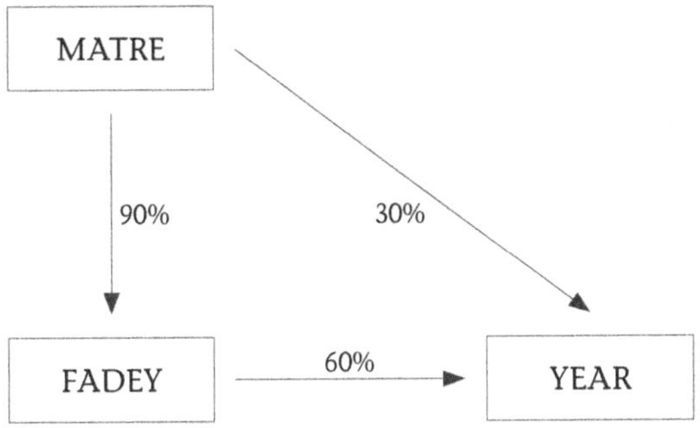

Na técnica de consolidação direta, todas as entidades incluídas no perímetro de consolidação são integradas diretamente na empresa-mãe, o que permite reduzir a estrutura do grupo a um só nível. Para o efeito torna-se necessário calcular as participações efetivas da empresa-mãe nas empresas dependentes bem como as percentagens que correspondem aos interesses que não controlam.

Assim,

% de participação de MATRE na FADEY = 90%
% de participação de MATRE na YEAR = 30% + (90% * 60%) = 84%

As percentagem dos interesses que não controlam nas sociedades dependentes correspondem:

— Na empresa FADEY: 1 – 90% = 10%
— Na empresa YEAR: 1 – 84% = 16%

A empresa MATRE controla as empresas FADEY e YEAR, logo deve utilizar o método de consolidação integral.

(1) Pela integração dos saldos iniciais (MATRE + FADEY + YEAR)

Rubrica	Débito	Crédito
IF – Participações financeiras_MEP	530.595	
IF – Participações financeiras_*Goodwill*	35.100	
Outros ativos	1.514.500	
Capital subscrito		585.000
Reservas e resultados transitados		195.000
Resultado líquido do período		299.195
Passivo diverso		1.001.000

Participação de MATRE na FADEY

% de participação = 90%; confere o controlo, pelo que o método a utilizar é o método da consolidação integral.

Custo de aquisição = 208.000

% no justo valor líquido dos ativos, passivos e passivos contingentes identificáveis = (130.000 + 65.000) * 90% = 175.500

Goodwill = 208.000 – 175.500 = 32.500

Amortização anual (10 anos) = 32.500/10 = 3.250

Movimentos efetuados na conta "Investimentos financeiros", nas contas individuais da empresa MATRE

IF – Participações Financeiras_MEP

Débito		Crédito	
Pela % nos CP:	175.500		
Pela % no RLP de N:	74.295	**Saldo devedor:**	**249.795**

IF – Participações Financeiras_*Goodwill*

Débito		Crédito	
Pelo *goodwill*:	32.500	Amortização do *goodwill*:	3.250
		Saldo devedor:	**29.250**

Eliminação dos efeitos da aplicação do MEP

(2) Pela eliminação da % no RLP de N

Rubrica	Débito	Crédito
Outros rendimentos	74.295	
IF – Participações financeiras_MEP		74.295

Restantes eliminações para efeitos de consolidação

(3) Pela eliminação do investimento financeiro

Rubrica	Débito	Crédito
Capital subscrito	117.000	
Reservas e resultados transitados	58.500	
IF – Participações financeiras_MEP		175.500

(4) Pela reclassificação do goodwill

Rubrica	Débito	Crédito
Ativos intangíveis – *Goodwill*	32.500	
IF – Participações financeiras_*Goodwill*		32.500

(5) Pela reclassificação das contas relativas à amortização do goodwill

Rubrica	Débito	Crédito
Gastos de depreciação e de amortização		
Ativos intangíveis – *Goodwill*	3.250	
Investimentos financeiros		
Amortizações acumuladas – *Goodwill*	3.250	
Gastos de depreciação e de amortização		
Investimentos financeiros – *Goodwill*		3.250
Ativos intangíveis		
Amortizações acumuladas – *Goodwill*		3.250

(6) Pelo reconhecimento dos interesses que não controlam

RLP atribuível a interesses que não controlam = (82.550 – (52.000 * 60%)) * 10%

Rubrica	Débito	Crédito
Capital subscrito	13.000	
Reservas e resultados transitados	6.500	
RLP atribuível a interesses que não controlam	5.135	
Interesses que não controlam		24.635

Participação de MATRE na YEAR

% de participação indireta = 84%

Relativo à participação de FADEY na YEAR

Custo de aquisição = 162.500

% no justo valor líquido dos ativos, passivos e passivos contingentes identificáveis = (195.000 + 65.000) * 60% = 156.000

Goodwill = 162.500 – 156.000 = 6.500

Amortização anual (10 anos) = 6.500/10 = 650

Movimentos efetuados na conta "Investimentos financeiros", nas contas individuais da empresa FADEY

IF – Participações Financeiras_MEP

Pela % nos CP:	156.000		
Pela % no RLP de N:	31.200	**Saldo devedor:**	**187.200**

IF – Participações Financeiras_*Goodwill*

Pelo goodwill:	6.500	Amortização do *goodwill*:	650
		Saldo devedor:	**5.850**

Relativo à participação de MATRE na YEAR

Custo de aquisição = 65.000

% no justo valor líquido dos ativos, passivos e passivos contingentes identificáveis = (195.000 + 65.000) * 30% = 78.000

Goodwill negativo = 78.000 – 65.000 = 13.000

Movimentos efetuados na conta "Investimentos financeiros", nas contas individuais da empresa MATRE

IF – Participações Financeiras_MEP

Pela % no CP:	78.000	*Goodwill* negativo:	13.000
Pela % no RLP de N:	15.600		
Realização *goodwill*:	13.000	**Saldo devedor:**	**93.600**

Eliminação dos efeitos da aplicação do MEP

(7) Pela eliminação da % no RLP de N (31.200 + 15.600)

Rubrica	Débito	Crédito
Outros rendimentos	46.800	
IF - Participações financeiras_MEP		46.800

Restantes eliminações para efeitos de consolidação

(8) Pela eliminação do investimento financeiro

Interesses que não controlam = (195.000 + 65.000) * (0,16 – 0,1) = 15.600

Rubrica	Débito	Crédito
Capital subscrito	163.800	
Reservas e resultados transitados	54.600	
Interesses que não controlam	15.600	
IF – Participações financeiras_MEP		234.000

(9) Pelo reconhecimento dos interesses que não controlam

Rubrica	Débito	Crédito
Capital subscrito	31.200	
Reservas e resultados transitados	10.400	
RLP atribuível a interesses que não controlam	8.320	
Interesses que não controlam		49.920

(10) Pela reclassificação do goodwill

Rubrica	Débito	Crédito
Ativos intangíveis – *Goodwill*	6.500	
IF – Participações financeiras_*Goodwill*		6.500

(11) Pela reclassificação das contas relativas à amortização do goodwill

Rubrica	Débito	Crédito
Gastos de depreciação e de amortização		
Ativos intangíveis - *Goodwill*	650	
Investimentos financeiros		
Amortizações acumuladas - *Goodwill*	650	
Gastos de depreciação e de amortização		
Investimentos financeiros - *Goodwill*		650
Ativos intangíveis		
Amortizações acumuladas - *Goodwill*		650

Balanço Consolidado do grupo MATRE-FADEY-YEAR em 31/12/N (em euros)

	MATRE + FADEY + YEAR	Eliminações		Balanço Consolidado
		Débito	Crédito	
ATIVO				
Participações financeiras_MEP	530.595		(2) 74.295 (3) 175.500 (7) 46.800 (8) 234.000	—
Goodwill	35.100	(4) 32.500 (5) 3.250 (10) 6.500 (11) 650	(4) 32.500 (5) 3.250 (10) 6.500 (11) 650	35.100
Outros ativos	1.514.500			1.514.500
Total do Ativo	**2.080.195**			**1.549.600**
CAPITAL PRÓPRIO E PASSIVO				
Capital subscrito	585.000	(3) 117.000 (6) 13.000 (8) 163.800 (9) 31.200		260.000
Reservas e resultados transitados	195.000	(3) 58.500 (6) 6.500 (8) 54.600 (9) 10.400		65.000
Resultado líquido do período	299.195	(2) 74.295 (5) 3.250 (6) 5.135 (7) 46.800 (9) 8.320 (11) 650	(5) 3.250 (11) 650	164.645
Interesses que não controlam		(8) 15.600	(6) 24.635 (9) 49.920	58.955
Passivo diverso	1.001.000			1.001.000
Total do Capital próprio e do Passivo	**2.080.195**			**1.549.600**

Alínea b)

Diagrama de dependências:

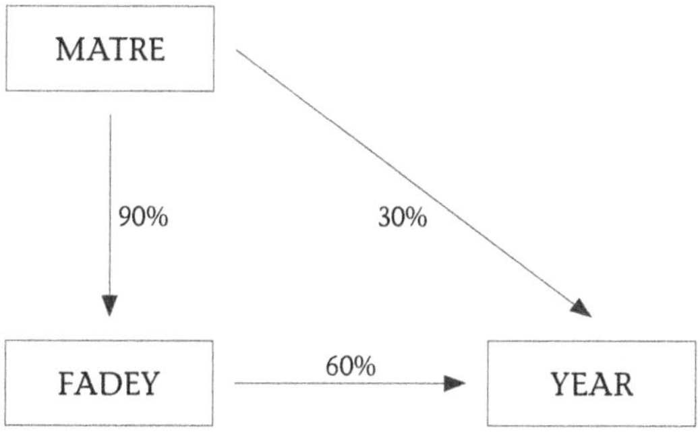

Na técnica de consolidação em cascata, cada entidade é consolidada na entidade que a domina. Assim, primeiramente, consolidam-se as entidades de cada subgrupo de nível inferior na estrutura global do grupo. Depois, consolida-se cada um destes subgrupos com as entidades do respetivo subgrupo de nível imediatamente superior e assim sucessivamente. Finalmente, consolidam-se os subgrupos de nível superior na empresa-mãe.

Assim,

1.ª etapa – consolidação de FADEY com YEAR (subgrupo)

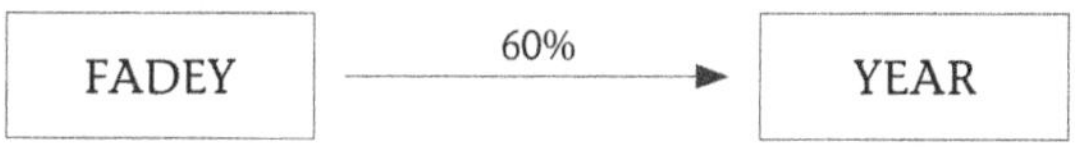

2.ª etapa – consolidação de MATRE com o subgrupo FADEY/YEAR

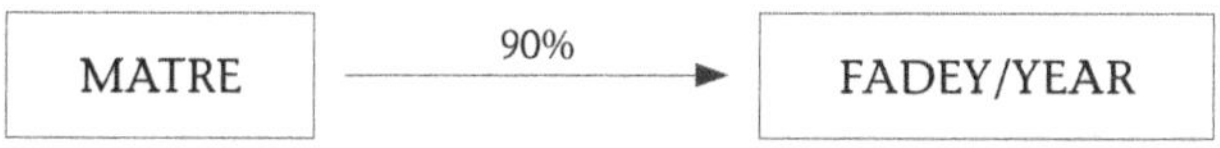

1.ª etapa – consolidação de FADEY com YEAR (subgrupo)

Participação de FADEY na YEAR

% de participação = 60%

Custo de aquisição = 162.500

% no justo valor líquido dos ativos, passivos e passivos contingentes identificáveis = (195.000 + 65.000) * 60% = 156.000

Goodwill = 162.500 – 156.000 = 6.500

Amortização anual (10 anos) = 6.500/10 = 650

Movimentos efetuados na conta "Investimentos financeiros", nas contas individuais da empresa FADEY

IF – Participações Financeiras_MEP

Pela % nos CP:	156.000		
Pela % no RLP de N:	31.200	**Saldo devedor:**	**187.200**

IF – Participações Financeiras_*Goodwill*

Pelo *goodwill*:	6.500	Amortização do *goodwill*:	650
		Saldo devedor:	**5.850**

(1) Pela integração dos saldos iniciais (FADEY + YEAR)

Rubrica	Débito	Crédito
IF – Participações financeiras_MEP	187.200	
IF – Participações financeiras_*Goodwill*	5.850	
Outros ativos	1.007.500	
Capital subscrito		325.000
Reservas e resultados transitados		130.000
Resultado líquido do período		134.550
Passivo diverso		611.000

Eliminação dos efeitos da aplicação do MEP

(2) Pela eliminação da % no RLP de N

Rubrica	Débito	Crédito
Outros rendimentos	31.200	
IF – Participações financeiras_MEP		31.200

Restantes eliminações para efeitos de consolidação

(3) Pela eliminação do investimento financeiro

Rubrica	Débito	Crédito
Capital subscrito	117.000	
Reservas e resultados transitados	39.000	
IF – Participações financeiras_MEP		156.000

(4) Pela reclassificação do goodwill

Rubrica	Débito	Crédito
Ativos intangíveis – *Goodwill*	6.500	
IF – Participações financeiras_*Goodwill*		6.500

(5) Pela reclassificação das contas relativas à amortização do goodwill

Rubrica	Débito	Crédito
Gastos de depreciação e de amortização		
Ativos intangíveis – *Goodwill*	650	
Investimentos financeiros		
Amortizações acumuladas – *Goodwill*	650	
Gastos de depreciação e de amortização		
Investimentos financeiros – *Goodwill*		650
Ativos intangíveis		
Amortizações acumuladas – *Goodwill*		650

(6) Pelo reconhecimento dos Interesses do grupo

Rubrica	Débito	Crédito
Capital subscrito	58.500	
Reservas e resultados transitados	19.500	
RLP atribuível à empresa-mãe	15.600	
Interesses do grupo		93.600

(7) Pelo reconhecimento dos interesses que não controlam

Rubrica	Débito	Crédito
Capital subscrito	19.500	
Reservas e resultados transitados	6.500	
RLP atribuível a interesses que não controlam	5.200	
Interesses que não controlam		31.200

Balanço Consolidado do subgrupo FADEY-YEAR em 31/12/N (em euros)

	FADEY + YEAR	Eliminações		Balanço Consolidado
		Débito	Crédito	
ATIVO				
Participações financeiras_MEP	187.200		(2) 31.200 (3) 156.000	—
Goodwill	5.850	(4) 6.500 (5) 650	(4) 6.500 (5) 650	5.850
Outros ativos	1.007.500			1.007.500
Total do Ativo	**1.200.550**			**1.013.350**
CAPITAL PRÓPRIO E PASSIVO				
Capital subscrito	325.000	(3) 117.000 (6) 58.500 (7) 19.500		130.000
Reservas e resultados transitados	130.000	(3) 39.000 (6) 19.500 (7) 6.500		65.000
Resultado líquido do período	134.550	(2) 31.200 (5) 650 (6) 15.600 (7) 5.200	(5) 650	82.550
Interesses do grupo			(6) 93.600	93.600
Interesses que não controlam			(7) 31.200	31.200
Passivo diverso	611.000			611.000
Total do Capital próprio e do Passivo	**1.200.550**			**1.013.350**

2.ª etapa – consolidação de MATRE com o subgrupo FADEY/YEAR

Participação de MATRE na FADEY

% de participação = 90%

Custo de aquisição = 208.000

% no justo valor líquido dos ativos, passivos e passivos contingentes identificáveis = (130.000 + 65.000) * 90% = 175.500

Goodwill = 208.000 – 175.500 = 32.500

Amortização anual (10 anos) = 32.500/10 = 3.250

Movimentos efetuados na conta "Investimentos financeiros", nas contas individuais da empresa MATRE

IF – Participações Financeiras_MEP

Pela % nos CP:	175.500		
Pela % no RLP de N:	74.295	**Saldo devedor:**	**249.795**

IF – Participações Financeiras_*Goodwill*

Pelo *goodwill*:	32.500	Amortização do *goodwill*:	3.250
		Saldo devedor:	**29.250**

Participação de MATRE na YEAR

Custo de aquisição = 65.000

% no justo valor líquido dos ativos, passivos e passivos contingentes identificáveis = (195.000 + 65.000) * 30% = 78.000

Goodwill negativo = 78.000 – 65.000 = 13.000

Movimentos efetuados na conta "Investimentos financeiros", nas contas individuais da empresa MATRE

IF – Participações Financeiras_MEP

Pela % no CP:	78.000	*Goodwill* negativo:	13.000
Pela % no RLP de N:	15.600		
Realização *goodwill*:	13.000	**Saldo devedor:**	**93.600**

(1) Pela integração dos saldos iniciais (MATRE com subgrupo FADEY/YEAR)

Rubrica	Débito	Crédito
IF – Participações financeiras_MEP	343.395	
IF – Participações financeiras_*Goodwill*	35.100	
Outros ativos	1.514.500	
Capital subscrito		390.000
Reservas e resultados transitados		130.000
Resultado líquido do período		247.195
Interesses do grupo		93.600
Interesses que não controlam		31.200
Passivo diverso		1.001.000

Eliminação dos efeitos da aplicação do MEP

(2) Pela eliminação da % no RLP

Rubrica	Débito	Crédito
Outros rendimentos	89.895	
IF – Participações financeiras_MEP		89.895

Restantes eliminações para efeitos de consolidação

(3) Pela eliminação do investimento financeiro

Rubrica	Débito	Crédito
Capital subscrito	117.000	
Reservas e resultados transitados	58.500	
Interesses do grupo	78.000	
IF – Participações financeiras_MEP		253.500

(4) Pela reclassificação do goodwill

Rubrica	Débito	Crédito
Ativos intangíveis – *Goodwill*	32.500	
IF – Participações financeiras_*Goodwill*		32.500

(5) Pela reclassificação das contas relativas à amortização do goodwill

Rubrica	Débito	Crédito
Gastos de depreciação e de amortização		
Ativos intangíveis – *Goodwill*	3.250	
Investimentos financeiros		
Amortizações acumuladas – *Goodwill*	3.250	
Gastos de depreciação e de amortização		
Investimentos financeiros – *Goodwill*		3.250
Ativos intangíveis		
Amortizações acumuladas – *Goodwill*		3.250

(6) Pela transferência dos interesses do grupo no RLP da YEAR

Rubrica	Débito	Crédito
Interesses do grupo	15.600	
Resultado líquido do período		15.600

(7) Pelo reconhecimento dos interesses que não controlam

Rubrica	Débito	Crédito
Capital subscrito	13.000	
Reservas e resultados transitados	6.500	
RLP atribuível a interesses que não controlam	8.255	
Interesses que não controlam		27.755

Balanço Consolidado do grupo MATRE-FADEY-YEAR a 31/12/N (em euros)

	MATRE + FADEY/YEAR	Eliminações		Balanço Consolidado
		Débito	Crédito	
ATIVO				
Participações financeiras_MEP	343.395		(2) 89.895 (3) 253.500	—
Goodwill	35.100	(4) 32.500 (5) 3.250	(4) 32.500 (5) 3.250	35.100
Outros ativos	1.514.500			1.514.500
Total do Ativo	**1.892.995**			**1.549.600**
CAPITAL PRÓPRIO E PASSIVO				
Capital subscrito	390.000	(3) 117.000 (7) 13.000		260.000
Reservas e resultados transitados	130.000	(3) 58.500 (7) 6.500		65.000
Resultado líquido do período	247.195	(2) 89.895 (5) 3.250 (7) 8.255	(5) 3.250 (6) 15.600	164.645
Interesses do grupo	93.600	(3) 78.000 (6) 15.600		—
Interesses que não controlam	31.200		(7) 27.755	58.955
Passivo diverso	1.001.000			1.001.000
Total do Capital próprio e do Passivo	**1.892.995**			**1.549.600**

Caso Prático 5.5.50 – Participações recíprocas – Consolidação

As empresas JOTA e TESA apresentavam em 31/12/N, os seguintes balanços:

Balanços individuais em 31/12/N (em euros)

	JOTA	TESA
ATIVO		
Participações financeiras_MEP	410.400	—
Goodwill	9.600	—
Outros investimentos financeiros	—	72.000
Outros ativos	1.104.000	684.000
Total do Ativo	**1.524.000**	**756.000**
CAPITAL PRÓPRIO E PASSIVO		
Capital subscrito	600.000	240.000
Reservas e resultados transitados	240.000	180.000
Resultado líquido do período	144.000	36.000
Passivo diverso	540.000	300.000
Total do Capital próprio e do Passivo	**1.524.000**	**756.000**

Informações complementares:

a) A rubrica "Participações financeiras_MEP" no balanço da empresa JOTA traduz o valor de um conjunto de ações representativas de 90% do capital com direito a voto da empresa TESA, adquirido no início de N-1. O custo de aquisição foi de 336.000 euros.

b) Por sua vez, a rubrica "Outros investimentos financeiros" no balanço da empresa TESA, traduz o custo de um conjunto de ações representativas de 10% do capital com direito a voto da empresa JOTA, adquirido, igualmente, no início de N-1. O custo de aquisição foi de 72.000 euros.

c) Em ambas as empresas foi deliberado não distribuir lucros relativos ao resultado do período de N-1.

d) No início de N-1, os capitais próprios das empresas JOTA e TESA eram os seguintes:

	JOTA	TESA
Capital subscrito	600.000	240.000
Reservas e resultados transitados	120.000	120.000
Total do Capital próprio	**720.000**	**360.000**

Pretende-se que apresente o balanço consolidado em 31/12/N.

Proposta de resolução:

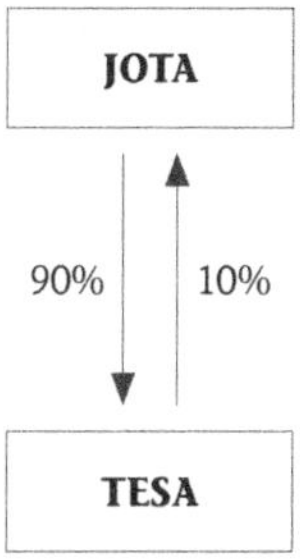

A empresa TESA é detida em 90% pela JOTA. Por sua vez a TESA também detém 10% do capital da JOTA. Assim, para efeitos de consolidação o investimento detido pela TESA na JOTA também tem que ser eliminado.

São normalmente identificados dois métodos: o método das ações próprias e o método matemático recíproco.

De acordo com o método das ações próprias, as ações detidas pela empresa dependente são consideradas como ações próprias do grupo para efeitos consolidados, ignorando assim a existência das relações recíprocas. Este método não considera as ações da empresa-mãe detidas pela empresa dependente em circulação. E os direitos inerentes a essas ações consideram-se suspensos. O custo do investimento relativo às ações detidas pela empresa dependente é tratado como o custo das ações próprias da empresa-mãe. Assim, torna-se necessário reclassificar o investimento em ações próprias. Este método está previsto na Diretiva 2013/34/EU do Parlamento Europeu e do Conselho de 26 de junho de 2013, onde estabelece na alínea a) do n.º 3 do art.º 24.º que as "*ações ou quotas da empresa-mãe detidas pela própria empresa ou por outra empresa incluída na consolidação, que são tratadas como ações próprias ou quotas próprias*", na linha do anteriormente estabelecido na Sétima Diretiva (83/349/CEE) do Conselho de 13 de junho de 1983.

O método matemático recíproco, reconhece explicitamente a existência das participações recíprocas, que devem ser tidas em consideração para repartir os resultados retidos consolidados e o resultado do período entre os interesses maioritários e os interesses que não controlam.

Método das ações próprias

Participação de JOTA na TESA
% de participação = 90%

Custo de aquisição = 336.000
% no justo valor líquido dos ativos, passivos e passivos contingentes identificáveis = (240.000 + 120.000) * 90% = 324.000
Goodwill = 336.000 – 324.000 = 12.000
Amortização anual (10 anos) = 12.000/10 = 1.200

Movimentos efetuados na conta "Investimentos financeiros", nas contas individuais da empresa JOTA

IF – Participações Financeiras_MEP

Pela % nos CP:	324.000		
Pela % no RLP de N-1:	54.000		
Pela % no RLP de N:	32.400	**Saldo devedor:**	**410.400**

IF – Participações Financeiras_*Goodwill*

Pelo *goodwill*:	12.000	Amortização do *goodwill* de N-1:	1.200
		Amortização do *goodwill* de N:	1.200
		Saldo devedor:	**9.600**

(1) Pela integração dos saldos iniciais (JOTA + TESA)

Rubrica	Débito	Crédito
IF – Participações financeiras_MEP	410.400	
IF – Participações financeiras_*Goodwill*	9.600	
Outros investimentos financeiros	72.000	
Outros ativos	1.788.000	
Capital subscrito		840.000
Reservas e resultados transitados		420.000
Resultado líquido do período		180.000
Passivo diverso		840.000

Eliminação dos efeitos da aplicação do MEP

(2) Pela eliminação da % no RLP de N-1

Rubrica	Débito	Crédito
Resultados transitados	54.000	
IF – Participações financeiras_MEP		54.000

(3) Pela eliminação da % no RLP de N

Rubrica	Débito	Crédito
Outros rendimentos	32.400	
IF – Participações financeiras_MEP		32.400

Restantes eliminações para efeitos de consolidação

(4) Pela eliminação do investimento financeiro

Rubrica	Débito	Crédito
Capital subscrito	216.000	
Reservas e resultados transitados	108.000	
IF – Participações financeiras_MEP		324.000

(5) Pela reclassificação do goodwill

Rubrica	Débito	Crédito
Ativos intangíveis – *Goodwill*	12.000	
IF – Participações financeiras_*Goodwill*		12.000

(6) Pela reclassificação das contas relativas à amortização do goodwill de N

Rubrica	Débito	Crédito
Gastos de depreciação e de amortização		
Ativos intangíveis – *Goodwill*	1.200	
Investimentos financeiros		
Amortizações acumuladas – *Goodwill*	1.200	
Gastos de depreciação e de amortização		
Investimentos financeiros – *Goodwill*		1.200
Ativos intangíveis		
Amortizações acumuladas – *Goodwill*		1.200

(7) Pela reclassificação das contas relativas à amortização do goodwill de N-1

Rubrica	Débito	Crédito
Resultados transitados	1.200	
Investimentos financeiros		
Amortizações acumuladas – *Goodwill*	1.200	
Resultados transitados		1.200
Ativos intangíveis		
Amortizações acumuladas – *Goodwill*		1.200

(8) Pelo reconhecimento dos interesses que não controlam

Rubrica	Débito	Crédito
Capital subscrito	24.000	
Reservas e resultados transitados	18.000	
RLP atribuível a interesses que não controlam	3.600	
Interesses que não controlam		45.600

(9) Pela evidenciação das ações próprias (reclassificação do investimento)

Rubrica	Débito	Crédito
Ações próprias – valor nominal	60.000	
Ações próprias – descontos e prémios	12.000	
Outros investimentos financeiros		72.000

(10) Pela reserva indisponível

Rubrica	Débito	Crédito
Reservas e resultados transitados	72.000	
Reserva indisponível		72.000

Balanço Consolidado a 31/12/N (em euros)

	JOTA + TESA	Eliminações		Balanço Consolidado
		Débito	Crédito	
ATIVO				
Participações financeiras_MEP	410.400		(2) 54.000 (3) 32.400 (4) 324.000	-
Goodwill	9.600	(5) 12.000 (6) 1.200 (7) 1.200	(5) 12.000 (6) 1.200 (7) 1.200	9.600
Outros investimentos financeiros	72.000		(9) 72.000	-
Outros ativos	1.788.000			1.788.000
Total do Ativo	**2.280.000**			**1.797.600**
CAPITAL PRÓPRIO E PASSIVO				
Capital subscrito	840.000	(4) 216.000 (8) 24.000		600.000
Ações próprias - valor nominal		(9) 60.000		(60.000)
Ações próprias - descontos e prémios		(9) 12.000		(12.000)
Reservas e resultados transitados	420.000	(2) 54.000 (4) 108.000 (7) 1.200 (8) 18.000 (10) 72.000	(7) 1.200	168.000
Reserva indisponível			(10) 72.000	72.000
Resultado líquido do período	180.000	(3) 32.400 (6) 1.200 (8) 3.600	(6) 1.200	144.000
Interesses que não controlam			(8) 45.600	45.600
Passivo diverso	840.000			840.000
Total do Capital próprio e do Passivo	**2.280.000**			**1.797.600**

Método matemático recíproco

Participações nominais:

Interesses maioritários:

— na empresa TESA = 90%

— na empresa JOTA = 100% – 10% = 90%

Interesses que não controlam:

— na empresa TESA = 10%

— na empresa JOTA = 10%

Participações efetivas:

Considere que:

∂ = percentagem de JOTA na TESA

β = percentagem de TESA na JOTA

Em que:

Interesses maioritários:

— na empresa TESA $= \frac{(1-\beta)*\partial}{1-\partial*\beta} = \frac{(1-0,10)*0,90}{1-0,90*0,10} = 89,01\%$

— na empresa JOTA $= \frac{1-\beta}{1-\partial*\beta} = \frac{1-0,10}{1-0,90*0,10} = 98,90\%$

Interesses que não controlam:

— na empresa TESA = 100% – 89,01% = 10,99%

— na empresa JOTA = 100% – 98,90% = 1,10%

Participação de JOTA na TESA

% de participação = 90%

Custo de aquisição = 336.000

% no justo valor líquido dos ativos, passivos e passivos contingentes identificáveis = (240.000 + 120.000) * 90% = 324.000

Goodwill = 336.000 – 324.000 = 12.000

Amortização anual (10 anos) = 12.000/10 = 1.200

Movimentos efetuados na conta "Investimentos financeiros", nas contas individuais da empresa JOTA

IF – Participações Financeiras_MEP

Pela % nos CP:	324.000		
Pela % no RLP de N-1:	54.000		
Pela % no RLP de N:	32.400	**Saldo devedor:**	**410.400**

IF – Participações Financeiras_*Goodwill*

Pelo goodwill:	12.000	Amortização do *goodwill* de N-1:	1.200
		Amortização do *goodwill* de N:	1.200
		Saldo devedor:	**9.600**

Participação de TESA na JOTA
% de participação = 10%
Custo de aquisição = 72.000

Cálculo do valor das reservas e resultados transitados, gerados após a aquisição, a imputar aos interesses maioritários e aos interesses que não controlam:

	JOTA	TESA
Reservas e resultados transitados_final de N	240.000	180.000
Reservas e resultados transitados_início de N-1	120.000	120.000
Variação	**120.000**	**60.000**

Assim:

Interesses maioritários
— na empresa TESA = 60.000 * 89,01% = 53.406
— na empresa JOTA = 120.000 * 98,90% = 118.680

Interesses que não controlam
— na empresa TESA = 60.000 * 10,99% = 6.594
— na empresa JOTA = 120.000 * 1,10% = 1.320

Deste modo, temos:
— Interesses maioritários = 53.406 + 118.680 = 172.086
— Interesses que não controlam = 6.594 + 1.320 = 7.914

Cálculo do valor do resultado líquido do período a imputar aos interesses maioritários e aos interesses que não controlam:

	JOTA	TESA
Resultado líquido do período	144.000	36.000

Resultados atribuídos aos interesses maioritários = (144.000 * 98,90%) + (36.000 * 89,01%) = 174.459,6

Resultados atribuídos aos interesses que não controlam = (144.000 * 1,10%) + (36.000 * 10,99%) = 5.540,4

(1) Pela integração dos saldos iniciais (JOTA + TESA)

Rubrica	Débito	Crédito
IF – Participações financeiras_MEP	410.400	
IF – Participações financeiras_*Goodwill*	9.600	
Outros investimentos financeiros	72.000	
Outros ativos	1.788.000	
Capital subscrito		840.000
Reservas e resultados transitados		420.000
Resultado líquido do período		180.000
Passivo diverso		840.000

Eliminação dos efeitos da aplicação do MEP

(2) Pela eliminação da % no RLP de N-1

Rubrica	Débito	Crédito
Resultados transitados	54.000	
IF – Participações financeiras_MEP		54.000

(3) Pela eliminação da % no RLP

Rubrica	Débito	Crédito
Outros rendimentos	32.400	
IF – Participações financeiras_MEP		32.400

Restantes eliminações para efeitos de consolidação

(4) Pela eliminação dos investimentos financeiros

Rubrica	Débito	Crédito
Capital subscrito (240.000 * 90%) + (600.000 * 10%)	276.000	
Reservas e resultados transitados (120.000 * 90%) + (120.000 * 10%)	120.000	
IF – Participações financeiras_MEP		324.000
Outros investimentos financeiros		72.000

(5) Pela reclassificação do goodwill

Rubrica	Débito	Crédito
Ativos intangíveis - Goodwill	12.000	
IF - Participações financeiras_Goodwill		12.000

(6) Pela reclassificação das contas relativas à amortização do goodwill

Rubrica	Débito	Crédito
Gastos de depreciação e de amortização		
Ativos intangíveis – *Goodwill*	1.200	
Investimentos financeiros		
Amortizações acumuladas – *Goodwill*	1.200	
Gastos de depreciação e de amortização		
Investimentos financeiros – *Goodwill*		1.200
Ativos intangíveis		
Amortizações acumuladas – *Goodwill*		1.200

(7) Pela reclassificação das contas relativas à amortização do goodwill de N-1

Rubrica	Débito	Crédito
Resultados transitados	1.200	
Investimentos financeiros		
Amortizações acumuladas – *Goodwill*	1.200	
Resultados transitados		1.200
Ativos intangíveis		
Amortizações acumuladas – *Goodwill*		1.200

(8) Pelo reconhecimento dos interesses que não controlam

Rubrica	Débito	Crédito
Capital subscrito (240.000 * 10%)	24.000	
Reservas e resultados transitados (120.000 * 10%) + 7.914	19.914	
RLP atribuível a interesses que não controlam	5.540,4	
Interesses que não controlam		49.454,4

Balanço Consolidado a 31/12/N (em euros)

	JOTA + TESA	Eliminações		Balanço Consolidado
		Débito	Crédito	
ATIVO				
Participações financeiras_MEP	410.400		(2) 54.000 (3) 32.400 (4) 324.000	—
Goodwill	9.600	(5) 12.000 (6) 1.200 (7) 1.200	(5) 12.000 (6) 1.200 (7) 1.200	9.600
Outros investimentos financeiros	72.000		(4) 72.000	—
Outros ativos	1.788.000			1.788.000
Total do Ativo	**2.280.000**			**1.797.600**
CAPITAL PRÓPRIO E PASSIVO				
Capital subscrito	840.000	(4) 276.000 (8) 24.000		540.000
Reservas e resultados transitados	420.000	(2) 54.000 (4) 120.000 (7) 1.200 (8) 19.914	(7) 1.200	226.086
Resultado líquido do período	180.000	(3) 32.400 (6) 1.200 (8) 5.540,4	(6) 1.200	142.059,6
Interesses que não controlam			(8) 49.454,4	49.454,4
Passivo diverso	840.000			840.000
Total do Capital próprio e do Passivo	**2.280.000**			**1.797.600**

Caso Prático 5.5.51 – Caso Prático Global (1)

A entidade DIMAN, S.A. detém uma participação financeira de 75% na entidade MULTI, S.A., reconhecida pelo método da equivalência patrimonial.

Durante o período de N, ocorreram as seguintes transações entre as entidades:

- A entidade MULTI, S.A. vendeu mercadorias à entidade DIMAN, S.A. no valor de 900.000 euros, com uma margem de lucro sobre as vendas de 25%. No final do período, a entidade DIMAN, S.A. detinha, em armazém, mercadorias adquiridas à entidade MULTI, S.A. no valor de 250.000 euros;
- A entidade MULTI, S.A. alienou, no final de N, à entidade DIMAN, S.A. uma máquina pelo montante de 200.000 euros. A máquina foi adquirida pela entidade DIMAN, S.A. no início de N-3, pelo montante de 450.000, com uma vida útil estimada de 8 anos. A entidade DIMAN, S.A. atribuiu uma vida útil à máquina de 5 anos. Ambas as entidades adotam o método da linha reta no cálculo das depreciações dos seus ativos fixos tangíveis;
- A entidade DIMAN, S.A. alienou, no final de N, à entidade MULTI, S.A. um terreno pelo montante de 700.000 euros, que lhe havia custado em N-2, 800.000 euros.

O resultado líquido do período de N da entidade MULTI, S.A. foi de 780.000 euros, não se tendo verificado qualquer outra alteração no seu capital próprio durante esse período.

Pretende-se que:

Apresente os ajustamentos para efeito de consolidação das demonstrações financeiras no período N.

Proposta de resolução:

% de participação = 75%; confere o controlo, pelo que o método a utilizar é o método da consolidação integral.

Interesses que não controlam = 25%

De acordo com a NCRF 15 – Investimentos em Subsidiárias e Consolidação, os resultados provenientes de transações intragrupo que estejam reconhecidos nos ativos, tais como inventários e ativos fixos tangíveis, são eliminados por inteiro.

Relativamente à venda de mercadorias da MULTI, S.A. à DIMAN, S.A., parte desses inventários, à data de relato, ainda se encontravam em stock. Deste modo, para além da eliminação das vendas e compras recíprocas, é necessário anular também a margem de lucro incluída nos inventários da entidade DIMAN, S.A.:

Margem de lucro = 250.000 * 25% = 62.500

Como a margem de lucro foi reconhecida pela MULTI, S.A., há que proceder à imputação da eliminação da mesma aos interesses que não controlam.

Quanto à alienação da máquina da MULTI, S.A. à DIMAN, S.A., a mais ou menos-valia apurada na alienação foi a seguinte:

= 200.000 – (450.000 – 450.000/8 * 4) = (25.000)

Como a venda da máquina ocorreu no final de N, não haverá que corrigir a eventual diferença nas depreciações.

Como a menos-valia foi reconhecida pela MULTI, S.A., há que proceder à imputação da eliminação da mesma aos interesses que não controlam.

Quanto à alienação do terreno da DIMAN, S.A. à MULTI, S.A., a mais ou menos-valia apurada na alienação foi a seguinte:

= 700.000 – 800.000 = (100.000)

Como a menos-valia foi reconhecida pela DIMAN, S.A., não há que proceder à imputação da eliminação da mesma aos interesses que não controlam.

Eliminação dos efeitos da aplicação do MEP

*Pela eliminação da % no RLP (780.000 * 75%)*

Rubrica	Débito	Crédito
Outros rendimentos	585.000	
IF – Participações financeiras_MEP		585.000

*Pela eliminação da % da margem de lucro incluída nos inventários (62.500 * 75%)*

Rubrica	Débito	Crédito
IF – Participações financeiras_MEP	46.875	
Outros rendimentos		46.875

*Pela eliminação da % na menos-valia obtida na alienação da máquina (25.000 * 75%)*

Rubrica	Débito	Crédito
Outros rendimentos	18.750	
IF – Participações financeiras_MEP		18.750

*Pela eliminação da % na menos-valia obtida na alienação do terreno (100.000 * 75%)*

Rubrica	Débito	Crédito
Outros rendimentos	75.000	
IF – Participações financeiras_MEP		75.000

Restantes eliminações para efeitos de consolidação

*Pela imputação da % do RLP aos interesses que não controlam (780.000 * 25%)*

Rubrica	Débito	Crédito
RLP atribuível a interesses que não controlam	195.000	
Interesses que não controlam		195.000

Pela eliminação das vendas e compras recíprocas

Rubrica	Débito	Crédito
Vendas	900.000	
CMVMC		900.000

Pela eliminação do lucro não realizado refletido nos inventários da DIMAN

Rubrica	Débito	Crédito
CMVMC	62.500	
Inventários (mercadorias)		62.500

*Pela imputação do lucro não realizado refletido nos inventários da DIMAN aos interesses que não controlam (62.500 * 25%)*

Rubrica	Débito	Crédito
Interesses que não controlam	15.625	
RLP atribuível a interesses que não controlam		15.625

Pela eliminação da menos-valia relativa à máquina

Como a venda da máquina ocorreu no final de N, não haverá que corrigir a eventual diferença nas depreciações, uma vez que a empresa DIMAN, S.A. não reconhece qualquer depreciação no período de N.

No final de N:

	Na DIMAN	Na MULTI	Consolidado	Correção
QE do AFT	200.000	0	225.000	+25.000
Menos-valia		25.000	0	+25.000

Rubrica	Débito	Crédito
Ativos fixos tangíveis	25.000	
Outros gastos		25.000

*Pela imputação da eliminação da menos-valia aos interesses que não controlam (25.000 * 25%)*

Rubrica	Débito	Crédito
RLP atribuível a interesses que não controlam	6.250	
Interesses que não controlam		6.250

Pela eliminação da menos-valia relativa ao terreno

Rubrica	Débito	Crédito
Ativos fixos tangíveis	100.000	
Outros gastos		100.000

Caso Prático 5.5.52 – Caso Prático Global (2)

Em 02/01/N-1, a empresa ONDAS adquiriu por 132.000 euros uma participação na empresa SUN, representando uma percentagem de participação de 80%. À data da aquisição, o capital de SUN era igual a 84.000 euros e as reservas de SUN eram iguais a 36.000 euros. Nessa data, a empresa SUN possuía um terreno contabilizado por 48.000 euros, em relação ao qual foi atribuído um justo valor de 78.000 euros. Em 31/12/N, os balanços individuais das duas empresas apresentavam a seguinte composição:

Balanços individuais em 31/12/N (em euros)

	ONDAS	SUN
ATIVO		
Ativo não corrente		
Ativos fixos tangíveis	384.000	240.000
Part. Financeiras – MEP	158.400	
Goodwill	9.600	
Ativo corrente		
Inventários	48.000	24.000
Créditos a receber	38.400	9.600
Caixa e depósitos bancários	2.400	1.200
Total do Ativo	**640.800**	**274.800**
CAPITAL PRÓPRIO E PASSIVO		
Capital próprio		
Capital subscrito	240.000	84.000
Reservas e resultados transitados	108.000	54.000
Resultado líquido do período	40.800	36.000
Passivo corrente		
Dívidas a pagar	252.000	100.800
Total do Capital próprio e do Passivo	**640.800**	**274.800**

Por sua vez, a composição das demonstrações individuais dos resultados por naturezas das duas empresas era a seguinte:

Demostrações Individuais dos resultados por naturezas relativas ao exercício findo em 31/12/N (em euros)

	ONDAS	SUN
Rendimentos e gastos		
Vendas e serviços prestados	600.000	367.200
CMVMC	(396.000)	(226.800)
Fornecimentos e serviços externos	(83.400)	(43.200)
Gastos com o pessoal	(81.000)	(44.400)
Outros rendimentos	36.000	2.400
RADGFI	75.600	55.200
Gastos/reversões de depreciação e de amortização	(42.000)	(19.200)
RO	33.600	36.000
Juros e rendimentos similares obtidos	7.200	—
RAI = RLP	40.800	36.000

No quadro seguinte apresenta-se a evolução do resultado líquido do período da empresa SUN (em euros):

Ano	RLP de SUN
N-1	24.000
N	36.000

A empresa ONDAS contabiliza a participação na empresa SUN pelo método da equivalência patrimonial. A vida útil atribuída ao *goodwill* pela ONDAS foi de 10 anos.

As existências iniciais de SUN incluíam 18.000 euros de mercadorias adquiridas a ONDAS em N-1. Nesse ano, a margem de lucro praticada por ONDAS ascendeu a 30% sobre o preço de venda. Tais mercadorias foram vendidas por SUN, em N, para fora do grupo.

Sabe-se ainda que a empresa SUN não distribuiu resultados durante o período N-1.

A empresa SUN atribuiu no período N dividendos referentes ao resultado líquido do período N-1 no montante de 6.000 euros.

A empresa ONDAS vendeu à empresa SUN 120.000 euros de mercadorias com uma margem de lucro de 20% sobre o preço de venda. As existências finais de SUN incluíam 12.000 euros destas mercadorias.

A empresa SUN vendeu à empresa ONDAS 48.000 euros de mercadorias. Nas existências finais da ONDAS encontram-se algumas destas mercadorias que incluem uma margem bruta de 3.600 euros.

Os balanços de ambas as empresas incluem as contas a receber e a pagar respeitantes a compras e vendas recíprocas evidenciadas no quadro seguinte (em euros):

Empresa	Créditos a receber	Dívidas a pagar
ONDAS	12.000	6.000
SUN	6.000	12.000

Pretende-se que:

Apresente o balanço consolidado e a demonstração consolidada dos resultados do período N.

Proposta de resolução:

% de participação = 80%; confere o controlo, pelo que o método a utilizar é o método da consolidação integral.

Interesses que não controlam = 20%

Custo de aquisição = 132.000

% no justo valor líquido dos ativos, passivos e passivos contingentes identificáveis = (84.000 + 36.000 + 78.000 – 48.000) * 80% = 120.000

Goodwill = 132.000 – 120.000 = 12.000

Amortização anual (10 anos) = 12.000/10 = 1.200

Movimentos efetuados na conta "Investimentos financeiros", nas contas individuais da sociedade ONDAS

IF – Participações Financeiras_MEP

Pela % no JV:	120.000	% lucro não realizado N-1:	4.320
Pela % no RLP de N-1:	19.200	Dividendos:	4.800
Pela % no RLP de N:	28.800	% lucro não realizado N:	4.800
% lucro realizado N:	4.320	**Saldo devedor:**	**158.400**

IF – Participações Financeiras_*Goodwill*

Pelo *goodwill*:	12.000	Amortização do *goodwill* de N-1:	1.200
		Amortização do *goodwill* de N:	1.200
		Saldo devedor:	**9.600**

(1) Pela integração dos saldos iniciais

Rubrica	Débito	Crédito
Ativos fixos tangíveis	624.000	
IF – Participações financeiras_MEP	158.400	
IF – Participações financeiras_*Goodwill*	9.600	
Inventários	72.000	
Créditos a receber	48.000	
Caixa e depósitos bancários	3.600	
CMVMC	622.800	
Fornecimentos e serviços externos	126.600	
Gastos com o pessoal	125.400	
Gastos/reversões de depreciação e de amortização	61.200	
Capital subscrito		324.000
Reservas e resultados transitados		162.000
Dívidas a pagar		352.800
Vendas e serviços prestados		967.200
Outros rendimentos		38.400
Juros e rendimentos similares obtidos		7.200

Eliminação dos efeitos da aplicação do MEP

(2) Pela eliminação da % no RLP de N-1

Rubrica	Débito	Crédito
Resultados transitados	19.200	
IF – Participações financeiras_MEP		19.200

(3) Pela eliminação da % no lucro não realizado N-1

Rubrica	Débito	Crédito
IF – Participações financeiras_MEP	4.320	
Resultados transitados		4.320

(4) Pela eliminação dos dividendos

Rubrica	Débito	Crédito
IF – Participações financeiras_MEP	4.800	
Resultados transitados		4.800

(5) Pela eliminação da % no RLP de N

Rubrica	Débito	Crédito
Outros rendimentos	28.800	
IF – Participações financeiras_MEP		28.800

(6) Pela eliminação da % no lucro não realizado N

Rubrica	Débito	Crédito
IF - Participações financeiras_MEP	4.800	
Outros rendimentos		4.800

(7) Pela eliminação do reconhecimento da % no lucro contido nas existências iniciais N

Rubrica	Débito	Crédito
Outros rendimentos	4.320	
IF – Participações financeiras_MEP		4.320

Restantes eliminações para efeitos de consolidação

(8) Pela eliminação do investimento financeiro

Rubrica	Débito	Crédito
Capital subscrito	67.200	
Reservas e resultados transitados	28.800	
Ativos fixos tangíveis – Terrenos	24.000	
IF – Participações financeiras_MEP		120.000

(9) Pela reclassificação do goodwill

Rubrica	Débito	Crédito
Ativos intangíveis – *Goodwill*	12.000	
IF – Participações financeiras_*Goodwill*		12.000

(10) Pela reclassificação das contas relativas à amortização do goodwill de N-1

Rubrica	Débito	Crédito
Resultados transitados	1.200	
Investimentos financeiros		
Amortizações acumuladas – *Goodwill*	1.200	
Resultados transitados		1.200
Ativos intangíveis		
Amortizações acumuladas – *Goodwill*		1.200

(11) Pela reclassificação das contas relativas à amortização do goodwill de N

Rubrica	Débito	Crédito
Gastos de depreciação e de amortização		
Ativos intangíveis - *Goodwill*	1.200	
Investimentos financeiros		
Amortizações acumuladas - *Goodwill*	1.200	
Gastos de depreciação e de amortização		
Investimentos financeiros - *Goodwill*		1.200
Ativos intangíveis		
Amortizações acumuladas - *Goodwill*		1.200

(12) Pelo reconhecimento dos interesses que não controlam

Rubrica	Débito	Crédito
Capital subscrito	16.800	
Reservas e resultados transitados	10.800	
RLP atribuível a interesses que não controlam	7.200	
Ativos fixos tangíveis - Terrenos	6.000	
Interesses que não controlam		40.800

(13) Pelo reconhecimento do lucro contido nas existências iniciais de SUN

Rubrica	Débito	Crédito
Resultados transitados	5.400	
CMVMC		5.400

(14) Pela eliminação das vendas e compras recíprocas

Rubrica	Débito	Crédito
Vendas	168.000	
CMVMC		168.000

(15) Pela eliminação do lucro não realizado refletido nos inventários da SUN

Rubrica	Débito	Crédito
CMVMC	2.400	
Inventários (mercadorias)		2.400

(16) Pela eliminação do lucro não realizado refletido nos inventários da ONDAS

Rubrica	Débito	Crédito
CMVMC	3.600	
Inventários (mercadorias)		3.600

*(17) Pela imputação do lucro não realizado refletido nos inventários da ONDAS aos interesses que não controlam (3.600 * 20%)*

Rubrica	Débito	Crédito
Interesses que não controlam	720	
RLP atribuível a interesses que não controlam		720

(18) Pela eliminação das dívidas recíprocas

Rubrica	Débito	Crédito
Dívidas a pagar	18.000	
Créditos a receber		18.000

Apresentam-se a seguir o balanço consolidado e a demonstração consolidada dos resultados por natureza. Neste caso, como se procede à elaboração da demonstração consolidada dos resultados por natureza, não se efetua o "apuramento" do resultado atribuível à empresa-mãe no balanço. Este resultado é apurado na demonstração consolidada dos resultados por natureza por dedução do resultado atribuível aos interesses que não controlam ao resultado do período consolidado.

Balanço Consolidado em 31/12/N (em euros)

	ONDAS	SUN	ONDAS + SUN	Eliminações		Balanço Consolidado
				Débito	Crédito	
ATIVO						
Ativo não corrente						
Ativos fixos tangíveis	384.000	240.000	624.000	(8) 24.000 (12) 6.000		654.000
Part. Financeiras – MEP	158.400		158.400	(3) 4.320 (4) 4.800 (6) 4.800	(2) 19.200 (5) 28.800 (7) 4.320 (8) 120.000	—
Goodwill	9.600		9.600	(9) 12.000 (10) 1.200 (11) 1.200	(9) 12.000 (10) 1.200 (11) 1.200	9.600
Ativo corrente						
Inventários	48.000	24.000	72.000		(15) 2.400 (16) 3.600	66.000
Créditos a receber	38.400	9.600	48.000		(18) 18.000	30.000
Caixa e depósitos bancários	2.400	1.200	3.600			3.600
Total do Ativo	640.800	274.800	915.600			763.200
CAPITAL PRÓPRIO E PASSIVO						
Capital próprio						
Capital subscrito	240.000	84.000	324.000	(8) 67.200 (12) 16.800		240.000
Reservas e resultados transitados	108.000	54.000	162.000	(2) 19.200 (8) 28.800 (10) 1.200 (12) 10.800 (13) 5.400	(3) 4.320 (4) 4.800 (10) 1.200	106.920
Resultado líquido do período	40.800	36.000				41.400
Interesses que não controlam				(17) 720	(12) 40.800	40.080
Total do Capital próprio						428.400
Passivo corrente						
Dívidas a pagar	252.000	100.800	352.800	(18) 18.000		334.800
Total do Capital próprio e do Passivo	**640.800**	**274.800**	**915.600**			**763.200**

Demonstração Consolidada dos resultados por naturezas em 31/12/N (em euros)

	ONDAS	SUN	ONDAS + SUN	Eliminações		DR Consolidada
				Débito	Crédito	
Rendimentos e gastos						
Vendas e serviços prestados	600.000	367.200	967.200	(14) 168.000		799.200
CMVMC	(396.000)	(226.800)	(622.800)	(15) 2.400 (16) 3.600	(13) 5.400 (14) 168.000	(455.400)
Fornecimentos e serviços externos	(83.400)	(43.200)	(126.600)			(126.600)
Gastos com o pessoal	(81.000)	(44.400)	(125.400)			(125.400)
Outros rendimentos	36.000	2.400	38.400	(5) 28.800 (7) 4.320	(6) 4.800	10.080
RADGFI	75.600	55.200	130.800			101.880
Gastos/reversões de depreciação e de amortização	(42.000)	(19.200)	(61.200)	(11) 1.200	(11) 1.200	(61.200)
RO	33.600	36.000	69.600			40.680
Juros e rendimentos similares obtidos	7.200	-	7.200			7.200
RAI = RLP	40.800	36.000	76.800			47.880
RLP atribuível a:						
Detentores do capital da Emp. Mãe						41.400 (*)
Interesses que não controlam				(12) 7.200	(17) 720	6.480

(*) 47.880 – 6.480

Caso Prático 5.5.53 – Caso Prático Global (3)

A empresa MIDIA, S.A. possui uma participação financeira na empresa STAY, S.A., adquirida no início de N por 250.000 euros.

Aquando da aquisição, os capitais próprios de STAY, S.A. eram compostos por:

- Capital subscrito: 250.000 euros
- Reservas: 50.000 euros

Nessa mesma data a empresa STAY, S.A. possuía um edifício reconhecido por 50.000 euros ao qual foi atribuído um justo valor de 70.000 euros e cuja vida útil remanescente correspondia a 10 anos.

O valor nominal do capital adquirido é de 200.000 euros.

Relativamente ao período N, são conhecidas as seguintes informações:

- Foi vendido, no início de N, pela MIDIA, S.A. à STAY, S.A. um equipamento que pertencia aos ativos fixos tangíveis da primeira. O preço de venda foi de 6.000 euros, tendo sido obtida uma mais-valia de 2.250 euros. O referido equipamento tinha sido adquirido em N-7 por 30.000 euros e vinha sendo depreciado à taxa de 12,5% segundo o método da linha reta. A empresa STAY, S.A. procedeu à depreciação do bem considerando uma vida útil de 3 anos;
- As vendas da STAY, S.A. à MIDIA, S.A. ascenderam a 84.000 euros, e a margem praticada foi de 40% sobre o preço de custo. Ainda constavam dos inventários da MIDIA, S.A., em 31/12 de N, 7.000 euros destas mercadorias. Devido à dificuldade de venda dessas mercadorias a empresa MIDIA, S.A reconheceu uma perda por imparidade no valor de 20% desse stock;
- A empresa MIDIA, S.A. colaborou na reconstrução de um equipamento pertencente à STAY, S.A.. Os serviços prestados ascenderam a 44.000 euros, os quais incluem uma margem bruta de 14.000 euros. A STAY, S.A. reconheceu os serviços prestados pela MIDIA, S.A. na conta "Investimentos em curso";
- As vendas da MIDIA, S.A. à STAY, S.A. ascenderam a 50.000 euros, tendo sido praticada uma margem de 20% sobre o preço de venda. Ainda se encontram por liquidar 25.000 euros. Não faziam parte dos inventários da STAY, S.A. quaisquer destas mercadorias;

- A entidade MIDIA, S.A. reconheceu, como rédito, comissões de prestações de serviços faturadas à entidade STAY, S.A., no valor de 320.000 euros. As comissões relativas ao mês de dezembro de N, a faturar em janeiro de N+1, no valor de 65.000 euros, foram devidamente periodificadas no período de N;
- O resultado líquido do período da STAY, S.A. foi de 320.000 euros.

Pretende-se que:

1. Efetue os lançamentos contabilísticos que traduzam a aplicação do método da equivalência patrimonial nas contas individuais da MIDIA, S.A..
2. Apresente os ajustamentos para efeito de consolidação das demonstrações financeiras no período N.

Proposta de resolução:

Pedido 1

% participação = 80% (200.000/250.000)

Goodwill implícito = Custo de aquisição – % no justo valor líquido dos ativos, passivos e passivos contingentes identificáveis à data de aquisição

= 250.000 – (250.000 + 50.000 + 70.000 – 50.000) * 80%

Goodwill negativo = 6.000

Considera-se que a sua realização ocorre no durante o período N.

Pela aquisição do investimento financeiro

	início de N		
41	Investimentos financeiros		
411	Investimentos em subsidiárias		
4111	Participações de capital - MEP		
41111	Participações de capital		
411111	Quota-parte nos capitais próprios	240.000	
411112	Diferenças de avaliação	16.000	
411113	Goodwill negativo		6.000
12	Depósitos à Ordem		250.000

Pela realização do goodwill negativo

	31/12/N		
41	Investimentos financeiros		
411	Investimentos em subsidiárias		
4111	Participações de capital - MEP		
41111	Participações de capital		
411113	*Goodwill* negativo	6.000	
78	Outros rendimentos		
7858	Outros rendimentos		6.000

*Pela % no RLP da STAY, S.A. (320.000 * 80%)*

	31/12/N		
41	Investimentos financeiros		
411	Investimentos em associadas		
4111	Participações de capital - MEP		
41111	Participações de capital		
411114	Quota-parte no resultado do período	256.000	
78	Outros rendimentos		
785	Rendimentos em subsidiárias, associadas e empreendimentos conjuntos		
7851	Aplicação do MEP		256.000

*Pela % da diferença de avaliação realizada durante N (20.000/10 * 80%)*

	31/12/N		
78	Outros rendimentos		
785	Rendimentos em subsidiárias, associadas e empreendimentos conjuntos		
7851	Aplicação do MEP	1.600	
41	Investimentos financeiros		
411	Investimentos em subsidiárias		
4111	Participações de capital - MEP		
41111	Participações de capital		
411112	Diferenças de avaliação		1.600

*Pela % na eliminação da mais-valia (2.250 * 80%)*

	31/12/N		
78	Outros rendimentos		
785	Rendimentos em subsidiárias, associadas e empreendimentos conjuntos		
7851	Aplicação do MEP	1.800	
41	Investimentos financeiros		
411	Investimentos em subsidiárias		
4111	Participações de capital – MEP		
41111	Participações de capital		
411117	Quota-parte nos resultados não realizados		1.800

*Pela % na mais-valia realizada durante N (2.250/3 * 80%)*

	31/12/N		
41	Investimentos financeiros		
411	Investimentos em subsidiárias		
4111	Participações de capital – MEP		
41111	Participações de capital		
411117	Quota-parte nos resultados não realizados	600	
78	Outros rendimentos		
785	Rendimentos em subsidiárias, associadas e empreendimentos conjuntos		
7851	Aplicação do MEP		600

Pela % na eliminação do lucro não realizado

Lucro não realizado nos inventários da MIDIA, S.A. = 7.000 – 7.000/1,4 = 2.000

	31/12/N		
78	Outros rendimentos		
785	Rendimentos em subsidiárias, associadas e empreendimentos conjuntos		
7851	Aplicação do MEP	1.600	
41	Investimentos financeiros		
411	Investimentos em subsidiárias		
4111	Participações de capital – MEP		
41111	Participações de capital		
411117	Quota-parte nos resultados não realizados		1.600

Pela % na eliminação da perda por imparidade

Custo para MIDIA, S.A = 7.000
Perda por Imparidade = 7.000 * 20% = 1.400
Logo, Valor Realizável Líquido = 5.600
Custo dos inventários para efeitos consolidados = 5.000
Deste modo, como o valor realizável líquido excede o custo, a perda por imparidade reconhecida pela MIDIA, S.A é eliminada pela totalidade

	31/12/N		
41	Investimentos financeiros		
411	Investimentos em subsidiárias		
4111	Participações de capital – MEP		
41111	Participações de capital		
411117	Quota-parte nos resultados não realizados	1.120	
78	Outros rendimentos		
785	Rendimentos em subsidiárias, associadas e empreendimentos conjuntos		
7851	Aplicação do MEP		1.120

*Pela % na eliminação da margem bruta relativa aos serviços prestados (14.000 * 80%)*

	31/12/N		
78	Outros rendimentos		
785	Rendimentos em subsidiárias, associadas e empreendimentos conjuntos		
7851	Aplicação do MEP	11.200	
41	Investimentos financeiros		
411	Investimentos em subsidiárias		
4111	Participações de capital – MEP		
41111	Participações de capital		
411117	Quota-parte nos resultados não realizados		11.200

Pedido 2

Eliminação dos efeitos da aplicação do MEP

*Pela eliminação da % no RLP da STAY, S.A. (320.000 * 80%)*

Rubrica	Débito	Crédito
Outros rendimentos	256.000	
IF – Participações financeiras_MEP		256.000

*Pela eliminação da % na diferença de avaliação realizada durante N (20.000/10 * 80%)*

Rubrica	Débito	Crédito
IF – Participações financeiras_MEP	1.600	
Outros rendimentos		1.600

*Pela anulação da % na eliminação da mais-valia (2.250 * 80%)*

Rubrica	Débito	Crédito
IF – Participações financeiras_MEP	1.800	
Outros rendimentos		1.800

*Pela eliminação da % na mais-valia realizada durante N (2.250/3 * 80%)*

Rubrica	Débito	Crédito
Outros rendimentos	600	
IF – Participações financeiras_MEP		600

Pela eliminação da % do lucro não realizado

Rubrica	Débito	Crédito
IF – Participações financeiras_MEP	1.600	
Outros rendimentos		1.600

Pela eliminação da % na eliminação da perda por imparidade

Rubrica	Débito	Crédito
Outros rendimentos	1.120	
IF – Participações financeiras_MEP		1.120

*Pela eliminação da % na margem bruta relativa aos serviços prestados (14.000 * 80%)*

Rubrica	Débito	Crédito
IF – Participações financeiras_MEP	11.200	
Outros rendimentos		11.200

Restantes eliminações para efeitos de consolidação

Pela eliminação do investimento financeiro

Rubrica	Débito	Crédito
Capital subscrito	200.000	
Reservas	40.000	
Ativos fixos tangíveis	16.000	
IF – Participações financeiras_MEP		256.000

Pelo reconhecimento dos interesses que não controlam

Rubrica	Débito	Crédito
Capital subscrito	50.000	
Reservas	10.000	
RLP atribuível a interesses que não controlam	64.000	
Ativos fixos tangíveis	4.000	
Interesses que não controlam		128.000

Pela depreciação da diferença de avaliação

Rubrica	Débito	Crédito
Gastos de depreciação e de amortização	2.000	
Ativos fixos tangíveis – Depreciações acumuladas		2.000

Pela imputação da % na depreciação da diferença de avaliação aos interesses que não controlam

Rubrica	Débito	Crédito
Interesses que não controlam	400	
RLP atribuível a interesses que não controlam		400

Pela eliminação da mais-valia relativa ao equipamento

Rubrica	Débito	Crédito
Outros rendimentos	2.250	
Ativos fixos tangíveis		2.250

Pela correção das depreciações do período relativas ao equipamento

Rubrica	Débito	Crédito
Ativos fixos tangíveis – Depreciações acumuladas	750	
Gastos de depreciação e de amortização		750

Pela eliminação das vendas e compras recíprocas

Rubrica	Débito	Crédito
Vendas	134.000	
CMVMC		134.000

Pela eliminação do lucro não realizado refletido nos inventários da MIDIA

Rubrica	Débito	Crédito
CMVMC	2.000	
Inventários (mercadorias)		2.000

*Pela imputação do lucro não realizado refletido nos inventários da MIDIA aos interesses que não controlam (2.000 * 20%)*

Rubrica	Débito	Crédito
Interesses que não controlam	400	
RLP atribuível a interesses que não controlam		400

Pela eliminação da perda por imparidade

Rubrica	Débito	Crédito
Mercadorias – Perdas por imparidade acumuladas	1.400	
Perdas por Imparidade		1.400

*Pela imputação da eliminação da perda por imparidade aos interesses que não controlam (1.400 * 20%)*

Rubrica	Débito	Crédito
RLP atribuível a interesses que não controlam	280	
Interesses que não controlam		280

Pela eliminação das dívidas recíprocas

Rubrica	Débito	Crédito
Fornecedores	25.000	
Clientes		25.000

Pela eliminação da prestação de serviços na reconstrução do equipamento

Rubrica	Débito	Crédito
Prestações de Serviços	44.000	
Investimentos em Curso		44.000

Pelo reconhecimento dos investimentos em curso ao custo

Rubrica	Débito	Crédito
Investimentos em Curso	30.000	
Trabalhos para a própria entidade		30.000

Pela eliminação das comissões de prestações de serviços

Rubrica	Débito	Crédito
Prestações de Serviços	320.000	
Fornecimentos e Serviços Externos		320.000

Pela eliminação da periodização dos rendimentos e gastos

Rubrica	Débito	Crédito
OCRP – Credores por Acréscimos de gastos	65.000	
OCRP – Devedores por acréscimos de rendimentos		65.000

Caso Prático 5.5.54 – Caso Prático Global (4)

Em 02/01/N-1, a empresa WAVES, S.A. adquiriu por 198.000 euros uma participação na empresa SUN, S.A., representando uma percentagem de participação de 60%. À data da respetiva aquisição, os capitais próprios da SUN, S.A. ascendiam a 284.400 euros, neles se incluindo um capital social de 216.000 euros e reservas e resultados transitados de 68.400 euros. Nessa mesma data, a empresa SUN, S.A. possuía um equipamento contabilizado por 28.800 euros, ao qual foi atribuído um justo valor de 43.200 euros e cuja vida útil remanescente correspondia a 5 anos.

A empresa WAVES, S.A. contabiliza a participação na empresa SUN, S.A. pelo método da equivalência patrimonial e procede à amortização do *goodwill* linearmente em 5 anos.

A empresa SUN, S.A. comercializa um único produto designado por LL que é utilizado, pela WAVES, S.A., como componente na fabricação de um dos produtos da WAVES, S.A., o qual representa 60% do custo de produção. A empresa SUN, S.A. efetua as suas vendas com uma margem bruta de 25% sobre o preço de custo. Durante N, SUN, S.A. alienou a WAVES, S.A. 240.000 euros do produto LL, tendo recebido 216.000 euros.

No final do período N, a empresa WAVES, S.A. possuía na rubrica de inventários: 36.000 euros de matéria-prima LL; 12.000 de produtos em curso e 21.000 euros de produtos acabados.

Durante N, a empresa WAVES, S.A. atribuiu e pagou dividendos no valor de 63.306 euros, tendo recebido dividendos da empresa SUN, S.A. no montante de 3.240 euros.

No início de N, a SUN, S.A. adquiriu, a pronto pagamento, à WAVES, S.A. ativos fixos tangíveis no montante de 72.000 euros. A empresa SUN, S.A. optou por depreciar os referidos ativos fixos tangíveis durante a vida útil remanescente, que correspondia a 5 anos, através do método de cálculo utilizado por WAVES, S.A., que correspondia ao da linha reta. Os outros rendimentos na demonstração dos resultados de N de SUN, S.A. respeitam a ganhos obtidos na alienação de ativos fixos tangíveis (o ativo fixo tangível e as depreciações acumuladas de N-1 eram de 342.000 euros e de 72.000 euros, respetivamente). O ativo fixo tangível e as depreciações acumuladas a 31/12/N eram de 360.000 euros e de 113.402 euros, respetivamente.

A empresa SUN, S.A. durante o período de N contraiu um empréstimo bancário de 45.000 euros.

Durante N, WAVES, S.A. alienou, a pronto pagamento, equipamentos por 87.750 euros, que tinham sido adquiridos por 84.600 euros (o ativo fixo tangível e as depreciações acumuladas de N-1 eram de 171.000 euros e de 72.000 euros, respetivamente) obtendo um ganho de 15.750 euros, do qual 12.000 euros diz respeito ao obtido com a alienação do equipamento à SUN, S.A.. O ativo fixo tangível e as depreciações acumuladas a 31/12/N eram de 252.000 euros e de 89.100 euros, respetivamente.

O balanço consolidado de WAVES, S.A com a SUN, S.A. em 31/12/N-1 era o que a seguir se apresenta:

	Balanço Consolidado
ATIVO	
Ativo não corrente	
Ativos fixos tangíveis	380.520
Goodwill	14.976
Outros investimentos financeiros	27.000
Ativo corrente	
Inventários	307.170
Créditos a receber	205.200
Caixa e depósitos bancários	259.650
Total do Ativo	1.194.516
CAPITAL PRÓPRIO E PASSIVO	
Capital próprio	
Capital subscrito	360.000
Reservas e resultados transitados	36.000
Resultado líquido do período	169.614
Interesses que não Controlam	125.568
Passivo não corrente	
Financiamentos obtidos	126.000
Passivo corrente	
Financiamentos obtidos	84.600
Fornecedores	221.904
Acréscimos de gastos (gastos c/ pessoal)	70.830
Total do Capital próprio e do Passivo	1.194.516

Em 31/12/N, os balanços individuais das duas empresas apresentavam a seguinte composição:

	WAVES	SUN
ATIVO		
Ativo não corrente		
Ativos fixos tangíveis	162.900	246.598
Part. Financeiras – MEP	186.306	30.600
Goodwill	11.232	
Ativo corrente		
Inventários	219.420	133.200
Créditos a receber	156.240	105.660
Caixa e depósitos bancários	419.400	18.540
Total do Ativo	**1.155.498**	**534.598**
CAPITAL PRÓPRIO E PASSIVO		
Capital próprio		
Capital subscrito	450.000	216.000
Reservas e resultados transitados	136.518	81.000
Resultado líquido do período	249.606	25.630
Passivo não corrente		
Financiamentos obtidos	180.000	
Passivo corrente		
Financiamentos obtidos		81.000
Fornecedores	94.860	108.468
Acréscimos de gastos (gastos c/ pessoal)	44.514	22.500
Total do Capital próprio e do Passivo	**1.155.498**	**534.598**

Por sua vez, a composição das demonstrações individuais dos resultados por naturezas das duas empresas, em 31/12/N era a seguinte:

	WAVES	SUN
Rendimentos e gastos		
Vendas e serviços prestados	766.782	1.058.400
Variação da produção	3.720	-
CMVMC	(359.028)	(756.000)
Fornecimentos e serviços externos	(32.292)	(25.000)
Gastos com o pessoal	(112.674)	(200.000)
Outros rendimentos	18.990	9.000
RADGFI	285.498	86.400
Gastos/reversões de depreciação e de amortização	(29.700)	(54.002)
RO	255.798	32.398
Juros e gastos similares	(6.192)	(6.768)
RAI = RLP	249.606	25.630

No quadro seguinte apresenta-se a evolução do resultado líquido do período da empresa SUN, S.A. (em euros):

Ano	RLP de SUN
N-1	18.000
N	25.630

Pretende-se que:

Apresente o balanço consolidado, a demonstração consolidada dos resultados e a demonstração consolidada de fluxos de caixa do período N.

Proposta de resolução:

% de participação = 60%; confere o controlo, pelo que o método a utilizar é o método da consolidação integral.

Custo de aquisição = 198.000

% no justo valor líquido dos ativos, passivos e passivos contingentes identificáveis = (284.400 + 43.200 – 28.800) * 60% = 179.280

Goodwill = 198.000 – 179.280 = 18.720

Amortização anual (5 anos) = 18.720/5 = 3.744

Movimentos efetuados na conta "Investimentos financeiros", nas contas individuais da empresa WAVES, S.A.:

IF – Participações Financeiras_MEP

Débito		Crédito	
Pela % no JV:	179.280	% na dif. de avaliação N-1:	1.728
Pela % no RLP de N-1:	10.800	% lucro não realizado N:	6.696
Pela % no RLP de N:	15.378	Dividendos recebidos N:	3.240
% na correção das depreciações N:	1.440	% eliminação mais-valia N:	7.200
		% na dif. de avaliação N:	1.728
		Saldo devedor:	**186.306**

IF – Participações Financeiras_*Goodwill*

Débito		Crédito	
Pelo *goodwill*:	18.720	Amortização do *goodwill* N-1:	3.744
		Amortização do *goodwill* N:	3.744
		Saldo devedor:	**11.232**

(1) Pela integração dos saldos iniciais

Rubrica	Débito	Crédito
Ativos fixos tangíveis	409.498	
IF – Participações financeiras_MEP	216.906	
IF – Participações financeiras_*Goodwill*	11.232	
Inventários	352.620	
Créditos a receber	261.900	
Caixa e depósitos bancários	437.940	
CMVMC	1.115.028	
Fornecimentos e serviços externos	57.292	
Gastos com o pessoal	312.674	
Gastos/reversões de depreciação e de amortização	83.702	
Juros e gastos similares	12.960	
Capital subscrito		666.000
Reservas e resultados transitados		217.518
Financiamentos Obtidos		261.000
Fornecedores		203.328
Acréscimos de gastos		67.014
Vendas e serviços prestados		1.825.182
Variação da produção		3.720
Outros rendimentos		27.990

Eliminação dos efeitos da aplicação do MEP

(2) Pela eliminação da % no RLP de N-1

Rubrica	Débito	Crédito
Resultados transitados	10.800	
IF – Participações financeiras_MEP		10.800

(3) Pela eliminação da % na diferença de avaliação realizada no período N-1

Rubrica	Débito	Crédito
IF – Participações financeiras_MEP	1.728	
Resultados transitados		1.728

(4) Pela eliminação da % no lucro não realizado N

Rubrica	Débito	Crédito
IF – Participações financeiras_MEP	6.696	
Outros rendimentos		6.696

(5) Pela eliminação dos dividendos

Rubrica	Débito	Crédito
IF – Participações financeiras_MEP	3.240	
Resultados transitados		3.240

(6) Pela eliminação da % no RLP de N

Rubrica	Débito	Crédito
Outros rendimentos	15.378	
IF – Participações financeiras_MEP		15.378

(7) Pela eliminação da % na eliminação da mais-valia N

Rubrica	Débito	Crédito
IF – Participações financeiras_MEP	7.200	
Outros rendimentos		7.200

(8) Pela eliminação da % na diferença de avaliação realizada no período N

Rubrica	Débito	Crédito
IF – Participações financeiras_MEP	1.728	
Outros rendimentos		1.728

(9) Pela eliminação da % na correção das depreciações de N

Rubrica	Débito	Crédito
Outros rendimentos	1.440	
IF – Participações financeiras_MEP		1.440

Restantes eliminações para efeitos de consolidação

(10) Pela eliminação do investimento financeiro

Rubrica	Débito	Crédito
Capital subscrito	129.600	
Reservas e resultados transitados	41.040	
Ativos fixos tangíveis	8.640	
IF – Participações financeiras_MEP		179.280

(11) Pela reclassificação do goodwill

Rubrica	Débito	Crédito
Ativos intangíveis – *Goodwill*	18.720	
IF – Participações financeiras_*Goodwill*		18.720

(12) Pela reclassificação das contas relativas à amortização do goodwill de N-1

Rubrica	Débito	Crédito
Resultados transitados	3.744	
Investimentos financeiros		
Amortizações acumuladas – *Goodwill*	3.744	
Resultados transitados		3.744
Ativos intangíveis		
Amortizações acumuladas – *Goodwill*		3.744

(13) Pela reclassificação das contas relativas à amortização do goodwill de N

Rubrica	Débito	Crédito
Gastos de depreciação e de amortização		
Ativos intangíveis – *Goodwill*	3.744	
Investimentos financeiros		
Amortizações acumuladas – *Goodwill*	3.744	
Gastos de depreciação e de amortização		
Investimentos financeiros – *Goodwill*		3.744
Ativos intangíveis		
Amortizações acumuladas – *Goodwill*		3.744

(14) Pelo reconhecimento dos interesses que não controlam

Rubrica	Débito	Crédito
Capital subscrito	86.400	
Reservas e resultados transitados	32.400	
RLP atribuível a interesses que não controlam	10.252	
Ativos fixos tangíveis	5.760	
Interesses que não controlam		134.812

(15) Pela depreciação da diferença de avaliação relativa a N-1

Rubrica	Débito	Crédito
Resultados transitados	1.728	
Interesses que não controlam	1.152	
Ativos fixos tangíveis - Depreciações acumuladas		2.880

(16) Pela depreciação da diferença de avaliação relativa a N

Rubrica	Débito	Crédito
Gastos de depreciação e de amortização	2.880	
Ativos fixos tangíveis - Depreciações acumuladas		2.880

*(17) Pela imputação da depreciação da diferença de avaliação relativa a N aos interesses que não controlam (2.880 * 40%)*

Rubrica	Débito	Crédito
Interesses que não controlam	1.152	
RLP atribuível a interesses que não controlam		1.152

(18) Pela eliminação das vendas e compras recíprocas

Rubrica	Débito	Crédito
Vendas	240.000	
CMVMC		240.000

(19) Pela eliminação das dívidas recíprocas

Rubrica	Débito	Crédito
Fornecedores	24.000	
Créditos a receber		24.000

(20) Pela eliminação do lucro não realizado refletido nas matérias-primas da WAVES

Rubrica	Débito	Crédito
CMVMC	7.200	
Inventários		7.200

*(21) Pela imputação do lucro não realizado refletido nas matérias-primas da WAVES aos interesses que não controlam (7.200 * 40%)*

Rubrica	Débito	Crédito
Interesses que não controlam	2.880	
RLP atribuível a interesses que não controlam		2.880

(22) Pela eliminação do lucro não realizado refletido nos produtos em curso e acabados da WAVES

= (12.000 + 21.000) * 60% = 19.800

Lucro não realizado = 19.800 – 19.800/1.25 = 3.960

Rubrica	Débito	Crédito
Variação da produção	3.960	
Inventários		3.960

*(23) Pela imputação do lucro não realizado refletido nos produtos em curso e acabados da WAVES aos interesses que não controlam (3.960 * 40%)*

Rubrica	Débito	Crédito
Interesses que não controlam	1.584	
RLP atribuível a interesses que não controlam		1.584

(24) Pela eliminação da mais-valia

Rubrica	Débito	Crédito
Outros rendimentos	12.000	
Ativos fixos tangíveis		12.000

(25) Pela correção das depreciações do período (12.000/5)

Rubrica	Débito	Crédito
Ativos fixos tangíveis – Depreciações acumuladas	2.400	
Gastos de depreciação e de amortização		2.400

Apresentam-se a seguir o balanço consolidado e a demonstração consolidada dos resultados por natureza. Neste caso, como se procede à elaboração da demonstração consolidada dos resultados por natureza, não se efetua o "apuramento" do resultado atribuível à empresa-mãe no balanço. Este resultado é apurado na demonstração consolidada dos resultados por natureza por dedução do resultado atribuível aos interesses que não controlam ao resultado do período consolidado.

Balanço Consolidado em 31/12/N (em euros)

	WAVES	SUN	WAVES + SUN	Eliminações		Balanço Consolidado
				Débito	Crédito	
ATIVO						
Ativo não corrente						
Ativos fixos tangíveis	162.900	246.598	409.498	(10) 8.640 (14) 5.760 (25) 2.400	(15) 2.880 (16) 2.880 (24) 12.000	408.538
Part. Financeiras – MEP	186.306	30.600	216.906	(3) 1.728 (4) 6.696 (5) 3.240 (7) 7.200 (8) 1.728	(2) 10.800 (6) 15.378 (9) 1.440 (10) 179.280	30.600
Goodwill	11.232		11.232	(11) 18.720 (12) 3.744 (13) 3.744	(11) 18.720 (12) 3.744 (13) 3.744	11.232
Ativo corrente						
Inventários	219.420	133.200	352.620		(20) 7.200 (22) 3.960	341.460
Créditos a receber	156.240	105.660	261.900		(19) 24.000	237.900
Caixa e depósitos bancários	419.400	18.540	437.940			437.940
Total do Ativo	**1.155.498**	**534.598**	**1.690.096**			**1.467.670**
CAPITAL PRÓPRIO E PASSIVO						
Capital próprio						
Capital subscrito	450.000	216.000	666.000	(10) 129.600 (14) 86.400		450.000
Reservas e resultados transitados	136.518	81.000	217.518	(2) 10.800 (10) 41.040 (12) 3.744 (14) 32.400 (15) 1.728	(3) 1.728 (5) 3.240 (12) 3.744	136.518
Resultado líquido do período	249.606	25.630				245.766
Interesses que não controlam				(15) 1.152 (17) 1.152 (21) 2.880 (23) 1.584	(14) 134.812	128.044
Passivo não corrente						
Financiamentos obtidos	180.000		180.000			180.000
Passivo corrente						
Financiamentos obtidos		81.000	81.000			81.000
Fornecedores	94.860	108.468	203.328	(19) 24.000		179.328
Acréscimos de gastos (gastos c/ pessoal)	44.514	22.500	67.014			67.014
Total do Capital próprio e do Passivo	**1.155.498**	**534.598**	**1.690.096**			**1.467.670**

Demonstração Consolidada dos resultados por naturezas em 31/12/N (em euros)

	WAVES	SUN	WAVES + SUN	Eliminações		DR Consolidada
				Débito	Crédito	
Rendimentos e gastos						
Vendas e serviços prestados	766.782	1.058.400	1.825.182	(18) 240.000		1.585.182
Variação da produção	3.720		3.720	(22) 3.960		(240)
CMVMC	(359.028)	(756.000)	(1.115.028)	(20) 7.200	(18) 240.000	(882.228)
Fornecimentos e serviços externos	(32.292)	(25.000)	(57.292)			(57.292)
Gastos com o pessoal	(112.674)	(200.000)	(312.674)			(312.674)
Outros rendimentos	18.990	9.000	27.990	(6) 15.378 (9) 1.440 (24) 12.000	(4) 6.696 (7) 7.200 (8) 1.728	14.796
RADGFI	285.498	86.400	371.898			347.544
Gastos/reversões de depreciação e de amortização	(29.700)	(54.002)	(83.702)	(13) 3.744 (16) 2.880	(13) 3.744 (25) 2.400	(84.182)
RO	255.798	32.398	288.196			263.362
Juros e gastos similares	(6.192)	(6.768)	(12.960)			(12.960)
RAI = RLP	249.606	25.630	275.236			250.402
RLP atribuível a:						
Detentores do capital da Emp. Mãe						245.766 (*)
Interesses que não controlam				(14) 10.252	(17) 1.152 (21) 2.880 (23) 1.584	4.636

(*) 250.402 - 4.636

Demonstração consolidada de fluxos de caixa

Cálculos auxiliares:

Recebimentos de Clientes = Saldo inicial Clientes + Vendas – Saldo final Clientes

Recebimentos de Clientes = 205.200 + 1.585.182 – 237.900

Recebimentos de Clientes = 1.552.482

Pagamentos a fornecedores = Saldo inicial Fornecedores + Compras + FSE – Saldo final Fornecedores

Cálculo das compras:

Compras = CMVMC + Existência final de inventários – Existência inicial de inventários – Variação da produção

Compras = 882.228 + 341.460 – 307.170 + 240
Compras = 916.758

Pagamentos a fornecedores = 221.904 + 916.758 + 57.292 – 179.328
Pagamentos a fornecedores = 1.016.626

Pagamentos ao pessoal = Saldo inicial dos acréscimos de gastos com o pessoal + Gastos com o pessoal – Saldo final dos acréscimos de gastos com o pessoal
Pagamentos ao pessoal = 70.830 + 312.674 – 67.014
Pagamentos ao pessoal = 316.490

Pagamentos respeitantes a ativos fixos tangíveis = Aquisições da WAVES, S.A.

	N-1	N
Ativos fixos tangíveis	171.000	252.000
Depreciações Acumuladas	72.000	89.100

Custo AFT_N = Custo AFT_N-1 + Compras_N – Custo AFT vendido_N
252.000 = 171.000 + Compras_N – 84.600
Compras_N = 165.600

Recebimentos respeitantes a ativos fixos tangíveis = Alienações da WAVES, S.A. + Alienações da SUN, S.A.
Alienações da WAVES, S.A. = 87.750 – 72.000 = 15.750
Alienações da SUN, S.A.:

	N-1	N
Ativos fixos tangíveis	342.000	360.000
Depreciações acumuladas	72.000	113.402

Custo AFT_N = Custo AFT_N-1 + Compras_N – Custo AFT vendido_N
360.000 = 342.000 + 72.000 – Custo AFT vendido_N
Custo AFT vendido_N = 54.000

Dep.Acumuladas_N = Dep.Acumuladas_N-1 – Dep.Período_N – Anulação das Dep.Acumuladas dos AFT vendidos_N

113.402 = 72.000 + 54.002 – Anulação das Dep.Acumuladas dos AFT vendidos_N

Anulação das Dep.Acumuladas dos AFT vendidos_N = 12.600

Quantia Escriturada AFT vendidos_N = 54.000 – 12.600 = 41.400

Preço de venda = 41.400 + 9.000 = 50.400

Assim, os recebimentos respeitantes a ativos fixos tangíveis = 15.750 + 50.400 = 66.150

Recebimentos provenientes de financiamentos obtidos = (180.000 – 126.000) + 45.000

Recebimentos provenientes de financiamentos obtidos = 99.000

Aumento de capital por novas entradas = (450.000 – 360.000) = 90.000

Pagamentos respeitantes a financiamentos obtidos = Amortizações de capital

84.600 + 45.000 + Amortizações de capital = 81.000

Amortizações de capital = 48.600

Pagamento de dividendos = 63.306 + 3.240/0,6 * 0,4 = 65.466

Demonstração Consolidada de Fluxos de Caixa relativa ao exercício findo em 31/12/N (em euros)

Rubricas	31/12/N
Fluxo de caixa das atividades operacionais	
Recebimentos de clientes	+ 1.552.482
Pagamentos a fornecedores	- 1.016.626
Pagamentos ao pessoal	- 316.490
Fluxo de caixa das atividades operacionais (1)	+ 219.366
Fluxo de caixa das atividades de investimento	
Pagamentos respeitantes a:	
Ativos fixos tangíveis	- 165.600
Investimentos financeiros	- 3.600
Recebimentos provenientes de:	
Ativos fixos tangíveis	+ 66.150
Fluxo de caixa das atividades de investimento (2)	- 103.050
Fluxo de caixa das atividades de financiamento	
Recebimentos provenientes de:	
Financiamentos obtidos	+ 99.000
Realizações de capital	+ 90.000
Pagamentos respeitantes a:	
Financiamentos obtidos	- 48.600
Juros e gastos similares	- 12.960
Dividendos	- 65.466
Fluxo de caixa das atividades de financiamento (3)	+ 61.974
Variação de caixa e seus equivalentes (1+2+3)	178.290
Caixa e seus equivalentes no início do período	259.650
Caixa e seus equivalentes no fim do período	437.940

Caso Prático 5.5.55 – Caso Prático Global (5)

A empresa OMEGA possui, em 31/12/N, investimentos financeiros representados por partes de capital.

Relativamente a tais investimentos financeiros são conhecidas as seguintes informações (euros):

Empresa participada	GAMA	BETA
Data de aquisição	02/01/N	02/01/N
% de capital com direito a voto	90%	30%
Custo de aquisição	240.000	75.000
Capital próprio da participada na data de aquisição	Capital: 150.000 Res.+ R.T.: 75.000	Capital: 225.000 Res.+ R.T.: 75.000

A empresa GAMA possui, também, em 31/12/N, uma participação financeira na empresa BETA, representativa de 60% do capital com direito a voto, adquirida em 02/01/N por 187.500 euros.

A empresa GAMA efetuou vendas de mercadorias à empresa OMEGA com uma margem bruta de 25% sobre o preço de custo. As mercadorias, que integram o balanço de OMEGA, incluem 60.000 euros daquelas mercadorias.

A empresa GAMA colaborou na reconstrução de um equipamento pertencente a BETA. Os serviços prestados ascenderam a 14.000 euros, os quais incluem uma margem bruta de 4.000 euros. A BETA reconheceu os serviços prestados pela GAMA na conta "Fornecimentos e Serviços Externos".

Para liquidação da operação, a sociedade BETA aceitou uma letra com vencimento no início de N+1. A sociedade GAMA endossou em dezembro de N a referida letra a um fornecedor.

A empresa OMEGA reconheceu, como rédito, comissões de prestações de serviços faturadas à BETA, no valor de 20.000 euros.

A OMEGA alienou, no final de N, à GAMA uma máquina pelo montante de 200.000 euros. A máquina foi adquirida pela entidade OMEGA no início de N-3, pelo montante de 450.000 euros, com uma vida útil estimada de 8 anos. A entidade GAMA atribuiu uma vida útil à máquina de 5 anos. Ambas as entidades adotam o método da linha reta no cálculo das depreciações dos seus ativos fixos tangíveis.

Os investimentos financeiros em GAMA e BETA encontram-se contabilizados pelo método da equivalência patrimonial.

Os balanços das três empresas em 31/12/N são os seguintes:

Balanços individuais em 31/12/N (em euros)

	OMEGA	GAMA	BETA
ATIVO			
Participações financeiras_MEP_GAMA	297.765		
*Goodwill*_GAMA	33.750		
Participações financeiras_MEP_BETA	108.000	213.600	
*Goodwill*_BETA		6.750	
Outros ativos	585.000	412.500	750.000
Total do Ativo	**1.024.515**	**632.850**	**750.000**
CAPITAL PRÓPRIO E PASSIVO			
Capital subscrito	300.000	150.000	225.000
Reservas e resultados transitados	75.000	75.000	75.000
Resultado líquido do exercício	199.515	92.850	60.000
Passivo diverso	450.000	315.000	390.000
Total do Capital próprio e do Passivo	**1.024.515**	**632.850**	**750.000**

Pretende-se que apresente o balanço consolidado em 31/12/N:

a) pela técnica da consolidação direta;

b) pela técnica da consolidação em cascata.

Proposta de resolução:

<u>Alínea a)</u>

Diagrama de dependências:

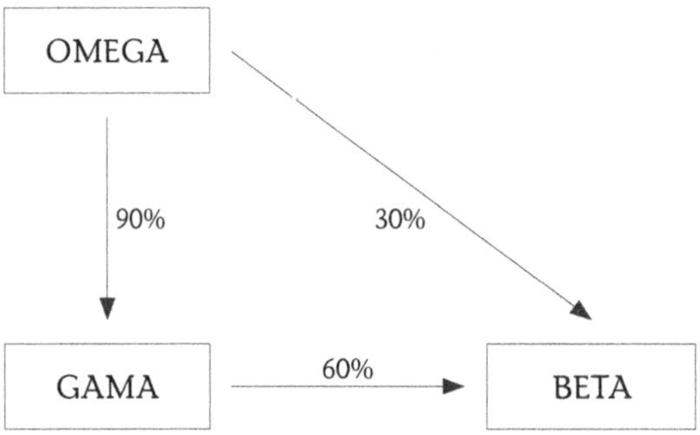

Na técnica de consolidação direta, todas as entidades incluídas no perímetro de consolidação são integradas diretamente na empresa-mãe, o que permite reduzir a estrutura do grupo a um só nível. Para o efeito torna-se necessário calcular as participações efetivas da empresa-mãe nas empresas dependentes bem como as percentagens que correspondem aos interesses que não controlam.

Assim,

% de participação de OMEGA na GAMA = 90%

% de participação de OMEGA na BETA = 30% + (90% * 60%) = 84%

As percentagem dos interesses que não controlam nas sociedades dependentes correspondem:

— Na empresa GAMA: 1 – 90% = 10%
— Na empresa BETA: 1 – 84% = 16%

A empresa OMEGA controla as empresas GAMA e BETA, logo deve utilizar o método de consolidação integral.

(1) Pela integração dos saldos iniciais (OMEGA + GAMA + BETA)

Rubrica	Débito	Crédito
IF – Participações financeiras_MEP	619.365	
IF – Participações financeiras_*Goodwill*	40.500	
Outros ativos	1.747.500	
Capital subscrito		675.000
Reservas e resultados transitados		225.000
Resultado líquido do período		352.365
Passivo diverso		1.155.000

<u>Participação de OMEGA na GAMA</u>

% de participação = 90%

Custo de aquisição = 240.000

% no justo valor líquido dos ativos, passivos e passivos contingentes identificáveis = (150.000 + 75.000) * 90% = 202.500

Goodwill = 240.000 – 202.500 = 37.500

Amortização anual (10 anos) = 37.500/10 = 3.750

GAMA efetuou vendas de mercadorias à empresa OMEGA, como esta ainda tem no final de N, 60.000 euros daquelas mercadorias, o investimento financeiro foi ajustado para eliminar o lucro não realizado.

Lucro não realizado = 60.000 – 60.000/1,25 = 12.000

Quanto à alienação da máquina da OMEGA à GAMA, o investimento financeiro foi também ajustado para eliminar a mais ou menos-valia apurada na alienação.

Menos-valia = 200.000 – (450.000 – 450.000/8 * 4) = (25.000)

Como a venda da máquina ocorreu no final de N, não implicou corrigir a eventual diferença nas depreciações.

Movimentos efetuados na conta "Investimentos financeiros", nas contas individuais da empresa OMEGA

IF – Participações Financeiras_MEP

Pela % nos CP:	202.500	Pela % lucro não realizado:	10.800
Pela % no RLP de N:	83.565		
Pela % na menos-valia:	22.500	**Saldo devedor:**	**297.765**

IF – Participações Financeiras_*Goodwill*

Pelo *goodwill*:	37.500	Amortização do *goodwill*:	3.750
		Saldo devedor:	**33.750**

Eliminação dos efeitos da aplicação do MEP

(2) Pela eliminação da % no RLP de N

Rubrica	Débito	Crédito
Outros rendimentos	83.565	
IF – Participações financeiras_MEP		83.565

(3) Pela eliminação da % na menos-valia

Rubrica	Débito	Crédito
Outros rendimentos	22.500	
IF – Participações financeiras_MEP		22.500

(4) Pela eliminação da % do lucro não realizado

Rubrica	Débito	Crédito
IF – Participações financeiras_MEP	10.800	
Outros rendimentos		10.800

Restantes eliminações para efeitos de consolidação

(5) Pela eliminação do investimento financeiro

Rubrica	Débito	Crédito
Capital subscrito	135.000	
Reservas e resultados transitados	67.500	
IF – Participações financeiras_MEP		202.500

(6) Pela reclassificação do goodwill

Rubrica	Débito	Crédito
Ativos intangíveis – *Goodwill*	37.500	
IF – Participações financeiras_*Goodwill*		37.500

(7) Pela reclassificação das contas relativas à amortização do goodwill

Rubrica	Débito	Crédito
Gastos de depreciação e de amortização		
Ativos intangíveis – *Goodwill*	3.750	
Investimentos financeiros		
Amortizações acumuladas – *Goodwill*	3.750	
Gastos de depreciação e de amortização		
Investimentos financeiros – *Goodwill*		3.750
Ativos intangíveis		
Amortizações acumuladas – *Goodwill*		3.750

(8) Pela eliminação do lucro não realizado

Rubrica	Débito	Crédito
CMVMC	12.000	
Inventários		12.000

*(9) Pela imputação do lucro não realizado aos interesses que não controlam (12.000 * 10%)*

Rubrica	Débito	Crédito
Interesses que não controlam	1.200	
RLP atribuível a interesses que não controlam		1.200

(10) Pela eliminação da menos-valia

Rubrica	Débito	Crédito
Ativos fixos tangíveis	25.000	
Outros gastos		25.000

(11) Pelo reconhecimento dos interesses que não controlam

RLP atribuível a interesses que não controlam = (92.850 – (60.000 * 60%)) * 10%

Rubrica	Débito	Crédito
Capital subscrito	15.000	
Reservas e resultados transitados	7.500	
RLP atribuível a interesses que não controlam	5.685	
Interesses que não controlam		28.185

Participação de OMEGA na BETA

% de participação indireta = 84%

Relativo à participação de GAMA na BETA

Custo de aquisição = 187.500

% no justo valor líquido dos ativos, passivos e passivos contingentes identificáveis = (225.000 + 75.000) * 60% = 180.000

Goodwill = 187.500 – 180.000 = 7.500

Amortização anual (10 anos) = 7.500/10 = 750

A empresa GAMA colaborou na reconstrução de um equipamento pertencente a BETA. Os serviços prestados ascenderam a 14.000 euros, os quais incluem uma margem bruta de 4.000 euros. Deste modo, o investimento financeiro foi ajustado para eliminar a margem bruta não realizada.

Movimentos efetuados na conta "Investimentos financeiros", nas contas individuais da empresa GAMA

IF – Participações Financeiras_MEP

Pela % nos CP:	180.000	Pela % na MB não realizada:	2.400
Pela % no RLP de N:	36.000	**Saldo devedor:**	**213.600**

IF – Participações Financeiras_*Goodwill*

Pelo *goodwill*:	7.500	Amortização do *goodwill*	750
		Saldo devedor:	**6.750**

Relativo à participação de OMEGA na BETA

Custo de aquisição = 75.000

% no justo valor líquido dos ativos, passivos e passivos contingentes identificáveis = (225.000 + 75.000) * 30% = 90.000

Goodwill negativo = 90.000 – 75.000 = 15.000

Movimentos efetuados na conta "Investimentos financeiros", nas contas individuais da empresa OMEGA

IF – Participações Financeiras_MEP

Pela % no JV:	90.000	*Goodwill* negativo:	15.000
Pela % no RLP de N:	18.000		
Realização *goodwill*:	15.000	**Saldo devedor:**	**108.000**

Eliminação dos efeitos da aplicação do MEP

(12) Pela eliminação da % no RLP de N

Rubrica	Débito	Crédito
Outros rendimentos	54.000	
IF – Participações financeiras_MEP		54.000

(13) Pela eliminação da % na margem não realizada

Rubrica	Débito	Crédito
IF – Participações financeiras_MEP	2.400	
Outros rendimentos		2.400

Restantes eliminações para efeitos de consolidação

(14) Pela eliminação do investimento financeiro

Interesses que não controlam = (225.000 + 75.000) * (0,16 – 0,1) = 18.000

Rubrica	Débito	Crédito
Capital subscrito	189.000	
Reservas e resultados transitados	63.000	
Interesses que não controlam	18.000	
IF – Participações financeiras_MEP		270.000

(15) Pela eliminação da prestação de serviços (14.000 + 20.000)

Rubrica	Débito	Crédito
Prestações de serviços	34.000	
Fornecimentos e serviços externos		34.000

(16) Pela eliminação da margem não realizada

Rubrica	Débito	Crédito
Trabalhos para a própria entidade	4.000	
Investimentos em curso		4.000

(17) Pela imputação do efeito da eliminação da margem não realizada aos interesses que não controlam de GAMA

A eliminação da margem não realizada tem um impacto ao nível do RLP de (4.000) + 2.400 = (1.600) não imputado anteriormente.

Rubrica	Débito	Crédito
Interesses que não controlam	160	
RLP atribuível a interesses que não controlam		160

(18) Pelo reconhecimento dos interesses que não controlam

Rubrica	Débito	Crédito
Capital subscrito	36.000	
Reservas e resultados transitados	12.000	
RLP atribuível a interesses que não controlam	9.600	
Interesses que não controlam		57.600

(19) Pela reclassificação do goodwill

Rubrica	Débito	Crédito
Ativos intangíveis – *Goodwill*	7.500	
IF – Participações financeiras_*Goodwill*		7.500

(20) Pela reclassificação das contas relativas à amortização do goodwill

Rubrica	Débito	Crédito
Gastos de depreciação e de amortização		
Ativos intangíveis – *Goodwill*	750	
Investimentos financeiros		
Amortizações acumuladas – *Goodwill*	750	
Gastos de depreciação e de amortização		
Investimentos financeiros – *Goodwill*		750
Ativos intangíveis		
Amortizações acumuladas – *Goodwill*		750

Balanço Consolidado do grupo OMEGA-GAMA-BETA em 31/12/N (em euros)

	OMEGA + GAMA + BETA	Eliminações		Balanço Consolidado
		Débito	Crédito	
ATIVO				
Participações financeiras_MEP	619.365	(4) 10.800 (13) 2.400	(2) 83.565 (3) 22.500 (5) 202.500 (12) 54.000 (14) 270.000	—
Goodwill	40.500	(6) 37.500 (7) 3.750 (19) 7.500 (20) 750	(6) 37.500 (7) 3.750 (19) 7.500 (20) 750	40.500
Outros ativos	1.747.500	(10) 25.000	(8) 12.000 (16) 4.000	1.756.500
Total do Ativo	**2.407.365**			**1.797.000**
CAPITAL PRÓPRIO E PASSIVO				
Capital subscrito	675.000	(5) 135.000 (11) 15.000 (14) 189.000 (18) 36.000		300.000
Reservas e resultados transitados	225.000	(5) 67.500 (11) 7.500 (14) 63.000 (18) 12.000		75.000
Resultado líquido do período	352.365	(2) 83.565 (3) 22.500 (7) 3.750 (8) 12.000 (11) 5.685 (12) 54.000 (15) 34.000 (16) 4.000 (18) 9.600 (20) 750	(4) 10.800 (7) 3.750 (9) 1.200 (10) 25.000 (13) 2.400 (15) 34.000 (17) 160 (20) 750	200.575
Interesses que não controlam		(9) 1.200 (14) 18.000 (17) 160	(11) 28.185 (18) 57.600	66.425
Passivo diverso	1.155.000			1.155.000
Total do Capital próprio e do Passivo	**2.407.365**			**1.797.000**

Alínea b)

Diagrama de dependências:

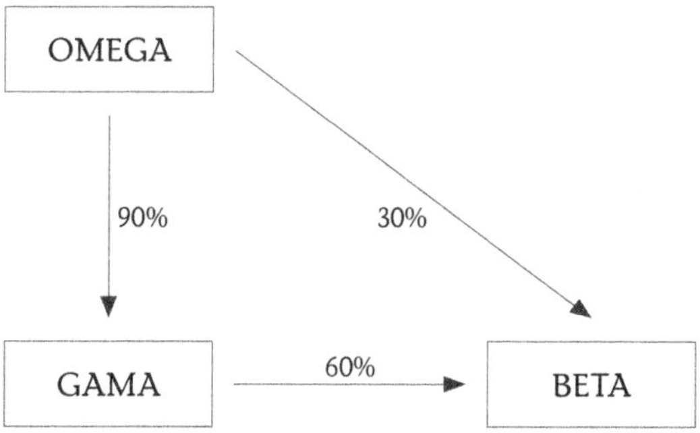

Na técnica de consolidação em cascata, cada entidade é consolidada na entidade que a domina. Assim, primeiramente, consolidam-se as entidades de cada subgrupo de nível inferior na estrutura global do grupo. Depois, consolida-se cada um destes subgrupos com as entidades do respetivo subgrupo de nível imediatamente superior e assim sucessivamente. Finalmente, consolidam-se os subgrupos de nível superior na empresa-mãe.

Assim,

1.ª etapa – consolidação de GAMA com BETA (subgrupo)

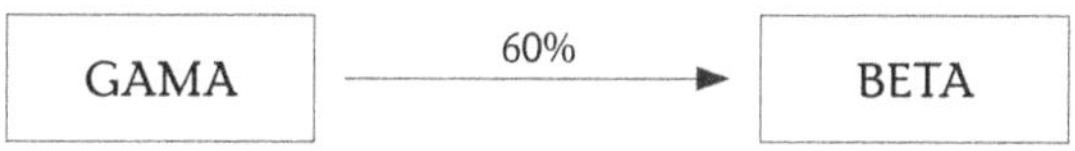

2.ª etapa – consolidação de OMEGA com o subgrupo GAMA/BETA

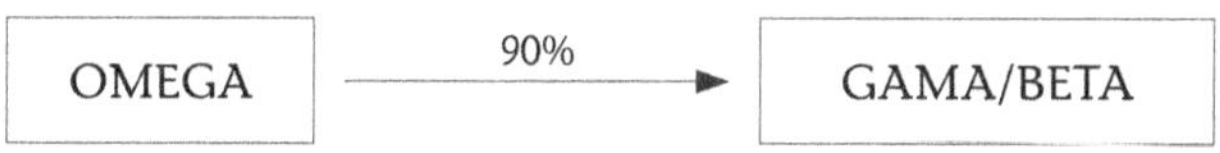

1.ª etapa – consolidação de GAMA com BETA (subgrupo)

Participação de GAMA na BETA

% de participação = 60%

Custo de aquisição = 187.500

% no justo valor líquido dos ativos, passivos e passivos contingentes identificáveis = (225.000 + 75.000) * 60% = 180.000

Goodwill = 187.500 – 180.000 = 7.500

Amortização anual (10 anos) = 7.500/10 = 750

A empresa GAMA colaborou na reconstrução de um equipamento pertencente a BETA. Os serviços prestados ascenderam a 14.000 euros, os quais incluem uma margem bruta de 4.000 euros. Deste modo, o investimento financeiro foi ajustado para eliminar a margem bruta não realizada.

Movimentos efetuados na conta "Investimentos financeiros", nas contas individuais da empresa GAMA

IF – Participações Financeiras_MEP

Pela % nos CP:	180.000	Pela % na MB não realizada:	2.400
Pela % no RLP de N:	36.000	**Saldo devedor:**	**213.600**

IF – Participações Financeiras_*Goodwill*

Pelo *goodwill*:	7.500	Amortização do *goodwill*:	750
		Saldo devedor:	**6.750**

(1) Pela integração dos saldos iniciais (GAMA + BETA)

Rubrica	Débito	Crédito
IF – Participações financeiras_MEP	213.600	
IF – Participações financeiras_*Goodwill*	6.750	
Outros ativos	1.162.500	
Capital subscrito		375.000
Reservas e resultados transitados		150.000
Resultado líquido do período		152.850
Passivo diverso		705.000

Eliminação dos efeitos da aplicação do MEP

(2) Pela eliminação da % no RLP de N

Rubrica	Débito	Crédito
Outros rendimentos	36.000	
IF – Participações financeiras_MEP		36.000

(3) Pela eliminação da % na margem não realizada

Rubrica	Débito	Crédito
IF – Participações financeiras_MEP	2.400	
Outros rendimentos		2.400

Restantes eliminações para efeitos de consolidação

(4) Pela eliminação do investimento financeiro

Rubrica	Débito	Crédito
Capital subscrito	135.000	
Reservas e resultados transitados	45.000	
IF – Participações financeiras_MEP		180.000

(5) Pela reclassificação do goodwill

Rubrica	Débito	Crédito
Ativos intangíveis – *Goodwill*	7.500	
IF – Participações financeiras_*Goodwill*		7.500

(6) Pela reclassificação das contas relativas à amortização do goodwill

Rubrica	Débito	Crédito
Gastos de depreciação e de amortização		
Ativos intangíveis – *Goodwill*	750	
Investimentos financeiros		
Amortizações acumuladas – *Goodwill*	750	
Gastos de depreciação e de amortização		
Investimentos financeiros – *Goodwill*		750
Ativos intangíveis		
Amortizações acumuladas – *Goodwill*		750

(7) Pela eliminação da prestação de serviços

Rubrica	Débito	Crédito
Prestações de serviços	14.000	
Fornecimentos e serviços externos		14.000

(8) Pela eliminação da margem não realizada

Rubrica	Débito	Crédito
Trabalhos para a própria entidade	4.000	
Investimentos em curso		4.000

(9) Pelo reconhecimento dos Interesses do grupo

Rubrica	Débito	Crédito
Capital subscrito	67.500	
Reservas e resultados transitados	22.500	
RLP atribuível à empresa-mãe	18.000	
Interesses do grupo		108.000

(10) Pelo reconhecimento dos interesses que não controlam

Rubrica	Débito	Crédito
Capital subscrito	22.500	
Reservas e resultados transitados	7.500	
RLP atribuível a interesses que não controlam	6.000	
Interesses que não controlam		36.000

Balanço Consolidado do subgrupo GAMA-BETA em 31/12/N (em euros)

	GAMA + BETA	Eliminações Débito	Eliminações Crédito	Balanço Consolidado
ATIVO				
Participações financeiras_MEP	213.600	(3) 2.400	(2) 36.000 (4) 180.000	—
Goodwill	6.750	(5) 7.500 (6) 750	(5) 7.500 (6) 750	6.750
Outros ativos	1.162.500		(8) 4.000	1.158.500
Total do Ativo	**1.382.850**			**1.165.250**
CAPITAL PRÓPRIO E PASSIVO				
Capital subscrito	375.000	(4) 135.000 (9) 67.500 (10) 22.500		150.000
Reservas e resultados transitados	150.000	(4) 45.000 (9) 22.500 (10) 7.500		75.000
Resultado líquido do período	152.850	(2) 36.000 (6) 750 (7) 14.000 (8) 4.000 (9) 18.000 (10) 6.000	(3) 2.400 (6) 750 (7) 14.000	91.250
Interesses do grupo			(9) 108.000	108.000
Interesses que não controlam			(10) 36.000	36.000
Passivo diverso	705.000			705.000
Total do Capital próprio e do Passivo	**1.382.850**			**1.165.250**

2.ª etapa – consolidação de OMEGA com o subgrupo GAMA/BETA

Participação de OMEGA na GAMA

% de participação = 90%

Custo de aquisição = 240.000

% no justo valor líquido dos ativos, passivos e passivos contingentes identificáveis = (150.000 + 75.000) * 90% = 202.500

Goodwill = 240.000 – 202.500 = 37.500

Amortização anual (10 anos) = 37.500/10 = 3.750

GAMA efetuou vendas de mercadorias à empresa OMEGA, como esta ainda tem no final de N, 60.000 euros daquelas mercadorias, o investimento financeiro foi ajustado para eliminar o lucro não realizado.

Lucro não realizado = 60.000 – 60.000/1,25 = 12.000

Quanto à alienação da máquina da OMEGA à GAMA, o investimento financeiro foi também ajustado para eliminar a mais ou menos-valia apurada na alienação.

Menos-valia = 200.000 – (450.000 – 450.000/8 * 4) = (25.000)

Como a venda da máquina ocorreu no final de N, não implicou corrigir a eventual diferença nas depreciações.

Movimentos efetuados na conta "Investimentos financeiros", nas contas individuais da empresa OMEGA

IF – Participações Financeiras_MEP

Pela % nos CP:	202.500	Pela % lucro não realizado:	10.800
Pela % no RLP de N:	83.565		
Pela % na menos-valia:	22.500	**Saldo devedor:**	**297.765**

IF – Participações Financeiras_*Goodwill*

Pelo *goodwill*:	37.500	Amortização do *goodwill*:	3.750
		Saldo devedor:	**33.750**

Participação de OMEGA na BETA

Custo de aquisição = 75.000

% no justo valor líquido dos ativos, passivos e passivos contingentes identificáveis = (225.000 + 75.000) * 30% = 90.000

Goodwill negativo = 90.000 – 75.000 = 15.000

Movimentos efetuados na conta "Investimentos financeiros", nas contas individuais da empresa OMEGA

IF – Participações Financeiras_MEP

Pela % no JV:	90.000	*Goodwill* negativo:	15.000
Pela % no RLP de N:	18.000		
Realização *goodwill*:	15.000	**Saldo devedor:**	**108.000**

(1) Pela integração dos saldos iniciais (OMEGA com subgrupo GAMA/BETA)

Rubrica	Débito	Crédito
IF – Participações financeiras_MEP	405.765	
IF – Participações financeiras_*Goodwill*	40.500	
Outros ativos	1.743.500	
Capital subscrito		450.000
Reservas e resultados transitados		150.000
Resultado líquido do período		290.765
Interesses do grupo		108.000
Interesses que não controlam		36.000
Passivo diverso		1.155.000

Eliminação dos efeitos da aplicação do MEP

(2) Pela eliminação da % no RLP de N

Rubrica	Débito	Crédito
Outros rendimentos	101.565	
IF – Participações financeiras_MEP		101.565

(3) Pela eliminação da % na menos-valia

Rubrica	Débito	Crédito
Outros rendimentos	22.500	
IF – Participações financeiras_MEP		22.500

(4) Pela eliminação da % do lucro não realizado

Rubrica	Débito	Crédito
IF – Participações financeiras_MEP	10.800	
Outros rendimentos		10.800

Restantes eliminações para efeitos de consolidação

(5) Pela eliminação do investimento financeiro

Rubrica	Débito	Crédito
Capital subscrito	135.000	
Reservas e resultados transitados	67.500	
Interesses do grupo	90.000	
IF – Participações financeiras_MEP		292.500

(6) Pela reclassificação do goodwill

Rubrica	Débito	Crédito
Ativos intangíveis – *Goodwill*	37.500	
IF – Participações financeiras_*Goodwill*		37.500

(7) Pela reclassificação das contas relativas à amortização do goodwill

Rubrica	Débito	Crédito
Gastos de depreciação e de amortização		
Ativos intangíveis – *Goodwill*	3.750	
Investimentos financeiros		
Amortizações acumuladas – *Goodwill*	3.750	
Gastos de depreciação e de amortização		
Investimentos financeiros – *Goodwill*		3.750
Ativos intangíveis		
Amortizações acumuladas – *Goodwill*		3.750

(8) Pela eliminação do lucro não realizado

Rubrica	Débito	Crédito
CMVMC	12.000	
Inventários		12.000

*(9) Pela imputação do lucro não realizado aos interesses que não controlam (12.000 * 10%)*

Rubrica	Débito	Crédito
Interesses que não controlam	1.200	
RLP atribuível a interesses que não controlam		1.200

(10) Pela eliminação da menos-valia

Rubrica	Débito	Crédito
Ativos fixos tangíveis	25.000	
Outros gastos		25.000

(11) Pela eliminação da prestação de serviços

Rubrica	Débito	Crédito
Prestações de serviços	20.000	
Fornecimentos e serviços externos		20.000

(12) Pela transferência dos interesses do grupo no RLP da BETA

Rubrica	Débito	Crédito
Interesses do grupo	18.000	
Resultado líquido do período		18.000

(13) Pelo reconhecimento dos interesses que não controlam

Rubrica	Débito	Crédito
Capital subscrito	15.000	
Reservas e resultados transitados	7.500	
RLP atribuível a interesses que não controlam	9.125	
Interesses que não controlam		31.625

Balanço Consolidado do grupo OMEGA-GAMA-BETA a 31/12/N (em euros)

	OMEGA + GAMA/BETA	Eliminações		Balanço Consolidado
		Débito	Crédito	
ATIVO				
Participações financeiras_MEP	405.765	(4) 10.800	(2) 101.565 (3) 22.500 (5) 292.500	—
Goodwill	40.500	(6) 37.500 (7) 3.750	(6) 37.500 (7) 3.750	40.500
Outros ativos	1.743.500	(10) 25.000	(8) 12.000	1.756.500
Total do Ativo	2.189.765			1.797.000
CAPITAL PRÓPRIO E PASSIVO				
Capital subscrito	450.000	(5) 135.000 (13) 15.000		300.000
Reservas e resultados transitados	150.000	(5) 67.500 (13) 7.500		75.000
Resultado líquido do período	290.765	(2) 101.565 (3) 22.500 (7) 3.750 (8) 12.000 (11) 20.000 (13) 9.125	(4) 10.800 (7) 3.750 (9) 1.200 (10) 25.000 (11) 20.000 (12) 18.000	200.575
Interesses do grupo	108.000	(5) 90.000 (12) 18.000		—
Interesses que não controlam	36.000	(9) 1.200	(13) 31.625	66.425
Passivo diverso	1.155.000			1.155.000
Total do Capital próprio e do Passivo	2.189.765			1.797.000